Markus Krienke,

Identitäten in Eur

SOZIALWISSENSCHAFT

Inhaltsverzeichnis

Markus Krienke, Matthias Belafi (Hrsg.)

Identitäten in Europa – Europäische Identität

Deutscher Universitäts-Verlag

Bibliografische Information Der Deutschen Nationalbibliothek
Die Deutsche Nationalbibliothek verzeichnet diese Publikation in der Deutschen Nationalbibliografie; detaillierte bibliografische Daten sind im Internet über <http://dnb.d-nb.de> abrufbar.

Gedruckt mit freundlicher Unterstützung der:

Villa Vigoni

sowie der:

Kultur- und Sozialstiftung des
Kartellverbandes katholischer deutscher Studentenvereine (KV)

Ein Beitrag zum „Jahr der Geisteswissenschaften"

1. Auflage September 2007

Lektorat: Frauke Schindler / Dr. Tatjana Rollnik-Manke

Der Deutsche Universitäts-Verlag ist ein Unternehmen von Springer Science+Business Media.
www.duv.de

Umschlaggestaltung: Regine Zimmer, Dipl.-Designerin, Frankfurt/Main
Gedruckt auf säurefreiem und chlorfrei gebleichtem Papier
Printed in Germany

ISBN 978-3-8350-6050-0

Geleitwort

Zu den vornehmsten Zielen des Deutsch-Italienischen Zentrums Villa Vigoni gehört die Förderung des wissenschaftlichen Nachwuchses. Um diesem Ziel näher zu kommen, organisiert die Villa Vigoni seit einigen Jahren *Europäische Doktorandenkolloquien*. Dank der finanziellen Unterstützung durch private oder öffentliche Geldgeber wie die Gerda Henkel-Stiftung oder die Deutsche Forschungsgemeinschaft hat sich die Reihe der *Europäischen Doktorandenkolloquien* als fester Bestandteil des Programms der Villa Vigoni einen Namen gemacht. Daher freut es uns besonders, dass zwei junge Wissenschaftler, Markus Krienke und Matthias Belafi, die an einem solchen Villa Vigoni-Kolloquium teilgenommen haben, dessen Ergebnisse nun als Buch vorlegen und damit einen wichtigen Mauerstein zum gemeinsamen „Haus Europa" setzen. Denn darin sehen wir ein Hauptanliegen der Förderung, die wir vermitteln: Wir wollen eine Infrastruktur bereitstellen, die das wissenschaftliche Gespräch exzellenter junger Leute auf europäischer Ebene ermöglicht. So entspricht es der aktuellen europapolitischen Forderung, Europa müsse als „Wissensraum" zusammenwachsen und sich als „Wissenschaftsraum" stärker profilieren. Zugleich lebt unsere Initiative aber von dem Bewusstsein, dass dieser Wissensraum nicht erst erfunden, sondern permanent ausgebaut, vertieft und kritisch reflektiert werden muss. Schließlich ist er so alt wie Europa selbst, das niemals nur Feld politischer Aktionen, Kriegschauplatz oder Rechtsraum war, sondern immer auch ein ideeller Ort der Freude am Denken und am Austausch von Wissen.

„Geist begeistert", lautet ein Motto im „Jahr der Geisteswissenschaften", welches das *Bundesministerium für Bildung und Forschung (BMBF)*, das auf Seiten der Bundesrepublik für das Deutsch-Italienische Zentrum Villa Vigoni zuständig ist, 2007 ausrichtet. Das zeitliche Zusammentreffen dieser Initiative mit der Veröffentlichung der Beiträge des *Europäischen Doktorandenkolloquiums* der Villa Vigoni war zwar nicht geplant, ist aber doch auch mehr als ein schöner Zufall. Es ist das Ergebnis eines gemeinsamen Enthusiasmus für die wissenschaftliche Auseinandersetzung mit den Traditionen, Kulturen und Wissensbeständen, die unser Denken, Handeln und Zusammenleben prägen. Sie sind Gegenstand des *Europäischen Doktorandenkolloquiums*, das traditionell „europäische Identität" und „Identitäten in Europa" thematisiert. Natürlich ist uns klar, dass der Begriff der „Identität" seine Tücken hat. Benutzt man ihn jedoch kritisch, erweist er sich als durchaus brauchbares Vehikel, um nach den Praktiken und Konzepten zu fragen, mit denen sich einzelne und Gruppen in ihrer Besonderheit konstituieren und legitimieren. Dazu gehören Narrative von der gemeinsamen Vergangenheit ebenso wie Entwürfe für eine gemeinsame Zukunft. Insofern versteht sich die Rede von der „europäischen Identität" auch nicht als exklusiver Normkatalog von Eigenschaften und Errungenschaften, sondern als Möglichkeit der Reflexion über das eigene Selbstverständnis und die eigenen Lebensbedingungen. Im Idealfall eines europäischen Gesprächs wird man sich auf friedliche, kollegiale Weise befragen und auch in Frage stellen lassen. Das gilt für die nationalen Wissenschaftskulturen ebenso wie für das europäische Selbstverständnis. Denn wenn auch gewiss zutrifft, was der Potsdamer Historiker Martin Sabrow scheibt, dass sich „die historische Europäisierung als ein Entwicklungstrend von paradigmatischer Kraft" erweist, so sind Beharrungsvermögen und Plausibilität der nationalen oder regionalen Perspektiven nicht einfach leichthändig beiseite zu schieben. Es gilt denn auch weniger, die eine Perspektive zugunsten der anderen zu „überwinden", als sie miteinander vertraut zu machen.

Dass es sich dabei nicht nur um einen Verstandesprozess handelt, sondern um Verständigung, Freundschaft, Austausch, Begeisterung, kann, so glaube ich, jeder bestätigen, der einmal an einem solchen Treffen in der Villa Vigoni teilgenommen hat. Einen schönen Eindruck dieser Atmosphäre vermag der vorliegende Band zu vermitteln. Den Herausgebern, Markus Krienke und Matthias Belafi, danke ich auch deshalb besonders für ihren Einsatz, weil das schöne Endergebnis nicht verrät, dass erhebliche redaktionelle Mühe und Feinarbeit erforderlich waren, um ein so harmonisches Produkt zustande zu bringen. Den wissenschaftlichen Leitern Hans-Joachim Gehrke, Bernhard Giesen, Carsten Kretschmann und Bernd Sösemann sei für ihr Engagement ebenfalls herzlich gedankt.

Aldo Venturelli
Generalsekretär der Villa Vigoni

Einleitung

Matthias Belafi und Markus Krienke

Seitdem mit der zunehmenden Integration des Kontinents die Diskussion um eine „Europäische Identität" eingesetzt hat, hat die Thematik der Identität(en) in Europa nichts an Aktualität eingebüßt. Als ein „Dauerthema" bleibt es vielmehr seit vielen Jahren gefragter Gegenstand sowohl des wissenschaftlichen Diskurses als auch der öffentlichen politischen Diskussion. Dazu haben auch die jüngsten politischen Entwicklungen beigetragen: Die enormen Schritte der Erweiterung und der Vertiefung, die die Europäische Union mit der Aufnahme zwölf neuer Mitgliedstaaten seit dem Jahr 2004 und dem – am 17./18. Juni 2004 in Brüssel verabschiedeten und am 29. Oktober 2004 in Rom unterzeichneten – Vertrag über eine Verfassung für Europa gegangen ist, bescheren der Frage nach dem Zusammenhalt Europas ungebrochene Aktualität. Nicht zuletzt wirft auch die heutige Krise der Europäischen Union, die auch aus dieser schnellen Entwicklung heraus entstanden ist und sich in den negativen Verfassungsreferenden in Frankreich und den Niederlanden geäußert hat, neue Fragen auf.

Die Integration Europas verharrt zwischen den Nationalstaaten und einer vollständigen politischen Integration des Kontinents. Während viele Europäer fürchten oder hoffen, die EU sei ein Staat im Werden, bleiben für andere die Nationalstaaten die maßgebliche Bezugsgröße. Und während die Nationalstaaten derzeit wieder stärker darauf beharren, die Entscheidung über die weitere europäische Entwicklung nicht aus der Hand zu geben, entwickelt sich die EU gleichzeitig zu einem immer bestimmenderen politischen Faktor. In dieser Verzahnung zeigt sich, dass diese Entwicklungen keinen Widerspruch darstellen, sondern in einem dynamischen Verhältnis zueinander stehen. Gleiches gilt für die Identitäten in Europa:

Dass Europa ein wichtiger Bezugspunkt der Deutschen ist, zeigt eine vom Bundesverband deutscher Banken in Auftrag gegebene repräsentative Umfrage aus dem November 2006, nach der acht von zehn Deutschen „stolz darauf“ sind, Europäer zu sein. Dass dies kein Widerspruch zu einer nationalen Identität darstellt, zeigt sich daran, dass neun von zehn derjenigen, die Nationalstolz empfinden, auch stolz darauf sind, Europäer zu sein. Eine klare Mehrheit der Befragten glaubt zudem nicht, dass durch die europäische Einigung das verloren geht, „was Deutschland ausmacht“. Vielmehr wünscht sich eine Mehrheit der Deutschen ein stärkeres europäisches Bewusstsein. Dabei geht die Hälfte der Befragten davon aus, dass es als Grundlage dafür eine gemeinsame europäische Kultur gibt (Bundesverband deutscher Banken 2006).

Hier zeigt sich, dass europäische, nationale und regionale Identitäten nicht exakt voneinander getrennt werden können. Sie schließen sich gegenseitig nicht aus, sondern bedingen einander und ergänzen sich. In diesem Kontext ist auch der Dreiklang von „Heimat, Vaterland und Europa“ zu sehen, mit dem sich Helmut Kohl (wie, nebenbei bemerkt, auch die Herausgeber) stets als Pfälzer, Deutscher und Europäer definiert hat. Für ihn stellten Deutsche Einheit und Europäische Einigung zwei Seiten derselben Medaille dar.

Die Europäische Integration ist nur erfolgreich, wenn sie die Identitäten in Europa nicht ersetzen will, sondern die eigene Identität in ihrem europäisch genuinen Plural lebt, der aber eben auch Gemeinsamkeiten hat. Das Europa im Zeitalter der Globalisierung braucht zum Gelingen seiner Einigung beides: Die Herausstellung und Fortbildung seiner gemeinsamen Identität muss einhergehen mit der als Bereicherung verstandenen Differenz. Das Motto des Europäischen Verfassungsvertrages „In Vielfalt geeint“ ist damit gleichzeitig Erbe sowie Auftrag und ständige Herausforderung für Europa.

In diesem Sinn zeigt der vorliegende Band kein vermeintlich klares Konzept einer europäischen Identität auf, sondern verfolgt ausgewählte Aspekte europäischer Identität und der verschiedenen Identitäten in Europa. Dabei kommen die unterschiedlichen Facetten des Themas zum Vorschein, wenn Identität nicht nur in europäischer oder nationaler, sondern auch in regionaler, überregionaler oder transatlantischer Perspektive dargestellt wird. So entsteht ein breitgefächertes Bild, das durch die Interdisziplinarität der Beiträge weiter ausdifferenziert wird. Das thematische Spektrum des Sammelbandes spiegelt damit das Spektrum der Identitäten in Europa wider.

Dass der Mangel eines deutlich konturierten Identitätsbegriffs kein Zufall ist, sondern nichs anderes als das Resultat der europäischen Moderne, die nunmehr, in ihren spät- und postmodernen Konsequenzen, ihre Auswirkungen auf persönliche und kollektive Identitätskonstruktion zeitigt, verdeutlichen Carsten Kretschmann und Christiane Liermann in ihrem Eingangsbeitrag, der den Titel der Tagung mithin als „kontroversen Begriff" dekliniert. Markus Krienke knüpft direkt an diese Analyse an, wenn er nach dem Schwinden kulturell-religiös begründeter, „essentialistischer" Einheitskonzepte das „Recht als Kategorie europäischer Identität" im spätmodernen Verfassungsstaat ausfindig macht. Damit greift er einerseits die „Lektion" der Moderne auf, das Recht als Institution des gesellschaftlichen Minimalkonsenses zu verstehen, erweitert diese jedoch gleichzeitig im Sinne der Spätmoderne, wenn er das „Recht" wieder neu auf seine innere Bezogenheit auf gesellschaftliche „Werte" reflektiert. Der damit virulent werdenden und gesellschaftlich kontrovers diskutierten Frage, mit welchem Recht und in welcher Weise man unter den genannten spät- bzw. postmodernen Voraussetzungen von einer „christlichen Identität Europas" sprechen kann bzw. muss, geht Matthias Belafi im Anschluss nach. Gerade im Hinblick auf die Europäische Verfassungsdebatte unterstreicht er die Wichtigkeit, den historischen und aktuellen Beitrag des Christentums politisch nicht zu verschweigen, sondern ihn entsprechend seiner Bedeutung angemessen zu berücksichtigen. Einen derartigen Versuch, europäische Identität aus dem Inneren des europäischen Kulturraumes aufzuweisen, sucht Lazaros Miliopoulos seinerseits zu erweitern, indem er den ursprünglich von Hannah Arendt geprägten Begriff der „Atlantischen Zivilisation" aufgreift und damit europäische Identität sowohl in Relation zu seinem trans-„atlanischen" Gegenüber als auch als zukunftsgerichteten Projektionsbegriff fasst. Solchen „Programmen" oder „Ideen" eine gesellschaftliche Basis zu geben, ist indes nicht ohne „Bildung" und „Erziehung" der europäischen Bürger selbst möglich. In diesem Sinn untersucht J. Erika von Rautenfeld die europäische universitäre Bildungspolitik bzw. exemplarisch die europäischen Bildungsprogramme „Erasmus" und „Sokrates". Besondere Aufmerksamkeit wird in diesem Zusammenhang der Harmonisierung nationaler Bildungskonzepte durch den „Bologna"-Prozess gewidmet. Einer spezifischen Begabtenförderungsinstitution widmet Stefan Raueiser seinen darauf folgenden Beitrag, und zwar der Bischöflichen Studienförderung Cusanuswerk. Seine Praxiserfahrung als Referent dieser Einrichtung reflektiert er insbesondere im Hinblick auf die deutliche Unterrepräsentierung osteuropäischer Länder im universitären Austauschverfahren.

An diesen ersten Teil von Beiträgen, welche um die „Normen einer europäischen Identität" kreisen, schließen sich im zweiten Teil Beiträge zu historischen Fallbeispielen an. Reiner Marcowitz untersucht „Europabewusstsein und Europadebatte" in einer Zeit tiefgreifenden gesellschaftlichen Wandels in Westdeutschland, nämlich von Kriegsende bis 1970 – nicht ohne aus dieser Analyse Konsequenzen und Mahnungen für die aktuelle Debatte zu ziehen. Marie-Emmanuelle Reytier geht historisch den deutschen Katholikentagen und dem Versuch nach, diese auf verschiedene Weise zu katholischer oder nationaler Identitätsbildung zu instrumentalisieren, und beobachtet aktuell deren Tendenz, sich für den ökumenischen und interreligiösen Dialog zu „öffnen".

Identität in der Spannung von „Raum" und „Distanz" ist das gemeinsame interpretative Kriterium der Beiträge des dritten Teils. Heléna Tóth analysiert die Exilserfahrung des ehemaligen Paulskirchenabgordneten Ludwig Simon in der Schweiz, welche er in seinen Memoren „Aus dem Exil" festgehalten hat. Inwiefern sich der Unterschied zweier kultureller Identitätskontexte, wie sie Frankreich und Deutschland in der Zwischenkriegszeit darstellten, sich auf die Bewertung desselben Phänomens wie die Umsetzung des Sozialismus in der Sowjetunion auswirkt, ist Untersuchungsobjekt von Eva Oberloskamp, die die Schriften französischer und deutscher Linksintellektueller gegenüberstellt. Einen Einblick in die Identitätsproblematik des Raumes „Karpatenbecken" verschafft Márta Fazekas, welche die jeweilige Identität der ungarischen Minderheiten in Serbien, in der Slowakei und in Rumänien untersucht und dabei drei signifikant unterschiedliche Konzeptionen herausarbeitet.

Der letzte Teil dieses Tagungsbandes beschäftigt sich mit konkreten Identitätskonstruktionen in Spache, Literatur und Kunst. Die Massen- und Kommunikationsmedien nimmt eingangs Bernd Sösemann unter die Lupe. Sie dienen ihm als Indikator für politische „Öffentlichkeit", für den „Eigensinn" politischer Kulturen und auch für die Gefahr der „Selbstmarginalisierung" Europas. Das umstrittene Reichtagsprojekt Hans Haackes „Der Bevölkerung" resümiert Ute Pannen. Dabei zeichnet sie nicht nur historisch die Entwicklung der Debatte nach, sondern analysiert die verschiedenen Positionen und Stellungnahmen vor dem Hintergrund nationalstaatlicher Identität in der Postmoderne. Ihrerseits die Exilsthematik aufgreifend, analysiert Valerie Popp unter literaturwissenschaftlicher Hinsicht das Amerikabild deutschsprachiger Exilanten in den USA und interpretiert dabei exemplarisch den Roman „Manhattan-Serenade" von Karl Jakob Hirsch. Ebenso literaturwissenschaftlich ist der folgende Beitrag von Leonhard Herrmann orientiert. Dem Autor geht es um das „Verhältnis von nationaler und europäischer Identität in der deutschen Literaturgeschichtsschreibung", das er als zentrales Thema der „deutschen Klassik" erkennt. Konstruktion eigener (europäischer und nationaler) Identität und Abgrenzung von Fremdem werden als Leitideen bei Schlegel, im Hegelianismus, in den „nationalen Literaturgeschichten" und im Historismus herausgestellt. Die Sprache selbst wird zum Thema bei Irene Vogt, welche die „Rolle der Sprache(n) im europäischen Identitätsdiskurs" vorstellt und dabei auch von sprachwissenschaftlicher Perspektive aus auf die Bedeutung von Vielfalt und Pluralismus verweist. Gerade die Tatsache, dass sich europäische Identität in einer Vielheit von Sprachen ausdrückt, wird damit – gewissermaßen resümierend – zum

Symbol für die in diesem Band zum Ausdruck kommende Herausforderung, europäische Identität in der Situation postmodernen Pluralismus zu reflektieren. Dies verdeutlicht nochmals Cornelia Bruell in ihrer den Band beschließenden Betrachtung Europas aus poststrukturalistischer Perspektive: Europäische Identität schöpft aus Vorgegebenem, ist aber niemals selbst vorgegeben, sondern stets aufgegeben – bzw. „*a venir*“, wie die Autorin formuliert.

Systematisch spiegeln die einzelnen Beiträge dieses Bandes die Bandbreite der gegenwärtigen Diskussion, welche von Modellen, die Identität idealtypisch oder vernunfttheoretisch begründen, bis hin zu postmodern-poststrukturalistischen Identitätskonzeptionen reichen. Gerade in der unterschiedlichen Bewertung bzw. Akzentuierung von identitätsbegründender, archetypischer Einheit und prozessual-dynamischer Identitätskonstruktion wird dabei das dialektische Verhältnis von Einheit und Vielheit als Topos des europäischen Identitätsbegriffs deutlich.

Die Beiträge des Bandes gehen auf ein *Europäisches Interdisziplinäres Doktorandenkolloquium* unter dem gleichlautenden Titel „*Identitäten in Europa – Europäische Identität*“ zurück, das im Frühjahr 2006 in der *Villa Vigoni* in Menaggio am Comer See stattgefunden hat. Dem Deutsch-Italienischen Zentrum Villa Vigoni gilt unser Dank für die Organisation dieser Tagung. Die Villa Vigoni – nach Jürgen Kaube (2006) „der schönste Tagungsort des uns bekannten Universums“ – bot den Teilnehmern mit der Aura des Hauses und seiner Umgebung den angemessenen Rahmen und die notwendige Leichtigkeit, die dem Kolloquium erst den fruchtbaren Austausch über die Grenzen von Ländern und Fakultäten hinweg ermöglicht hat.

Wir danken zunächst der Wissenschaftlichen Leiterin, Frau *Dr. Christiane Liermann*, die sich um Konzeption, Organisation und Durchführung des Doktorandenkolloquiums verdient gemacht hat, aber ebenso allen Mitarbeiterinnen und Mitarbeitern des Hauses unter der Leitung des Generalsekretärs *Prof. Dr. Aldo Venturelli*. Unser herzlicher Dank gilt zudem den wissenschaftlichen Leitern der Tagung – *Prof. Dr. Hans-Joachim Gehrke* (Freiburg),

Prof. Dr. Bernhard Giesen (Konstanz), *Dr. Carsten Kretschmann* (Stuttgart) und *Prof. Dr. Bernd Sösemann* (Berlin) – für die Diskussionsleitung sowie ihre konstruktiven Anmerkungen und Anregungen zu den Vorträgen und Dissertationsvorhaben der Teilnehmer. Weiterhin gilt unser Dank den Gastdozenten des Kolloquiums – Herrn *Prof. Dr. Reiner Marcowitz* (Metz) und *Dr. Stefan Raueiser* (Bonn) – für ihre Vorträge, die sie freundlicherweise für die Publikation in diesem Band zur Verfügung gestellt haben, sowie für ihre Diskussionsbeiträge. Nicht zuletzt danken wir allen Teilnehmern des Doktorandenkolloquiums für die anregenden Vorträge und die fruchtbaren Diskussionen. Insbesondere bringen wir all denen, die mit einer schriftlichen Fassung ihres Tagungsbeitrages das Entstehen dieser Dokumentation erst ermöglicht haben, unseren Dank entgegen. Darüber hinaus bedanken wir uns bei der *Villa Vigoni* für ihren großzügigen Beitrag zur Finanzierung des Tagungsbandes sowie bei der *Kultur- und Sozialstiftung des Kartellverbandes katholischer deutscher Studentenvereine (KV)* für einen weiteren Druckkostenzuschuß, ohne den dieser Band so nicht hätte veröffentlicht werden können, aber auch für dessen schnelle und unbürokratische Bewilligung. Last but not least danken wir dem *Deutschen Universitäts-Verlag* für die Aufnahme des Buches in sein Verlagsprogramm und insbesondere Frau *Dr. Tatjana Rollnik-Manke* für die gute Zusammenarbeit bei dessen Herausgabe.

Literatur

Bundesverband deutscher Banken (2006): Europa als Chance begreifen. Ergebnisse einer repräsentativen Bevölkerungsumfrage im Auftrag des Bundesverbandes deutscher Banken, November 2006, http://www.bankenverband.de/pic/artikelpic/112006/20061117_Umfrage_Europa.pdf (abgerufen am 11.04.2007).

Kaube, Jürgen (2006): Abendlandwirte, in: Frankfurter Allgemeine Zeitung vom 06.09., S. N 3.

Identitäten in Europa – Europäische Identität

Anmerkungen zu einem kontroversen Begriff

Carsten Kretschmann und Christiane Liermann

Die Forschungen zu kultureller Identität sind mittlerweile Legion. Neben den beinahe klassischen Untersuchungsfeldern wie ‚Nation' oder ‚Religion' haben die Sozial- und Kulturwissenschaften in den vergangenen Jahren insbesondere das Thema ‚europäische Identität' auf die akademische Agenda gesetzt – freilich ohne es methodisch immer hinreichend zu reflektieren. Das verstärkte Interesse an einer ‚europäischen Identität' steht in einem unmittelbaren Zusammenhang mit dem Prozess der europäischen Einigung, der die Auseinandersetzung mit der ‚europäischen Identität' nicht nur fördert, sondern sie geradezu fordert und ‚Identität' so gleichsam zu einer Zauberformel erhebt, deren politische und wissenschaftliche Implikationen mitunter nur mühsam voneinander zu trennen sind.[1] Ungeachtet der identitätspolitischen ‚Europäisierung' von Identität hat sich dabei, gewissermaßen als Reaktion auf die Globalisierung der Wirtschaft und die Universalisierung der Werte, zugleich auch der Diskurs über traditionelle Identitäten wie die nationale, die regionale oder lokale Identität erneuert.

Das Spannungsverhältnis zwischen diesen partikularen *Identitäten in Europa* und einer scheinbar homogenen *Europäischen Identität* bildet den Rahmen für die Beiträge des vorliegenden Bandes. Der leitende Gedanke ist es dabei, mit Hilfe verschiedener wissenschaftlicher Disziplinen die ‚europäische Identität' als Realität *und* Konstruktion zu untersuchen – wobei zum einen unter-

[1] Vgl. die „Surveys" der Europäischen Kommission, z .B. European Commission, Forward Studies Unit 1998; vgl. beispielsweise Cinnirella 1997.

stellt wird, dass es sich hierbei um ein vielgestaltiges Phänomen handelt, das sich aus verschiedenen Identität*en* im Plural zusammensetzt; zum anderen, dass es erforderlich ist, den Begriff ‚Identität' selbst auf seine Angemessenheit zur Beschreibung sozialer, kultureller oder politischer Wirklichkeiten in Europa hin zu befragen. Durch diese Reflexion wird einer modischen, aber vielfach voraussetzungslosen, ja essentialistischen Verwendung des Begriffs entgegengewirkt, die ihm in harscher, aber nicht unberechtigter Kritik den Ruf eines ‚Plastikwortes' (Lutz Niethammer) eingetragen hat (Niethammer 2000, 33-40)[2].

Dabei ist nicht zu übersehen, dass es dem Konzept der Identität, obgleich es nicht nur von der Psychologie, Philosophie und Pädagogik, sondern auch von der Soziologie und Geschichtswissenschaft, nicht zuletzt auch von den Literaturwissenschaften und den *Cultural Studies* mittlerweile mit großer Selbstverständlichkeit benutzt wird, an einer verbindlichen, die Fächergrenzen überschreitenden Definition mangelt. Dass diese *eine* Definition nicht existiert, kann die Verständigung zwar gelegentlich schwierig werden lassen. Vor allem aber macht sie das interdisziplinäre Gespräch außerordentlich reizvoll, zwingt das divergierende Begriffsverständnis doch dazu, stets terminologische und methodische Grundfragen mit zu bedenken. Die hier versammelten Beiträge zielen daher auf die *formale Struktur* ebenso wie auf die *kulturelle Funktion* von Identität, die situativ verfasst ist. Identität überbrückt eine wenn nicht tatsächliche, so doch zumindest als solche wahrgenommene Differenz. Weil jede Differenz indes nur überbrückt, nie jedoch ein für allemal beseitigt werden kann, bleibt Identität das jeweils vorläufige Ergebnis eines kreativen Prozesses beständiger Selbstorientierung und Selbstvergewisserung.

Seine Voraussetzung findet dieser Prozess in einer Lebens- und Erfahrungssituation, wie sie für die ‚Moderne' charakteristisch ist. Dabei meint

[2] Zum Hintergrund vgl. Pörksen 1988.

‚Moderne' hier nicht in erster Linie eine Epochenbezeichnung, sondern – in Anlehnung an soziologische Konzepte – die Auflösung traditionaler Bindungen und hierarchischer Strukturen. Erst in dieser ‚modernen' Unübersichtlichkeit erhält das Konzept der Identität seine rechte Bedeutung, da es eine ‚Synthese des Heterogenen' (Paul Ricœur) leistet und Kontinuität und Kohärenz auch und gerade in Krisensituationen verspricht: Mittels Kohärenz wird ein in sich stimmiger Zusammenhang des eigenen Handelns und Denkens angesichts verschiedener Optionen hergestellt, während Kontinuität daneben die Aneignung und Bewahrung vergangenen Handelns bewirkt und sie durch das Erinnern in einen verbindlichen zeitlichen Zusammenhang stellt. Das Erinnern wird so zu einer maßgeblichen Identitätsstrategie, die Untersuchung von Geschichtsbildern und Erinnerungskulturen zu einer zentralen Aufgabe der Forschung.

Trotz unterschiedlicher Vorschläge ist die Funktionsweise *kollektiver* Identitäten – und sie beherrschen mit regionalen, nationalen und schließlich europäischen Identitäten die Debatte – bislang allerdings kaum befriedigend diskutiert und durch den problematischen Rekurs auf die Struktur *personaler* Identität allenfalls vorläufig geklärt worden (Liebsch 2002). Hier öffnet sich ein ergiebiges Forschungs- und Diskussionsfeld. Um die Diskussionen sinnvoll zu strukturieren und weder die theoretische noch die praktische Seite von Identität aus dem Blick zu verlieren, muss zwischen zwei Bedeutungsebenen unterschieden werden: Zum einen – und hier ist auf die Erkenntnisse vor allem der Psychologie zurückzugreifen – bezeichnet Identität eine bestimmte psychische Struktur, die in ihrem ‚Normalfall' eine einheitliche, uns als solche sinnhaft gefügte Gestalt besitzt (‚*Wer* bin ich?'). Dabei geht es vor allem um formale Fragen wie etwa diejenigen nach der Entstehung, der Aufrechterhaltung oder der Veränderung dieser Struktur. In einem solchen, theoretisch-allgemeinen Sinne bezieht sich der Begriff auf eine Person als ganze, von deren Identität in der Regel „nur im Singular gesprochen" (Jürgen Straub) werden kann. Zum anderen bezieht sich der Begriff jedoch auch auf die einzelnen Aspekte der Identität, also auf die jeweiligen qualitativen Teil-Identitäten, etwa eine ‚deutsche', ‚jüdische', ‚katholische' oder ‚feministische' (,*Was* bin ich?'). Diese Teilidentitäten sind nur im Plural denkbar und im Unterschied zur ,Identität' als Struktur immer situativ gebildet – und entsprechend fragil.

Die wissenschaftliche Konzeption, die diesem Band zugrundeliegt, repräsentiert die zeitgenössische Forschung, insofern sie – an diese grundlegende Unterscheidung anknüpfend – kein statisch-essentialistisches Identitätsverständnis vertritt, sondern die Pluralität und Dynamik von Identitätsbildungen durch Selbst- und Fremdzuschreibung zum Thema macht. Identitäten werden verstanden als Sinnstiftungsangebote mittels *Distinktion*, *Vergangenheitsdeutung* und *Zukunftserwartung*, als Zuschreibung von Zugehörigkeit zu einer Gruppe, die sich durch Einschluss und Ausschluss konstruiert und definiert oder „von außen" konstruiert und definiert wird, als Instrument, das sozialethisch neutral zu sein scheint, insofern es sowohl Mobilisierung, Solidarisierung und Partizipation, als auch Ausgrenzung und Diskriminierung freisetzt.

Ein solches bewusst plurales Verständnis von Identität wird hier am Beispiel europäischer Identitätsbildungen konkretisiert. Untersucht werden die Funktionsweisen von Identität als psychischer Struktur, um ihre Konstruktionsmechanismen zu entschlüsseln und so die theoretischen Grundlagen des europäischen Identitätsdiskurses freizulegen. Des Weiteren werden die Konflikte zwischen einzelnen Identitäten thematisiert, zum Beispiel zwischen verschiedenen nationalen beziehungsweise zwischen nationalen und europäischen Identitäten. Gedächtnisorte und Vergangenheitspolitik als Instrumente kollektiver Selbstvergewisserung und -inszenierung werden untersucht und als Aspekte einer Identitätspolitik interpretiert, deren Entschlüsselung ein tieferes Verständnis der kulturellen und politischen Voraussetzungen, Mechanismen und Folgen europäischer Identitätsdiskurse erlaubt.

Literatur

Bruendel, Steffen (2000): Kulturelle Identität: Vergangenheitsdeutung, Zukunftserwartung und Distinktion. Eine methodische Einführung, in: Ders. / Grochowina, Nicole (Hrsg.): Kulturelle Identität (Les Travaux du Centre Marc Bloch, H. 18), Berlin, S. 4-16.

Cinnirella, Marco (1997): Towards a European identity? Interactions between the national and European social identities manifested by university students in Britain and Italy, in: British Journal of Social Psychology, Jg. 36, S. 19-31.

European Commission, Forward Studies Unit (1998): Survey of National Identity and deep-seated attitudes towards European Integration in the Ten Applicant Countries of Central and Eastern Europe. Working Paper, Brüssel.

François, Etienne (2000): Vorwort, in: Bruendel, Steffen / Grochowina, Nicole (Hrsg.): Kulturelle Identität (Les Travaux du Centre Marc Bloch, H. 18), Berlin, S. III-IV.

Giesen, Bernhard (Hrsg.) (1991), Nationale und kulturelle Identität. Studien zur Entwicklung des kollektiven Bewußtseins in der Neuzeit, Frankfurt a. M.

Hopkins, Nick / Reicher, Steve (1996): The Construction of Social Categories and Processes of Social Change: Arguing about National Identities, in: Breakwell, Glynis M. / Lyons, Evanthia (Hrsg.): Changing European Identities. Social Psychological Analyses of Social Change, Oxford, S. 69-93.

Hopkins, Nick / Murdoch, Neil (1999): The Role of the „Other" in National Identity: Exploring the Context-dependence of the National Ingroup Stereotype, in: Journal of Community & Applied Social Psychology, Jg. 9, S. 321-338.

Licata, Laurent / Klein, Olivier (2002): Does European Citizenship Breed Xenophobia? European Identification as a Predictor of Intolerance Towards Immigrants, in: Journal of Community & Applied Social Psychology, Jg. 12, S. 323-337.

Liebsch, Burkhard (2002): Identitätsfragen in Zeiten des Verrats. Zum Mißverhältnis von erzähltem und praktischem Selbst, in: Straub, Jürgen / Renn, Joachim (Hrsg.): Transitorische Identität. Der Prozeßcharakter des modernen Selbst, Frankfurt a. M.-New York, S. 132-158.

Mummendey, Amélie / Simon, Bernd (Hrsg.) (1997), Identität und Verschiedenheit. Zur Sozialpsychologie der Identität in komplexen Gesellschaften, Bern u. a.

Niethammer, Lutz (2000): Kollektive Identität. Heimliche Quelle einer unheimlichen Konjunktur, Reinbek.

Pörksen, Uwe (1998): Plastikwörter. Die Sprache einer internationalen Diktatur, Stuttgart.

Triandafyllidou, Anna (1998): National identity and the „other", in: Ethnic and Racial Studies, Jg. 21, S. 593-612.

I. Zu den Normen einer europäischen Identität

Der Rechtsbegriff als Kategorie europäischer Identität

Markus Krienke

1. Ziel und Methode der Untersuchung

Ziel der vorliegenden Ausführung ist es, die Problematik der „europäischen Identität" aus rechtsethischer Perspektive näher begrifflich zu umreißen. Die Bedeutung der rechtsethischen Reflexion erweist ihre Dringlichkeit augenscheinlich nach dem „Nein" der Bürger Frankreichs und der Niederlande zum europäischen Verfassungsvertrag, das allerdings nichts als die in den westlichen Mitgliedstaaten allgemein vorherrschende Europaskepsis und -ablehnung widerspiegelt. Europa wird in zunehmendem Maß mit der Kategorie der „Verrechtlichung" wahrgenommen, was nichts anderes besagt, als dass hinter einem wachsenden Regelungskomplex rechtlicher Normen die persönliche Identifikation mit diesem Gemeinwesen verloren geht. Es kommt zu Bewusstsein, dass das gemeinsame Leben unter einheitlichen rechtlichen Normen nicht *per se* zu einer wirklichen Identifikation der von diesen Normen Betroffenen untereinander führt (Münkler 1997, 202f.). Eine staatlich-rechtliche Identität verbürgt also noch nicht automatisch auch eine Identifizierung der von diesem Recht Betroffenen mit dem Gemeinwesen.

Vor diesem Hintergrund scheint es entscheidend, dass der Verfassungsentwurf in Art. I-2 explizit auf die „europäischen Werte" verweist (BVerfGE 37, 271, 279ff.).[1] Dieser Schritt ist durchaus bemerkenswert: Vor dem Vertrag über eine Verfassung für Europa war im europäischen Primär-

[1] Vgl. im besonderen Dominique Rousseau (1997): „L'IDENTITÉ de l'Europe sera constitutionnelle ou ne sera pas. [...] Mais pour divenir le bien commun des gens, l'Europe a besoin de leur renvoyer autre chose que l'image d'un chiffre sur un billet" (Hervorhebung im Original).

recht nur an drei Stellen von „Werten“ die Rede (Artt. 11 I, 27a I EUV; Art. 16 EGV); und auch die Verfassungstraditionen der Mitgliedsstaaten legen einen solchen „offensiven“ Umgang mit dem Begriff des „Wertes“ keineswegs nahe. Zusätzlich verstärkend wirkt, dass hier von „Werten“, nicht etwa von „Prinzipien“ oder „Staatszielbestimmungen“ die Rede ist. Inhaltlich bezieht sich der Vertragsentwurf auf die freiheitlich-liberalen Grund-„Werte“ mit der Menschenwürde an zentraler Stelle. Durch eine auf diesen Fundamenten errichtete Verfassung soll mithin der „europäischen Identität“ in Zukunft ihr objektiv-rechtlicher Ausdruck gegeben werden. Damit erfüllt sie die von Smend herausgestellte spezifische Integrationsleistung einer Verfassung (Smend 1994, 260-268).

Der explizite Gedanke, dass das Verfassungsrecht auf einem gesellschaftlichen Wertekanon beruht, begegnete in der europäischen Tradition bislang nur in den Konsolidierungsperioden nach Kriegszeiten, so in der deutschen Verfassungsgeschichte in den Jahren 1919 und 1949. Wenig später bezeichnete das Bundesverfassungsgericht in einer bekannten Entscheidung das Grundgesetz als solches gar als „Wertordnung“ (BVerfGE 7, 198, 204ff.). Die Herausforderung der staatsrechtlichen Konsolidierung Europas unterscheidet sich diesbezüglich in einem entscheidenden Punkt: Erstmalig soll eine gesellschaftliche Identität nicht aus den Notwendigkeiten eines gesellschaftlichen Wiederaufbaus nach Kriegszeiten geschehen, sondern durch eine supranationale Identitätsbildung in einer auf europäischem Terrain bislang noch nicht dagewesenen Friedensperiode. Es geht mithin nicht um Wiederbegründung oder um Eingliederung aufgrund von Eroberungen, sondern um eine staatsrechtliche Neugründung durch Zusammenführung von bereits einzeln ausgeprägten nationalen Identitäten. Während bezüglich des Wertfundaments der WRV oder des GG auf eine nationale staatsrechtliche Diskussion zurückgegriffen werden konnte, bezeichnet es die Neuheit des europäischen „Wertekanons“, dass man diesen als mehr oder weniger deutlichen Konsens der westeuropäischen Verfassungstradition(en) voraussetzt, dass dieser Konsens aber keiner bereits bestehenden gesellschaftlichen Identität entspricht, in der dieser seine gewissermaßen natürliche Verankerung fände, sondern gerade doch katalysierend auf die Herausbildung und Diffusion dieser neuen europäischen Identität zielen soll.[2]

Damit soll zweifelsohne auf etwas verwiesen werden, was eine gesamteuropäische Verfassung notwendigerweise als Basis braucht, selbst aber keineswegs ursprünglich hervorbringen oder „schaffen" kann, nämlich ein gesellschaftlich-kulturelles Fundament.[3] Europas „Definition" – im ethymologischen Sinn „Grenzziehung" – war ohnehin geschichtlich nie klar gewesen, weswegen diese schon immer auf kulturell-gesellschaftlichen Kriterien begründet wurde.

Genau vor diesem Hintergrund sind die Versuche zu verstehen, das „europäische Erbe", das man kulturell, religiös, juridisch, politisch, soziologisch usw. buchstabieren kann, wachzurufen und positiv zu integrieren. Als zentrales Moment hat sich – wohl komplementär zum defizitären Integrationspotential einer rein positiv-rechtlichen Identität – die Redeweise von der europäischen „Wertegemeinschaft" durchgesetzt (Mandry 2005). Eine Rückbindung des rechtlichen Rahmens der Europäischen Union an ein gemeinsames Wertefundament ist jedoch bereits aus generellen, theoretischen Überlegungen nicht unumstritten. Droht nicht, so ist zu fragen, eine „Tyrannei der Werte", wie Carl Schmitt eindringlich formuliert hatte (Schmitt 1965)? – eine Drohung, für welche Europa sensibel geworden ist und der gerade die liberale Rechtstradition entgegensteuert, weil im „Rekurs auf die ‚Werte'" stets die Gefahr schlummert, dass „dem Subjektivismus und Positivismus der Tageserwartungen das Feld" geöffnet und dadurch „die Freiheit eher zerstör[t] als fundier[t]" wird (Böckenförde 1965, 93). Das Recht kann demzufolge keine Werteordnung vorgeben noch deren Herausbildung als eine Staatsprärogative ansehen. Sind unter dieser Voraussetzung also die

[2] „Verfassungsrecht wird als Identitätsgehalt vor allem relevant, wenn der Rückgriff auf vorrechtliche Gemeinsamkeiten als nicht tragfähig gilt" (Bogdandy 2003, 189). Im Grunde geht dies auf die bereits genannte wegweisende Abhandlung von Smend zurück.

[3] „Eine Europäisierung ohne ein sich vorausentwickelndes europäisches Bewußtsein und damit ohne ein europäisches Volk mit konkreter Fähigkeit und Bereitschaft zur gemeinsamen Staatlichkeit wäre ideengeschichtlich uneuropäisch" (Kirchhof 1992, 879).

im Verfassungsentwurf genannten „Werte" etwas, was sich der Dimension des Rechts gänzlich entzieht, so dass sich das Recht als unabhängig von dieser erweist? Demzufolge wäre die Smendsche Behauptung nochmals einer Revision zu unterziehen und kritisch nachzufragen, ob vor diesem Hintergrund eine europäische Verfassung überhaupt identitätsstiftende Wirkung für Europa haben kann.

Diese Problematik des Verhältnisses zwischen „Recht" und „Werten", das mit dem Verfassungsentwurf wieder auf die Tagesordnung der politisch-juridischen Diskussion in Europa gelangt ist, ist – so die These dieser Abhandlung – in der Lage, ideengeschichtlich ein Stück „europäische Identität" aufzuarbeiten. Genau genommen iteriert sich damit jene politisch-juridisch-philosophische Problemstellung, die dem Europa der Moderne sein Gesicht gegeben hat, d. h. die Frage nach dem *quid ius* und seines Integrationspotentials für die europäische Gesellschaft.[4] Der „Tyrannei der Werte" soll dabei dadurch engegengewirkt werden, dass die Konsolidierung einer europäischen Identität nur unter der Wahrung der Identität ihrer Mitbürger, die in den fundamentalen Freiheitsrechten der liberalen Tradition ihren stärksten Garanten gefunden hat, und d. h. um der Garantie ihres Status als Subjekte der Integration willen in einer kulturellen Integration, welche die Einzelfreiheiten positiv in ein neues europäisches Bewusstsein überführt, bestehen kann. Gleichzeitig finden diese Einzelfreiheiten ihre genuine Manifestation in den einzelnen europäischen *Identitäten* bereits vor. Damit tritt die Kategorie der Verschiedenheit ursprünglich an die Seite der Identität.[5] Die Herausstellung der Identität in diesem Sinne ist dann als eine genuine Kulturlei-

[4] „Meint EI [europäische Integration] vornehmlich die Integration von Märkten oder geht es um eine Harmonisierung von Rechtsordnungen im Interesse von Wirtschaft *und* Bürger, oder soll eine Verfassung der eigentliche Schlüssel zu einer Integration auch der *Völker* sein?" (Isak 2005, 31).

[5] „Die Vorteile der ‚Verschiedenheit' verschiedener Kulturen können in konstruktiver Weise nur dann anerkannt und erworben werden, wenn man die eigene ‚Identität' nicht aufhebt oder ausklammert, sondern sie am Leben erhält und bestärkt" (Reale 2003, 148).

stung zu begreifen.[6] Nur eine solche Sichtweise vermag den die Gesellschaft konstituierenden Subjekten in hohem Maß gerecht zu werden, indem sie deren Identität und Freiheit in ihrer konkreten Verwirklichung in den Vordergrund stellt.

Mit diesem einführenden Panorama sind gleichzeitig die Eckpunkte einer Diskussion abgesteckt, die in Europa ob ihrer Relevanz für die aktuelle Frage nach der „europäischen Identität" aus der US-amerikanischen Diskussion importiert wird, wobei es sich bei genauerem Hinsehen jedoch um den Reimport einer der grundlegenden Kapitel der neuzeitlichen staatsrechtlichen Diskussion Europas handelt. Diese ging aus den Auseinandersetzungen bei der Suche nach einer neuen europäischen Identität hervor, als die einheitliche religiöse Ordnung des Mittelalters zusammengebrochen war und die moderne Reflexion auf das Recht als Integrationsfaktor geboren wurde. Es *musste* möglich sein, menschliche Würde und bürgerliches Zusammenleben nicht auf Religion und Moral, sondern auf eine rechtliche Ordnung zu begründen. So sei im Folgenden die aktuelle Diskussion zwischen *libertarians* und *communitarians* Anlass zur Reflexion auf die Ursprünge derselben in der europäischen Neuzeit, und zwar zu zweierlei Behufe: (1) Nicht die historische Dimension steht im Vordergrund, sondern die systematische, womit die Ergebnisse zu einer in Europa dringend benötigten neuen rechtsethischen Reflexion dienen können. (2) Diese Diskussion war niemals national beschränkt, sondern wurde stets in ihrer gesamteuropäischen Tragweite betrachtet. Der aus ihr hervorgehende Begriff des „Rechts" avanciert damit selbst zu einer Kategorie europäischer Identität, weswegen im Nachzeichnen dessen historisch-systematischer Genese selbst eine tragende Säule dieser Identität zum Vorschein kommt. Diese Diskussion macht deutlich, wie wichtig das Zusammenwirken von Juristen, Philosophen

[6] „Notre héritage commun n'est pas donné. Il nous revient de se l'approprier, de l'inventer ensemble dans l'incertitude d'un échange contemporain. Dans cette perspective, l'Europe de la culture reste un projet inédit" (Autissier 1998-1999, 110).

und Theologen für das Gestaltwerden Europas war und ist – und dass dieses durchaus nicht auf ein reines Politikum reduziert werden sollte.

2. Der Rechtsbegriff der „liberalen" Tradition

2.1 Darstellung

Der moderne Rechtsbegriff fußt wesentlich auf der Tradition liberalen Denkens, an dessen Beginn das für das neuzeitliche Staatsdenken grundlegende Werk Thomas Hobbes' steht und dessen Mitte Immanuel Kant bildet.[7]

Während für Hobbes der Naturzustand noch aus den utilitaristischen Überlegungen, den Kriegszustand aller gegen alle zu überwinden, verlassen und ein Rechts- und Staatszustand etabliert wird, ist dieser Übergang bei Kant eine Vernunft*notwendigkeit*. Ihnen gemeinsam ist die Überlegung, auf welcher Grundlage bürgerliches Zusammenleben organisiert werden kann, wenn keine einheitliche religiös-metaphysische Grundlage mehr die Gesellschaft „ontologisch" verbindet. Eine solche Dimension ist der neuzeitlichen politisch-rechtlichen Organisation der Gesellschaft nicht mehr zugänglich. Diese muss nunmehr aus und vor der menschlichen Vernunft ihre Rechtfertigung finden, die als praktische Vernunft die Grundlage des Rechtsstaats schaffen *muss*.

Das Recht hat für Kant die Bedeutung, durch die apriorische Vermittlung der Freiheiten der Einzelsubjekte überhaupt Möglichkeitsbedingung für die Verwirklichung menschlicher Freiheit zu sein. Damit wird das Recht transzendental, d. h. vernunftnotwendig, fundiert. In einem ersten Schritt definiert Kant das Recht als „die Einschränkung der Freiheit eines jeden auf

[7] Vgl. Hobbes 1996, 102-107, 141-156 (zu Hobbes vgl. Hüning 1998); zu Kant vgl. die im Folgenden zitierten Textstellen; vgl. des Weiteren Küsters 1988; Kersting 2004; von der Pfordten 2001, 355-394; vgl. im Ganzen auch Bielefeldt, 1990. Wie bereits einleitend angedeutet, steht die nun folgende philosophiehistorische Arbeit zur „Archäologie" (arche!) des europäischen Rechtsbegriffs unter dem systematischen Kriterium dieser Untersuchung, diesen als „Kategorie" der aktuellen Diskussion um die „europäische Identität" zu erweisen. Aus diesem Grund wird hier keiner historischen, sondern der systematischen Methode gefolgt.

die Bedingung ihrer Zusammenstimmung mit der Freiheit von jedermann, in so fern diese nach einem allgemeinen Gesetze möglich ist" (Kant 1968b, 289f.). Damit formuliert Kant seinen liberal-konstitutionalistischen Gedanken aus: „Freiheit (Unabhängigkeit von eines Anderen nöthigender Willkür), sofern sie mit jedes Anderen Freiheit nach einem allgemeinen Gesetz zusammen bestehen kann, ist dieses einzige, ursprüngliche, jedem Menschen kraft seiner Menschheit zustehende Recht" (Kant 1968a, 237)[8]. Das Rechtsprinzip in seiner Formalität hat apriorische Konstitutionsfunktion der Verwirklichung von Freiheit, ist somit in dieser selbst als Freiheitsgesetz verankert. Durch die rechtliche Regelung äußerlich erzwingbaren Verhaltens gelingt es Kant, das Funktionieren dieser Rechtsordnung von der moralischen Qualität der Einzelsubjekte unabhängig zu machen. Vor diesem Hintergrund ist seine Devise zu verstehen, die staatliche Organisation müsse auch für ein „Volk von Teufeln" möglich sein.[9]

Der Kantische Rechtsbegriff bezieht sich seiner apriorischen Vernunftnatur gemäß auf die Sicherung negativer Freiheiten und individueller Entfaltungsfreiheiten. Demokratische und sozialstaatliche Grundprinzipien wer-

[8] „Der Begriff des Rechts, sofern er sich auf eine ihm correspondirende Verbindlichkeit bezieht (d. i. der moralische Begriff derselben) betrifft erstlich nur das äußere und zwar praktische Verhältniß einer Person gegen eine andere, sofern ihre Handlungen als Facta aufeinander (unmittelbar, oder mittelbar) Einfluß haben können. Aber zweitens bedeutet er nicht das Verhältnis der Willkür auf den Wunsch (folglich auch auf das bloße Bedürfniß) des Anderen, wie etwa in den Handlungen der Wohlthätigkeit oder Hartherzigkeit, sondern lediglich auf die Willkür des Anderen. Drittens, in diesem wechselseitigen Verhältniß der Willkür kommt auch gar nicht die Materie der Willkür, d. i. der Zweck, den ein jeder mit dem Object, was er will, zur Absicht hat, in Betrachtung, z. B. es wird nicht gefragt, ob jemand bei der Waare, die er zu seinem eigenen Handel von mir kauft, auch seinen Vortheil finden möge, oder nicht, sondern nur nach der Form im Verhältniß der beiderseitigen Willkür, sofern sie bloß als frei betrachtet wird, und ob durch die Handlung eines von beiden sich mit der Freiheit des andern nach einem allgemeinen Gesetze zusammen vereinigen lasse. [...] Eine jede Handlung ist recht, die oder nach deren Maxime die Freiheit der Willkür eines jeden mit jedermanns Freiheit nach einem allgemeinen Gesetze zusammen bestehen kann" (Kant 1968a, 230).

[9] „Das Problem der Staatseinrichtung ist, so hart wie es auch klingt, selbst für ein Volk von Teufeln (wenn sie nur Verstand haben) auflösbar" (Kant 1968c, 366). Auch nach Fichte kann „der Staat [...] ohne alles Bedenken als sein Grundgesetz annehmen: liebe dich selbst über alles, und deine Mitbürger um dein selbst willen" (Fichte 1970, 69).

den dadurch nicht ausgeschlossen, kommen aber erst in zweiter Linie in Betracht, nämlich zur Sicherung individueller Autonomie. Kant schafft gewissermaßen dafür die systematisch-abstrakte Grundlage im Geiste moderner, säkularer Staatsbegründungen.[10] In subjektivitätstheoretischer Weise wird damit die letztlich christlich inspirierte und bereits im Mittelalter mit dem römischen Rechtsdenken eine Synthese bildende Einsicht von der Gleichheit aller Menschen für eine neuzeitliche Staatsbegründung *etiamsi Deus non daretur* fruchtbar gemacht. Damit liefert Kant die theoretischen Grundlagen für die Tradition liberalen Denkens, in deren Zentrum die Frage steht: „Wie kann eine stabile und gerechte Gesellschaft freier und gleicher Bürger, die durch vernünftige und gleichwohl einander ausschließende religiöse, philosophische und moralische Lehren einschneidend voneinander getrennt sind, dauerhaft bestehen?" (Rawls 1998, 14).[11] Liberale Abwehrrechte und Menschenrechte bilden die Grundlage des friedlichen staatlichen Zusammenlebens und konstituieren damit die Grundlage der liberalen Tradition. Auf dieser Grundlage muss sich dann die „Gesellschaft der Individuen" (Französische Revolution) immer wieder aufs Neue ihren Raum sozialer Solidarität schaffen (Frankenberg 1994, 211).

Mit Charles Taylor könnte man resümieren, dass die liberale Tradition für die moderne Staatsbegründung der westlichen Demokratien ein Dreifaches geleistet hat: (1) Sie stellt den Versuch dar, einen Standpunkt zu gewinnen, auf dem der gesellschaftliche Konsens nicht mehr von moralischen Einstellungen abhängt. Während die Auseinandersetzung um moralische Lebensformen den Staat überlasten würde, kann jedoch von jedem billigerweise eingefordert werden, dem jeweils Anderen seinen Willen zu lassen

[10] „Die republikanische Grundvorstellung der politisch selbstbewußten Integration einer ‚Gemeinschaft' von Freien und Gleichen ist für moderne Verhältnisse offensichtlich zu konkret und zu einfach, jedenfalls dann, wenn man an eine Nation, gar an eine ethnisch homogene, durch gemeinsame Traditionen zusammengehaltene Schicksalsgemeinschaft denkt. Glücklicherweise ist das Recht ein Medium, das eine wesentlich abstraktere Vorstellung von staatsbürgerlicher Autonomie erlaubt" (Habermas 1993b, 648f.).

[11] Vgl. darüber hinaus Habermas 2005, 107.

und dessen persönliche Einstellungsfreiheit zu respektieren. (2) Zweitens entspricht diese Position dem modernen Antipaternalismus, wonach es jedem selbst vorbehalten ist, sich seine eigene Anschauung über das „gute Leben" zu bilden. (3) Schließlich schafft der politische Liberalismus die praktische Möglichkeit, die jeweils Anderen im Gemeinwesen trotz unterschiedlichster Einstellungen zu respektieren (Taylor 2002a, 40). Wenn Rawls seine Theorie als „politisch, nicht metaphysisch" definiert, trifft er damit genau die *differentia specifica* der modernen Staatsbegründung im Gegensatz zur vorneuzeitlichen sowie der Funktion des Rechts innerhalb derselben. Es geht um gesellschaftliche Praktikabilität, nicht um „Richtigkeit" im moralischen oder gar metaphysischen Sinn. Die Gerechtigkeitsfrage wird auf staatlicher Ebene demzufolge von einem moralischen zu einem Fairnessproblem; die moralische (und metaphysische) Frage (als „Wahrheits"-Frage) wandert in die ausschließliche Zuständigkeit der Einzelindividuen.

2.2 Kritik

Die Kritik an der liberalen Rechtskonzeption setzt zunächst beim Freiheitsbegriff an, der dieser zugrundeliegt. Gerade durch die konsequente Trennung von Moral und Recht, die zwar im kategorischen Imperativ ihren gemeinsamen Grund finden, jedoch weiterhin *nicht direkt* wechselseitig interferieren, würden die Weichen für die Entwicklung jenes rein negativen Verständnisses der Freiheit gestellt, das im Recht nur noch die Regelung äußerer Freiheitssphären sieht, damit aber auch die Gefahr der faktisch-persönlichen Entfremdung der Staatsbürger in großen, zentralisierten und bürokratisierten Gesellschaften mit sich bringe. Dies sei genau die Gefahr, die sich nun heute in der Problematik der „europäischen Identität" zeitige: das Gefühl einer weiten Entfernung der Verwaltung bei gleichzeitigem Empfinden der Ohnmacht gegenüber derselben (Taylor 2002b, 125). Im Hintergrund dieser Erfahrung steht das Phänomen fortschreitender Individualisierung aufgrund der Reduktion des staatlich-bürgerlichen Miteinanders auf die rein funktionell verstandene und rechtlich ausdifferenzierte Verwaltung. Führt, so wenden die Kritiker ein, das negative Freiheitsverständnis, das im

Hintergrund dieser Rechtskonzeption steht, aber nicht zu einer Aufhebung der Freiheit des Subjekts selbst, das doch notwendig diese Freiheit in einem positiven Miteinander verwirklichen muss? Wird nicht durch die Überbetonung negativer Abwehrrechte die Freiheit von ihren eigenen, notwendigen Ressourcen abgeschnitten? Während sich die negative Freiheits*beschränkung* rechtlich herstellen lasse, so die Kritik, ist dies für die positive Freiheits*begründung* nicht der Fall. Die Freiheitsentfaltung bedürfe jedoch beider Elemente, nämlich die (negative) Beschränkung der Freiheit anderer, aber auch die (positive) Fähigkeit, überhaupt Freiheit ausüben zu können. Oder anders ausgedrückt: Dem politischen Liberalismus fehle es an einer angemessenen Moralpsychologie (Taylor 1992a, 120; Ders. 1983, 485). Ohne diese führe die (rein negative) Freiheitsermöglichung zur Selbstverzehrung dieser Freiheit selbst.[12]

Übertragen auf die europäische Diskussion wird demzufolge geäußert, dass die liberale Tradition des Rechtsbegriffs ihre negativen Auswirkungen in einer wachsenden Desintegration und Individualisierung der europäischen Gesellschaft realisiere. „Europa“ werde so für die Bürger immer weniger „nachvollziehbar“. Es entwickele sich damit von einer organischen Gesellschaft zu einer „Menge“, einem „Haufen“[13]. Wegen der Voranstellung des Rechtsbegriffs vor den Erörterungen eines positive Bürgerwerte fördernden Begriffs gemeingesellschaftlichen Wohls wurde die kritisierte liberale Tradition auch als die „legalozentrische“ definiert (Tully 1983, 500).

Dieser Vorwurf, dass eine uneingeschränkte, individuelle Freiheitsentfaltung auf Dauer die Fundamente der Demokratie selbst untergrabe, ist die Kernthese einer zweiten Tradition, deren Autoren in der Darstellung des neuzeitlichen Rechtsbegriffs im Gegensatz zu den Prägegestalten liberaler Provenienz systematisch nur Randpositionen einnehmen. Dennoch haben sie stets ein wesentliches Korrektiv eingebracht, ohne welches man den heu-

12 „Eine ungeklärte Ideologie der Freiheit führt zu einem Dogmatismus, der sich zusehends als freiheitsfeindlich erweist“ (Ratzinger 2005, 70f.).

13 Vgl. zu diesen Begriffen Hegel 1970, § 302, S. 472; § 279, S. 447.

tigen Rechtsbegriff nur einseitig zu verstehen droht. Es ist gerade aus der Verbindung der beiden Traditionen, dass der Rechtsbegriff zu einer Kategorie europäischer Identität avanciert. Diese zweite Linie, die im Folgenden zur Darstellung kommen wird, besitzt ihre aktuellen Vertreter in den *communitarians*, welche die *libertarians* im Sinne der Hegelschen Kritik an Kant zu korrigieren suchen. Charles Taylor[14] entdeckt im Subjekt des Liberalismus ein abstrahiertes und als „atomistisch" charakterisiertes „desengaged subject", das nicht den Menschen in seiner konkreten Gesamtheit betrachtet, sondern ihn auf ein „punktförmiges Selbst" reduziere (Taylor 1996, 309). Auf einem negativen Freiheitsbegriff beruhend, seien die Subjekte als geometrische Punkte ohne konkret-individuelle Wirklichkeit konzipiert, was aber die analysierten verheerenden Auswirkungen auf die Begriffe von Recht, Staat und Freiheit zeitige.[15] Im Grunde sind es mithin die impliziten anthropologischen Grundannahmen des Liberalismus, die Taylor (wie auch alle anderen Vertreter der Kommunitaristen) kritisiert. Demgegenüber stellen die Repräsentanten jener genuin europäischen Tradition, die man als „romantisch-expressivistisch" bezeichnen könnte, die Frage in den Vordergrund, welche moralischen Instanzen im weitesten Sinne es sind, die das einigende staatliche Band unter den Menschen stricken, und welche Bedeutung das Recht in diesem Institutionengefüge einnimmt.

[14] Zu Taylor vgl. in diesem Zusammenhang insbes. Weber 2002; Albert 2002; Schütz 2005.
[15] Bereits Hegel kritisierte: „Der selbstsüchtige Zweck in seiner Verwirklichung, so durch die Allgemeinheit bedingt, begründet ein System allseitiger Abhängigkeit, daß die Subsistenz und das Wohl des Einzelnen und sein rechtliches Dasein in die Subsistenz, das Wohl und Recht aller verflochten, darauf gegründet und nur in diesem Zusammenhange wirklich und gesichert ist. – Man kann dies System zunächst als den *äußeren Staat*, – *Not-* und *Verstandesstaat* ansehen" (Hegel 1970, § 183, S. 340).

3. Der Rechtsbegriff der „romantisch-expressivistischen" Tradition[16]

3.1 Darstellung

Während der Rechtsbegriff in der heutigen Auseinandersetzung zwischen *libertarians* und *communitarians* tendenziell am Rande steht, stand er am Ursprung der europäischen Moderne – bedingt durch die bereits angedeutete historische Situation, ein rechtliches Zusammenleben jenseits der konfessionellen Unterschiede stabilieren zu müssen – durchaus im Mittelpunkt, weswegen gerade die historische Auseinandersetzung für die heutige rechtsethische Frage nach der Fähigkeit des Rechts, Kategorie europäischer Identitätsbildung zu sein, fruchtbar gemacht werden kann. Hegel kritisierte den Kantischen Rechtsbegriff, ein rein äußerlicher zu sein und damit auf gesellschaftlich-staatlicher Ebene jenen Dualismus zu reproduzieren, der bereits dessen theoretische Philosophie angreifbar mache.[17] Dieser Dualismus, so Hegel, bedeute nichts weniger als ein Auseinanderdividieren der vernünftig-notwendig-universalen Ebene von der real-kontingent-individuellen Dimension des Menschen. So komme konsequenterweise in Kants Rechtsbegriff nur das Abstrakt-Universelle, nicht aber das Vernünftige = das Wirkliche (im Hegelschen Sinn) zum Ausdruck. Gegen die abstrakte Reduktion der Kantischen Rechtsperson ist es das Ziel Hegels, „die sich selbst ihr Gesetz gebende rationale Freiheit des kantischen Subjekts mit der im Menschen vorhandenen Einheit des Ausdrucks und mit der Natur zusammenzubringen" (Taylor 1983, 707). Seine Staatskonzeption erschöpft sich damit nicht in der prozedural-abstrakten Vermittlung von Freiheitsräumen (eine Vermittlung, die für Hegel überhaupt keine öffentlich-staatliche Freiheit zu begründen vermag), sondern bezeichnet jenen konkret-sittlichen öffentlichen Raum, in welchem sich die Freiheit der Einzelnen und damit die Rechtspersonalität des Subjekts allererst mit der gelebten Moral verbindet; die Sittlich-

[16] Man könnte sie auch als „republikanisch" bezeichnen; vgl. hierzu Menke 1993, 219-221.
[17] Zum Hegelschen Rechtsbegriff vgl. Drüe u. a. 2000, 289-316; Henrich 1982; Peperzak 1991.

keit erweist sich damit als Vernünftigkeit des Rechtsbegriffs[18]. Wesentlich für die Interpersonalitätskonzeption im Hegelschen Rechtsraum sind damit die Begriffe Selbstverwirklichung und Anerkennung[19]. Damit erreicht Hegel durch seinen Rechtsbegriff eine positive Integration der identitätsstiftenden Einzelfreiheiten im Staat.[20] Das objektive Recht ist verstanden als „das Dasein *aller* Bestimmungen der Freiheit umfassend", Recht also im weitesten Sinn als „Manifestation der Freiheit".[21] Die Vermittlung der Einzelidentitäten zur Identität des Gemeinwesens geschieht damit dadurch, dass die Bürger das Bewusstsein haben müssen, unter vernünftigen Gesetzen zu leben.

„Sittlichkeit" ist also der Begriff, den Hegel Kant entgegenhält und mit dem er auf jene moralischen Pflichten verweist, „die ich einer Gemeinschaft gegenüber habe, deren Teil ich bin" (Taylor 1983, 492)[22]. Der Einzelne hat als Teil der Gemeinschaft damit die sittliche Pflicht, das Gemeinschaftsleben immerfort neu hervorzubringen und es dadurch am Leben zu erhalten.

[18] „Die Vernünftigkeit [sc. des Staates] besteht, abstrakt betrachtet, überhaupt in der sich durchdringenden Einheit der Allgemeinheit und der Einzelnheit, und hier konkret dem Inhalte nach in der Einheit der objektiven Freiheit d. i. des allgemeinen substantiellen Willens, und der subjektiven Freiheit als des individuellen Wissens und seines besondere Zwecke suchenden Willens – und deswegen der Form nach in einem nach *gedachten, d. h. allgemeinen* Gesetzen und Grundsätzen sich bestimmenden Handeln" (Hegel 1970, § 258, S. 399).

[19] Vgl. dazu Huber: „Wenn alle Lebensbereiche rechtlich normiert sind, verliert das Recht seine Freiheitsfunktion. Diese kann es nämlich nur erfüllen, so lange seine Reichweite begrenzt bleibt. Da [...] darf es nicht in denjenigen Bereich vordringen, in dem solche Voraussetzungen sich allein bilden können: nämlich in den Bereich, in dem Verhältnisse wechselseitiger Anerkennung zwischen den Menschen sich ungesucht und ungezwungen einstellen" (Huber 1999, 24f.); vgl. auch Honneth 1992.

[20] „Das *Recht der Individuen* für ihre *subjektive Bestimmung* zur *Freiheit* hat darin, daß sie der sittlichen Wirklichkeit angehören, seine Erfüllung, indem die *Gewißheit* ihrer Freiheit in solcher Objektivität ihre *Wahrheit* hat, und sie im Sittlichen *ihr eigenes* Wesen, ihre *innere* Allgemeinheit *wirklich* besitzt" (Hegel 1970, § 153, S. 303).

[21] „Der Boden des Rechts ist überhaupt das *Geistige* und seine nähere Stelle und Ausgangspunkt der *Wille*, welcher *frei* ist, so daß die Freiheit seine Substanz und Bestimmung ausmacht und das Rechtssystem das Reich der verwirklichten Freiheit, die Welt des Geistes aus ihm selbst hervorgebracht, als eine zweite Natur, ist" (Hegel 1970, § 4, S. 46; vgl. ebd., § 29, S. 80).

[22] „Das entscheidende Merkmal der ‚Sittlichkeit' besteht darin, daß sie uns vorschreibt, hervorzubringen, was bereits besteht. Das klingt paradox, aber tatsächlich ist das gemeinschaftliche Leben, das die Grundlage meiner ‚sittlichen' Pflicht bildet, bereits vorhanden" (ebd.).

Hegel lehnt eine Konzeption ab, in der der Staat als „abstrakter" den Bürgern „gegenübersteht", sondern für ihn sind die Bürger „Momente wie im organischen Leben, wo kein Glied Zweck, keines Mittel ist" (Hegel 1955, 112).[23] Statt auf die inneren Moralquellen des Subjekts – das Sittengesetz bei Kant und Fichte – verweist er auf die konkrete Sittlichkeit: „Zu wünschen kann es sein, daß die Menschen die Gründe, tiefere Quelle des Rechtes kennen – dies ist objektiv nicht notwendig. Zutrauen, Glauben, gesunde Vernunft, Sitte ist die allgemeine objektive Weise der Begründung" (Hegel 1970, § 132, Zusatz, S. 250).

Auch Kant und Fichte verweisen jenseits des äußeren, erzwingbaren Rechts auf die innere moralische Seite, der es eben darum ist, dass das Rechte nicht aus äußerer Rechtsbefolgung getan, sondern aus innerer Einsicht das Rechte als Rechtes gewollt wird. Unterschiedlich ist jedoch die Verhältnisbestimmung dieser beiden Seiten: Während im Liberalismus diese Moralität völlig von der äußeren Sphäre entkoppelt ist, fordert Hegel ein, dass sie gerade in der äußeren Welt ihre Entsprechung finden muss. Genau der von Kant gepriesene reine Wille ist für Hegel eben „leer". Er fragt nach dem Inhalt dieses Willens und deduziert ihn aus der allgemeinen Vernunft. Dies stellt dann das Rechte dar. Das Recht ist demzufolge rein äußerlich; mangels Innerlichkeit ist es eben auch auf staatliche Durchsetzungsmechanismen angewiesen – bzw. auf seine Ergänzung durch die Moralität. Damit wird aber

[23] Was Hegel damit meint, ist äußerst bedeutsam; und die Nichtbeachtung hat zu vielen Missverständnissen der Hegelschen Rechtsphilosophie Anlass gegeben. In besonderer Klarheit paraphrasiert Taylor den Hegelschen Gedanken folgendermaßen: „In der atomistischen liberalen Tradition kann ‚Staat' nur so etwas wie ‚Regierungsorgane' bedeuten. Von ihnen als ‚Wesen' oder ‚Endzwecken' der Bürger zu sprechen, kann nur Unterwerfung unter eine unverantwortliche Tyrannei bedeuten. Hegel verstand jedoch unter ‚Staat' die politisch organisierte Gemeinschaft. Sein Modell ist nicht der *Machtstaat* Friedrichs des Großen, den er niemals bewunderte, sondern die griechische Polis. Sein Ideal ist also nicht ein Zustand, in dem Individuen Mittel für einen Zweck sind, sondern vielmehr eine Gemeinschaft, in der wie in einem lebendigen Organismus […] alles gleichzeitig Mittel und Zweck ist. Mit anderen Worten: Der Staat sollte eine Anwendung der Kategorie innerer Teleologie sein" (Taylor 1983, 507f.).

auch – positiv – das Recht bei Hegel zu jener „Außenseite" einer Wirklichkeit, von der es in der liberalen Tradition entkoppelt ist.

Nach Hegel sind die Institutionen und Gesetze als Vermittlungen zur staatlichen Einheit zu begreifen. Die Bürger leben ihren Willen in jenen gesellschaftlichen Strukturen, in die sich der Staat auf unterer Ebene ausdifferenziert. Damit erhält der Rechtsbegriff konkret-vermittelnde Bedeutung, denn er findet sich situiert zwischen der „Liebe" als demjenigen Anerkennungsverhältnis der Familie und der solidarischen Anerkennung von Individualität in der staatlichen Gemeinschaft.[24] Die Dimension des „Rechts" ist daher immer schon durch Gemeinschaftlichkeit zu verstehen und sieht sich insofern auf diese verwiesen und als ein Moment an ihr, als sie diese voraussetzt, nicht aber aus sich hervorzubringen vermag.

So verstanden verweist der Rechtsbegriff selbst auf eine konkrete, moralische Ressource, die das Recht selbst nicht begründen kann. Aus dieser Einsicht leitet die „romantisch-expressivistische" Tradition ihre Einsicht ab, dass das Recht – zumindest in diesem Verständnis – *nicht* vor der Identität der konkreten Gemeinschaft und Kultur stehen kann. Daraus wird auch der Vorwurf an die liberale Tradition verständlich, diese untergrabe systematisch die Grundlage aller gemeinschaftlichen Identität und führe zum Schwund

[24] „Als Rechtsperson anerkannt sein heißt, nach Maßgabe des Rechts in seiner persönlichen Autonomie respektiert werden, sein Leben selbst zu bestimmen. Subjektive Rechte auf Handlungsfreiheit kommen jeder Person als Person des Rechts zu. [...] Diese Anerkennungsform ist nicht als ‚atomistisch' zu verstehen: Personen erkennen sich diese Rechte gegenseitig zu. Rechte sind Beziehungen zwischen Personen und sie gewähren Freiräume, in denen Personen selbst bestimmen, welche ethischen Lebensformen sie bejahen. [...] In seiner Diskussion des Begriffs der Rechtsperson betont Hegel die Abstraktheit und Künstlichkeit der Persönlichkeit des Rechts, die sich allgemein auf die ‚äußere Sphäre ihrer Freiheit' bezieht. [...] Die Person, gemäß dem Rechtsgebot ‚sei eine Person und respektiere die andern als Personen', anzuerkennen heißt, ihre Freiheit und ihren freien Willen jenseits aller Besonderheit zu akzeptieren, [...] sie lediglich als ‚sprödes Selbst' zu sehen [...]. Wie Hegel in der Phänomenologie ausführt, ist der Status der Rechtsperson insofern ein positiver Status, als die Person als Kategorie des Rechts ‚ein anerkanntes und wirkliches Gelten ist'. Negativ ist der Status insofern, als die Person eine abstrakte und ‚unwesentliche' Form der subjektiven und intersubjektiven (Selbst-)Anerkennung ist" (Schütz 2005, 240f.).

der Identifikation der Bürger mit der staatlichen, bzw. in unserem Zusammenhang: europäischen, Identität.

Böckenförde führt diesen Gegensatz nochmals auf die Unterscheidung zwischen „negativer" und „positiver" Freiheit zurück, wenn er affirmiert, dass die Aufklärung ihre Grenze an der Frage nach dem „Woraufhin" der Freiheit finde.[25] Dies verweist auf einen positiven Freiheitsbegriff, den es dann auch positiv in die neue Identität Europas zu integrieren gilt.[26] Gegen die liberale Zweckrationalität setzen die Denker der „romantisch-expressivistischen" Linie eine „Art von Rationalität, die intrinsischen Wert zu erfassen vermag", d. h. eine Wertrationalität (Taylor 1992b, 268). Erste Anknüpfungspunkte dieser Denktradition können in John Locke oder Michel de Montaigne erkannt werden, als weitere zentrale Referenzen sind J.-J. Rousseau und v. a. C. de Montesquieu zu nennen. Locke wandte gegen Hobbes ein, die Gesellschaft existiere *vor* dem Staat, *vor* der Regierung. *Sie* (nicht in erster Linie der liberale Staat) werde durch einen Ur-Vertrag begründet, der die Menschen aus dem Naturzustand herausführt. Erst in einem zweiten Schritt wird durch die Gesellschaft die Regierung bestimmt und somit die staatliche Ebene eingerichtet. Damit wird nicht der Staat zur ersten Bedingung freiheitlichen Zusammenlebens, sondern die Gesellschaft, der ihm gegenüber Eigenbedeutung zukommt. Durch diese Differenzierung gewinnt das Soziale ein Eigengewicht als außer-politische Realität.[27] Der

[25] „Ziel der Aufklärung war und ist die Befreiung des Menschen nicht nur von Unterdrückung, sondern auch von vorgegebener (rechtlicher und geistiger) Abhängigkeit [...]. Die Grenze der Aufklärung zeigt sich bei der Frage nach dem Woraufhin der Freiheit. Die Aufklärung formuliert, über die Freiheit hinaus, keine positiv verbindliche Sozialidee. Zwar mag eine solche Sozialidee verschwiegen [...] wirksam sein. Aber sie wird nicht mehr Teil des Konzepts der Freiheit und damit Teil der allgemeinen öffentlichen Ordnung" (Böckenförde 1995, 721).

[26] „Sobald wir uns eine Vorstellung von Selbstverwirklichung zu eigen machen oder den Begriff der Freiheit an eine positive Ausübung binden, dann kann die Fähigkeit, das zu tun, was immer wir gerade wollen, nicht länger als hinreichende Bedingung von Freiheit akzeptiert werden" (Taylor 1992a, 124).

[27] So sieht Locke den Grund zur Vergesellschaftung auch weniger in der Etablierung einer „sichtbare[n] Macht, um sie [sc. die Menschen] in Schrecken zu halten und sie durch Furcht

unpolitische Eigenwert der Gesellschaft führt jedoch nicht so weit, dass es zu einer Trennung käme, wohl aber dass im Staats- und Rechtsbegriff die gesellschaftliche Ebene eigenständige Konstitutionsbedeutung erhält. Und nach Montesquieu ist es Kennzeichen gerade der Republik im Gegensatz zur Monarchie oder zur Despotie, auf der Tugend ihrer Bürger errichtet zu sein (Montesquieu 2001, III, 3, S. 120-122). Tocqueville leitet daraus, gepaart mit seinen Erfahrungen mit der amerikanischen Gesellschaft, den Aufruf zu spontanen, freiwilligen Zusammenschlüssen ab, m. a. W. zur Dezentralisierung des politischen Apparates (Tocqueville 2003, 248-253)[28].

Im deutschsprachigen Denken wird diese Tradition von Denkern wie J. G. Herder, J. G. Hamann oder W. v. Humboldt aufgegriffen; in Hegel[29]

vor Strafe an die Erfüllung ihrer Verträge und die Befolgung jener Naturgesetze zu binden", worin Hobbes das einzige Mittel sah, um den „elenden Kriegszustand" zu überwinden (Hobbes 1996, 141), sondern er nennt außer den „Nachteile[n] jenes [sc. außergesellschaftlichen] Zustandes" auch die „Liebe und das Bedürfnis nach Gesellschaft" (Locke 1977, II, § 101, S. 262).

[28] Interessant ist die Folgerung, die er daraus für Europa ableitet: „Was vermag selbst die öffentliche Meinung, wenn es keine *zwanzig* Personen gibt, die ein gemeinsames Band vereinigt; wenn sich weder ein Mensch noch eine Familie, weder eine Körperschaft noch eine Klasse oder eine freie Vereinigung finden, die diese Meinung vertreten und wirksam machen können? [...] Die Gleichheit stellt die Menschen schroff nebeneinander, ohne ein gemeinsames Band, das sie verknüpft. [...] Lokale Freiheiten also, die das ständige Bestreben der Bürger wecken, die Liebe ihrer Nachbarn und Nächsten zu erwerben, führen die Menschen zur Gemeinschaft und zwingen sie ständig, trotz der Neigungen, die sie trennen, sich gegenseitig zu helfen. [...] Meines Erachtens verdient nichts eine größere Aufmerksamkeit als die zu geistigen und sittlichen Zwecken gegründeten Vereine Amerikas" (Tocqueville 2003, 196, 243, 245, 253). Ebenso bleibt nach Montesquieu die Begrenzung der Regierungsmacht durch das Gesetz wirkungslos, solange diese nicht durch „corps intermédiaires" auch realiter verankert werde.

[29] „Der Staat ist die Wirklichkeit der konkreten Freiheit; die *konkrete Freiheit* aber besteht darin, daß die persönliche Einzelheit und deren besondere Interessen sowohl ihre vollständige *Entwicklung* und die *Anerkennung ihres Rechts* für sich (im Systeme der Familie und der bürgerlichen Gesellschaft) haben, als sie durch sich selbst in das Interesse des Allgemeinen teils *übergehen*, teils mit Wissen und Willen dasselbe und zwar als ihren eigenen *substantiellen Geist* anerkennen und für dasselbe als ihren *Endzweck tätig* sind, so daß weder das Allgemeine ohne das besondere Interesse Wissen und Wollen gelte und vollbracht werde, noch daß die Individuen bloß für das letztere als Privatpersonen leben und nicht zugleich in und für das Allgemeine wollen und eine dieses Zwecks bewußte Wirksamkeit haben" (Hegel 1970, § 260, S. 406f.).

erreicht sie – wie bereits analysiert – gerade in ihrer Bedeutung für den Rechtsbegriff ihren Scheitelpunkt. Gegen ein weitläufiges Missverständnis darf die Dimension der Gemeinschaftlichkeit in dieser Tradition gerade nicht als ein Gegensatz zur individuellen Autonomie verstanden werden – denn genau diese Vermittlungsleistung ist das zentrale Anliegen der genannten Denker. Ihre Kritik zielt damit nicht auf die Betonung des menschlichen Subjekts, sondern auf dessen Konzeption als „desengagiertes Subjekt", dem sie mit der Betonung seiner personalen Tiefenstruktur, deren Wertebezogenheit sich im sozialen Raum moralischer Entfaltung ihren Ausdruck verschafft, zu begegnen suchen. In dieser Tradition ist somit der Hintergrund für den meist belächelten Mythos Novalis' zu sehen, der sich nach jener sinnerfüllten Zeit sehnt, „wo Europa ein christlich Land" und durch „ein großes gemeinschaftliches Interesse" geeint war (Novalis 1964, 45). Otto von Gierke brachte selbiges Anliegen auf die eher zugängliche und rationalnüchternere Formel der „Zurückverlagerung des Staates in das Volk" (Gierke 1948, 8). Und der bereits zitierte Charles Taylor übersetzt dieses in die politischen Anliegen, Macht zu dezentralisieren und Regierungsformen zum Zwecke der wirksamen Vertretung der Bürgerinteressen an lokale bzw. regionale Instanzen zu delegieren (Taylor 2002b, 125).

An dieser Stelle muss betont werden, dass sich diese vor ihrem philosophisch-geistesgeschichtlichen Hintergrund bewusst als „romantisch-expressivistisch" und nicht als „republikanisch" gekennzeichnete Tradition nicht als eine systematisch eigenständige Rechtsbegründung im Sinne einer Alternative zum liberalen und v. a. Kantischen Rechtsbegriff versteht. Im Gegenteil – vor diesem Hintergrund erweist sich die eingangs in einer Nebenbemerkung behauptete „Unselbständigkeit" dieser Tradition offenkundig. Nicht die rechtstheoretische Betrachtung unterscheidet beide Traditionen, sondern die rechts*ethische* Stellungnahme. Zentralpunkt der Kritik der zweiten hier vorgestellten Tradition ist, um es nochmals zu betonen, die Bedeutung des Rechts innerhalb des staatlichen Organismus. Es wird herausgestellt, dass das Recht nicht in seiner Abwehrfunktion des Einzelnen gegen den Staat (negativer Freiheitsbegriff) aufgeht, sondern vielmehr auch eine positive Integrationsfunktion besitzt, womit das Recht jene identitätskonstitutive Dimension erwirbt, die heute in der Frage nach der „europäischen Identität" reklamiert wird.[30] Jedes Recht bedeutet demzufolge letztlich eine gemeinschaftsbezogene Wertaffirmation, die unsere Anerkennung und Achtung der in der Gemeinschaft geteilten Entfaltungsmöglichkeiten zum Ausdruck bringt. Aus diesem Grund stellt der heutige Kommunitarismus so stark den Vorrang des „Guten" vor dem „Rechten" heraus, was die aktuelle Gemeinwohldiskussion gerade im Rahmen der Frage nach der europäischen Identität heraufbeschwor (Berten/Eggensperger/Engel 2004). Insbesondere was die Verhältnisbestimmung des Einzelnen zur „civil society" angeht, ist dabei dem Kommunitarismus eine deutliche Weiterentwicklung über Hegel hinaus gelungen. Insbesondere die kommunitaristischen „Überlegungen über die menschliche Natur und die soziale Bedingtheit des Menschen" (Schütz 2005, 35) führten dabei zu einer bedeutsamen Anpassung der Hegelschen Figur der „Sittlichkeit des Staates" (Taylor 1993).

3.2 Kritik

Gleichwohl ist auch die „romantisch-expressivistische" bzw. „republikanische" oder „kommunitaristische" Tradition nicht ohne Kritik geblieben. Grundlegend lässt sich von liberaler Seite einwenden, dass die Kommunitaristen von harmonischen Gemeinschaften ausgehen und dabei das eine Gesellschaft kennzeichnende Konfliktpotential ausklammern. Soziale Instiutionen würden, so beispielsweise Joshua Cohen, gerade nicht von einem einzelnen Herrscher im Sinne eines „kohärenten Wertesystems" entworfen,

[30] „Alle Normen von Recht und Moral, so allgemein sie sein mögen, stehen in einem kulturell-ethischen Kontext ‚unserer' Identität" (Forst 1996, 240). „Der Identifikationspol besteht im ‚Gesetz' als dem Inbegriff der zentralen Institutionen und Verfahren des politischen Systems. Diese Einrichtungen werden als Gemeingut betrachtet und gepflegt, weil alle Beteiligten in ihnen Quelle und Schutz ihrer Würde sehen. [...] ist es wohl doch wahr, daß die Gesetze und Institutionen der demokratischen Gesellschaft allgemein anerkannt werden als eine Art gemeinsamen Ausdrucks von Bürgerwürde, wie sie allen gleichermaßen zusteht" (Taylor 2002d, 19f.).

sondern seien gerade *per se* Resultat gesellschaftsinterner Konflikte und Auseinandersetzungen – keinesfalls sei jedoch zu erwarten, diese könnten sich in der heutigen Gesellschaft auf ein „Set von kohärenten sozialen Praktiken“ berufen (Cohen 1993, 1017). Die auf diesem Grundvorwurf auffußenden Kritiken am kommunitaristischen Modell der Rechts- und Staatsbegründung lassen sich unter drei Strategien subsumieren (Gutmann 1997, 41-44): Erstens wird herausgestellt, dass der Gegner, den die Kommunitaristen kritisieren, im Wesentlichen eine Konstruktion ihrer eigenen Interpretation des Liberalismus sei; ein „extremer Atomismus“ herrsche demnach bei keinem liberalen Denker vor. Zweitens lasse es keinen Raum für individuelle Moral. Während Taylor – völlig zu Recht – von diesem Vorwurf ausgenommen wird, trifft er allerdings Repräsentanten wie Sandel oder MacIntyre: Hier fällt es schwer, für das Einzelindividuum einen systematischen Freiraum zu finden, der es ihm gestattet, eine kritische Distanz zu seinem soziokulturellen Kontext aufzubauen (Kymlicka 1988, 193f.). Drittens wird dem Kommunitarismus (wiederum scheint Taylor ausgenommen) eine normative Bedeutungslosigkeit vorgeworfen: „Der Versuch, aus der Feststellung, daß Menschen sozial konstituierte Wesen sind, abzuleiten, daß diese Gemeinschaften auch den normativen Vorrang vor den betroffenen Individuen haben, ist ein schlichter genetischer Fehlschluß“ (Gutmann 1997, 43). Am kommunitaristischen Rechtsbegriff selbst wird freilich die Kritik geübt, dieser würde wesentliche Errungenschaften des liberalen Rechtsbegriffs preisgeben und die Gefahr der Unterminierung des rechtsstaatlichen Prinzips überhaupt mit sich bringen.[31] Auch Jürgen Habermas entgegnete kritisch, dass kommunitaristische Forderungen nach „Gruppenrechten“ oder nach „Schutz von identitätsbildenden Lebensformen und Traditionen“ abzulehnen seien (Habermas 1993a, 173).

[31] „So scheint das ‚integrationistische‘ kommunitaristische Projekt mehr Hoffnungen auf den heilsamen sozialen Druck durch örtliche Vertreter der Gemeinschaftsmoral zu setzen als auf das Recht“ (Gutmann 1997, 60).

4. Fazit

Eine ideengeschichtliche Rekonstruktion des europäischen Rechtsverständnisses als „gemeinsamer Institution“ (Cerutti 2005, 132) europäischer Identität gelangt mithin zur Herausstellung zweier aufeinander irreduzibler Quellen unseres Rechtsbegriffs. Offensichtlich gilt es, wie die ebenso symmetrisch angeordnete Kritik zeigt, deren Balance zu wahren, will man jenem Rechtsverständnis gerecht werden, das die vielfältigen europäischen Identitäten heute schon zu einer europäischen Identität *in nuce* verbindet. Dass diese Verbindung nicht in der formellen Vereinbarung von Rechtsordnungen oder gar der Überstülpung einer neuen Rechtsordnung über die bereits bestehenden bedeutet, sondern nur dann eine europäische Identität hervorbringen kann, wenn auch die Entwicklung der dahinter stehenden Wertdimension der Gesellschaft damit Schritt hält – auch dies kann ein Ergebnis der historisch-systematischen Betrachtung der doppelten Tradition des europäischen Rechtsbegriffs sein. Dabei haben wir es durchaus nicht mehr mit Radikalpositionen zu tun, sondern mit den beiden bereits vermittelten Standpunkten eines liberalen Kommunitarismus und eines Neutralitätsliberalismus. Dass die Probleme, denen die EU auf ihrem Weg zu ihrer Identität begegnet, jeweils eine unverkürzbare rechtliche Dimension enthalten, sollte freilich Anlass genug sein, sich im Rahmen der Frage nach der „europäischen Identität“ der Rechtskategorie zuzuwenden. Die Tradition dieses Begriffs in Europa weist jedenfalls diesen Weg: „Für Kant und Hegel ist die Idee des Staates oder der ‚bürgerliche Zustand‘ eine Konsequenz des Gedankens des Rechts oder der rechtlichen Freiheit selbst“ (Petersen 1995, 335). Resümierend ergibt sich aus dieser Feststellung natürlich die Frage, welche der beiden Traditionen im Rechtsbegriff des Europäischen Verfassungsvertrages (VVfE) verwirklicht ist.

Unschwer erblickt man diesen zunächst als Erbe der „liberalen“ Rechtstradition. In den Freiheits- und Abwehrrechten, die auf dem Gedanken der

Menschenwürde beruhen, nimmt der VVfE jene genuin europäische Synthese aus griechischer und römischer Antike, dem Christentum, dem Humanismus und der neuzeitlichen Aufklärung auf.[32] Gleichzeitig wird aber auch deutlich, dass mit diesen Freiheits- und Abwehrrechten auch fundamentale Bürger- und Teilhaberechte verbunden sind. Auch wenn diese *qua* Rechtsinstitutionen abstrakt formuliert werden, sind sie doch – und dies ist ja die eingangs analysierte Neuheit des VVfE – als „Werte" gekennzeichnet. Dieser Begriff wirkt einer neutralitätsliberalen Reduktion der verfassungsmäßigen Grundlagen Europas entgegen.

Dass diese Ausdifferenzierung in einen „liberalen" und „kommunitären" Aspekt der Grundrechte recht künstlich wirkt und zudem große Abgrenzungsprobleme mit sich bringt, deutet darauf hin, dass beide Traditionen gleichermaßen in den Rechtsbegriff des europäischen Verfassungsvertrages verflochten sind – und dies in der jüngsten Verfassungstradition auch schon immer waren.[33] Freilich ist diese Balance nun ins Wanken geraten – und genau dies macht sich in der in der Einleitung zitierten Identitätsproblema-

[32] Dafür steht der Name Herzog, unter dessen Ägide federführend die Menschenwürde an die Spitze der europäischen Grundrechtscharta gestellt wurde; vgl. auch seine Rede: „Die geistigen Grundlagen Europas sind wahrlich nicht schwer zu entdecken. Es sind die Grundlagen der griechischen Antike und ihres Humanismus, des Christentums und der europäischen Aufklärung. Es ist die Überzeugung von der Würde und dem Wert des menschlichen Individuums, die Idee von der Freiheit des selbstverantwortlichen Menschen. Und es ist das Prinzip der offenen Gesellschaft, die sich aus der Freiheitsidee ergibt" (zit. in: Schmitz 2005, 83, Anm. 36; zur Frage nach den „christlichen Werten" im genannten Kontext vgl. Belafi 2005).

[33] Vgl. diesbezüglich auch Art. 1 der Rheinland-Pfälzischen Verfassung (1947): „Der Staat hat die Aufgabe, die persönliche Freiheit und Selbständigkeit des Menschen zu schützen sowie das Wohlergehen des Einzelnen und der innerstaatlichen Gemeinschaften durch die Verwirklichung des Gemeinwohls zu fördern" (Abs. 2); „Die Rechte und Pflichten der öffentlichen Gewalt werden durch die naturrechtlich bestimmten Erfordernisse des Gemeinwohls begründet und begrenzt" (Abs. 3) Und nach dem Bundesverfassungsgericht ist das „Menschenbild des Grundgesetzes [...] nicht das eines isolierten souveränen Individuums; das Grundgesetz hat vielmehr die Spannung Individuum-Gemeinschaft im Sinne der Gemeinschaftsbezogenheit und Gemeinschaftsgebundenheit der Person entschieden, ohne deren Eigenwert anzutasten" (BVerfGE 4, 7, 15f.; vgl. auch 32, 98, 107f.; 33, 1, 10f.; vgl. hierzu auch Häberle 1970 bzw. Hofmann 1995, 99; Grimm 2002). Zur mittlerweile etablierten „Gemeinwohljudikatur" sowohl des EuGH als auch des EGMR vgl. Häberle 2002, 112-120.

tik Europas deutlich. Noch fehlt eine gesamteuropäische Gesellschaft, welcher man „Identität" zuschreiben könnte. Während die Errichtung eines einheitlichen rechtlichen Rahmens eine rein politisch-funktionelle Aufgabe ist, die man – bei allen Schwierigkeiten – recht gut in den Griff bekommen hat (oder bekommt), wird immer deutlicher, dass die Integration der in Europa vorhandenen (einzelstaatlichen oder gruppenspezifischen) Identität*en* zur *Identität* einer europäischen Gesellschaft nicht mit dieser von politisch-juridischer Seite her vorgegebenen Geschwindigkeit Schritt hält.[34] Wiewohl aber – wie unsere rechtsethische Betrachtung zeigte – beide Aspekte zur Herausbildung der europäischen Identität von unverkürzbarer Bedeutung sind, nimmt es nicht länger Wunder, wenn ein allzu großes Auseinanderdriften beider Aspekte Europa vor eine Zerreißprobe stellt. Vor diesem Hintergrund ruft man zurzeit wieder nach der Beteiligung der „Intellektuellen" an der Herausbildung der europäischen Identität.[35] Man darf vor diesem Hin-

[34] „Die erste Version der modernen Identität betonte drei Dinge: Autonomie, Erfüllung unserer Natur und Effizienz [...]. Die moderne Konsumgesellschaft befriedigt diese drei Forderungen oder erweckt zumindest diesen Anschein. Sie gewährt eine Privatsphäre, behandelt uns als autonome Wesen, die als Produzenten und als Staatsbürger tätig sind, und sie scheint darauf ausgerichtet zu sein, uns eine Erfüllung zu bieten, die wir zusammen mit denen bestimmen, denen wir durch Bande der Intimität verbunden sind. Sie scheint zugleich einigen Varianten der zweiten Version natürlicher Erfüllung, insbesondere der romantisch-expressiven Variante, zu entsprechen. Denn ein Großteil unserer privaten Erfüllung in unseren Beziehungen, in unserem künstlerischen und expressiven Leben, ist den expressiven Konzepten entnommen. [...] Aber andererseits ist dieser Kompromiß zwischen der ersten und der zweiten Version, der zeitweise so stabil zu sein scheint, manchmal voller Spannungen. Im Augenblick haben wir eine solche Phase. [...] Wir haben gesehen, wie die zweite Version unseres Ideals natürlicher Erfüllung in eine wirkungsvolle Kritik der ersten Version verwandelt werden kann. Daher begreifen wir unmittelbar die kritischen Einwände, die unseren politischen, ökonomischen und rechtlichen Strukturen entgegengehalten werden: daß sie bloß instrumentell sind, daß sie Gemeinschaft negieren, daß sie sich ausbeuterisch gegenüber den Menschen und gegenüber der Natur verhalten usw." (Taylor 1992b, 276f.).

[35] „Wenn wir an die Rolle der Intellektuellen als Führungselite bei der Formulierung kollektiver Identitäten denken [...], dann fällt auf, wie wenig sie an der Herausbildung einer kollektiven Identität der Europäischen Gemeinschaft beteiligt sind. [...] Die Europäische Gemeinschaft hat sich so als ein ökonomisches Riesengebilde ohne kulturelle Idee und ohne Beteiligung der Intellektuellen entfaltet. Jetzt, da sie mehr als nur eine ökonomische Einheit werden soll, fehlt ihr die von einer europäischen Intellektuellenbewegung gestiftete kulturelle Identität" (Münch 1993, 98; vgl. diesbezüglich auch Münkler 1997, 203).

tergrund nicht vergessen, dass genau diese, die traditionell die „Vision" Europas hochgehalten haben, zu einem großen Teil aus dem Lager der „romantisch-expressivistischen" Tradition stammen (Lützeler 1992).

Gleichzeitig stimmt auch, so mag man von eher liberaler Seite einwenden, dass es mit einem solchen romantisierenden Beschwören des Heranwachsens der so oft reklamierten „europäischen Öffentlichkeit" (Häberle 2002, 112)[36] nicht getan ist, sondern dass sich dieses Bestreben auch in den konkreten politisch-juridischen Formen der Ermöglichung[37] von Identitätsbildung seinen Ausdruck verschaffen muss. Programmatisch scheint dies durch die Bezeichnung der Verfassungsgüter der liberalen Tradition als „Werte" zu geschehen.[38] Ist dies der Fall, dann kann das erstmalig im VfVE in justiziablen Artikeln umgesetzte Subsidiaritätsprinzip mit seiner Kompetenzverteilung (Art. I-12 bis I-14 VfVE; vgl. Krienke 2006) als konkreter Umsetzungsmechanismus dieses programmatischen Ausdrucks gelten. Weiterhin können auch – in Absetzung vom amerikanischen Rechtsverständnis – die sozialen Grundrechte als finale Teilhaberechte in dieser Werteperspektive gelesen werden, so das Recht auf Bildung (Art. 14), der Zugang zur Arbeitsvermittlung (Art. 29), zu sozialen Diensten (Art. 34 I) sowie zur Gesundheitsvorsorge (Art. 35 S. 1)[39]. Auch die Neuakzentuierung der Bedeutung der Kommunen im VfVE gegenüber dem bisherigen europäischen

36 „Oft stellt man sich das Verhältnis zwischen Nation und Staat viel zu einseitig vor, als strebten immer nur Nationen einen Staat an. Es gibt jedoch auch den umgekehrten Fall. Manchmal versuchen sich Staaten am Leben zu erhalten, indem sie ein Gemeinschaftsempfinden beschwören" (Taylor 2002c, 279f.).

37 „Rechtsstaatlich kann diese hermeneutische Leistung der kulturellen Reproduktion von Lebenswelten nur *ermöglicht* werden" (Habermas 1993a, 174).

38 „Demokratie gilt als Wert und nicht bloß als Verfahrensweise" (Irrgang 1999, 159). „Eine Gesellschaft, die sich durch zentrifugale Kräfte bedroht sieht, muß *Institutionen und Prozesse fördern, die einer Stärkung gesellschaftlicher Bindungen und gemeinsamer Werte dienen*" (Etzioni 1997, 267).

39 Sich auf diese Artikel berufend, bezeichnete Rensmann die europäische Verfassung nicht als „liberale Rahmenverfassung", sondern als eine finale „Werteverfassung" (Rensmann 2005, 63; vgl. Brugger 1999, 11f.). Doch soll an dieser Stelle – im Sinne der aufgezeigten „Balance" – vor der Tendenz gewarnt sein, das eine Extrem lediglich durch das andere zu ersetzen.

Rechtskorpus stellt einen Aspekt des gemeinschaftlich-wertfinalen Aspekts des Verfassungsentwurfes dar (Teufel 2004, 152)[40].

In diesen Artikeln sind mithin jene „Orte“ zu sehen, an denen das Zusammenspiel beider Traditionen zum Ausdruck kommt und sich Spuren europäischer Identität in rechtsethischer Perspektive verdichten. Man kann das Recht damit als „einheitsstiftenden Identifikationspol“ (Taylor 2002d, 19) ansehen, das zu einer philosophisch-praktischen Bestimmung der in diesem Band verhandelten Europäischen Identität den Weg weist: „Die Identität der Europäischen Union kann [...] als ein Rechtsbegriff verstanden werden. Als solcher ist sie existent“ (Kopp 2002, 214).

[40] Es ist, als rekurriere Teufel hier direkt auf Hegel, der in den *Grundlinien der Philosophie des Rechts* bemerkte: „Die *Organisation* der Behörden hat insofern die formelle, aber schwierige Aufgabe, daß von unten, wo das bürgerliche Leben *konkret* ist, dasselbe auf konkrete Weise regiert werde“. Und so liege „in den Gemeinden die eigentliche Stärke der Staaten [...]. Man hat seit einiger Zeit immer von oben her organisiert, und dies Organisieren ist die Hauptbemühung gewesen, aber das Untere, das Massenhafte des Ganzen ist leicht mehr oder weniger unorganisch gelassen; und doch ist es höchst wichtig, daß es organisch werde, denn nur so ist es Macht, ist es Gewalt, sonst ist es nur ein Haufen, eine Menge von zersplitterten Atomen [vgl. hier wiederum die Hegelsche Kritik am Liberalismus Kants]“ (Hegel 1970, § 290 und Zusatz, S. 459f.).

Literatur

Albert, Christian (2002): Kommunitarismus – ein hegelianiaches Projekt der späten Moderne (Reihe Politisches Denken, Bd. 7), Neuried.

Autissier, Anne-Marie (1998-1999): Approche socio-politique de la réutilisation du patrimoine en Europe, in: Dies.: La réutilisation culturelle et artistique des monuments historiques en Europe, Paris.

Belafi, Matthias (2005), Christliche Werte und Europäische Verfassung, in: Heit, Helmut (Hrsg.): Die Werte Europas. Verfassungspatriotismus und Wertegemeinschaft in der EU?, Münster, S. 70-84.

Berten, Ignace / Eggensperger, Thomas / Engel, Ulrich (Hrsg.) (2004): Gemeinwohl im Konflikt der Interessen. Gesellschaftspolitische sozialethische und philosophisch-theologische Recherchen zu Europa (Kultur und Religion in Europa, Bd. 4), Münster.

Bielefeldt, Heiner (1990): Neuzeitliches Freiheitsrecht und politische Gerechtigkeit. Perspektiven der Gesellschaftsvertragstheorien (Epistemata, Bd. 71), Würzburg.

Böckenförde, Ernst-Wolfgang (1965): Die Entstehung des Staates als Vorgang der Säkularisation, in: [o. Hrsg.]: Säkularisation und Utopie. Erbacher Studien. Ernst Forsthoff zum 65. Geburtstag, Stuttgart u. a., S. 75-94.

Ders. (1995): Erfolge und Grenzen der Aufklärung. Acht Thesen, in: Universitas, Jg. 50, S. 720-726.

Bogdandy, Armin von (2003): Europäische und nationale Identität: Integration durch Verfassungsrecht?, in: Veröffentlichungen der Vereinigung der Deutschen Staatsrechtslehrer, Jg. 62, S. 156-193.

Brugger, Winfried (1999): Liberalismus, Pluralismus, Kommunitarismus. Studien zur Legitimation des Grundgesetzes (Interdisziplinäre Studien zu Recht und Staat, Bd. 12), Baden-Baden.

Cerutti, Furio (2005): Gibt es eine politische Identität der Europäer?, in: Donig, Simon / Meyer, Tobias / Winkler, Christiane (Hrsg.): Europäische Identitäten – Eine europäische Identität?, Baden-Baden, S. 128-149.

Cohen, Joshua (1993): Kommunitarismus und universeller Standpunkt, in: Deutsche Zeitschrift für Philosophie, Jg. 41, S. 1009-1019.

Drüe, Hermann u. a. (Hrsg.) (2000): Hegels „Enzyklopädie der philosophischen Wissenschaften" (1830). Ein Kommentar zum Systemgrundriß, Darmstadt.

Etzioni, Amitai (1997): Die Verantwortungsgesellschaft. Individualismus und Moral in der heutigen Demokratie, 2. Aufl., Berlin.

Fichte, Johann Gottlieb (1970): Grundlage des Naturrechts nach Principien der Wissenschaftslehre Zweiter Theil oder Angewandtes Naturrecht (J. G. Fichte-Gesamtausgabe, hrsg. von Reinhard Lauth und Hans Jacob, Bd. I,4), Stuttgart-Bad Cannstadt.

Forst, Rainer (1996): Kontexte der Gerechtigkeit. Politische Philosophie jenseits von Liberalismus und Kommunitarismus, Frankfurt a. M.

Frankenberg, Günter (1994): Solidarität in einer „Gesellschaft der Individuen"? Stichworte zur Zivilisierung des Sozialstaats, in: Ders. (Hrsg.): Auf der Suche nach der gerechten Gesellschaft, Frankfurt a. M., S. 210-223.

Gierke, Otto von (1948): Die soziale Aufgabe des Privatrechts (Deutsches Rechtsdenken, Bd. 12), 2. Aufl., Frankfurt a. M.

Grimm, Dieter (2002): Gemeinwohl in der Rechtsprechung des Bundesverfassungsgerichts, in: Münkler, Herfried / Fischer, Karsten (Hrsg.): Gemeinwohl und Gemeinsinn im Recht. Konkretisierung und Realisierung öffentlicher Interessen (Forschungsberichte der interdisziplinären Arbeitsgruppe „Gemeinwohl und Gemeinsinn" der Berlin-Brandenburgischen Akademie der Wissenschaften, Bd. 3), Berlin, S. 125-139.

Gutmann, Thomas (1997): „Keeping 'em down on the farm after they've seen Paree": Aporien des kommunitaristischen Rechtsbegriffs, in: Archiv für Rechts- und Sozialphilosophie, Jg. 83, S. 37-66.

Häberle, Peter (1970): „Gemeinwohljudikatur" und Bundesverfassungsgericht. Öffentliche Interessen, Wohl der Allgemeinheit in der Rechtsprechung des BVerfG, in: Archiv des öffentlichen Rechts, Jg. 95, S. 86-125, 260-298.

Ders. (2002): „Gemeinwohl" und „Gemeinsinn" im national-verfassungsstaatlichen und europarechtlichen Kontext, in: Münkler, Herfried / Fischer, Karsten (Hrsg.): Gemeinwohl und Gemeinsinn im Recht. Konkretisierung und Realisierung öffentlicher Interessen (Forschungsberichte der interdisziplinären Arbeitsgruppe „Gemeinwohl und Gemeinsinn" der Berlin-Brandenburgischen Akademie der Wissenschaften, Bd. 3), Berlin, S. 99-124.

Habermas, Jürgen (1993a): Anerkennungskämpfe im demokratischen Rechtsstaat, in: Taylor, Charles / Gutmann, Amy (Hrsg.): Multikulturalismus und die Politik der Anerkennung, Frankfurt a. M., S. 147-196.

Ders. (1993b): Faktizität und Geltung. Beiträge zur Diskurstheorie des Rechts und des demokratischen Rechtsstaats, 3. Aufl., Frankfurt a. M.

Ders. (2005): Vorpolitische Grundlagen des demokratischen Rechtsstaates?, in: Ders.: Zwischen Naturalismus und Religion. Philosophische Aufsätze, Frankfurt a. M., S. 106-118.

Hegel, Georg Wilhelm Friedrich (1955): Die Vernunft in der Geschichte, hrsg. von Johannes Hoffmeister, 5. Aufl., Hamburg (Nachdr. 1966).

Ders. (1970): Grundlinien der Philosophie des Rechts oder Naturrecht und Staatswissenschaft im Grundrisse (Werke, Bd. 7), Frankfurt a. M.

Henrich, Dieter (Hrsg.) (1982): Hegels Philosophie des Rechts. Die Theorien der Rechtsformen und ihre Logik, Stuttgart.

Hobbes, Thomas (1996): Leviathan, hrsg. von Hermann Klenner, Hamburg.

Hofmann, Hasso (1995): Verfassungsrechtliche Perspektiven. Aufsätze aus den Jahren 1980-1994, Tübingen.

Honneth, Axel (1992): Kampf um Anerkennung, Frankfurt a. M.

Huber, Wolfgang (1999): Gerechtigkeit und Recht. Grundlinien christlicher Rechtsethik, 2. Aufl., Gütersloh.

Hüning, Dieter (1998): Freiheit und Herrschaft in der Rechtsphilosophie des Thomas Hobbes (Schriften zur Rechtstheorie, Bd. 185), Berlin.

Isak, Hubert (2005): Eine Verfassung für Europa?, in: Blumenwitz, Dieter u. a. (Hrsg.): Die Europäische Union als Wertegemeinschaft (Staats- und völkerrechtliche Abhandlungen der Studiengruppe für Politik und Völkerrecht, Bd. 22), Berlin, S. 29-48.

Irrgang, Bernhard (1999): Gemeinwohl geht vor Eigennutz. Eine Auseinandersetzung mit dem Kommunitarismus, in: Fonk, Peter / Zelinka, Udo (Hrsg.): Orientierung in pluraler Gesellschaft. Ethische Perspektiven an der Zeitenschwelle (Studien zur theologischen Ethik, Bd. 81), Freiburg i. Br., S. 149-164.

Kant, Immanuel (1968a): Metaphysische Anfangsgründe der Rechtslehre, hrsg. von Paul Natorp (Akademie-Ausgabe, Bd. 6, S. 203-372), Berlin.

Ders. (1968b): Über den Gemeinspruch: Das mag in der Theorie richtig sein, taugt aber nicht für die Praxis, hrsg. von Heinrich Maier (Akademie-Ausgabe, Bd. 8, S. 273-314), Berlin.

Ders. (1968c): Zum ewigen Frieden, hrsg. von Heinrich Maier (Akademie-Ausgabe, Bd. 8, S. 341-386), Berlin.

Kersting, Wolfgang (2004): Kant über Recht, Paderborn.

Kirchhof, Paul (1992): Der deutsche Staat im Prozeß der europäischen Integration, in: Isensee, Josef / Kirchhof, Paul (Hrsg.): Handbuch des Staatsrechts der Bundesrepublik Deutschland, Bd. 7, Heidelberg, S. 855-887.

Kopp, Andreas (2002): Europäische Identität als Kategorie des Europarechts, Tübingen.

Krienke, Markus (2006): La sussidiarietà come concetto europeo tra identità e libertà, in: Marcolungo, Ferdinando L. (Hrsg.): Identità europea e libertà (La filosofia e il suo passato, Bd. 16), Padua, S. 125-137.

Küsters, Gerd-Walter (1988): Kants Rechtsphilosophie (Erträge der Forschung, Bd. 256), Darmstadt.

Kymlicka, Will (1988): Liberalism and Communitarism, in: Canadian Journal of Philosophy, Jg. 18, S. 181-203.

Locke, John (1977): Zwei Abhandlungen über die Regierung, hrsg. von Walter Euchner, Frankfurt a. M.

Lützeler, Paul Michael (1992): Die Schriftsteller und Europa. Von der Romantik bis zur Gegenwart, München.

Mandry, Christof (2005): Die Europäische Union als „Wertegemeinschaft" in der Spannung zwischen politischer und kultureller Identität, in: Heit, Helmut (Hrsg.): Die Werte Europas. Verfassungspatriotismus und Wertegemeinschaft in der EU?, Münster, S. 284-294.

Menke, Christoph (1993): Liberalismus im Konflikt. Zwischen Gerechtigkeit und Freiheit, in: Brumlik, Micha / Brunkhorst, Hauke (Hrsg.): Gemeinschaft und Gerechtigkeit, Frankfurt a. M., S. 218-243.

Montesquieu, Charles Louis de Secondat de (2001): Vom Geist der Gesetze, hrsg. von Kurt Weigand, Stuttgart.

Münch, Richard (1993): Das Projekt Europa. Zwischen Nationalstaat, regionaler Autonomie und Weltgesellschaft, Frankfurt a. M.

Münkler, Herfried (1997): Europäische Identifikation und bürgerschaftliche Kompetenz. Vorbedingungen einer europäischen Staatsbürgerschaft, in: Internationale Zeitschrift für Philosophie, Jg. 6, S. 202-217.

Novalis [Friedrich von Hardenberg] (1964): Die Christenheit oder Europa, in: Ders.: Europa oder die Christenheit. Utopie oder Wirklichkeit, Kempten, S. 43-70.

Peperzak, Adriaan Theodor (1991): Hegels praktische Philosophie. Ein Kommentar zur enzyklopädischen Darstellung der menschlichen Freiheit und ihrer objektiven Verwirklichung (Spekulation und Erfahrung, Bd. II,19), Stuttgart-Bad Cannstadt.

Petersen, Thomas (1995): Die Freiheit des Einzelnen und die Notwendigkeit des Staates, in: Fricke, Christel u. a. (Hrsg.): Das Recht der Vernunft. Kant und Hegel über Denken, Erkennen und Handeln (Spekulation und Erfahrung, Bd. 37), Stuttgart-Bad Cannstadt, S. 333-354.

Pfordten, Dietmar von der (2001): Rechtsethik, München.

Ratzinger, Joseph (2005): Europa in der Krise der Kulturen, in: Pera, Marcello / Ratzinger, Joseph: Ohne Wurzeln. Der Relativismus und die Krise der europäischen Kultur, Augsburg, S. 61-84.

Rawls, John (1998): Politischer Liberalismus, Frankfurt a. M.

Reale, Giovanni (2003): Radici culturali e spirituali dell'Europa. Per una rinascita dell' „uomo europeo", Milano.

Rensmann, Thilo (2005): Grundwerte im Prozeß der europäischen Konstitutionalisierung. Anmerkungen zur Europäischen Union als Wertegemeinschaft aus juristischer Perspektive, in: Blumenwitz, Dieter u. a. (Hrsg.): Die Europäische Union als Wertegemeinschaft

(Staats- und völkerrechtliche Abhandlungen der Studiengruppe für Politik und Völkerrecht, Bd. 22), Berlin, S. 49-72.

Rousseau, Dominique (1997): Pas d'Europe sans Constitution, in: Le Monde vom 18.01., S. 17.

Schmitt, Carl (1965): Die Tyrannei der Werte, in: [o. Hrsg.]: Säkularisation und Utopie. Erbacher Studien. Ernst Forsthoff zum 65. Geburtstag, Stuttgart u. a., S. 37-62.

Schmitz, Thomas (2005): Die Charta der Grundrechte der Europäischen Union als Konkretisierung der gemeinsamen europäischen Werte, in: Blumenwitz, Dieter u. a. (Hrsg.): Die Europäische Union als Wertegemeinschaft (Staats- und völkerrechtliche Abhandlungen der Studiengruppe für Politik und Völkerrecht, Bd. 22), Berlin, S. 73-97.

Schütz, Markus (2005): Der Begriff des Guten bei Charles Taylor. Kann es unter der Autonomiebedingung der Moderne noch eine normative Theorie des guten Lebens geben? (Philosophie, Bd. 22), München.

Smend, Rudolf (1994): Verfassung und Verfassungsrecht, in: Ders.: Staatsrechtliche Abhandlungen und andere Aufsätze, 3. Aufl., Berlin, S. 119-276.

Taylor, Charles (1983): Hegel, Frankfurt a. M.

Ders. (1992a): Der Irrtum der negativen Freiheit, in: Ders.: Negative Freiheit. Zur Kritik des neuzeitlichen Individualismus, Frankfurt a. M., S. 118-144.

Ders. (1992b): Legitimationskrise?, in: Ders.: Negative Freiheit. Zur Kritik des neuzeitlichen Individualismus, Frankfurt a. M., S. 235-294.

Ders. (1993): Der Begriff der „bürgerlichen Gesellschaft" im politischen Denken des Westens, in: Brumlik, Micha / Brunkhorst, Hauke (Hrsg.): Gemeinschaft und Gerechtigkeit, Frankfurt a. M., S. 117-148.

Ders. (1996): Quellen des Selbst. Die Entstehung der neuzeitlichen Identität, Franfurt a. M.

Ders. (2002a): Demokratie und Ausgrenzung, in: Ders.: Wieviel Gemeinschaft braucht die Demokratie? Aufsätze zur politischen Philosophie, Frankfurt a. M., S. 30-50.

Ders. (2002b): Liberale Politik und Öffentlichkeit, in: Ders.: Wieviel Gemeinschaft braucht die Demokratie? Aufsätze zur politischen Philosophie, Frankfurt a. M., S. 39-139.

Ders. (2002c): Ursprünge des neuzeitlichen Selbst, in: Ders.: Wieviel Gemeinschaft braucht die Demokratie? Aufsätze zur politischen Philosophie, Frankfurt a. M., S. 271-283.

Ders. (2002d): Wieviel Gemeinschaft braucht die Demokratie, in: Ders.: Wieviel Gemeinschaft braucht die Demokratie? Aufsätze zur politischen Philosophie, Frankfurt a. M., S. 11-29.

Teufel, Erwin (2004): Subsidiarität, Transparenz und Bürgernähe als Leitgedanken einer demokratischen Europäischen Union, in: Fürst, Walter u. a. (Hrsg.): Ideen für Europa. Christliche Perspektiven der Europapolitik, Münster, S. 149-159.

Tocqueville, Alexis de (2003): Über die Demokratie in Amerika, hrsg. von Jakob-Peter Mayer, Stuttgart.

Tully, James (1983): The Pen is a Mighty Sword. Querentin Skinner's Analysis of Politics, in: The British Journal of Political Science, Jg. 13, S. 489-509.

Weber, Verena (2002): Tugendethik und Kommunitarismus. Individualität – Universalisierung – Moralische Dilemmata, Würzburg.

Die christliche Identität Europas

Die Anerkennung einer Tatsache und ihr Nutzen für die Gesellschaft

Matthias Belafi

1. Die Prägekraft des Christentums in Europa

Erst heute, in einem immer mehr säkularisierten Europa, findet eine öffentliche Diskussion statt über die christlichen Werte in der europäischen Kultur und die Bedeutung des Christentums als eine der Wurzeln des Kontinents.

Diese Diskussion hat zum einen mit der öffentlichen Rückkehr der Religion zu tun. Trotz der gebotenen Vorsicht bei der Beurteilung dieser Entwicklung[1] zeichnen sich doch sowohl im internationalen Bereich als auch in der Innenpolitik eine zunehmende Bedeutung und eine wachsende Anzahl von Diskussionen um religionsrelevante Fragen ab.[2] Zum zweiten gab die Debatte um die Erarbeitung einer Europäischen Verfassung den Anlass für diese Diskussion. Obgleich es sich bei der Verfassung rechtlich gesehen weiterhin um einen völkerrechtlichen Vertrag handelt, spiegelt ja bereits die Bezeichnung als Verfassung den politischen Anspruch eines grundlegenden Dokuments wider. Somit war die auch die grundlegende Frage der Bedeu-

[1] So sehr die Wiederkehr der Religion auch beschworen wird, scheint dieser Trend doch recht diffus zu sein und führt auch bestenfalls zu einer diffusen Religiosität. Es bleibt vielmehr abzuwarten, ob sich diese Entwicklung als nachhaltig herausstellt und ob sie konkrete Konsequenzen mit sich führt. Der Historiker Paul Nolte weist zudem darauf hin, dass es sich bei der Wiederkehr der Religion in dieser Form zunächst um eine eher deutsche Entwicklung und bestenfalls um ein „Elitenphänomen" handelt (Nolte 2006, 14).

[2] Im internationalen Bereich zeigt sich dies verstärkt nach den Anschlägen des 11. September 2001, in der Innenpolitik in verschiedenen Diskussion, die in den europäischen Ländern parallel geführt werden, z. B. in der Frage eines Kopftuchverbots für Musliminnen oder von Kruzifixen in Schulen und Gerichtssälen etc.

tung des Christentums für das europäische Einigungsprojekt in diesem Rahmen geradezu virulent. Zusätzliche Bedeutung erhält die Frage nach der Relevanz des Christentums für Europa durch die Diskussion um die Aufnahme der Türkei als einem großen islamischen Staat in die Europäische Union.

Das späte Einsetzen dieser öffentlichen Debatte liegt aber auch daran, dass es in den Gründungszeiten der Europäischen Gemeinschaften ein stillschweigendes und breites Einvernehmen über diese christlichen Grundlagen der europäischen Einigung gab. Im Gegensatz dazu scheint der christliche Beitrag heute nicht mehr als selbstverständlich angesehen zu werden. Dabei war die europäische Einigung nach dem Zweiten Weltkrieg unter dem Schlagwort des „Christlichen Abendlandes" ein quasireligiöses Projekt mit einer klaren kulturellen Dimension,[3] die erst später von der überhand nehmenden Wirtschaftslogik des Integrationsprojektes verdrängt wurde. Es ist insofern wohl kein Zufall, dass die bedeutenden Gründerväter der europäischen Einigung nach dem Zweiten Weltkrieg – der deutsche Bundeskanzler Konrad Adenauer, der französische Ministerpräsident Robert Schuman und der italienische Ministerpräsident Alcide De Gasperi – überzeugte Christen waren.

Erst mit der zunehmenden Integration des Kontinents innerhalb der Europäischen Union stellte sich nach der nüchternen Wirtschaftsintegration auch wieder vermehrt die Frage nach den kulturellen und geistigen Grundlagen des Zusammenhalts der Union. Als die Europäischen Gemeinschaften Anfang der 90er Jahre des vergangenen Jahrhunderts ansetzten, zu einer politischen Union zu werden, explodierte damit geradezu die Diskussion um eine europäische Identität, die dieser Union vorgelagert ist.[4]

[3] Für Adenauer war der Begriff des „Christlichen Abendlandes" gar ein Synonym für „Europa". Vgl. statt vieler: Weidenfeld 1976; Doering-Manteuffel 1994.

[4] Als Hinweis für das Einherschreiten des Interesses an Europäischer Identität mit den zunehmenden Integrationsschritten nach der Einheitlichen Europäischen Akte (1986) und dem Vertrag von Masstricht (1992) mag gelten, dass eine Stichwortabfrage zu „Europa" und „Identität" im Katalog der Deutschen Nationalbibliothek 275 Treffer ergibt, von denen le-

Innerhalb dieser Diskussion ist über die Bedeutung des Christentums für die Entwicklung des Kontinents eigentlich nicht zu verhandeln: Sie ist offensichtlich. Christentum und Europa haben sich gegenseitig stark beeinflusst. So ist das Christentum in Europa besonders verwurzelt und Europa auch im Christentum. Ludger Kühnhardt zieht in diesem Zusammenhang den Vergleich mit der Henne und dem Ei: Das Christentum stammt nicht aus Europa und die meisten Christen leben außerhalb des europäischen Kontinents. Andererseits existierte Europa bereits, bevor das Christentum hierher kam. Dennoch ist Europa in seiner heutigen Form ohne das Christentum „nicht denkbar"; das heutige Christentum aber auch nicht ohne Europa (Kühnhardt 2000, 4).

Die Existenz eines christlichen Erbes in Europa lässt sich nicht bestreiten, es ist eine historische Tatsache. Das Christentum hat das gesamte europäische Denken geprägt: so ist die Theologie ein wesentliches Moment der europäischen Wissenschaftsgeschichte (Hünermann 1995, 102-105). Unzählige Werke in Kunst, Architektur und Literatur sind durch das Christentum inspiriert, motiviert und ohne seine Kenntnis gar nicht verständlich. Das komplette Leben in Europa ist vom Christentum geprägt: überall quer durch Europa findet man unzählige Kreuze auf den Friedhöfen, auf den Berggipfeln und auf den Türmen der zahllosen Kirchen in jedem Winkel Europas. Unser Jahres- und damit Lebensrhythmus ist nach christlichen Feiertagen ausgerichtet. Wer an Weihnachten nicht arbeitet, sondern zu Hause mit seiner Familie feiert, der muss zwar nicht an einen christlichen Gott glauben, aber er hat ein absolutes Argumentationsproblem, warum das Christentum unsere Kultur nicht in besonderem Maße geprägt haben soll.

diglich sieben aus der Zeit vor 1990 stammen. Sechs davon sind aus der zweiten Hälfte, einer aus der ersten Hälfte der 1980er Jahre. Die aufkeimende Diskussion um die Europäische Identität korrespondiert dabei selbstverständlich aber auch mit der grundsätzlichen Karriere des Identitätsbegriffes.

Kurzum: Das Christentum hat Europa beeinflusst wie wenige andere Dinge. Europa, so sagen viele,[5] gründe sich auf Athen, Rom und Jerusalem – oder um es inhaltlich auszudrücken: auf die griechische Philosophie, das römische Recht und den christlichen Glauben. Diese Elemente haben sich gegenseitig beeinflusst und bilden – zusammen mit der Aufklärung – die wichtigsten Wurzeln der europäischen Kultur.

In dieser Aufzählung von Athen, Rom und Jerusalem zeigt sich jedoch, dass Europa keine geographische, sondern eine kulturelle Größe ist. Oder wie es der französische Philosoph Bernard-Henri Lévy formuliert hat: „Europa ist kein Ort, sondern eine Idee" (zit. in: Metz 2005, 49). Josef Isensee bringt gerne das Zitat an, dass für den Geographen Europa unter die Kontinente gekommen ist wie Pilatus ins Glaubensbekenntnis. Europa sei, so Isensee, also „eine Frage des Selbstbewusstseins der Europäer" (Isensee 2004, 41f.).

Das Christentum ist aber nicht nur Teil der europäischen Geschichte und der europäischen Kultur, sondern damit auch Teil europäischer Identität. Denn Religionen tragen als legitim anerkannte soziale Institutionen grundlegend zur Ausbildung und Aufrechterhaltung kollektiver Identitäten bei (Knoblauch 2004, 351).[6] „Religionen scheinen geradezu auf die Beantwortung der Identitätsfrage spezialisiert zu sein", meint Werner Gephart;

[5] Der erste deutsche Bundespräsident Theodor Heuss soll gesagt haben: „Europa ist auf drei Hügel errichtet worden, der Akropolis von Athen, auf dem Kapitolinischen Hügel in Rom und auf Golgatha in Jerusalem." Ähnliche Zitate werden auch vom französischen Philosophen Paul Valéry überliefert: „Unbedingt europäisch ist alles, was von drei Quellen – Athen, Rom und Jerusalem – herrührt", sowie „Europäer ist derjenige, der einem Volk angehört, welches das römische Recht, die griechische humanistische Bildung und die christliche Lehre sich zu Eigen gemacht hat." Diese Zitate fassen jedenfalls den Inhalt seines Aufsatzes „Die Krise des Geistes" zusammen, insbesondere eines Vortrages, den er als Ergänzung zur „Krise des Geistes" konzipiert, am 15. November 1922 an der Universität Zürich gehalten und 1924 veröffentlicht hat. In deutscher Übersetzung erschien er zuerst 1937 unter dem Titel „Europa" in der Europäischen Revue. Heute abgedruckt als Teil der „Krise des Geistes" unter der Überschrift: „Notiz (oder Der Europäer)" in Valéry 1995, 39-54.

[6] Dass Religion ein erhebliches Moment kollektiver Identität ist, hat auch Heinz Schilling mit seiner Studie zur Bedeutung der Konfession bei der Ausbildung nationaler Identität dargelegt (Schilling 1991).

Identitätsstiftung sei Bestandteil des „zentralen Funktionsrepertoire[s] der Religionen" (1999, 261)[7]. Deshalb könne man Religionen auch „als Produktionsstätten sozialer Identität und als Orte normativer Identitätszumutungen lesen" (ebd., 266). Wenn Religion also in besonderem Maße kollektive Identität prägt, dann wird verständlich, warum das Christentum in zweitausend Jahren ein bedeutender Teil europäischer Identität geworden ist.

2. Gibt es eine europäische „Christophobie"?

Eine besondere politische Rolle hat die Frage des christlichen Anteils am europäischen Erbe in der Diskussion um die Europäische Verfassung gespielt. Der Plan, Europa eine Verfassung zu geben – oder genauer gesagt: der grundlegenden Überarbeitung der völkerrechtlichen Verträge über die EU und die EG den Namen „Verfassung" zu geben – zeigt die politisch-symbolische Wirkung des Projektes: Es ging darum, aus einem technischen Vertragswerk ein grundsätzliches Dokument der Europäer zu machen, dessen Namen auch auf emotionaler Ebene wirken sollte. Die Verfassung der EU sollte mithin auch die Identität Europas widerspiegeln. Für diese Funktion hatte die Diskussion um die Verfassungspräambel eine besondere Bedeutung, denn eine solche Präambel soll ja auch ein gutes Stück weit Europäische Identität definieren.

Das einzige Element jedoch, das aus der Debatte um die Präambel breite Aufmerksamkeit erlangt und eine öffentliche Diskussion in Europa erzeugt hat, ist die Frage nach dem christlichen Erbe. Dies gilt eigentlich auch – und vielleicht noch mehr – für die Diskussion um einen Gottesbezug in der Präambel der EU-Verfassung. In der Öffentlichkeit sind die Fragen nach einem Gottesbezug und nach einer Referenz zum Christentum jedoch nicht diffe-

[7] Gephart verweist gleichwohl darauf, dass es „verfehlt" sei, „Religion auf die Stiftung sozialer Identität reduzieren zu wollen." Dennoch „treten Religionen nicht nur als *Sinnstifter* und *Kontingenzbewältiger*, sondern eben auch als *Identitätsstifter* auf" (Gephart, 1999, 265f.; Hervorhebungen im Original).

renziert worden. Vielleicht müsste die Tatsache, dass die Debatte um Gott in der europäischen Debatte automatisch dem Christentum zugeordnet wird, auch als weiterer Beleg für den Stellenwert des Christlichen in Europa gewertet werden. Dennoch: Da es sich um zwei völlig verschiedene Dinge handelt, sind die Fragen einer Bezugnahme auf Gott und die Erwähnung des christlichen Erbes in der Verfassung voneinander zu trennen. Eine Unterscheidung ist schon allein deshalb wichtig, weil ein Präambelgott nicht christlich verstanden werden muss. Nicht zuletzt deshalb haben sich türkische Vertreter im Verfassungskonvent zwar gegen eine Erwähnung des Christentums, nicht aber gegen einen Gottesbezug in der Europäischen Verfassung gewandt.[8]

Im Juni 2003 hatte der Konvent zur Zukunft Europas entschieden, in der Verfassungspräambel zwar vom „kulturellen, religiösen und humanistischen“ Erbe Europas zu sprechen, den Beitrag des Christentums aber nicht namentlich zu erwähnen. Trotz enormer Widerstände wurde diese Entscheidung schließlich auch von der Regierungskonferenz bestätigt, so dass es beim Dreiklang von Kultur, Religion und Humanismus blieb. Schließlich hieß es also in der Präambel des Vertrages über eine Verfassung für Europa: „Schöpfend aus dem kulturellen, religiösen und humanistischen Erbe Europas, aus dem sich die unverletzlichen und unveräußerlichen Rechte des Menschen sowie Freiheit, Demokratie, Gleichheit und Rechtsstaatlichkeit als universelle Werte entwickelt haben, …“. Diese Formulierung soll als zweiter Erwägungsgrund nun auch in die Präambel des neuen Reformvertrags der EU aufgenommen werden (Rat der Europäischen Union 2007, 24).

Die europäische Politik hat sich damit klar gegen eine Konkretisierung des „religiösen Erbes“ ausgesprochen. Es fällt Europa derzeit offensichtlich schwer, sich von seinen drei Säulen „Athen, Rom und Jerusalem“ gerade zur

[8] Ausführlicher zur Unterscheidung von Gottesbezug und christlichem Erbe: Belafi 2005, 71-73.

dritten, also der jüdisch-christlichen Tradition zu bekennen (vgl. Hildmann 2006, 341).

Am kritischsten mit dieser Entscheidung hat sich ein Wissenschaftler auseinander gesetzt, der weder Christ noch Europäer ist: Joseph Weiler, ein jüdischer, in Südafrika geborener und in New York lehrender Rechtsprofessor, hat zu diesem Thema ein Essay mit dem Titel „Ein christliches Europa" vorgelegt (Weiler 2004). Weiler sieht in der Ignorierung des Christlichen in der Präambel der EU-Verfassung mehr als eine verfassungsrechtliche Frage der Staat-Kirche-Beziehungen, nämlich die „kulturelle, soziale und politische Frage des Verhältnisses Kirche – Gesellschaft – Staat" in Europa (ebd., 75). Gerade weil eine verfassungsrechtliche Begründung allein keine Ablehnung des Christentums rechtfertige, müssten andere Faktoren den Ausschlag für die Entscheidung gegen die Benennung des Christentums gegeben haben. Die Vehemenz, mit der ein Bezug auf das christliche Erbe in der Präambel bekämpft wurde, ließe sich nur mit „Motiven soziologischer, psychologischer und emotionaler Art" erklären. Weiler sieht deshalb in der Ablehnung einer Bezugnahme auf das Christentum, das Europa doch so offensichtlich geprägt hat, eine Aversion gegen das Christentum und spricht von einer europäischen „Christophobie" (ebd., 76).

Weiler erhält mit seiner These der Christophobie durchaus Unterstützung: So steht ihm der amerikanische Theologe George Weigel in der Kritik an der EU-Verfassung und ihrer Geschichtsvergessenheit in nichts nach. Seiner Meinung nach wurde der eineinhalbtausendjährige Beitrag des Christentums zum Europäischen Verständnis von Menschenrechten und Demokratie nicht nur ignoriert, sondern geradezu verneint (Weigel 2005, 20). Bezugnehmend auf Weiler bilanziert er: „European high-culture is largely Christophobic, and Europeans themselves describe their cultures and societies as post-Christian" (ebd., 27). Die Situation Europas angesichts der Gleichzeitigkeit von Verfassungsgebung und Osterweiterung im Jahr 2004 skizziert er deshalb mit der Kapitelüberschrift: „Growing Body, Withering Soul" (ebd., 56-63). Und der französische Politologe René Rémond lehnt die Formulierung der Verfassungspräambel ebenfalls als zu unkonkret ab und spricht im Zusammenhang mit dem Verschweigen des Christentums von einem neuen „Antichristianismus" in Europa.[9]

Neben der Verfassungspräambel lassen sich aber auch weitere Hinweise für eine solche Christophobie in Europa finden: Große öffentliche Resonanz fand beispielsweise der Fall Buttiglione: Als Kandidat Italiens war Rocco Buttiglione, damaliger Europaminister seines Landes, Philosophieprofessor und Vertrauter Papst Johannes Pauls II., im Sommer 2004 als Innenkommissar und Vizepräsident der Europäischen Kommission nominiert worden. An seiner Befragung im Ausschuss für Bürgerliche Freiheiten des Europäischen Parlaments nahmen zahlreiche Abgeordnete Anstoß, so dass er letztlich seine Kandidatur als Innenkommissar zurückzog, um nicht die Ablehnung der gesamten Kommission im Europaparlament zu riskieren.[10]

Dabei war der Widerstand gegen Buttiglione im Europaparlament nichts anderes als die Ablehnung eines Politikers, der aus seiner persönlichen christlichen Überzeugung keinen Hehl gemacht hat (vgl. Zotz/Migneco 2004, 19). Sein Fehler – aus der Sicht seiner politischen Gegner – war es, Homosexualität als eine Sünde anzusehen. Diese persönlich-religiöse Überzeugung hatte er zwar wohlweislich von seinem Amt getrennt, dennoch machte ihn diese Ansicht für eine Mehrheit des Europaparlaments unhaltbar. Diese Ablehnung wurde dadurch unterstützt, dass seine Aussagen sowohl von seinen Widersachern als auch in den Medien und der Öffentlichkeit bestenfalls verkürzt, meistens jedoch verfälscht dargestellt wurden.[11] Buttiglione hatte mit Hinweis auf Kant zwischen seiner persönlich-religiösen Ansicht der Homosexualität als Sünde und seiner Politik unterschieden. Dabei hatte er nicht von einem Rechtsbruch oder sonstigem Fehlverhalten gesprochen hat, sondern von Sünde, einem Begriff, der im Prinzip

[9] So der Titel seines Buches „Le nouvel antichristianisme": Rémond 2005.

[10] Eine ausführliche Darstellung der Geschehnisse bei Wahl/Langes 2005.

[11] Auszüge aus dem Protokoll seiner Anhörung, die den tatsächlichen Wortlaut Buttigliones wiedergeben, finden sich bei Zotz/Migneco 2004, 17. Das Protokoll wurde ebenfalls umfangreich abgedruckt in der Frankfurter Allgemeinen Zeitung: Buttiglione vor den Parlamentsausschüssen, FAZ vom 27.10.2004, S. 2.

allen gleichgültig sein könnte, die den christlichen Glauben nicht teilen.[12] Wenn Buttiglione trotz dieser Äußerungen – alle anderen Vorwürfe gegen ihn waren noch unhaltbarer (vgl. Zotz/Migneco 2004, 16f.) – im Europaparlament abgelehnt wurde, so muss man mit Jürgen Wahl und Horst Langes konstatieren: „Einem bekennenden Christen wurde ein Amt wegen seines traditionell bestimmten Glaubens verwehrt" (2005, 48). Es verwundert kaum, dass der Münchner Erzbischof, Friedrich Kardinal Wetter, in diesem Zusammenhang gar von „einer Art Berufsverbot für katholische Christen" sprach (Wetter 2004). Denn die „anstößigen" Bemerkungen Buttiogliones entsprechen exakt dem Standpunkt der Katholischen Kirche. Damit wären wohl auch die Gründervater der Europäischen Einigung Robert Schuman, Konrad Adenauer oder Alcide De Gasperi heute als EU-Kommissar nicht tragbar (vgl. Wetter 2004; Zotz/Migneco 2004, 19). Äußerst spannend bleibt die Frage, wie Buttigliones Gegner, deren Parteien mehrheitlich für einen EU-Beitritt der Türkei eintreten, in einem ähnlichen Fall mit einem korangläubigen Moslem umgehen würden (und gegebenenfalls werden), der in der gleichen Frage wohl kaum eine andere Position vertreten dürfte.[13]

[12] Wörtlich sagte Buttiglione: „Wenn wir Politik machen, verzichten wir nicht auf das Recht moralischer Überzeugungen. Ich mag denken, dass Homosexualität eine Sünde ist, so hat das dennoch keinerlei Auswirkungen auf die Politik – außer ich würde sagen, Homosexualität ist ein Verbrechen." Und er machte deutlich: „Niemand kann auf der Basis sexueller oder geschlechtlicher Orientierung diskriminiert werden, so steht es in der Menschenrechtscharta und in der Verfassung, und ich schwöre dieses Recht zu schützen" (zit. in: Zotz/Migneco 2004, 16). In einem Interview äußerte sich Buttiglione später noch einmal dazu und konkretisierte: „Es stimmt übrigens nicht einmal genau, dass Homosexualität eine Sünde ist. Meines Erachtens ist sie eher ein objektiv unordentlicher Zustand. Um sündig zu werden, braucht man aber auch eine subjektive Seite, von der nur Gott weiß, ob sie im Einzelfall vorliegt. Sünden sind jedenfalls kein Fall der Gerichte. Wenn alle Sünder vom Staat bestraft werden sollten, säße die ganze Menschheit im Gefängnis. Eine unsinnige Vorstellung. In der Politik hingegen gilt das Prinzip der Nichtdiskriminierung. Dieses Prinzip verteidige ich ganz und gar" (Buttiglione 2004, 10).

[13] Zotz und Migneco erweitern diese Frage noch auf den Umgang mit Alkohol oder die Anwendung der vom Koran für bestimmte Taten geforderten Todesstrafe (Zotz/Migneco 2004, 18f.).

Selbst unter Berücksichtigung aller anderen machtpolitischen Faktoren[14]: Im „Fall“ Buttiglione scheinen aus der Sicht des Gläubigen Reflexe funktioniert zu haben, die hinter persönlichen christlichen Überzeugungen unmittelbar kirchliches Machtstreben vermuten und vatikanische Einflussnahme wittern. Die Haltung hinter der Kampagne gegen Buttiglione „läuft auf einen fanatisch-aggresiven Laizismus hinaus“. Auch die Berufung auf die Aufklärung half ihm in diesem Fall nicht weiter: „Immanuel Kant und John Locke [wurden] von Robespierre und den Jakobinern verdrängt“ (Ockenfels 2004, 403).

Die gescheiterte Ernennung Buttigliones ist ein Anzeichen dafür, dass im Europaparlament in höherem Maße Kräfte vertreten sind, die man als kirchenfeindlich oder geradezu als kulturkämpferisch bezeichnen kann. Die Europäische Kommission unterhält dagegen seit vielen Jahren gute Beziehungen zu den Kirchen und Religionsgemeinschaften (Belafi 2005, 80-82).[15] Sowohl die Kommission als auch die Ratspräsidentschaften der Union führen seit langer Zeit regelmäßige Gespräche mit Vertretern der Kirchen. In Fortsetzung dieser Tradition verpflichtete die Europäische Verfassung in einem eigenen Kirchenartikel (Art. I-52, hier: Abs. 3) die Institutionen der EU zu einem offenen und regelmäßigen Dialog mit den Kirchen. Nachdem sich Kommissionspräsident José Manuel Barroso entsprechend den bisherigen Gepflogenheiten und gemäß der (noch nicht in Kraft getretenen) Bestimmung des EU-Vertrages im Frühjahr 2005 mit Kirchenvertretern getroffen hatte, sah sich die Kommission im September 2005 in einer Aktuellen Stunde des Europäischen Parlaments der Kritik einiger Abgeordneter ausgesetzt, die diesen Kontakt mit Religionsgemeinschaften kritisierten (Eu-

[14] Sicherlich steckte hinter der Ablehnung Buttigliones zu einem gewissen Grad auch die Ablehnung des italienischen Ministerpräsidenten Berlusconi.

[15] So ist eine von vier Themenbereichen des Politischen Beraterstabs beim EU-Kommissionspräsidenten die Beziehungen zu den Religionsgemeinschaften. Damit ist beim Kommissionspräsidenten ein Mitarbeiter angesiedelt, der für den Kontakt zu den Kirchen zuständig ist. Vgl. zu den institutionellen Beziehungen der Kommission zu den Kirchen Weninger 2003, Treanor 2002 und Jansen 2000.

ropäisches Parlament 2005). Die Kommission will sich davon zwar nicht beirren lassen; ihr Vizepräsident Jacques Barrot kündigte in dieser Sitzung das Festhalten an diesem Dialog an. Der Dialog soll nun durch die Übernahme des Kirchenartikels in den Reformvertrag auch für die Zukunft festgeschrieben werden (Rat der Europäischen Union 2007, 30). Dennoch dürfte dieser Vorgang als weiteres Indiz gelten, dass im Europaparlament kulturkämpferische Kräfte vorhanden sind wie wir sie in Deutschland seit längerer Zeit nicht mehr kennen.[16] Diese Kräfte zeigten sich auch, als nach dem Tod Johannes Pauls II. ein von polnischen Abgeordneten eingebrachter Vorschlag diskutiert wurde, angesichts der Verdienste des Papstes bei der Überwindung des Kommunismus und der Teilung Europas einen Anbau des Europaparlaments in Brüssel nach dem Verstorbenen zu benennen. Sicherlich muss man einen solchen Vorschlag nicht verwirklichen, aber die in der öffentlichen Debatte angeführten Gegenargumente – die römisch-katholische Kirche solle nicht die Namensgebung von Gebäuden „monopolisieren" und das Europäische Parlament sei nicht der Heilige Stuhl – können wohl kaum als konstruktive Beiträge verstanden werden.[17] Neuerdings äußerten radikal-laizistische Kräfte des Europaprlamnets ähnliche Kritik auch am EU-Parlamentspräsidenten Hans-Gert Pöttering, der im März 2007

[16] Von den im Deutschen Bundestag vertretenen Parteien lässt sich heute eigentlich keine als kirchenfeindlich beschreiben. Die FDP ist im Gegensatz zu ihrem Beschluss „Freie Kirche im freien Staat" aus dem Jahr 1974 heute weit davon entfernt, die Rechte und den Status der Kirchen in Frage zu stellen. Die von der Katholischen Kirche zunächst bekämpften Grünen, sind z. B. in bioethischen Fragen heute enge Kooperationspartner der Kirchen. Und selbst die Linksfraktion im Bundestag hat – wie die anderen Bundestagsfraktionen auch – einen kirchenpolitischen Sprecher. In der Linkspartei besteht zudem ein Arbeitskreis von Christen. Innerhalb der Fraktionen des Europaparlaments dagegen werden Positionen auch von Abgeordneten aus Ländern beeinflusst, in denen die Kooperation von Staat und Kirche weniger ausgeprägt ist und in denen Vorbehalte gegen ein konstruktives Verhältnis politisch wesentlich stärker etabliert sind. Eine kirchenkritische Haltung erscheint deshalb weniger als Außenseiterposition als dies in Deutschland der Fall wäre. Im Rahmen der gemeinsamen Positionierung innerhalb der Fraktionen im Europaparlament scheinen dann auch deutsche Abgeordnete leichter zu kirchenkritischen Positionen zu neigen als dies ihre Kollegen im Bundestag tun.

[17] So die Argumente aus der Fraktion der Liberalen im Europaparlament (EUobserver 2005).

Papst Benedikt anläßlich des fünfzigjährigen Jubiläums der Römischen Verträge zu einer Rede ins Europäische Parlament eingeladen hat (Posselt 2007).

Christophobe Reaktionen hatten sich im Jahr 2000 auch im Konvent zur Erarbeitung der Grundrechtecharta der EU gezeigt – in Verbindung mit einer besonders starken Abwehrhaltung gegenüber dem Vatikan. Der CSU-Europaparlamentarier Ingo Friedrich war seinerzeit der massivste Verfechter einer Bezugnahme auf das Christentum in der Präambel der Grundrechtecharta. Aufgrund diesen Engagements wurde er in Frankreich verdächtigt, als Handlanger eines antimodernen Feldzugs des Vatikans tätig zu sein (Hénard 2000). Die Absurdität des Vorwurfs wird deutlich, wenn man sich vor Augen hält, dass Friedrich als bayerischer Protestant ein Lutheraner ist. Dennoch scheint das Schreckensbild eines christlichen Politikers noch durch die Charakterisierung als Mann des Papstes und Vertreter des Vatikans verstärkt zu werden.

Dies fügt sich ein in eine lange Tradition von „Verschwörungstheorien", die seit den 50er Jahren in der Europäischen Einigung ein klerikales Komplott des Vatikan sehen (Chenaux 1994, 110). Auch heute sind diese Theorien, gerade bei radikalen Kirchenkritikern, vor allem aus dem Bereich weltanschaulicher Gruppen, nach wie vor verankert.[18]

Es spricht angesichts solcher Vorgänge in den letzten Jahren einiges für Weilers These der feindlichen Ablehnung des Christentums in Europa. Aber ganz gleich, ob man in diesen Entwicklungen eine „Christophobie" erkennen möchte: Diese Beispiele aus der jüngsten Geschichte zeigen zumindest,

[18] Vgl. die polemischen Ausführungen Johannes Neumanns in einer (wissenschaftlichen) Zeitschrift der Humanistischen Akademie Berlin: Dort wird die von Johannes Paul II. angeregte Neuevangelisierung Europas bewusst als politische Maßnahme des Vatikans fehlinterpretiert. Staaten mit religiös geprägter Bevölkerung wie Polen werden als Puppen des Vatikan abgetan und als „Bettler" dargestellt, die von der „politisch einflußreiche[n] Lobby" des Vatikan „ermuntert" am „Wesensverständnis" der EU rütteln (Neumann 2004, 87).

dass die europäische Politik die christlichen Prägungen des Kontinents allzu oft bewusst ausblendet.

3. Hat Europa seine christliche Identität verloren?

Am „C" scheiden sich also die europäischen Geister. Für Europa stellt sich heute die Gretchenfrage: „Wie hast Du's mit der Religion?" Das Christentum hat in der Vergangenheit in großem Maße zur Europäischen Identität beigetragen. Aber hat Europa auch heute noch eine christliche Identität? Hat etwa Roger de Weck Recht, der im Hinblick auf die gemeinsame christliche Vergangenheit Europas konstatiert: „Christianity no longer unites Europeans, but nor does it divide them" (De Weck 1999, 107)?

Trotz der zunehmenden Pluralisierung, gerade auch im religiösen Bereich, ist Europa unter religionssoziologischen Aspekten nach wie vor ein christlicher Kontinent – in dem Sinn, dass er weit überwiegend von Christen bevölkert ist. Mehr als drei Viertel der derzeitigen EU-Bürger gehören einer christlichen Konfession an, wie die folgende Religionsstatistik zeigt:[19]

Religionszugehörigkeit	**Bevölkerungsanteil EU-25**	
Katholiken	55,4 %	
Protestanten	13,5 %	
Anglikaner	6,7 %	
Orthodoxe	3,1 %	
Christen (insgesamt)		78,7 %
Muslime		2,0 %
Juden		0,3 %
Andere Konfessionen und Konfessionslose		19,0 %

[19] Zahlen nach Robbers 2005, 630.

Der Anteil der Christen an der EU-Bevölkerung hat durch die Beitritte Rumäniens und Bulgariens zur Europäischen Union am 1. Januar 2007 weiter zugenommen, denn in Bulgarien gehören allein über 85 % der Bevölkerung der bulgarisch-orthodoxen Kirche an. In Rumänien bekennen sich insgesamt 98 % der Bevölkerung zum Christentum, davon 86,8 % zur rumänisch-orthodoxen Kirche (Gruner/Woyke 2004, 345, 365). D. h. insgesamt, dass vier von fünf EU-Bürgern Christen sind. Lediglich in zwei der 27 Mitgliedstaaten, nämlich in der Tschechischen Republik und in Estland, gibt es eine Mehrheit von Konfessionslosen.

Angesichts dieser gewaltigen Mehrheit von Christen innerhalb der EU kann das Christentum eigentlich keine vernachlässigbare Größe sein. Es macht stutzig, dass unserem Kontinent dennoch der unverkrampfte Umgang mit dem Christentum und seinem Erbe in Europa fehlt. Ein Europa, das von einem so essentiellen Element seiner Kultur Abstand nimmt, steckt in einer kulturellen Krise. Zudem setzt es aber ebenso seine Identität aufs Spiel, die auch vom Christentum geprägt worden ist. Nach Gephart bedeutet ein Religionsverlust nämlich „nicht nur das Risiko, Heilsgewißheiten zu verlieren, sondern – viel dramatischer – den existentiellen Identitätsverlust, solange keine kompensatorischen Identitätsangebote in Kraft treten“ (Gephart 1999, 265).

Die These der kulturellen Krise teilt auch George Weigel: „[W]hile the United States may eventually be headed for a crisis of civilizational morale, Europe is *in* such a crisis today.” Und für ihn hat diese Krise mit dem Phänomen der von Weiler „Christophobie“ genannten Entwicklung zu tun (Weigel 2005, 27; Hervorhebungen im Original). Doch wie sieht diese kulturelle Krise Europas aus?[20]

Die in regelmäßigen Abständen erhobene „Europäische Wertestudie“ belegt eine zunehmende „Diesseitsorientierung“ der Europäer (Zulehner/

[20] Schlaglichtartige Antworten auf diese Frage gibt auch Weigel aus amerikanischer Sicht im Kapitel „Puzzles“: Weigel 2005, 16-23.

Denz 1993, 241).[21] Praktisch findet heute, so der Wiener Pastoraltheologe Paul Zulehner, keine Vertröstung der Menschen auf das Jenseits wie in früheren Jahrhunderten mehr statt, sondern eine geradezu paradoxe, quasireligiöse Vertröstung der Menschen auf das Diesseits. Diese starke Diesseitsorientierung der gegenwärtigen europäischen Kulturen führe schließlich zu einer „hohe[n] Lebensanstrengung" (ebd., 241f.). So wird das Leben nämlich zur „letzten Gelegenheit" (Gronemeyer 1993). Der Basler Bischof Kurt Koch fasst dies in den Worten zusammen: „Die Menschen lebten früher 40 Jahre plus ewig. Heute jedoch leben sie nur noch 90 Jahre. Und dies ist ungemein viel kürzer" (Koch 2003, 4). Die christliche Einsicht, dass das Paradies auf Erden nicht erreicht werden kann, bedeutet aber keine Resignation: „Sie hebt die Pflicht des Christen nicht auf, sich hier und heute in der Welt, wie sie ist, zu bewähren, wohl aber läutert sie die irdischen Hoffnungen und Enttäuschungen, wenn sie zeigt, dass das Ziel der Vollkommenheit niemals erreicht werden kann, obwohl die Lebensaufgabe im Diesseits darin besteht, es nach Kräften anzustreben" (Isensee 2004, 51).[22]

Diese Konzentration der Europäer auf das Diesseits bleibt nicht folgenlos, denn sie führt zu erkennbaren Desolidarisierungseffekten.[23] Das hat

[21] Die Ergebnisse der Europäischen Wertestudie 1990/91 sind dokumentiert bei Zulehner/Denz 1993. Die Ergebnisse werden fortgeschrieben in einer Nachfolgestudie aus den Jahren 1999/2000 (Denz 2002).

[22] Die Bedeutung des Jenseitsglaubens stellt Isensee insbesondere auch im Vergleich zur hinduistischen Kultur heraus: „Wenn im Glauben an die Wiedergeburt das Leben als wiederholbar erscheint, entsteht eine Seelenverfassung des Gleichmuts und der Gleichgültigkeit angesichts der Daseinsprobleme" (Isensee 2004, 51).

[23] Zulehner und Denz führen dazu aus: „Folgenschwer ist diese angestrengte Diesseitigkeit darüber hinaus für die Fähigkeit zu belastbarer Solidarität. *Diesseitigkeit desolidarisiert nachweislich.* Das ist unschwer zu verstehen: Wer in seinem kurzen Leben hohe Glücksansprüche einlösen will, wird mehr auf sein eigenes Glück denn auf jenes der Menschen neben sich achten müssen. Die Angst, in seinem Streben nach unbezogener Selbstverwirklichung zu kurz zu kommen, scheint charakteristisch zu sein für die angestrengten Diesseitskulturen. Kurz: Da vielen biographisch der Himmel verschlossen zu sein scheint (sie leugnen ihn vielleicht nicht, doch binden sie ihr Leben nicht jetzt schon in diesen ein), sind sie – unbemerkt – verurteilt, den Himmel auf Erden zu suchen" (Zulehner/Denz 1993, 242; Hervorhebung im Original).

ganz praktische Folgen, die sich beispielsweise in der demographischen Entwicklung zeigen:

Die Europäer scheinen ihren Selbsterhaltungstrieb verloren zu haben. Was wir demographischen Wandel nennen, bezeichnet George Weigel als demographischen Selbstmord, den Europa mit einer systematischen Depopulation begehe (Weigel 2005, 21). Die Zahl der Geburten in Europa sinkt drastisch. Anschaulich macht dies die Fertilitätsrate, die seit 1960 in allen europäischen Staaten enorm gesunken ist. Damals lag sie mit Ausnahme Ungarns und der Tschechischen Republik in allen Staaten über dem Generationen-Erneuerungslevel von 2,1 Kindern pro Frau, meistens deutlich, z. T. auch sehr deutlich – in Irland und Malta lag der Wert beispielsweise bei über 3,5. Heute dagegen erreicht kein einziger Mitgliedstaat mehr diese Quote. Der Durchschnitt in den 25 Mitgliedstaaten liegt heute sogar noch unter dem Wert von 1,5 Kindern, während die durchschnittliche Rate im Jahr 1960 noch bei über 2,5 lag. In absehbarer Zeit (ab 2025) wird sich deshalb in Europa ein negatives Bevölkerungswachstum abzeichnen, also eine Schrumpfung der Gesellschaft.[24]

Während auf der einen Seite Geburtenzahlen sinken, nimmt aber auf der anderen Seite die Zahl der Schwangerschaftsabbrüche zu: Jährlich werden heute in Europa eine Million Ungeborener abgetrieben. Damit ist Abtreibung heute gemeinsam mit Krebs die Haupttodesursache in Europa (Institute for Family Policies 2006, 18f.).

Kinder scheinen für die Europäer keine Hoffnung auf Zukunft mehr darzustellen, sondern eine potentielle Bedrohung des eigenen Zustandes im Jetzt. „Es gibt eine seltsame Unlust an der Zukunft“, urteilt Joseph Ratzinger, der heutige Papst Benedikt XVI., über die Situation: „Kinder, die Zukunft sind, werden als Bedrohung der Gegenwart angesehen; sie nehmen uns etwas von unserem Leben weg, so meint man. Sie werden weithin nicht als Hoffnung, sondern als Grenze der Gegenwart empfunden“. Für ihn ent-

[24] Daten aus dem Jahr 2003 nach: Kommission 2005, 24f.

spricht es dem „inneren Absterben der tragenden seelischen Kräfte [...], dass auch ethnisch Europa auf dem Weg der Verabschiedung begriffen erscheint“ (Ratzinger 2005c, 78).

Ein Europa, das sich seiner kulturellen Wurzeln nicht mehr sicher ist, hat auch Probleme, seine kulturellen Grenzen zu definieren. Dies zeigt sich in der kontroversen Diskussion um einen möglichen EU-Beitritt der Türkei.[25] Natürlich war Europa außerhalb der willkürlich festgelegten geographischen Grenzen in seinen kulturellen Umrissen niemals eindeutig definiert. Dennoch ist die Intensität der Diskussion, die derzeit über die Frage der Zugehörigkeit der Türkei zu Europa geführt wird, ohne Beispiel. Deshalb sei in diesem Zusammenhang noch einmal an das Zitat von Isensee erinnert: „Europa ist [...] eine Frage des Selbstbewusstseins der Europäer“ (Isensee 2004, 42; vgl. oben). Aber was ist, wenn sich die Europäer nichts bewusst sind?

So ereilt Europa – trotz seiner wirtschaftlichen und politischen Stärke – mit der kulturellen auch eine spirituelle Schwäche: Gerade dem Islam, der eine neue kulturell immens prägende Stärke erreicht, hat Europa geistig wenig entgegenzusetzen. Die „Renaissance des Islam“ ist dagegen „von dem Bewusstsein gespeist, dass der Islam eine tragfähige geistige Grundlage für das Leben der Völker zu bieten vermöge, die dem alten Europa abhanden gekommen zu sein scheint“ (Ratzinger 2005c, 77). Vielleicht will Europa ihm auch nichts entgegensetzen, weil es sich zwar vorbildlich anderen Kulturen und ihren Werten bereitwillig öffnet, seine eigenen Wurzeln aber zumindest im christlichen Bereich abschneidet. Während auf islamische Glaubensbelange – richtigerweise – immer mehr Rücksicht genommen wird, wird dem Christentum oftmals nicht der gleiche Respekt entgegengebracht. Karl Kardinal Lehmann wies in dem aktuellen Kontext darauf hin, er könne

[25] Zur kontroversen, in der Öffentlichkeit stark polarisierten Diskussion über einen EU-Beitritt der Türkei siehe beispielhaft für die stark anwachsende Literatur: Giannakopoulos/Maras 2005; König/Sicking 2005; Carnevale/Ihrig/Weiß 2005; Leggewie 2004. Besonders empfehlenswert ist auch eine empirische Studie von Gerhards (2004) sowie die jüngst auf deutsch erschienene, pointierte Position von Goulard (2006).

sich gelegentlich „des Eindrucks nicht erwehren, dass Künstler, Journalisten und Intellektuelle, die sich dem Christentum gegenüber besonders mutig und kritisch gebärden und auch vor Häme und Spott nicht zurückschrecken, gegenüber dem Islam eine betont behutsame, manchmal ganz ängstliche Tonlage pflegen“ (Lehmann 2006).[26] Über diese Haltung können auch die zwei großen Konflikte des Jahres 2006 zwischen dem Westen und der islamischen Welt nicht hinwegtäuschen. Der Karikaturenstreit mag auf den ersten Blick zwar eine Gleichbehandlung der Kritik an Christentum und Islam suggerieren, in Wirklichkeit hat er nur gezeigt, wie schwer den Europäern der Umgang mit religiösen Gefühlen und mit dem Heiligen allgemein fällt.[27] Viele Vertreter des politischen Europas verteidigten zwar die Meinungsfreiheit als europäisches Kulturgut gegen die Angriffe aus muslimischen Ländern, dennoch zeigten sich in Europa auch die alten Reflexe.[28] Der Vatikan äußerte zwar ebenfalls Kritik an den Karikaturen; diese muss jedoch vor

[26] Diese Analyse teilt auch Joseph Ratzinger, wenn er sagt: „In unserer gegenwärtigen Gesellschaft wird gottlob jemand bestraft, der den Glauben Israels, sein Gottesbild, seine großen Gestalten verhöhnt. Es wird auch jemand bestraft, der den Koran und die Grundüberzeugungen des Islam herabsetzt. Wo es dagegen um Christus und um das Heilige der Christen geht, erscheint die Meinungsfreiheit als das höchste Gut, das einzuschränken die Toleranz und die Freiheit überhaupt gefährden oder gar zerstören würde“ (Ratzinger 2005c, 87). Und George Weigel stellt die Frage: „Why are crude caricatures of Christianity […] tolerated in European popular culture in a way that similar defamations of Judaism and Islam would never be?” (Weigel 2005, 19f.).

[27] Das Beispiel des Karikaturenstreits ist indes nicht unproblematisch – unter anderem deshalb, weil der Protest gegen die Karikaturen zum überwiegenden Teil organisiert, politisch gewollt und gelenkt wurde. Dennoch lässt sich solcher Protest nur organisieren, wenn die religiösen Gefühle stark genug sind, um sich auch derart provozieren zu lassen. Zum Karikaturenstreit jüngst erschienen: Baatz u. a. 2007.

[28] Bezeichnend war die Reaktion des Literaturnobelpreisträgers Günter Grass, der die Mohammed-Karikaturen scharf verurteilt hat. Grass schob die alleinige Schuld auf die „bewusste und geplante Provokation einer rechten dänischen Zeitung“, deren „Zeitungsleute“ „radikale, ausländerfeindliche Rechte“ seien. „Wir haben das Recht verloren, unter dem Recht auf freie Meinungsäußerung Schutz zu suchen.“ Die dänischen Karikaturen erinnerten ihn, so Grass, an die antisemitischen Zeichnungen des nationalsozialistischen Propagandablattes „Der Stürmer“ (Grass 2006). Durchaus bemerkenswert bleibt aber, dass sich solche Stimmen bislang nicht erhoben haben, wenn sich das Christentum gegen Herabwürdigungen zu Wehr setzen musste.

dem Hintergrund gesehen werden, dass die Katholische Kirche in der Vergangenheit häufig Ziel – sowohl künstlerischen als auch weniger künstlerischen – Spotts in Europa gewesen ist. Er verurteilte aber gleichzeitig auch in strengem Ton die Ausschreitungen, die sich gegen Institutionen der westlichen Staaten und christlicher Religionen richteten (Fischer 2006a).

Die Reaktion des Iran im Karikaturenstreit war bezeichnend für die Empfindlichkeiten Europas gegenüber der Religion: Als sich der Iran für seinen Gegenwettbewerb im Karikaturenkrieg den Holocaust als zu karikierenden Gegenstand auswählte, zeigte dies nur, dass man dort die Tabus der Europäer genau kannte und wusste: Karikaturen über das Christentum oder Jesus hätten in Europa sicherlich keine Empörungen ausgelöst (vgl. Schöler 2006, 17).

Im zweiten Fall mit weltweiter Konsequenz kam es zur Auseinandersetzung um ein missverständliches Zitat, das Papst Benedikt XVI. in seiner Vorlesung in der Aula der Regensburger Universität während seines Bayern-Besuchs im September 2006 benutzt hatte (vgl. Ratzinger 2006). Als es bei den Protesten gegen den Papst in den islamischen Ländern zu schweren Ausschreitungen kam, war Europa von der Reaktion völlig überrascht. Im Europaparlament hatte ein Antrag auf eine Solidaritätsadresse mit dem Papst keine Mehrheit gefunden (Fischer 2006b). Schließlich warf EU-Kommissionspräsident Barroso den europäischen Spitzenpolitikern vor, sich in der Auseinandersetzung zu sehr zurückgehalten und den Papst zu wenig unterstützt zu haben. Einen möglichen Grund dafür sieht er neben der Besorgnis über eine mögliche Konfrontation in einer „Art politische Korrektheit: Dass man nur dann tolerant ist, wenn man die Meinung der anderen über die eigene stellt“ (Barrosso 2006).

Diese Analyse Barrosos beschreibt im Kern den Relativismus der eigenen Kultur. Grund für diese westliche, vor allem aber europäische Entwicklung ist die Vorstellung der Gleichwertigkeit aller Kulturen. So scheuen viele Europäer davor zurück, die eigene Kultur zu akzeptieren und zu verteidigen, weil sie fürchten, dies stelle „einen Akt der Hegemonie, eine Geste der Intoleranz, jedenfalls ein undemokratisches, nicht-liberales Verhalten“ dar (Pera

2005, 91). Vor allem Papst Benedikt XVI. hat in der jüngeren Vergangenheit immer wieder vor diesem Relativismus gewarnt, der geradezu zur Religion des modernen Menschen werde. Der Relativismus stelle die eigenen Ursprünge in Frage und schwäche Europa geistig. Die Negierung des Christentums als eine der Wurzeln europäischer Kultur nennt Ratzinger „einen merkwürdigen und nur als pathologisch zu bezeichnenden Selbsthass des Abendlandes, das sich zwar lobenswerterweise fremden Werten verstehend zu öffnen versucht, aber sich selbst nicht mehr mag, von seiner eigenen Geschichte nur noch das Grausame und Zerstörerische sieht, das Große und Reine aber nicht mehr wahrzunehmen vermag“ (Ratzinger 2005c, 87).

4. Die gesellschaftlichen Folgen einer Besinnung auf die christliche Identität Europas

Die kulturelle Krise Europas ließe sich selbstverständlich nicht durch die Berücksichtigung des Christentums in der Präambel der Europäischen Verfassung lösen. Mit der Formulierung dieser historischen Tatsache müsste vielmehr die Einsicht einhergehen, dass die christliche Prägung auch eine aktuelle Bedeutung hat. Letztlich müsste sie Ausdruck einer Rückbesinnung auf die kulturelle Prägekraft und die gesellschaftliche Bedeutung der christlich-inspirierten Werte Europas sein.[29]

Diese Anerkennung der Prägekraft, die z. B. Ausdruck in einer christlichen Präambelformulierung finden kann, ist aber keineswegs als kollektives Glaubensbekenntnis anzusehen; eine Erwähnung der christlichen Wurzeln in der Verfassungspräambel verpflichtet niemanden zum christlichen Glauben. Sie ist ebenso wenig justiziabel: Eine direkte Ableitung konkreter Schritte der Politik lässt sich dadurch nicht einklagen. Eine Stärkung der

[29] Trotz der Existenz europäischer Werte, von der hier ausgegangen wird, sind diese Werte natürlich nicht immer und überall im europäischen Kulturraum einheitlich ausgeprägt und gewichtet. Nicht selten kommt es zu Wertkonflikten, beispielsweise bei unterschiedlicher Interpretation auf europäischer und nationaler Ebene. Siehe dazu Borowsky 2006.

christlichen Identität könnte lediglich einen Beitrag leisten, die Krise der europäischen Kultur zu überwinden. Denn mit den christlichen Wurzeln werden „bleibende Quellen sittlicher Orientierung, also ein Identitätsfaktor dieses Gebildes Europa benannt" (Ratzinger 2005b, 68). Dabei geht es keineswegs um einen Alleinstellungsanspruch des Christentums als Basis der europäischen Entwicklung. Europa und seine Werte speisen sich ganz genauso aus anderen geistigen Wurzeln. Dazu gehören die bereits erwähnten, sehr nachhaltig prägenden Quellen der griechischen und römischen Antike sowie der Aufklärung. Daneben haben aber auch andere Kulturen und Entwicklungen Europa geprägt, auch andere religiöse wie das Judentum oder der Islam. Es wäre ausgesprochen töricht, diese Quellen in Frage zu stellen. Unter dem religiösen Erbe ist das des Christentums nur ungleich größer. Das Christentum sollte also lediglich den angemessenen Platz in dieser Aufzählung finden können.

Diese Anerkennung der Bedeutung des Christentums für die Entwicklung der europäischen Werte hätte insofern immense Bedeutung, als sich diese Werte – bewusst oder unbewusst – zu einem großen Teil aus der christlichen Idee speisen. So ist es kein Zufall, dass die Errungenschaften der Menschenrechte und der Demokratie im christlichen Kulturkreis entstanden sind. Auch wenn die Menschenrechte teilweise gegen die Kirche erstritten werden mussten (ausführlich dazu Marx 2005), der „Kultur- und Traditionszusammenhang" (Hilpert 2005, 158) des Christentums war die Grundlage, auf der ihre Idee sich ausprägen konnte (Stern 2004, 7, Rn. 8).[30] Freilich sind die Menschenrechte „keine ‚Erfindung' der Kirche" (Marx 2005, 222); die Vorstellung der Gottesebenbildlichkeit des Menschen, die Idee der personalen Freiheit und der Gleichheit aller Menschen vor Gott trugen aber erheblich zur Entwicklung der Menschenwürde und zum Menschenrechtsethos bei. Im gleichen Zusammenhang ist der Siegeszug der

[30] Zum Beitrag des Christentums zur Entwicklung der Menschenwürde und der Menschenrechte siehe exemplarisch Schambeck 2004, Robbers 2004, zuletzt Hilpert 2005 und Marx 2005, ferner auch den Sammelband Böckenförde/Spaemann 1987.

Demokratie zu sehen, die ihre Wurzeln gleichfalls im christlichen Gedankengut finden kann (vgl. Hoye 1999).[31] Selbst zur Entstehung des Sozialstaats hat das Christentum einen erheblichen geistesgeschichtlichen Beitrag geleistet.[32] Aufgrund dieses christlichen Beitrags für die europäischen Werte folgert Isensee: „Wenn die Europäische Union über einen ökonomischen Zweckverband hinaus zu einer Wertegemeinschaft wachsen will, muss sie das christliche Erbe Europas in freier Bewusstheit annehmen, um zu sich selbst zu finden" (Isensee 2004, 55).

Viele durch das Christentum etablierte Werte werden heute „als Allgemeingut europäischen Denkens reklamiert" (Krienke 2006b, 300). Insofern erscheinen die Werte, auf denen sich die EU nach Art. I-2 der EU-Verfassung gründet – nämlich die Achtung der Menschenwürde, Freiheit, Demokratie, Gleichheit, Rechtsstaatlichkeit und die Wahrung der Menschenrechte –, heute auch im nicht-christlichen Gewand und werden, obgleich vom Christentum geprägt, in gleicher Weise auch von Nichtgläubigen geteilt; sie sind „säkulare Derivate des Christentums" (Isensee 2004, 47). Der freiheitliche Verfassungsstaat lebt aber auf dem „europäischen Kulturboden weiter, auf dem er entstanden ist, aus dem Humus seiner Geschichte, und er zehrt von den Substanzen, zu denen das Christentum gehört, das diesen Boden im Kaufe der Jahrhunderte durchdrungen und geprägt hat". Deshalb „richtet sich auf das Christentum eine Erwartung des säkularen Gemeinwesens, die nicht seiner eigentlichen, religiösen Botschaft gilt, sondern deren säkularen, gemeinwohldienlichen Nebenwirkungen" (ebd., 52f.).

Die Stärkung der christlichen Identität würde den Humus bekräftigen, auf dem diese Werte Europas wachsen konnten, und damit eine Stärkung dieser Werte selbst bedeuten. Menschenwürde und Menschenrechte, Frei-

[31] Siehe zu Hoye die zustimmende, aber durchaus auch kritische Bewertung Erich Geldbachs, in: Theologische Literaturzeitung 126 (2001) 311-314.

[32] Zum Beitrag des Christentums zum Wohlfahrtsstaat siehe Manow 2005. Grundlegend hat vor allem Franz-Xaver Kaufmann aufgezeigt, wie entscheidend christlich inspirierte Ideen und Handlungen für die Verwandlung des modernen Industriestaats in den Sozialstaat waren (Kaufmann 1988).

heit, Gleichheit und Solidarität, Demokratie und Rechtsstaatlichkeit gründen in einem Menschenbild, das sich nicht von alleine versteht, das sich in Europa aber auch auf christlicher Grundlage entwickelt hat und einen grundlegenden Bestandteil europäischer Identität darstellt (Ratzinger 2005c, 86).[33] Wer diese Werte eines Teiles ihrer Grundlagen entraubt, höhlt letztlich auch ihren Inhalt aus. Die christlich begründete Gottesebenbildlichkeit des Menschen und der Verweis auf einen Schöpfer erinnern dagegen daran, dass Menschenwürde und Menschenrechte dem Gesetz vorgelagert sind. So ist eine Erwähnung des Christentums als eine der europäischen Quellen letztlich Zeichen und Merkposten einer Bindung an übergeordnete Werte, die für niemanden manipulierbar sind.

Diese Wiederbelebung der europäischen Werte durch eine stärkere geistesgeschichtliche Verwurzelung im christlichen Humus ist durchaus erforderlich. So stehen heute z. B. Menschenwürde und Menschenrechte von verschiedenen Seiten unter Druck: Gerade unter dem Mantel der medizinischen Fortschritte wird die Menschenwürde immer häufiger bedroht, weil viele Entwicklungen (wie das Klonen oder die Vorratshaltung menschlicher Föten, insbesondere für Forschung und Organspende) die Menschenwürde selbst aushöhlen (ebd., 85).

Europa führt seine Werte heute sehr einseitig auf den Humanismus und die Aufklärung zurück. Das ist nicht nur historisch falsch, sondern auch fatal. Hinter der Negierung des christlichen Beitrags in der EU-Verfassung steht die Vorstellung, „dass nur die in unserer Gegenwart zu ihrer vollen Ausformung gelangte radikale Aufklärungskultur konstitutiv für die europäische Identität sein könne“ (Ratzinger 2005b, 69). Diese Entscheidung gegen die Erwähnung des Christentums ist für Ratzinger aber gar kein „Ausdruck einer höheren Toleranz, die alle Kulturen gleich achtet und keine privilegieren will“, sondern die „Absolutsetzung eines Denk- und Lebensty-

[33] Zur Bedeutung des Christentums im europäischen Menschenbild siehe Lobkowicz 1992 und Böhr 2006. Böhr geht sogar so weit, dass er das europäische Menschenbild für das christliche Menschenbild hält und umgekehrt (Böhr 2006, 14).

pus“ (ebd., 76f.). „Der Relativismus […] wird hier nun seinerseits zum Dogmatismus, der sich im Besitz der endgültigen Vernunfterkenntnis wähnt und alles andere nur als eigentlich überwundene Stufe der Menschheit betrachten kann und daher entsprechend relativiert“ (ebd., 77f.). Ratzinger wendet sich jedoch gegen diese Ideologie des Laizismus, „die sozusagen den Staat einer reinen Vernunft bauen möchte, der von allen geschichtlichen Wurzeln gelöst ist und dann auch keine moralischen Grundlagen mehr kennen kann, die nicht jeder Vernunft einsichtig sind. So bleibt ihm am Ende nur der Positivismus des Mehrheitsprinzips und damit der Verfall des Rechts, das schließlich von der Statistik gelenkt wird“. Für ihn kann dieser „Staat der abstrakten, geschichtslosen Vernunft“ auf Dauer „nicht bestehen“, weil er nicht in der Lage ist, dem Druck der Ideologien standzuhalten (Ratzinger 2005a, 136f.). Rationalität ist für ihn „ein wesentliches Kennzeichen des europäischen Geistes. […] Aber diese Rationalität kann zerstörerisch werden, wenn sie sich von ihren Wurzeln löst und das Machenkönnen zum einzigen Maßstab erhebt“ (Ratzinger 2005d, 96).

In diesem Versuch Europas einer ungleichgewichtigen Selbstbegründung wird das Christentum geradezu als Gegner der Aufklärung angesehen. Diese Ansicht blendet aber die Grundlagen der Aufklärung im Christentum und in der Auseinandersetzung mit Kirche und Theologie völlig aus. Die Aufklärung kann aber nicht losgelöst von ihrem kulturellen Entstehungskontext betrachtet werden, sondern muss ihrerseits mit ihrem christlichen Hintergrund betrachtet werden. Ohne die Voraussetzung des Christentums wäre die Aufklärung also gar nicht möglich gewesen (Krienke 2006a; Hünermann 1995, 101; Ratzinger 2005b, 79). Auch die Moderne ist mitnichten ein Gegensatz zum christlichen Glauben, denn Modernisierung „ist falsch begriffen, wenn man meint, nur säkulare oder säkularisierende Kräfte hätten daran mitgewirkt“ (Schilling 1991, 195f.). Die These eines reinen Gegeneinanders von Aufklärung und Moderne auf der einen und dem Christentum auf der anderen Seite greift jedenfalls zu kurz. Diese Sichtweise war in früheren Zeiten auch nicht vorherrschend gewesen. Noch die Gründungsväter der europäischen Integration waren „von einer grundsätzlichen Vereinbarkeit des moralischen Erbes des Christentums und des moralischen Erbes der Aufklärung ausgegangen“ (Ratzinger 2005d, 93).

In der Forderung, innerhalb der europäischen Entwicklung die Bedeutung des Christentums zu berücksichtigen, das sich selbst als eine „vernunftgemäße Religion“ versteht, liegt also auch „keineswegs“ eine „Kampfansage an die Aufklärung und an die Moderne überhaupt“ (Ratzinger 2005b, 78). Das Christentum ist keine exklusive Quelle der europäischen Werte, aber eine bedeutende. Eine entsprechende Erwähnung in der Verfassungspräambel wäre mithin keine Abwertung anderer Quellen, würde aber historische Tatsachen wiederspiegeln und ins heute transportieren.

Europa muss deshalb erkennen, dass es seine Werte entleert, wenn es diesen Teil seiner Wurzeln kappt. Insofern ist ausnahmslos die Stärkung der europäischen Werte als Grundlage der Gesellschaft das Ziel einer Besinnung auf die Kraft der christlichen Identität Europas. Diese Stärkung der christlichen Identität ist für die Rolle Europas in der Welt von hoher Bedeutung. Auch für den Bundesverfassungsrichter Udo Di Fabio zeigt sich, „dass im 21. Jahrhundert diejenigen Nationen und Weltregionen in Führung gehen, die über ein solides kulturelles Fundament verfügen. Im Wettbewerb behaupten werden sich diejenigen Kulturen, die zu einer dynamischen Weltwirtschaft passen, die Menschen motivieren, ihnen eine Mitte geben und die Möglichkeit zur Identifikation. [...] In diesem Wettstreit gilt: Wer seine kulturellen Kraftquellen nicht pflegt, steigt unweigerlich ab“ (Di Fabio 2005, V). Vor diesem Hintergrund ist auch Ratzingers Urteil zu sehen, Europa brauche „eine neue – gewiss kritische und demütige – Annahme seiner selbst, wenn es überleben will“ (Ratzinger 2005c, 88).

Dennoch lässt sich aus der christlichen Identität Europas kein politischer Anspruch auf konkrete Entscheidungen ableiten. Der oftmals erhobene Verdacht, eine Betonung des christlichen Erbes richte sich konkret gegen einen möglichen EU-Beitritt der Türkei, geht allein deshalb ins Leere, weil die größten Verfechter der christlichen Präambelformulierung (wie Polen und Italien) auch zu den größten Befürwortern einer türkischen EU-Mitgliedschaft gehören (vgl. Belafi 2005, 73).

Den von der Türkei regelmäßig erhobenen Vorwurf, Europa sei ein „christlicher Klub", der den EU-Beitritt der Türkei immer wieder verzögere, weist die europäische Politik jedesmal wunschgemäß umgehend weit von sich. Hier zeigt sich erneut, wie berechenbar die europäische Politik in Fragen religiöser Konnotation ist und wie andere Länder damit zu spielen wissen. Nichts scheinen die säkularen Staaten Europas mehr zu fürchten als ein Bekenntnis zu ihren geistigen Grundlagen. Dieser Reflex der Distanzierung von den eigenen Wurzeln funktioniert wunschgemäß. Europa hat aber erst dann zu einem unverkrampften Umgang mit seinem Erbe gefunden, wenn es die Charakterisierung des „christlichen Klubs" als ein Prädikat auffasst statt als Vorwurf. Dann hat Europa eingesehen, dass es seine Werte nicht ohne seine Wurzeln pflegen kann. Auch für die evangelische Landesbischöfin Margot Käßmann ist die Bezeichnung des „Christenclubs" vor dem Hintergrund der Bedeutung des Christentums für die europäischen Werte „kein Schimpfwort". Stattdessen führt sie aus: „Vielleicht hat uns Ministerpräsident Erdogan ja mit diesem Begriff einen positiven Anstoß gegeben. ‚Made in Germany' war ja einst eine Parole der Briten, die vom Kauf deutscher Produkte abhalten sollte und wurde zum Qualitätsmerkmal" (Käßmann 2005, 43). Die passende Antwort Europas auf den Vorwurf des „Christenklubs" kann deshalb eigentlich nur lauten: „Nicht nur, aber ja, wir sind *auch* ein christlicher Klub."

Literatur

Baatz, Ursula u. a. (2007): Bilderstreit 2006. Pressefreiheit? Blasphemie? Globale Politik? (Wiener Vorlesungen im Rathaus, Bd. 122), Wien.

Barroso, José Manuel (2006): „Der Papst darf sagen, was er will". Interview mit Margaret Heckel und Miriam Hollstein, in: Welt am Sonntag vom 24.09., S. 10.

Belafi, Matthias (2005): Christliche Werte und Europäische Verfassung, in: Heit, Helmut (Hrsg.): Die Werte Europas. Verfassungspatriotismus und Wertegemeinschaft in der EU? (Region – Nation – Europa, Bd. 31), Münster, S. 70-84.

Böckenförde, Ernst-Wolfgang / Spaemann, Robert (Hrsg.) (1987): Menschenrechte und Menschenwürde. Historische Vorraussetzungen – säkulare Gestalt – christliches Verständnis, Stuttgart.

Böhr, Christoph (2006): Europäisch denken. Christliche Prägung und universaler Anspruch, in: Die neue Ordnung, Jg. 60, S. 14-19.

Borowsky, Martin (2006): Wertkonflikte in der Europäischen Union. Eine Problemskizze, in: Derra, Hans-Jörg (Hrsg.): Freiheit, Sicherheit und Recht. Festschrift für Jürgen Meyer zum 70. Geburtstag, Baden-Baden, S. 49-69.

Buttiglione, Rocco (2004): „Ich habe alle Schuld auf mich genommen". Interview mit Paul Badde, in: Die Welt vom 05.11., S. 10.

Carnevale, Roberta / Ihrig, Stefan / Weiß, Christian (2005): Europa am Bosporus (er-)finden? Die Diskussion um den Beitritt der Türkei zur Europäischen Union in den britischen, deutschen, französischen und italienischen Zeitungen. Eine Presseanalyse (Europäische Hochschulschriften, Reihe XXXI Politikwissenschaft, Bd. 510), Frankfurt a. M. u. a.

Chenaux, Philippe (1994): Der Vatikan und die Entstehung der Europäischen Gemeinschaft, in: Greschat, Martin / Loth, Wilfried (Hrsg.): Die Christen und die Entstehung der Europäischen Gemeinschaft (Konfession und Gesellschaft. Beiträge zur Zeitgeschichte, Bd. 5), Stuttgart-Berlin-Köln, S. 97-124.

Denz, Hermann (Hrsg.) (2002): Die europäische Seele. Leben und Glauben in Europa, Wien.

De Weck, Roger (1999): Neither Reich nor Nation – Another Future for the European Union, in: Jansen, Thomas (Hrsg.): Reflexions on European Identity (European Commission, Forward Studies Unit, Working Paper), o. O. [Brüssel], S. 107-110.

Di Fabio, Udo (2005): Die Kultur der Freiheit, München.

Doering-Manteuffel, Anselm (1994): Rheinischer Katholik im Kalten Krieg. Das „christliche Europa" in der Weltsicht Konrad Adenauers, in: Greschat, Martin / Loth, Wilfried (Hrsg.): Die Christen und die Entstehung der Europäischen Gemeinschaft (Konfession und Gesellschaft. Beiträge zur Zeitgeschichte, Bd. 5), Stuttgart-Berlin-Köln, S. 237-246.

EUobserver (2005): Polish MEPs push for Papal plaque in Brussels, 14.04.2005, http://euobserver.com/?aid=18855&sid=843 (abgerufen am 27.04.2005).

Europäisches Parlament (2005): Protokoll der Plenardebatte am 5. September 2005, TOP 20: Dialog mit den Kirchen und den weltanschaulichen Gemeinschaften, http://www.europarl.europa.eu/sides/getDoc.do?pubRef=-//EP//TEXT+CRE+20050905+ITEM-020+DOC+XML+V0//DE&language=DE (abgerufen am 20.11.2006).

[Fischer, Heinz-Joachim (hjf.)] (2006a): Keine Äußerung des Papstes, in: Frankfurter Allgemeine Zeitung vom 06.02., S. 2.

[Ders.] (2006b): Papst empfängt Muslime. Offensive des Vatikans nach Streit über Äußerungen Benedikts, in: Frankfurter Allgemeine Zeitung vom 25.09., S. 6.

Gephart, Werner (1999): Zur Bedeutung der Religionen für die Identitätsbildung, in: Ders. / Waldenfels, Hans (Hrsg.): Religion und Identität. Im Horizont des Pluralismus (Suhrkamp-Taschenbuch Wissenschaft, Bd. 1411), Frankfurt a. M., S. 233-266.

Gerhards, Jürgen (2004): Europäische Werte – Passt die Türkei kulturell zur EU?, in: Aus Politik und Zeitgeschichte, Jg. 54, H. 38, S. 14-20.

Giannakopoulos, Angelos / Maras, Konstadinos (Hrsg.) (2005): Die Türkei-Debatte in Europa. Ein Vergleich, Wiesbaden.

Goulard, Sylvie (2006): EU – Türkei. Eine Zwangsheirat?, Berlin.

Grass, Günter (2006): „Kein Kampf der Kulturen, sondern zweier Un-Kulturen", in: Die Welt vom 10.02., S. 27.

Gronemeyer, Marianne (1993): Das Leben als letzte Gelegenheit. Sicherheitsbedürfnisse und Zeitknappheit, Darmstadt.

Gruner, Wolf D. / Woyke, Wichard (2004): Europa-Lexikon. Länder, Politik, Institutionen, München.

Hènard, Jacqueline (2000): Ehre sei Gott. Was ist deutsch?, in: Die Zeit vom 02.11.

Hildmann, Philipp W. (2006): Von Novalis für Europa lernen?, in: Stimmen der Zeit, Bd. 224, S. 334-343.

Hilpert, Konrad (2005): Die Menschenrechte – ein christliches Erbe?, in: Girardet, Klaus M. / Nortmann, Ulrich (Hrsg.): Menschenrechte und europäische Identität. Die antiken Grundlagen, Stuttgart, S. 147-160.

Hünermann, Peter (1995): Glauben und Theologie – Momente europäischer Identität?, in: Delgado, Mariano / Lutz-Bachmann, Matthias (Hrsg.): Herausforderung Europa. Wege zu einer europäischen Identität (Beck'sche Reihe, Bd. 1135), München, S. 95-113.

Institute for Family Policies (2006): Report on the Evolution of the Family in Europe 2006, http://www.ipfe.org/Report_Evolution_Family_in_Europe_2006.pdf (abgerufen am 20.11.2006).

Isensee, Josef (2004): Die christliche Identität Europas, in: Fürst, Walter / Drumm, Joachim / Schröder, Wolfgang M. (Hrsg.): Ideen für Europa. Christliche Perspektiven der Europapolitik (Forum Religion & Sozialkultur, Abteilung A, Religions- und Kirchensoziologische Texte, Bd. 9), Münster, S. 41-58.

Jansen, Thomas (2000): Dialogue between the European Commission and the churches and religious communities, in: Baier-Allen, Susanne / Čučić, Ljubomir (Hrsg.): The Challenges of Pluriculturality in Europe (Schriften des Zentrums für Europäische Integrationsforschung, Bd. 24), Baden-Baden, S. 47-52.

Käßmann, Margot (2005): Ist Europa ein Christenclub? Die EU und die Türkei. Vortrag, gehalten am 5. Oktober 2005 vor der Carl Friedrich von Weizsäcker-Gesellschaft in München. (Eine gekürzte Version findet sich in: Junge Kirche, Jg. 66, H. 4, S. 33-34, 39-43.)

Kaufmann, Franz-Xaver (1988): Christentum und Wohlfahrtsstaat, in: Zeitschrift für Sozialreform, Jg. 34, S. 65-89 (als überarbeitete Version ebenso in: Ders.: Religion und Modernität. Sozialwissenschaftliche Perspektiven, Tübingen 1989, S. 89-119).

Knoblauch, Hubert (2004): Religion, Identität und Transzendenz, in: Jaeger, Friedrich / Liebsch, Burkhard (Hrsg.): Handbuch der Kulturwissenschaften. Band 1, Grundlagen und Schlüsselbegriffe, Stuttgart-Weimar, S. 349-363.

Koch, Kurt (2003): Communio in der Spiritualität der Gemeinschaft. Vortrag an der Quartener Tagung im Bildungszentrum Quarten am 16. August 2003, http://www.kath.ch/news/upload_bistum-basel/referatquarten2003.pdf (abgerufen am 07.11.2006).

König, Helmut / Sicking, Manfred (Hrsg.) (2005): Gehört die Türkei zu Europa? Wegweisungen für ein Europa am Scheideweg, Bielefeld.

Kommission der Europäischen Gemeinschaften (2005): Grünbuch „Angesichts des demografischen Wandels – eine neue Solidarität zwischen den Generationen. Brüssel, 16.3.2005 [KOM(2005) 94 endgültig], http://ec.europa.eu/employment_social/news/2005/mar/comm2005-94_de.pdf (abgerufen am 20.11.2006).

Krienke, Markus (2006a): Kirche passt in die Neuzeit, in: Rheinischer Merkur vom 09.03., S. 24.

Ders. (2006b): Rechtsethische Erörterungen zum Prozess europäischer Identitätsfindung, in: Hilpert, Konrad / Bohrmann, Thomas (Hrsg.): Solidarische Gesellschaft. Christliche Sozialethik als Auftrag zur Weltgestaltung im Konkreten. Festschrift für Alois Baumgartner, Regensburg, S. 283-303.

Kühnhardt, Ludger (2000): Europas Identität und die Kraft des Christentums. Gedanken zum Jahr 2000 nach Christus (ZEI Discussion Paper, H. 60), Bonn.

Leggewie, Claus (2004): Die Türkei und Europa. Die Positionen, 4. Aufl., Frankfurt a. M.

Lehmann, Karl (2006): „Die Christen sind wehrhaft". Interview mit Henning Krumrey, in: Focus, H. 40, S. 28.

Lobkowicz, Nikolaus (1992): Das europäische Menschenbild, in: Prunskiene, Kazimiera / Habsburg, Otto von (Hrsg.): Europa – Ein Kontinent gewinnt Gestalt. Die geistige Auseinandersetzung um das neue Europa (Dokumentation, Bd. 20), Mainz, S. 33-44.

Manow, Philip (2005): Plurale Wohlfahrtswelten. Auf der Suche nach den europäischen Sozialmodell und seinen religiösen Wurzeln, in: Jahrbuch für Christliche Sozialwissenschaften, Jg. 46, S. 207-234.

Marx, Reinhard (2005): Menschenrechte in christlich-sozialethischer Perspektive, in: Girardet, Klaus M. / Nortmann, Ulrich (Hrsg.): Menschenrechte und europäische Identität. Die antiken Grundlagen, Stuttgart, S. 215-224.

Metz, Almut (2005): Den Stier bei den Hörnern gepackt? Definition, Werte und Ziele der Europäischen Union im Verfassungsprozess, in: Weidenfeld, Werner (Hrsg.): Die Europäische Verfassung in der Analyse, Gütersloh, S. 49-58.

Neumann, Johannes (2004): „Europas christliche Wurzeln". Von der kontinuierlichen Wirksamkeit eines Mythos, in: humanismus aktuell, Jg. 8, H. 15, S. 81-94.

Nolte, Paul (2006): Religion als gesellschaftliche Ressource. Warum wir einen religionsfreundlichen Staat brauchen, in: vorgänge, Jg. 45, H. 1, S. 3-20.

Ockenfels, Wolfgang (2004): Auf verlorenem Posten?, in: Die Neue Ordnung, Jg. 58, S. 402-403.

Pera, Marcello (2005): Brief an Joseph Ratzinger, in: Ders. / Ratzinger, Joseph: Ohne Wurzeln. Der Relativismus und die Krise der europäischen Kultur, Augsburg, S. 85-113.

Posselt, Bernd (2007): Der Papst kann helfen, die Kluft in Europa zu überwinden, in: Die Tagespost vom 07.07., http://www.die-tagespost.de/Archiv/titel_anzeige.asp?ID=33082 (abgerufen am 16.07.2007).

Rat der Europäischen Union (2007): Schlussfolgerungen des Vorsitzes der Tagung des Europäischen Rates in Brüssel am 21./22. Juni 2007, Dok.-Nr. 11177/07 (23.06.2007), http://www.consilium.europa.eu/ueDocs/cms_Data/docs/pressData/de/ec/94935.pdf (abgerufen am 16.07.07).

Ratzinger, Joseph [Benedikt XVI.] (2005a): Auf der Suche nach dem Frieden. Spannungen und Gefahren, in: Ders.: Werte in Zeiten des Umbruchs. Die Herausforderungen der Zukunft bestehen, Freiburg i. Br., S. 123-137.

Ders. (2005b): Europa in der Krise der Kulturen, in: Pera, Marcello / Ratzinger, Joseph: Ohne Wurzeln. Der Relativismus und die Krise der europäischen Kultur, Augsburg, S. 61-84.

Ders. (2005c): Europas Identität. Seine geistigen Grundlagen gestern, heute, morgen, in: Ders.: Werte in Zeiten des Umbruchs. Die Herausforderungen der Zukunft bestehen, Freiburg i. Br., S. 68-88.

Ders. (2005d): Gemeinsame Identität und gemeinsames Wollen. Chancen und Gefahren für Europa, in: Ders.: Werte in Zeiten des Umbruchs. Die Herausforderungen der Zukunft bestehen, Freiburg i. Br., S. 89-97.

Ders. (2006): Glaube, Vernunft und Universität. Erinnerungen und Reflexionen, in: Ders.: Glaube und Vernunft. Die Regensburger Vorlesung, Freiburg i. Br., S. 11-32.

Rémond, René (2005): Le nouvel antichristianisme. Entretiens avec Marc Leboucher, Paris.

Robbers, Gerhard (2004): § 9 Menschenrechte aus der Sicht des Protestantismus, in: Merten, Detlef / Papier, Hans-Jürgen: Handbuch der Grundrechte in Deutschland und Europa, Bd. I, Entwicklung und Grundlagen, Heidelberg, S. 387-411.

Ders. (2005): Staat und Kirche in der Europäischen Union, in: Ders. (Hrsg.): Staat und Kirche in der Europäischen Union, 2. Aufl., Baden-Baden, S. 629-641.

Schambeck, Herbert (2004): § 8 Grundrechte in der Lehre der katholischen Kirche, in: Merten, Detlef / Papier, Hans-Jürgen: Handbuch der Grundrechte in Deutschland und Europa, Bd. I, Entwicklung und Grundlagen, Heidelberg, S. 349-386.

Schilling, Heinz (1991): Nationale Identität und Konfession in der europäischen Neuzeit, in: Giesen, Bernhard (Hrsg.): Nationale und kulturelle Identität. Studien zur Entwicklung kollektiven Bewußtseins in der Neuzeit (Suhrkamp-Taschenbuch Wissenschaft, Bd. 940), Frankfurt a. M., S. 192-252.

Schöler, Uli (2006): Wenn der Zauberlehrling am Pfropfen spielt. Mohammed-Karikaturen und Pressefreiheit – eine falsche Debatte, in: Neue Gesellschaft / Frankfurter Hefte, Jg. 53, H. 4, S. 16-18.

Stern, Klaus (2004): § 1 Die Idee der Menschen- und Grundrechte, in: Merten, Detlef / Papier, Hans-Jürgen: Handbuch der Grundrechte in Deutschland und Europa, Bd. I, Entwicklung und Grundlagen, Heidelberg, S. 3-47.

Treanor, Noël (2002): Das Verhältnis von Gesellschaft, Staat und Kirche aus der Perspektive der Kommission der Bischofskonferenzen der Europäischen Gemeinschaft (COMECE), in: Kämper, Burkhard / Schlagheck, Michael (Hrsg.): Zwischen nationaler Identität und europäischer Harmonisierung. Zur Grundspannung des zukünftigen Verhältnisses von Gesellschaft, Staat und Kirche in Europa (Staatskirchenrechtliche Abhandlungen, Bd. 36), Berlin, S. 123-133.

Valéry, Paul (1995): Die Krise des Geistes, in: Ders.: Werke. Frankfurter Ausgabe in 7 Bänden, hrsg. von Jürgen Schmidt-Radefeldt, Bd. 7: Zur Zeitgeschichte und Politik, Frankfurt a. M.-Leipzig, S. 26-54.

Wahl, Jürgen / Langes, Horst (2005): Der „Fall Buttiglione", in: Die Neue Ordnung, Jg. 59, S. 40-52.

Weidenfeld, Werner (1976): Konrad Adenauer und Europa. Die geistigen Grundlagen der westeuropäischen Integrationspolitik des ersten Bonner Bundeskanzlers (Europäische Studien des Instituts für Europäische Politik, Bd. 7), Bonn.

Weigel, George (2005): The Cube and the Cathedral. Europe, America and Politics Without God, New York.

Weiler, Joseph H. H. (2004): Ein christliches Europa. Erkundungsgänge, Salzburg-München.

Weninger, Michael (2003): Schnittfelder der Tätigkeiten von Kirchen / Religionsgemeinschaften und der Europäischen Union, in: Müller-Graff, Peter-Christian / Schneider, Heinrich (Hrsg.): Kirchen und Religionsgemeinschaften in der Europäischen Union (Schriftenreihe des Arbeitskreises Europäische Integration e. V., Bd. 50), Baden-Baden, S. 117-124.

Wetter, Friedrich (2004): Zur Auseinandersetzung um die Kandidatur des italienischen Politikers Rocco Buttiglione für das Amt des EU-Kommissars für Justiz. München, erstellt am 28.10., http://www.erzbistum-muenchen.de/EMF009/EMF000828.asp?NewsID=8717 (abgerufen am 20.11.2006)

Zotz, Volker / Migneco, Friederike (2004): Politik und Gesinnung. Der Fall Butiglione, in: forum für Politik, Gesellschaft und Kultur, Jg. 31, Nr. 241, S. 15-20.

Zulehner, Paul M. / Denz, Hermann (1993): Wie Europa lebt und glaubt. Europäische Wertestudie, Düsseldorf.

Die Frage der atlantischen Dimension politischer Identität Europas

Lazaros Miliopoulos

„To speak of Europe is also to speak of the extension of its noble and distinctive civilization of the North Atlantic, so as to include those far-off children of Europe: Canada and the United States" (Michael Novak [2003]).

Zum Zwecke der Herausbildung einer auch kulturell beheimateten „europäischen Identität" scheint es sinnvoll zu sein, danach zu fragen, welche „historisch-ideellen Tiefenschichten" in Europa die Vereinigung verschiedener nationaler Gesellschaften mit verschiedenen sozioökonomischen Entwicklungsgraden und verschiedenen Kulturkreisen (germanisch-protestantisch, römisch-katholisch, slawisch- und griechisch-orthodox) ermöglichen könnten. Da es aber aufgrund der Partikularität des europäischen Kulturraumes nicht die „*eine* europäische Kultur" *im engen Sinne* zu geben scheint, soll in dieser kurzen Abhandlung von einem alternativen Verständnis ausgegangen werden. Damit die Identitätsfrage „angemessen" gestellt werden kann, ist es demnach in Anwendung auf „Europa" hilfreich, sich an ein plurales (im angelsächsischen Raum verbreitetes) *Zivilisations*verständnis (Kroeber 1953; Ders. 1963a; Ders. 1963b; Melko 1995; Toynbee 1955; Quigley 1979; Bagby 1958; Fernández-Armesto 2000; Huntington 2002, 51-54) anzulehnen, nach dem die „Zivilisation" als eine *am weitesten gefasste und zugleich politisch substantivierte kulturelle Entität* zu definieren wäre. Vor dem Hintergrund der Tatsache, dass der „Ersetzung" nationaler Identitäten in Europa durch eine „kernhaltige" Kulturform namens „Europa" etwas sehr

Illusionäres anhaftet[1], könnte das für die europäische Identitätsdebatte ein fruchtbares Unterfangen sein.

Dass nun eine „kollektive Identität" mit einer „Zivilisation", definiert als „am weitesten gefasste und politisch substantivierte kulturelle Entität", überhaupt kompatibel sein kann, sich also eine kollektive Identität auf der Basis eines größeren „Kulturraumes", der in Bezug auf „Europa" im Sinne einer Gesamtheit von nationalen Kulturen zu definieren wäre, ausbilden kann, ist – das liegt in der Natur der Sache – eine umstrittene Position. Kann eine im Vergleich zum Nationalbewusstsein schwächere Variante relativierter Identifikation also wirklich für sich beanspruchen, eine politisch bedeutsame „Identität" zu sein? Zu diesem Einwand gilt es zu betonen, dass wir sowohl in Bezug auf „Europa" als auch in Bezug auf den „Westen" nach allen uns vorliegenden empirischen Daten, aber auch im Lichte der philosophischen, geisteswissenschaftlichen und publizistischen Öffentlichkeit Europas davon ausgehen können, dass alle politisch relevanten Elemente europäischer und westlicher „Identität" vorhanden sind, als da wären: „Elemente eines gemeinsamen Herkunftsbewusstseins, einer gegenwärtigen Ortsbestimmung und gemeinsamer Zielprojektionen" (Weidenfeld 1985, 16).

Ein Problem einer „kulturellen Identität Europas" könnte darüber hinaus darin gesehen werden, dass sich der Begriff „Europa" bis zum Aufkommen der ersten positiv besetzten (damals konservativen) Europakonzeptionen im 19. Jahrhundert[2] sehr stark als Begriff *ex negativo* entwickelte.

[1] Versuche, die Insignien des nationalen Verfassungsstaates entweder für etwas „Europäisches" in Anspruch zu nehmen, ohne dass der damit verbundene Zauber ernsthaft geschaffen werden kann, oder der Versuch gar, die herkömmliche Bedeutung dieser Insignien mit Hilfe „Europas" abzuschaffen, könnten sich entweder nur aus Naivität, aus Kaltschnäuzigkeit oder aber auch aus einer ernstzunehmenden, aber übertriebenen („neudeutschen") Nationalstaatsphobie heraus erklären. Letztere scheint im Übrigen rasant im Schwinden begriffen zu sein.

[2] Der Kulminationspunkt dieser romantischen Europabetrachtungen war sicherlich Novalis' „Christenheit oder Europa". In diesem Zusammenhang bedeutete „Europa" die konservative Versöhnung zwischen Adel und Bürgertum vermittels eines innerlich gereinigten Katholizis-

Die Wurzeln dieser Entwicklung sind in der ersten universalhistorisch-sprachlichen Fassung der Differenz europäischer Zivilisation und asiatischer Kulturen in Herodots *Historíai* (1973/1983) vorzufinden, aber auch in der homerischen Iliade. Bei Herodot wurde die eigene Zivilisation (die Welt der Hellenen) von den Barbaren (die Welt der Perser, Babylonier und Inder) in einem ethnographischen Kontext rational getrennt. Europa erfuhr sich „in der Polarität zu Asien" (Schabert 1989, 42). Bis zur alexandrinischen Großtat (Droysen 1952/53) reichte Asien und der Osten bis nach Vorderindien, danach bis zum Himalaya, und mit Marco Polo Ende des 13. Jahrhunderts entdeckte „Europa" schließlich China (Guadalupi 2003).

Seit der Entdeckung Amerikas ist diese Polarität jedoch stark aufgeweicht. Der Ansatz, den Europabegriff auf dieser Basis zu dynamisieren, indem europäische Identität in einem geopolitisch viel offeneren und leistungsstärkeren System einer „westlich-atlantischen Zivilisation" eingebunden wird, schafft indes die Voraussetzung für eine *realistische* Überwindung eines zu engen Europabegriffs. Die Gebrechen allzu missionarischer Ideen bzw. doppelbödiger Legitimationskonstrukte, z. B. von der Verbreitung einer europäischen „Methode des Friedens" auf der ganzen Welt, die mit einer amerikanischen Form des militärisch-missionarischen „Demokratieexports" konkurriert, fände (endlich) ein Ende. Da auch in einem atlantisch dynamisierten Europabegriff, solange dieser kulturell verankert bleiben soll, ein enger, traditioneller Europabegriff fortwirkt, sollte dieser zunächst einmal kurz skizziert werden. Dass er als Basis einer kulturell verankerten europäischen Identität nicht eskamotiert werden kann, hängt mit der Unabdingbarkeit der kulturellen Verankerung politischer Kollektividentitäten zusammen, die im Anschluss kurz erörtert werden soll. Vor diesem Hintergrund kann schließlich die atlantische Dimensionalität europäischer Identität thematisiert werden.

mus, der sich durch den Akt der Reinigung wieder mit der Ostkirche hätte vereinen können (Lützeler 1982).

Traditioneller Europabegriff

Die Tradition des „europäischen Westens“ sollte in ihrem Negativitätscharakter nicht verabsolutiert werden: Mit der griechischen Zivilisation waren die Idee der Freiheit, die Entdeckung der Demokratie und die kritisch-rationale Einstellung geboren (Popper 1984, 132f.). Und mit den kulturellen Konfrontationen wurde der kritikfähige Blick der Griechen auf sich selbst durch den Blick auf die Anderen möglich (Popper 1984, 134). Herodot lieferte mit seiner Darius-Erzählung über indische Bestattungsriten das entscheidende Beispiel (Herodot 1973, III 58). In einer Form symbolischer und philosophischer „Erinnerungskultur“ wurde (und wird) kontinuierlich in der intellektuellen Tradition „Europas“ bzw. des „Westens“ an den Ideen der Freiheit, an der historischen Traditionsbildung in Bezug auf die eigene Kultur, an der kritisch-rationalen Einstellung festgehalten; am Ende aber doch immer in *Abgrenzung* zu anderen Kulturräumen[3]: ob bei den Griechen in Abgrenzung zur asiatischen, persischen, babylonischen und indischen, bei den Römern zur afrikanischen (Hannibals Karthago) und germanischen Kultur oder bei den europäischen Christen in Abgrenzung zu den Arabern, Mongolen (Hunnen) oder Osmanen bzw. Türken. „Griechen wie Römer verharrten bei der Vorstellung einer Ost-West-Spannung, bei einem gegensätzlich konstruierten Verständnis menschlicher Zivilisation, obwohl sich zugleich die geographische Lehre durchsetzte, wonach die Erdfläche dreigeteilt sei, nämlich in Europa und Asien, und in Libyen (d. h. Afrika)“ (Schabert 1989, 42).

Zusammen mit der Europadefinition ex negativo kam jedoch schon vor der Entdeckung Amerikas noch eine besondere, christlich-abendländische

[3] Wenn auch mitunter in selbstkritischer, ambivalenter Form: vgl. die radikale Selbstkritik des Eratosthenes, die Ägyptophilie der Spartaner, des Isokrates und Platons. Diese Tradition reichte bis hin zum Bild des „edlen Wilden“ im 18. Jahrhundert (Baudet 1965, 56f.). Homer gibt im Übrigen in seiner Iliade auf sehr sublime Weise zu erkennen, dass er mit den asiatischen Trojanern, mit Paris, Priamos, aber insbesondere auch Hektor sympathisiert (Baudet 1965, 77).

Dynamik ins Spiel, die dazu führte, dass viele Völkerschaften, die heute zum „Westen“ oder zu „Europa“ gezählt werden, wie z. B. die keltischen, finno-ugrischen oder die zahlreichen germanischen und slawischen, in Verbindung mit einer aus dem Nahen Osten über Rom und Byzanz sich entwickelnden Christianisierung „inkulturiert“ worden sind. Seit der Neuzeit kommt das türkisch-islamische Element hinzu, das sich heute (wider Willen?) in die Lage versetzt sieht, „europäische Prinzipien“ anzunehmen oder abzulehnen. Schon der Blick auf die Zeit der Perserkriege oder gar der hellenistischen Epoche zeigt deutlich, dass das kulturelle Wirken „Europas“ – gleichgültig wie man heute dazu normativ stehen mag – in der Praxis auf eine Eroberung und, im europäischen Selbstverständnis, „Humanisierung“, „Zivilisierung“ oder „christliche Erleuchtung“ des „Ostens“ hinauslief. Und in dieser Tradition des Bildes von „Europa“ im Westen und „Asien“ im Osten steht die auf der klassisch-abendländischen Betrachtung aufbauende christliche Betrachtung des „Westens“ (Schabert 1989, 43), deren theologische Begriffe in säkularisierter Form natürlich auch heute noch fortwirken (Bolz 2002, 40).[4]

Probleme einer kulturellen „europäischen Identität“

Gegen eine kulturell verankerte europäische Identität könnte nun eingewandt werden, dass seit der politischen Integration Europas europäische Identität nicht auf herkunfts- und überlieferungskulturelle, sondern auf primär projektive Faktoren bezogen werden müsste. Bei europäischen „Föde-

[4] *Vor diesem historischen Hintergrund* sollte im Übrigen die Tatsache, dass in der jüngsten Vergangenheit die universalen philosophischen Konzepte Europas, die als unverfälschte Basis einer Politik im Dienste der „Humanitas“ oder „Christianitas“ fast nur in *Westeuropa* auf breiter Front wirksam wurden, nicht dazu benutzt werden, einem rigorosen „karolingischen“ Dünkel anheim zu fallen, der den christianisierten Slawen grundsätzlich nur die Art eines „Halbeuropäertums“ zubilligt – sei es wegen des mittelalterlichen Schismas (Ostslawen) oder gar wegen des aus westeuropäischen Ideologiegefilden heraus entstandenen und im 20. Jahrhundert den Mittel- und Osteuropäern aufoktroyierten Marxismus-Leninismus sowjetrussischer Ausprägung.

ralisten“ wird diese Einstellung zudem auch auf die nationalen und ethnischen Partikularitäten europäischer Identität gemünzt, heute sogar mehr denn je als noch bei den „Paneuropäern“ und „Abendlandverfechtern“ kurz nach dem Zweiten Weltkrieg. Diese seit der katholischen Paneuropabewegung Coudenhove-Kalergis und erst recht nach dem Zweiten Weltkrieg eintretende Entwicklung impliziert eine Reflexion der Problembehaftetheit des kriegerischen Charakters europäischer Nationengeschichte. „Europa“ setzt sich heute insofern in der Tat nicht *nur* aus nationalen Kulturen zusammen, sondern beinhaltet auch ein übernationales politisches Friedens- und Freiheitsprojekt. Angesichts der von Europa ausgehenden technischen, insbesondere pyrotechnischen Revolutionen, gerade des 19. Jahrhunderts, die ja neben anderen Faktoren erheblich zu einer (militärischen) Verkleinerung der Welt beigetragen haben, ging es nach der Katastrophe des Zweiten Weltkrieges um die Befriedung Europas und die Aussöhnung der Nationalstaaten auf der Basis negativer Kriegserfahrungen in einer modernen und destruktiven Welt. Und in der Tat ist diese „Politisierung Europas“ bis zu einem gewissen Grad auch identitätsstiftend gewesen: Dabei identifizierte man sich als „Europäer“ mit den wichtigsten politischen Funktionen europäischer Integration, die sich zusammenfassen lassen im Bild einer Europäischen Gemeinschaft als Friedens-, Freiheits- und Wirtschaftsgemeinschaft.

Die Identifikation mit der *Friedensgemeinschaft* erfolgte vor dem Hintergrund der Weltkriegserinnerungen und einer extremen Nihilismuserfahrung im Kontext totalitärer Bewegungen. Der Drang, gemeinsames Leid durch einen kulturell-religiösen Europa- und Abendlandidealismus endgültig zu brechen, stellte die entscheidende Einigungsmotivation dar. Dazu kam die Identifikation mit der sich europäisch und transatlantisch entfaltenden *Freiheitsgemeinschaft* im Sinne einer Schicksals- und Zivilisationsgemeinschaft gegen die sowjetrussische Bedrohung (anfangs auch gegen die vorgebliche Bedrohung durch einen „werwolfartigen Revanchismus“ in Deutschland) und die Verknüpfung dieser Identifikation mit der Betonung Europas als

Hort der wirtschaftlichen Freiheit und des freien Handels im Sinne einer freien *Handelsgemeinschaft*.[5]

Wenn wir nun jedoch über die EU hinaus von „Europa" als einer identitätsstiftenden Zivilisationsform ausgehen, wobei die Zivilisation, das sei nochmals erwähnt, als die am weitesten gefasste, politisch substantivierte kulturelle Entität zu definieren wäre, stellen wir die „Politisierungen" Europas nach 1945 als identitätsstiftendes Moment nicht in Frage, da es sich dabei im Endeffekt immer um die projektive Aufladung *gegebener kultureller Identitäten* handelte. Eine kulturell verankerte „europäische Identität" war demnach eine wichtige geistige und historisch-genetische *Voraussetzung* der sich neu entwickelnden Gemeinschaftsidentität. Kollektive Identität, die politisch ordnungsstiftend sein möchte, kommt demnach – trotz moderner und postmoderner Gegenentwicklungen (Beck/Grande 2004, 198, 200f.) – ohne eine kulturell verankerte Identität nicht aus. Diese anthropologische Grundtatsache (Shweder 2000; Gehlen 1940; ähnlich Berger/Berger/Kellner 1975, 84f.) dürfte auch durch einen modernen Bewusstseinssprung im Sinne einer „reflexiven Modernisierung" (Beck 1986, 279-374) oder gar durch eine letztendlich magische Komplettabsage der gesamten modernen und vormodernen Vergangenheit westlicher Kulturgeschichte (Albrow 1998, 96)[6] nicht überwindbar sein. Ohne diese Frage hier weitergehend vertiefen zu können, stellt sich nun die Frage, ob wir diese Zivilisationsform „Europa", also „unsere" Identitätsfolie, *wirklich* – sei es im Sinne des traditionellen Europabegriffes oder im Sinne eines projektiven und missionarischen „Anti-Amerika-

[5] Gerade heute wird Europa von Betrachtern der eher nüchternen Sorte gerne als konkreter ökonomischer Zweckverband zur Friedenssicherung angesehen, mit dem man sich durchaus ausreichend als „Europäer" identifizieren könne. Der „gute Europäer" braucht demnach nicht unbedingt zusätzlich den Traum einer „europäischen Föderation" oder gar die europäische „Methode des Friedens" als zivilisationsmissionarisches Projekt, um sich mit der EU politisch identifizieren zu können.

[6] Die „Moderne" wird bei Albrow unterkomplex auf die mittelbare oder unmittelbare Kontrolle individuellen Handelns durch den nationalen Staat reduziert.

Europäismus" – auf „Europa" beschränken können, ohne in Begründungsschwierigkeiten zu geraten.

Die Frage der atlantischen Dimensionalität „Europas"

Schon in politischer und historischer Hinsicht wird in Bezug auf die Europäische Gemeinschaft bis heute – insbesondere in Sonntagsreden – stark unterschätzt, dass der Startschuss für einen Zusammenschluss Westeuropas nicht in Kontinentaleuropa fiel, sondern interessanterweise auf der Basis eines Papiers zweier angelsächsischer „Nationalisten", Churchills und Roosevelts, die der historische Zufall und die Gefährdung der Traditionen westlicher Zivilisation durch den Totalitarismus geradezu gezwungen hat, derart eng zusammenzuarbeiten, dass mit der „Atlantik-Charta" 1941 zum ersten Mal in der Geschichte die Traditionen der westlichen Zivilisation einen politischen, ja militärischen Gehalt bekamen: Roosevelt setzte gar in idealistischer, amerikanischer Tradition die „westliche Zivilisation" programmatisch mit einer „Weltzivilisation" gleich.

Zwischen 1945 und 1955 orientierte sich Europa schließlich auch auf dieser Basis – also nicht nur außenpolitisch – an Amerika, dessen politische Ordnung mit Recht als großes Erbe der eigenen (sozialhistorisch wohl unausweichlich) verratenen, „europäischen" Zivilisation empfunden wurde. Zum Kern der Verteidigung der politischen Freiheit nach 1945 gehörte auch der Kampf um das religiöse Bekenntnis, was sich zu Beginn der europäischen Einigung im Rahmen eines Antikommunismus bzw. Antibolschewismus vollzog; auch darin war sich die um 1955 plötzlich durchscheinende, politisch erstmals wirksam werdende „atlantische Zivilisation" einig.

Die „europäische Integration" fand historisch und politisch ihren Ort also erst in einem „atlantischen Zeitalter" (Wolf 1966; Beck/Grande 2004, 46) und unter den Bedingungen des Kalten Krieges (Neuss 2000; Trachtenberg 2003; Lundestad 1998; Heideking 1992). Die Zivilisationsform „Europa" ist demnach seit der *Phase der Atlantisierung* zwischen der Entdeckung Amerikas 1492 und dem Ende des Zweiten Weltkrieges 1945 viel eher eine, die geographisch über das europäische Festland auf Nordamerika ausstrahlt. Müssen wir also nicht von einer „europäisch-atlantischen Zivilisation" ausgehen, wobei sich die „atlantische", die „westliche" und die „europäische" Dimension sowohl aus mythologischer, historischer wie auch – und das wäre z. Z. wohl der umstrittenste Teil dieser Aufzählung – aus politischer und gesellschaftlicher Sicht gegenseitig in einer Form bedingen, die jegliches Auseinanderdividieren der spiegelbildlichen Seiten nur unter Inkaufnahme intensiver politischer Kosten sowie kultureller Entfremdungserscheinungen denkbar machen würde?

Spätestens hier stellt sich auch die Frage, inwieweit die sich seit der „Atlantischen Revolution" 1776/1789 (als ein Höhepunkt der *Phase der Atlantisierung*) mehr und mehr durchsetzenden menschenrechtlich-egalitären Werte, mit denen sich Europäer oder Amerikaner identifizieren mögen, sogar nicht eigentlich partikulare Identitäten abseits der „Menschheit" ad absurdum führen. Doch dass kollektive Identitäten – wie schon anderweitig angedeutet – einfach nur „erfunden" werden können und damit die Möglichkeit bestehen würde, Identitäten rein projektiv und in diesem Falle eben (paradoxerweise) rein universalistisch (also in einem ethisch orthodoxen Sinne) zu verankern – i. e. ohne jegliche herkunfts- und kultursubstantialistische Basis –, erscheint nur aus einer radikal essentialismus- und partikularismusverneinenden Position heraus denkbar zu sein. Gerade in Zusammenhängen politischer Ordnungsstiftung können diese Versuche in ihrem Realisierungsgehalt ernsthaft in Frage gestellt werden. Der Partikularismus ist in der (anthropologisch vorgegebenen) „Eigenrealität des Politischen" verankert und in diesem Kontext nicht einfach eskamotierbar.[7] Um es überspitzt zu formulieren: Eine europäische Identität, die nur „neu" oder nur „global" sein möchte, ist eine Sache, welche die ganze Identitätsdiskussion zu dem macht, als was sie immer hingestellt wird: als vages Vielerlei, als eine „Mode", nicht

[7] Vgl. zur „Eigenrealität des Politischen": Crick 1966; Buchheim 1981; Oakeshott 1975; Willms 1984. Vgl. zur Partikularismusbegründung: MacIntyre 1993; Isensee 2003; Walzer 1990; Waas 2004, 109f.

zu fassen, nicht begrenzbar, nicht erkennbar, nur noch „diskutierbar", nur noch konstruktivistisch, ohne Anfang, ohne Ende, gemäß dem Motto „der Weg ist das Ziel", ausgehend von der festen Überzeugung, „Identitäten" seien proteischer, also flüssiger, nie statischer Natur. Konstruktivistische Gegenstimmen mögen zumindest zugeben, dass, wenn das Ziel europäischer Identitätsstiftung letztlich in der Aufhebung „allzu statischer" Partikularidentitäten liege, dieses, wenn denn nicht unmöglich, so doch „mühsam und langwierig" zu erreichen sei (so z. B. Herz 2002a, 132). Letztendlich kommt es immer auch auf den Grad des Konstruktivismus an, um solche Modelle *politisch* angemessen beurteilen zu können. Gemäß der Ordnungslehre der *klassischen* Politikwissenschaft ist ein historisch-genetischer Essentialismus als Bestandteil einer Ordnungslegitimation für eine stabile Ordnungsstiftung unverzichtbar (Voegelin 2004, 43-88).

Ob wir bei diesen Essentialismen nun von politisch bedingten „Wahrheiten" im Sinne eines regulativen „Als-Ob-Modells" im Kontext einer „Eigenrealität des Politischen" oder gar von einer „objektiven Wahrheit" sprechen sollten, hängt schließlich vom Glaubensstandpunkt des Betrachters ab, sollte aber in unserem Zusammenhang nicht interessieren, weil es allzu sehr wegführt von der zentralen Fragestellung, in welcher Tradition und in welchen Kontinuitäten sich das Leitbild eines *„atlantischen Europa"*, das sich im Selbstverständnis als politisch überzeugende Basis „europäischer Identität" versteht, bewegt. Da in den akademischen und publizistischen Europadiskursen, erst recht im Zeitalter tiefgreifender politischer Entfremdungen im transatlantischen Verhältnis, immer öfter nur nach den Traditionen und Kontinuitäten der *konkurrierenden*, also der „europäistischen" Leitbilder eines „unabhängigen Europas" als Weltfriedens- und Gegenmacht Amerikas gefragt wird, und diese Leitbilder fast immer nur mit den europapolitischen Modellen eines „kosmopolitischen", „föderativen" und „evolutionären Europas" oder gar eines „Europas der Nationalstaaten" verbunden werden, scheint hier eine gewisse Aufmerksamkeits- und Forschungslücke zu bestehen.

Die „westliche Zivilisation“ als Grundlage kultureller „europäischer Identität“

Wie ausgeführt kann nur durch die Erfragung kultureller Voraussetzungen „westlicher Zivilisation“ von einem essentiellen Gehalt des „Westens“ gesprochen werden. Der normative Aspekt, wie er auf diese Weise insbesondere von Philosophen wie Hannah Arendt, Leo Strauss und Eric Voegelin (ganz unterschiedlich) entwickelt wurde, liegt dabei darin, dass in der politischen Erfahrungswelt des Westens der „gemeinsame geistige Grund“ entdeckt werden kann, „welcher der Analyse der geschichtlich-sozialen Welt einen operativen Begriff von Humanität vermittelt“ (Gebhardt 1984, 145). Die heute zunehmend in Vergessenheit geratene Erkenntnis, dass konsistente Ordnungsbildung jeglicher Art immer auch die „Betätigung eines gemeinsamen Willensgehaltes“ (Heller 1934) voraussetzt, würde darüber hinaus so wieder zur Geltung kommen. Politische Ordnung ist demnach als Ausfluss einer Suche „nach einer adäquaten Symbolisierung des Sinns“ bzw. „Suche nach der Wahrheit der menschlichen Existenz“ (Herz 2002b, 349) zu begreifen *und* als „Bedingung der Möglichkeit, erstrebenswerte Ziele zu verwirklichen“ (Herz 1999, 25; ferner Böckenförde 1992, 60). Die Voraussetzung dieser Ordnungswissenschaft ist und bleibt im Übrigen das Bestreben, „die Idee von der Kontinuität antiker Denkformen in der angelsächsischen politischen Ideenwelt und der in ihr gründenden institutionellen Ordnung“ (Gebhardt 1984, 145) nicht auszublenden, sondern sie wieder stärker ins Bewusstsein zu tragen. Als größter Irrtum der modernen Politik- und Sozialwissenschaft könnte sich heute herausstellen, dass konsistente und notwendige „Ordnung“ alleine durch ein bloß vernünftiges und zugleich geschichts- und traditionsloses Sich-„Vertragen“ einer „Vielheit“ entstehen könne. Dieser Vorstellung wird die Angewiesenheit jeglicher anzustrebenden „Ordnung“ auf „menschliche Bedingtheit in geistig-politischer Existenz“ (Gebhardt 1984, 151) entgegengesetzt; eine Bedingtheit, von der man sich im Übrigen nur unter Inkaufnahme des Verlustes eines brauchbaren Erfahrungsstoffes dessen, was „wir“ im Westen als „Humanität“ entdeckt haben, „befreien“ oder „lösen“ kann.

Scheitert aber die Erfragung kultureller Voraussetzungen „westlicher Zivilisation" nicht an der „Kulturferne" einer „modernen Zivilisation" und erst recht der „Kulturferne" einer daraus resultierenden Konsumgesellschaft? Müssen moderne Errungenschaften wie Wissenschaft, Leistung und technischer Fortschritt samt einer schillernden Konsumgesellschaft nicht als kulturneutrale Elemente politisch insoweit überwunden werden, dass das Potential einer politischen Aktionsgemeinschaft einer „atlantischen Zivilisation" im Arendtschen Sinne (Arendt 2000, 277-362) überhaupt ermöglicht werden kann? Die entgegengesetzte Sichtweise stellt freilich die suggerierte kulturelle Neutralität moderner Zivilisation in Frage: Solange sich die Erscheinungen einer technokratischen Konsumgesellschaft selbst nicht kulturlos machen, indem sie von interessierter Seite faktisch als Waffen gegen ihre eigenen historischen und sittlichen Voraussetzungen in Stellung gebracht werden, steht der durchaus berechtigte Kultur-Zivilisations-Antagonismus nur in einer stark aufgeputschten (ideologisierten) Variante „im Weg". Es geht ansonsten beim Konsumverhalten nicht immer nur um das Materielle, und ideelle Wertigkeiten „abendländischer Prägung" sind sogar dort ausfindig zu machen, wo sie vielleicht gar nicht vermutet werden, z. B. im Bereich einer vitalistischen Freizügigkeit, einer permissiven Freude am Leben, im Konsummanagement und in der Körperlichkeit; sei diese Lebenslust dann in dieser oder jenen Ausprägung „schlecht" oder „gut", störend oder erfrischend, banal, modisch, sentimental oder doch von einer gewissen Güte, einem emotional berührenden Reiz.

Der Begriff der „Atlantischen Zivilisation"

Hannah Arendts erwähnte Zukunftsprojektion einer „atlantischen Zivilisation" ist nun ein sehr faszinierender Begriff. Arendt geht hierbei von einem philosophischen und ideengeschichtlichen Verständnis des „Westens" aus, das sich aus der abendländischen Tradition griechisch-römischer, christlicher und (seit Jefferson, Washington und Adams) aus der Tradition europäisch-atlantischer Kulturgeschichte speist bzw. an die Traditionen einer

„Atlantischen Revolution" anknüpft. Der Begriff „Atlantische Zivilisation" fand sich in diesem Sinne auch bei den beiden Historikern Robert R. Palmer (Princeton) und Jacques Godechot (Toulouse) (Palmer 1970; Godechot/Palmer 1974; Bailyn 2005, 24-30; Eckert 2005). Darüber hinaus verwendeten den Begriff auch der Politikwissenschaftler Tilo Schabert, der Historiker Jacques Freymond und in visionären Ad-Hoc-Entwürfen Gelehrte und Politiker wie z. B. Christian Hacke (2002), Ludger Kühnhardt (2002) und Jürgen Chrobog (2001). In diesem publizistischen und politischen Sinne wird der Begriff jedoch insbesondere im englischsprachigen Raum gebraucht (Bailyn 2005; Beard/Beard 1971, 20f.; Calleo 1970, 103). Als visionärer Ausdruck einer friedlichen, westlichen Kommerz- und Populärkultur findet sich der Begriff auch bei Wolf Jobst Siedler (1994) und (als „euroatlantische Zivilisation") bei Václav Havel (zit. in: Kober 1998), Wlodzimierz Cimoszewicz, Vikor Juschtschenko und anderen mitteleuropäischen Politikern (auch bei ausgewiesenen Linken bis hin zu Ion Iliescu), aus neokonservativer Sichtweise bei Michael Novak (2003) und David Frum sowie in einem eher historischen Kontext bei Jacques Pirenne, Charles Verlinden (1966), Felipe Fernández-Armesto (2000, 487-555), Michael Kraus (1949), Kurt von Boeckmann (1924, 336-385) und Ernst Nolte (1998).[8] Als Feindbegriff sogar können wir die „Atlantische Zivilisation" interessanterweise bei sektiererischen „Eurasiern" wie Alexander Dugin vorfinden (Duvanov 2001) oder auch in der Betitelung eines prosowjetischen Gesellschaftsgemäldes von André Fougeron aus dem Jahre 1953, des führenden Vertreters eines „sozialistischen Realismus" in Frankreich, das unter dem Titel „Civilisation Atlantique" im Londoner Tate Museum besichtigt werden kann.

Neben der eher seltenen Verwendung des Begriffs in einem politischen Kontext florieren in Nordamerika *geschichtswissenschaftliche* Studienprogramme in „Atlantic History" und „Atlantic Civilization". Die Studiengänge werden

[8] Vgl. als ersten summarischen Überblick Bailyn 2005; Eckert 2005. Holger Afflerbach (2001) verwendet die Begriffe „atlantische Welt" und „atlantische Gesellschaft". Vgl. fernerhin aus asiatischer Perspektive Okihiro 2001, 16f.

insbesondere am History Department der Florida International University in Miami und am Department of History der University of Prince Edward Island in Charlottetown in Kanada angeboten. Die vom amerikanischen Nestor Bernard Bailyn ins Leben gerufene, vitale und institutionalisierte atlantische Geschichtsschreibung (Bailyn 2005, 1996; Armitage 2002; Games 1999; Eltis 1999; de Grazia 2003) und Ideengeschichte (Pocock 1975; Bailyn 1967) ist inzwischen so weit gediehen, dass sie sich in kompletten Monographien und Qualifikationsarbeiten kritisch selbst reflektiert und entsprechend fragmentiert (u. a. Armitage 2002; Gilroy 1993; Williams 1944; Roach 1996). Im Vergleich zur atlantischen Geschichtsschreibung in den USA und auch in Europa, wo sich in der Vergangenheit neben Godechot und Palmer insbesondere die Wirtschaftshistoriker Max Silberschmidt (1951) und Vitorino Magalhães Godinho (1950), sowie die Historiker Hugette und Pierre Chaunu (1955-59)[9], Charles Verlinden (1966) und Jacques Pirenne (1944-1956) hervorgetan hatten, war und ist die Situation in Deutschland, mit einzelnen Ausnahmen in der Geschichtswissenschaft eher dürftig. Allerdings hat sich in den letzten Jahren der Historiker Thomas Fröschl (2000) mit Arbeiten aus dem Bereich der atlantischen Geschichtsschreibung hervorgetan.

Hier soll nun auf die *politikphilosophische* Verwendung des Begriffs der „Atlantischen Zivilisation" eingegangen werden. Die mit der Verwendung des Begriffs verbundene Zielvorstellung ist demnach die einer *politischen Aktionsgemeinschaft* des gesamten „Westens". In diesem Punkte gilt es, nach den philosophischen und historischen Voraussetzungen einer „atlantischen Zivilisation" zu fragen. Zum einen bietet sich ein Ansatz der „politischen Idee des Westens" an, zum anderen die Rückschau auf deren Realisierung durch einen im 20. Jahrhundert als Reaktion auf den Totalitarismus erstmals wirksam werdenden politischen Atlantizismus.

[9] Vgl. zu Chaunu auch Bailyn 2005, 31f.

Philosophische und theoretische Einordnung: Der Westen als „politische Idee" und Handlungsmaxime

Eric Voegelin entwickelte in seinen frühen Schriften ein Verständnis des „Westens" als *politische Idee*. Politische Ideen sind in Anlehnung an Eric Voegelin nicht „realitätsbeschreibend" (das macht die politische „Theorie"), sondern gestaltend. Sie schaffen politische Wirklichkeit und sind zugleich Bestandteil der Realität, in dem Moment, in dem sie wirken; sie sind also nicht zwangsläufig reine Propositionen (Herz 2002b, 351). Das Bewusstsein, das durch eine „politische Idee" erreicht werden soll, kann nach Voegelin nur über das bildliche Symbol erreicht werden und den dadurch illustrierten Mythos, die große Erzählung (Voegelin 2002, 232). Die politische Idee in diesem Sinne bietet zugleich „eine Art Kompensation für die frustrierende Erfahrung des einzelnen, in der modernen Gesellschaft nicht in der Bedeutung wahrgenommen und anerkannt zu werden, die jeder einzelne sich selber zumisst", eine Kompensation also für das „Grundgefühl, Rädchen im großen Getriebe zu sein", so wie es „in den Anfängen der Industriegesellschaft im 18. und 19. Jahrhundert wie ein Schock über die Menschen" kam (Becker 2000, 250). Um jedoch die „politische Idee" des Westens in diesem Sinne zu ermöglichen, ist nicht nur nach Konzepten einer *ethnographischen Gemeinschaft* (Sitten und Gebräuche) des Westens zu fragen, sondern auch nach Konzepten der *ideellen, ideen- und ereignishistorischen* sowie nach der *politischen* Gemeinschaft des Westens.

Mit der *ideellen* Dimension ist zunächst einmal ein „Weltbild" des „Westens" angesprochen, welches durch eine „Idee" des Westens geschaffen wird. *Ideen*, also auch die „Idee des Westens" sind dabei idealtypisch (nach Max Weber) nicht nur von materiellen, sondern auch von ideellen Interessen zu scheiden. Ideelle Interessen beeinflussen *unmittelbar* das Verhalten der Menschen, während Ideen nur die „ideellen Interessen" unmittelbar beeinflussen. Die Letztgenannten indes stehen als unmittelbar verhaltensbestimmende Faktoren nicht alleine, sondern wirken sich zusammen (oder im Konflikt) mit „materiellen Interessen" auf das Verhalten der Menschen aus. Die „Idee des Westens" wäre demnach wie alle „Ideen" Bestandteil einer allgemeinen Sinndeutung von „Welt". Dabei ist es nach Max Weber nicht notwendig, diese (philosophische) Sinndeutung im Sinne des „Verlangens nach einer kohärenten Weltauslegung" (Bogner 1989, 179) als „objektive Wahrheit" zu definieren, während Eric Voegelin und mit ihm der abendländische Platonismus und der christliche Katholizismus nur die „Idee" eines normativ-ontologisch herzuleitenden „Guten" als (vollwertige) „Idee" akzeptieren können. Max Weber indes scheint jegliches „Verlangen nach einer kohärenten Weltauslegung" als „Willen zur Macht" zu verstehen, als ein Verlangen also, welches „das als sinnlos empfundene Leiden, als sinnvoll, nämlich als vereinbar mit der Perspektive seiner Überwindung erklärt" (Bogner 1989, 179). Der Wille zur Beherrschung des innerweltlichen Leids wäre demnach zugleich die Funktion einer Idee Gottes. Ob nun diesem – sowohl nietzscheanisch und psychologisch beeinflussten – Ideenverständnis Max Webers gefolgt wird oder dem klassisch-platonischen Ideenverständnis eines Eric Voegelin: Die *Gemeinsamkeit* zwischen Webers Verständnis wertrationalitätserzeugender „Ideen" und dem normativ-ontologischen Ansatz besteht auf jeden Fall darin, dass Ideen „jene zu *überpersönlicher* Geltung gelangten Auffassungen" sind, die von „Interessen" idealtypisch klar geschieden werden müssen.[10] Jegliche theoretische Form des „Materialismus", also der Erhebung von „Physis" (i. e. biologischer. „Leiblichkeit" bzw. empirisch wahrnehmbarer „Außenwelt") zum „Allprinzip" kann in diesem Kontext *per definitionem* (bei Max Weber) und auch „philosophisch qualitativ" (bei Voegelin) keine „Idee" sein.

Mit der *ideen- und ereignishistorischen Dimension* des „Westens" ist nunmehr die Geschichte des „Westens" vor dem Hintergrund seiner „Idee" gemeint. Zum einen werden die einzelnen typischen „Ideen" des Westens kanonisch herausgearbeitet, aber zugleich im Kontext der historisch wirksamen „nichtintentionalen Verflechtungen von Intentionen und ‚Ideen'" (Bogner 1989,

[10] So Bogner (1989, 180) in überzeugender Form gegen die These von Wolfgang Schluchter (1979, 206).

182) betrachtet, denn die Geschichte ist interessen- und verhaltens-, kurz ereignisbestimmt. Hierzu gesellt sich der ganze Zweig westlicher und „atlantischer" Zivilisationsgeschichte, zu deren herausragendsten Vertretern nicht nur „Klassiker" wie Max Weber, Norbert Elias oder Theodor W. Adorno sowie Ereignis- und Strukturhistoriker wie Felipe Fernández Armesto oder Jürgen Osterhammel gehören, sondern auch Ideenhistoriker wie Bernard Bailyn. Die „ideelle Gestalt" des Westens in der Geschichte finden wir indes auf normativ sehr unterschiedliche Weise in den Werken von Voegelin, Toynbee, Spengler, Burckhardt und in zeitgenössischen Abhandlungen, wie denjenigen von Robert R. Palmer, Quentin Skinner, Maurizio Viroli, John A. Pocock oder eben Bernard Bailyn wieder. In projektiver Hinsicht steht die ideen- und ereignishistorische Dimension des „Westens" unter dem analytischen Vorbehalt der Differenz zwischen „Idee" und „historischer Wirklichkeit", dass also „Ideen" immer nur „auf paradoxem Wege Wirkung erlangen" können. Nicht nur nach Max Weber liegt hierin die „Tragik" oder „Ironie" zahlreicher Realisationsversuche von Ideen in der Wirklichkeit (Bogner 1989, 184f.).

Historisch-politische Einordnung: Der Atlantizismus seit 1939/47

Das Konzept der konkret vorliegenden *politischen Gemeinschaft* des Westens trat in einer embryonalen Form 1945 in die Geschichte ein. In den Jahren des Zweiten Weltkrieges lagen im Ansatz schon weitergehende Konzepte vor. Journalisten wie Clarence K. Streit (1939), Forrest Davis (1941) und Walter Lippmann (1917; 1944) und römisch-katholische Historiker wie Ross Hoffman von der Fordham University (in Anlehnung an Salvador de Madariaga und Antonio Salazar) oder Carlton J. H. Hayes (Columbia University) sind hierbei die wichtigsten Referenzen (Hayes 1945/46; Hoffman 1942; Ders. 1944). Schon 1917 hatte Walter Lippmann in seinem Aufsatz „The Defense of the Atlantic World" den Begriff der „atlantischen Welt" geprägt: „Großbritannien, Frankreich, Italien selbst Spanien, Belgien, Holland, die skandinavischen Staaten und Panamerika sind in der Hauptsache, in ihren tiefsten Nöten und letzten Zwecken, eine einzige Gemeinschaft" (Lippmann 1917).

Im Grunde gehörte Deutschland – so fuhr Lippmann fort – zur „atlantischen Zivilisation" dazu und sollte ein mächtiges und loyales Mitglied der atlantischen Welt sein. Es würde aber von Kräften beherrscht, die es von der westlichen Welt separierten. Das Ziel der amerikanischen Kriegführung müsse es daher sein, Deutschland nicht zu erobern, wie Rom Karthago erobert habe, sondern zu gewinnen, wie Lincoln den Süden zu gewinnen bestrebt war. Erst recht während des Zweiten Weltkrieges herrschten Konzepte unter generell weitgehender Auslassung Deutschlands und Ostmitteleuropas vor, die aus der *politischen* Gemeinschaft des „Westens" ausgeschlossen wurden (Davis 1941, 320, 329). Die abendländisch-christliche Motivation eines explizit antikommunistischen und christlich geprägten, also nicht alleine „antideutsch" zugespitzten Atlantizismus, war indes in den Konzeptionen von Hoffman und Hayek besonders stark (Bailyn 2005, 12; Allitt 1993, 1997).

Im Zeitalter des Kalten Krieges schließlich – insbesondere z. Z. des Sputnik-Schocks – lagen hochwertige Konzepte sowohl vom „Atlantic Union Commitee" um Friedensnobelpreisträger Norman Angell (Szent-Miklosy 1965), dem NATO-Rat als auch von Karl W. Deutsch (1969) vor, jetzt jeweils unter aktiver Einbeziehung Deutschlands (Streit 1939; Hoffman 1942; Ders. 1944; Lippmann 1944, 210-213; Freymond 1986, 280-283). In den USA wurde Anfang der sechziger Jahre das „Atlantic Council of the United States" gegründet, das seit 1963 die einflussreiche Zeitschrift „The Atlantic Community Quarterly" herausgab (Bailyn 2005, 9-11).

Die Konzepte aus dem Kalten Krieg knüpften genau hier an und sind in ihrer politischen Ausrichtung heute noch überaus bemerkenswert. Bei Karl W. Deutsch hatten sie damals ihren wichtigsten *Kern* in der *Minimal*definition von inter- und transnationaler „Gemeinschaft", dass also trotz aller Differenzen beim Umgang der Gemeinschaftsmitglieder im Rahmen einer *pluralistischen Sicherheitsgemeinschaft* „der Einsatz kriegerischer Mittel undenkbar geworden ist" (Schweigler 1997, 31f.), gingen aber bei anderen „Atlantikern" schon damals insofern weiter, als man aufgrund der „Geburt des Atomzeitalters" (Freymond 1986, 281) auch *innerhalb* des „Westens" über die rein nationalstaatlich abgesicherte Friedensmotivation hinaus wollte, um wirklich „Sicherheit" zu erlangen (Freymond 1986, 223, 299). Der Journalist Clarence K. Streit träumte 1939 sogar von einem nordatlantischem Bundesstaat und sah ihn als einzige Chance, die erfolglose Politik des Völkerbundes zu beenden.[11]

Zwar hatte „nicht das Bewusstsein der Zugehörigkeit zu einer atlantischen Gemeinschaft [...] zu einer transatlantischen Zusammenfassung der Kräfte geführt, sondern die Umstände, die Gemeinsamkeit der Gefahr" (Freymond 1986, 299). Aber diese Umstände, so hieß es von überzeugten Atlantikern schon in den sechziger Jahren, „könnten vielleicht nach 1960 die Nationen Europas und Amerikas dazu bringen, ihre Anstrengungen noch intensiver zusammenzufassen und das, was nur ein von Widrigkeiten der Zeitläufe erzwungenes Bündnis war, in eine dauerhafte Verbindung zu verwandeln" (Freymond 1986, 299). Bis heute ist das jedoch nicht wirklich erreicht worden.

Schlussbetrachtung

Zusammenfassend lässt sich festhalten, dass der Zusammenbruch der „europäischen Weltordnung" 1917-1945 und die daraus resultierende „Atlantisierung" der europäischen Sicherheitspolitik überhaupt die historische Voraussetzung des europäischen Integrationsprozesses bildeten, welche wiederum als ein Resultat des Kalten Krieges, der Weltkriegserinnerung und der Rückbesinnung eines moralisch, geistig und materiell beinahe total vernichteten Europas auf eine atlantisch dynamisierte hellenisch-abendländisch-christliche Wertegemeinschaft (Dawson 1932) verstanden werden müsste. Die europäische Integration konnte und kann darüber hinaus immer noch

[11] Vgl. zur Atlantic Union-Idee und zur „Union Now"-Bewegung zusammenfassend auch Brauer (1995, 105-108), Bailyn (2005, 6-9), Nye (1967, 95f.) und Nolte (1974, 166).

eigentlich nur unter dem militärischen Schutz des amerikanischen Bündnispartners, der zugleich ein zivilisatorisches „alter ego“ ist, stattfinden.

Seit dem Irakkrieg 2003, den zahlreichen „extralegalen“ Maßnahmen gegen „feindliche Kombattanten“ im Rahmen des amerikanischen Antiterrornotstandes und dem Aufkommen eines neuen amerikanischen Missionarismus wird nun jedoch nach über fünfzig Jahren die Einheit des „Westens“ nach innen wie nach außen ernsthaft relativiert oder in Abrede gestellt. Das antidiktatorische Moment des inzwischen äußerst blutigen Irakkrieges ist in der Zwischenzeit – trotz aller berechtigten Kritik – in vielen europäischen Identitätsentwürfen in Vergessenheit geraten. Das Problem besteht darin, dass die mit diesen Entwürfen (Habermas 2004) oftmals einhergehende Relativierung einer kulturhistorisch gegebenen Werteeinheit des „Westens“ angesichts aktueller politischer Friktionen letztlich eine Entfremdungserscheinung innerhalb des Westens selbst darstellt, die heute jedoch wohl eher daraus resultiert, dass die einzige Voraussetzung dafür, sich der gegebenen Werteeinheit bewusst zu werden und sie daraufhin vielleicht sogar in politische Handlung umzuwandeln, nicht mehr gegeben zu sein scheint. Die Voraussetzung bestünde demnach in Europa darin, endlich wieder alle amerikanischen Erscheinungen – auch die gesellschaftspolitischen – so aufzugreifen, dass sich europäisches Denken selbst darin erkennt, sei es auf den ersten Blick noch so schwierig. Zugleich erlauben die Unterschiede ja genau jenen Grad an Selbstkritik, den die Freiheit braucht, um überleben zu können. Der Spiegel, der den „distanzierten Blick“ auf sich selbst erlaubt, ist immer der andere Teil des Zivilisationszusammenhangs. Europa braucht demnach Amerika, um die Distanz zu sich selbst aufzubringen, aber – und das soll hier nicht verschwiegen werden – Amerika Europa aus genau dem gleichen Grund (Schabert 1989, 54). Weder einem europäischen „Vasallentum“ noch einem intellektuell unbefriedigenden und unhinterfragten „Hurra-Amerikanismus“ wird hier das Wort geredet, sondern einer „historisch-kulturellen Verbindung“ des europäischen und amerikanischen „Modells“ – im Sinne etwa Arendts, Morgenthaus, C. J. Friedrichs, Voegelins, Fraenkels, Bergstraessers, Brachers u. a. Die Vorstellung von der „Notwendigkeit einer zukünftigen europäischen Einheit“ und einer europäischen Identität sollte demnach zum Muster einer „Atlantischen Zivilisation“ gehören – erst recht angesichts einer „amerikanischen Gefahr“ im Falle eines moralistischen Unilateralismus amerikanischer Außenpolitik und eines völlig ungebundenen außenpolitischen „American Exceptionalism“. Die Einigung der Alten Welt hätte so endlich wieder den Zweck, sich der Neuen Welt weiterhin öffnen zu können (Wells 1911, 399f.; Rod 1905, 95f., 113). Solange sich aber die Alte Welt in der Neuen nicht mehr erkennt, schlittert sie längst selbst dort hinein, wo der Realist bestimmte weltmissionarischen Eiferer und notorische Weltverbesserer aus der Neuen Welt mit gewissem Recht lokalisiert: ins Geschichtslose.

Literatur

Afflerbach, Holger (2001): Das entfesselte Meer. Die Geschichte des Atlantik, München.

Albrow, Martin (1998): Abschied vom Nationalstaat, Frankfurt a. M.

Allitt, Patrick (1993): Catholic Intellectuals and Conservative Politics in America 1950-1985, Ithaca.

Ders. (1997): Catholic Converts. British and American Intellectuals Turn to Rome, Ithaca.

Arendt, Hannah (2000): Über die Revolution, 4. Aufl., München.

Armitage, David (2002): Three Concepts of Atlantic History, in: Armitage, David / Braddick, Michael J. (Hrsg.): The British Atlantic World 1500-1800, Basingstoke-New York, S. 11-27.

Bagby, Philip (1958): Culture and History. Prolegomena to the Comparative Study of Civilizations, London-New York-Toronto.

Bailyn, Bernard (1967): The Ideological Origins of the American Revolution, Cambridge (Mass.).

Ders. (1996): The Idea of Atlantic History, in: Itinerario, Jg. 20, S. 19-44.

Ders. (2005): Atlantic History. Concepts and Contours, Cambridge-London.

Baudet, Henri (1965): Paradise on Earth. Some Thoughts on European Images of Non-European Man, New Heaven-London.

Beard, Charles A. / Beard, Mary R. (1971): The American Spirit. A Study of the Idea of Civilization in the United States, 2. Aufl., New York.

Beck, Ulrich (1986): Risikogesellschaft. Auf dem Weg in eine andere Moderne, Frankfurt a. M.

Ders. / Grande, Edgar (2004): Das kosmopolitische Europa. Gesellschaft und Politik in der Zweiten Moderne, Frankfurt a. M.

Becker, Werner (2000): „Alle Staatsgewalt geht vom Volke aus“ – Ein kritisches Plädoyer gegen die Ideologie der Volkssouveränität, in: Leidhold, Wolfgang (Hrsg.): Politik und Politeia. Formen und Probleme politischer Ordnung, Würzburg, S. 243-255.

Berger, Peter L. / Berger, Brigitte / Kellner, Hansfried (1975): Das Unbehagen in der Modernität, Frankfurt a. M.-New York.

Böckenförde, Ernst Wolfgang (1992): Recht, Staat, Freiheit. Studien zur Rechtsphilosophie, Staatstheorie und Verfassungsgeschichte, Frankfurt a. M.

Bogner, Artur (1989): Zivilisation und Rationalisierung. Die Zivilisationstheorie Max Webers, Norbert Elias' und der Frankfurter Schule im Vergleich, Opladen.

Bolz, Norbert (2002): Das konsumistische Manifest, München.

Brauer, Maja (1995): Weltföderation. Modell globaler Gesellschaftsordnung, Frankfurt a. M.

Buchheim, Hans (1981): Theorie der Politik, Wien.

Calleo, David (1970): The Atlantic Fantasy: The U.S., NATO and Europe, Maryland.

Chaunu, Huguette / Chaunu, Pierre (1955-59): Seville et l'Atlantique 1504-1650, 8 Bde., Paris.

Chrobog, Jürgen (2001): Debatte über die Grundlagen der Atlantischen Zivilisation, in: Frankfurter Allgemeine Zeitung vom 02.07., S. 12.

Crick, Bernard (1966): Eine Lanze für die Politik, München.

Davis, Forrest (1941): The Atlantic System. The Story of Anglo-American Control of the Seas, New York.

Dawson, Christopher (1932): The Making of Europe, London.

de Grazia, Victoria (2003) The White Atlantic. American Market Culture in the Making of Twentieth-Century Europe, Cambridge (Mass.).

Deutsch, Karl W. u. a. (1969): Political Community and the North Atlantic Area. International Organization in the Light of Historical Experience, New York.

Droysen, Johann Gustav (1952/53): Geschichte des Hellenismus. 1. Theil: Geschichte Alexander des Großen [1877], hrsg. von Erich Bayer, München.

Duvanov, Sergej (2001): Eurasism as a philosophy of justifying inferiority, Central Asia Bulletin, 29.11.2001, http://iicas.org/english/an_en_03_12_01.htm (abgerufen am 17. 07.2006).

Eckert, Andreas (2005): Großraum Atlantik. Eine neue methodische Idee der Geschichtswissenschaft, in: Frankfurter Allgemeine Zeitung vom 15.06., S. 37.

Eltis, David (1999): Atlantic History in Global Perspective, in: Itinerario, Jg. 23, S. 141-161.

Fernández-Armesto, Felipe (2000): Civilizations, Basingstoke-Oxford.

Freymond, Jacques (1986): Die Atlantische Welt, in: Mann, Golo / Heuß, Alfred / Nitschke, August (Hrsg.): Propyläen Weltgeschichte. Eine Universalgeschichte, Bd. X, Berlin-Frankfurt a. M., S. 223-299.

Fröschl, Thomas (2000): Um 1776/81: Atlantische Revolution, in: Völker-Rasor, Anette (Hrsg.): Frühe Neuzeit, München, S. 107-124.

Games, Alison (1999): Teaching Atlantic History, in: Itinerario, Jg. 23, S. 162-173.

Gebhardt, Jürgen (1984): Über das Studium der politischen Ideen in philosophisch-historischer Absicht, in: Bermbach, Udo (Hrsg.): Politische Theoriengeschichte. Probleme einer Teildisziplin der Politischen Wissenschaft, Opladen, S. 126-160.

Gehlen, Arnold (1940): Der Mensch. Seine Natur und seine Stellung in der Welt, Berlin.

Gilroy, Paul (1993): The Black Atlantic. Modernity and Double Conciousness, Cambridge (Mass.).

Godechot, Jacques / Palmer, Robert (1974): Das Problem des Atlantiks vom 18. bis zum 20. Jahrhundert, in: Schulin, Ernst (Hrsg.): Universalgeschichte, Köln, S. 295-317.

Godinho, Vitorino Magalhães (1950): Problèmes d'économie atlantique. Le Portugal, les flottes du sucre et les flottes de l'or (1670-1770), in: Annales. Économies, Sociétés, Civilisations, Jg. 5, S. 184-197.

Guadalupi, Gianni (2003): China. Eine Entdeckungsreise vom Altertum bis ins 20. Jahrhundert, München.

Habermas, Jürgen (2004): Der gespaltene Westen, Frankfurt a. M.

Hacke, Christian (2002): Die Vision einer atlantischen Zivilisation, in: Meier-Walser, Reinhard C. / Luther, Susanne (Hrsg.): Europa und die USA. Transatlantische Beziehungen im Spannungsfeld von Regionalisierung und Globalisierung, München, S. 243-255.
Hayes, Carlton J. H. (1945/46): The American Frontier – Frontier of What?, in: The American Historical Review, Jg. 51, S. 199-216.
Heideking, Jürgen (1992): Die USA und Europa im 20. Jahrhundert, in: Reinhard, Wolfgang / Waldmann, Peter (Hrsg.): Nord und Süd in Amerika. Gemeinsamkeiten – Gegensätze – Europäischer Hintergrund, Bd. 2, Freiburg, S. 1223-1230.
Heller, Hermann (1934): Staatslehre, Leiden.
Herodot (1973/1983): Geschichten und Geschichte, 2 Bde., hrsg. von Carl Andresen u. a., Zürich-München.
Herz, Dietmar (1999): Die wohlerwogene Republik. Das konstitutionelle Denken des politisch-philosophischen Liberalismus, Paderborn u. a.
Ders. (2002a): Die Europäische Union, München.
Ders. (2002b): Die platonische Philosophie als Schöpferin politischer Ordnung, Die Platon-Interpretation von Eric Voegelin, in: Voegelin, Eric: Ordnung und Geschichte. Band VI: Platon, hrsg. von Dietmar Herz, München, S. 343-389.
Hoffman, Ross (1942): The Great Republic, New York.
Ders. (1944): Durable Peace, New York.
Huntington, Samuel P. (2002): Kampf der Kulturen. Die Neugestaltung der Weltpolitik im 21. Jahrhundert, München.
Isensee, Josef (2003): Die vielen Staaten in der einen Welt – eine Apologie, in: Zeitschrift für Staats- und Europawissenschaften, Jg. 1, S. 7-31.
Kober, Stanley (1998): NATO Expansion Flashpoint No. 3: Kaliningrad (Cato Institute, Foreign Policy Briefing, Nr 46), 11.02.1998, http://www.cato.org/pubs/fpbriefs/fpb-046.pdf (abgerufen am 17.07.2006).
Kraus, Michael (1949): The Atlantic Civilization. Eighteenth-Century Origins, Ithaca.
Kroeber, Alfred L. (1953): The delimitations of civilizations, in: Journal of Intellectual History, Jg. 14, S. 264-275.
Ders. (1963a): An Anthropologist Looks at History, Berkeley-Los Angeles.
Ders. (1963b): Style and Civilization, Berkeley-Los Angeles.
Kühnhardt, Ludger (2002): Editorial: Atlantische Gemeinschaft braucht grundlegende Erneuerung, in: ZEIreport Nr. 11, Juli 2002, S. 1, auch online unter: http://www.zei.de/zei_alt/download/zei_report/rep11-02-dt.pdf.
Lippmann, Walter (1917): The Defense of the Atlantic world, in: The New Republic vom 17.02, S. 60.
Ders. (1944): Die Außenpolitik der Vereinigten Staaten, Zürich.
Lundestad, Geir (1998): „Empire" by integration. The United States and European Integration 1945-1997, Oxford.
Lützeler, Paul Michael (Hrsg.) (1982): Europa. Analysen und Visionen der Romantiker, Frankfurt a. M.
MacIntyre, Alisdair (1993): Ist Patriotismus eine Tugend?, in: Honneth, Axel (Hrsg.): Kommunitarismus. Eine Debatte über die moralischen Grundlagen moderner Gesellschaften, Frankfurt a. M.-New York, S. 84-102.
Mathiopoulos, Margarita (1987): Amerika: Das Experiment des Fortschritts. Ein Vergleich des politischen Denkens in Amerika und Europa, Paderborn u. a.
Melko, Matthew (1995): The Nature of Civilizations, in: Sanderson, Stephen K. (Hrsg.): Civilizations and World Systems, Walnut Creek-London-New Delhi, S. 25-45.

Neuss, Beate (2000): Geburtshelfer Europas? Die Rolle der Vereinigten Staaten im europäischen Integrationsprozess 1945-1958, Baden-Baden.

Nolte, Ernst (1998): Historische Existenz. Zwischen Anfang und Ende der Geschichte?, München.

Novak, Michael (2003): North Atlantic Community, European Community. Divergent Paths and common values in Old Europe and the United States, 23. Juli 2003, http://www.nationalreview.com/novak/novak072303.asp (abgerufen am 11.04.2007).

Nye, Russel B. (1967): This Almost Chosen People. Essays in the History of American Ideas, 2. Aufl., Michigan.

Oakeshott, Michael (1975): On human conduct, Oxford.

Okihiro, Gary Y. (2001): Common Ground, Princeton.

Palmer, Robert (1970): Das Zeitalter der demokratischen Revolution, Frankfurt a. M.

Pirenne, Jacques (1944-56): Grands Courants de l'Histoire Universelle, 7 Bde. Neuchâtel.

Pocock, John G. A. (1975): The Machiavellian Moment. Florentine Political Thought and the Atlantic Republican Tradition, Princeton.

Popper, Karl (1984): Über den Zusammenprall der Kulturen, in: Ders.: Auf der Suche nach einer besseren Welt. Vorträge und Aufsätze aus dreißig Jahren, München-Zürich, S. 127-136.

Quigley, William Caroll (1979): The Evolution of Civilizations. An Introduction to Historical Analysis, Indianapolis.

Roach, Joseph (1996): Cities of the Death. Circum-Atlantic Performance, New York.

Rod, Edouard (1905): Reflets d'Amerique, Paris.

Schabert, Tilo (1989): Die Atlantische Zivilisation. Über die Entstehung der einen Welt des Westens, in: Haungs, Peter (Hrsg.): Europäisierung Europas?, Baden-Baden, S. 41-54.

Schluchter, Wolfgang (1979): Die Entwicklung des okzidentalen Rationalismus. Eine Analyse von Max Webers Gesellschaftsgeschichte, Tübingen.

Schweigler, Gebhard (1997): Die Atlantische Gemeinschaft. Schicksal, Sicherheit und Werte, Ebenhausen.

Shweder, Richard A. (2000): Moralische Landkarten, „Erste-Welt"-Überheblichkeit und die Neuen Evangelisten, in: Huntington, Samuel P. / Harrison, Lawrence E. (Hrsg.): Streit um Werte. Wie Kulturen den Fortschritt prägen, Hamburg-Wien, S.207-232.

Siedler, Wolf Jobst (1994): Deutschland, ein Glasperlenspiel, in: Frankfurter Allgemeine Zeitung vom 16.08., S. 26.

Silberschmidt, Max (1951): Wirtschaftshistorische Aspekte der Neueren Geschichte. Die atlantische Gemeinschaft, in: Historische Zeitschrift, Bd. 171, S. 245-261.

Streit, Clarence Kirshman (1939): Union Now! A Proposal for a Federal Union of the Democracies of the North Atlantic, London.

Szent-Miklosy, Istvan (1965): The Atlantic Union Movement, New York.

Toynbee, Arnold J. (1955): Der Gang der Weltgeschichte. Aufstieg und Verfall der Kulturen, 3. Aufl., Stuttgart.

Verlinden, Charles (1966): Les Origines de la Civilisation Atlantique. De la Renaissace à l'Age des Lumières, Neuchâtel-Paris.

Voegelin, Eric (2002): Ordnung und Geschichte. Band VI: Platon, hrsg. von Dietmar Herz, München.

Ders. (2004): Die neue Wissenschaft der Politik, München.

Waas, Lothar R. (2004): „Natürliches" Recht in „positivierter" Gestalt, das sich aus Pflichten herleitet? Von der Paradoxie der Menschenrechte, in: Ballestrem, Karl Graf u. a. (Hrsg.): Politisches Denken. Jahrbuch 2004, Berlin, S. 107-123.

Walzer, Michael (1990): Zwei Arten des Universalismus, in: Babylon. Beiträge zur jüdischen Gegenwart, H. 7, S. 7-25.
Weidenfeld, Werner (1985): Europa – aber wo liegt es?, in: Ders. (Hrsg.): Die Identität Europas, Bonn, S. 13-41.
Wells, Herbert George (1911): Die Zukunft in Amerika, Stockholm.
Williams, Eric (1944): Capitalism and Slavery, London.
Willms, Bernard (1984): Politische Ideengeschichte, Politikwissenschaft und Philosophie, in: Bermbach, Udo (Hrsg.): Politische Theoriengeschichte. Probleme einer Teildisziplin der Politischen Wissenschaft, Opladen, S. 33-64.
Wolf, Ernst (1966): Religionsgeschichtliche und theologische Aspekte der europäischen Integration, in: Bracher, Karl Dietrich u. a. (Hrsg.): Die moderne Demokratie und ihr Recht. Festschrift für Gerhard Leibholz zum 65. Geburtstag, Band 1: Grundlagen, Tübingen, S. 625-647.

Den neuen Europäer bilden

EU-Identitätspolitik an Universitäten

J. Erika von Rautenfeld

Auf die Frage was die Universität für die Gesellschaft leistet bzw. welche Verantwortung sie als Institution trägt, gibt es keine klare Antwort. Zwar herrscht Einigkeit darüber, *dass* die Universität eine zentrale Rolle in der Wissensgesellschaft[1] spielt, *was* diese Rolle aber ausmachen soll, ist so vielfältig wie umstritten. Die Bandbreite der Anforderungen an die Universität reicht von ökonomischen und politischen über pädagogische und wissenschaftliche bis hin zu sozialen und kulturellen Aufgaben. Die Universität soll Wissen produzieren und vermitteln, Fachkräfte qualifizieren, ein Motor der Innovation sein, zur Beschäftigungsfähigkeit führen, zur gesellschaftlichen Integration beitragen und auf aktive Teilnahme an der Zivilgesellschaft vorbereiten. Sie soll gleichzeitig für gesellschaftliche Transformation und Reproduktion mitverantwortlich sein und für die Selektion und Formation von Eliten sowie für den sozialen Aufstieg immer größerer Bevölkerungsgruppen zuständig sein. Nicht zuletzt gilt sie als Instanz der sekundären Sozialisierung, die an der Generierung und Vermittlung von Werten beteiligt ist. Tatsächlich kommt sie, je nach historischer, räumlicher und institutioneller Besonderheit unterschiedlich betont, verschiedenen normativen Aufforderungen nach: Universitäten sind in jede Art sozialer und ökonomischer Aktivität der heutigen Gesellschaft eingebunden (Enders/Fulton 2002, 2). In diesem Artikel soll einem Aspekt nachgegangen werden, dem in der wissen-

[1] Der Begriff der Wissensgesellschaft bezeichnet post-industrielle Gesellschaften, in denen nicht (mehr) Eigentum und Arbeit, sondern Wissen die wichtigste Ressource darstellt. Seit dem Lissabon-Gipfel (2000) wird auf allen europäischen Gipfeln betont, dass die Bildung einen wesentlichen Beitrag zum Erfolg der „Europäischen Wissensgesellschaft" leisten soll.

schaftlichen Diskussion eher wenig Beachtung geschenkt wird: der Rolle der Universität bei der Konstruktion europäischer Identität.

Kollektive Identität – Grundlage politischer Loyalität

In den letzten 20 Jahren hat der Begriff „kollektive Identität" in den Sozialwissenschaften eine Hochkonjunktur erlebt und ist zugleich eine wichtige Kategorie in der politischen Praxis geworden. Für Akademiker in den Sozialwissenschaften ist er zu einem beinahe unvermeidbaren Topos geworden (Brubaker/Cooper 2000, 4), der verschiedenste Phänomene beschreiben und erklären soll. Kollektive Identität meint hier die Identifikation bzw. die Charakterisierung einer Gruppe vis à vis Anderer. Identität wird nicht als Ausdruck eines wahren, inneren, von der Gesellschaft unabhängigen Wesens, sondern als eine strategische Positionierung in der Welt verstanden. Nicht die Authentizität ist entscheidend, sondern die Art und Weise, in der sie vorgestellt wird (Anderson 1996). Sie drückt sich in einem „Glauben an", „Behaupten von" und „Bezug zu" aus, basiert auf tatsächlich oder vermeintlich geteilten Charakteristika und Herkünften und impliziert immer gleichzeitig Ausschlüsse. Strategien der Abgrenzung, d. h. die Konstruktion von Grenzen zwischen einer Gemeinschaft von Gleichen und einer Vielfalt von Außenstehenden, gehören zum Prozess der Identitätsbildung (Giesen 1999, 130).

Identität ist die (Eigen-)Repräsentation, die Personen oder Gruppen in einer gesellschaftlichen Machtmatrix positioniert (Hall 1994). Die in der kollektiven Identität ausgedrücke Bedeutung ist als relational und fließend zu begreifen, mithin nichts Vordiskursives, sondern wird in einem Netzwerk von Bezugssystemen gebildet. Die Unmöglichkeit einer endgültigen Fixiertheit von Bedeutung schließt partielle Fixierung keineswegs aus. Im Gegenteil, nach Laclau/Mouffe impliziert gerade diese Unmöglichkeit, dass es eine partielle Fixierung geben muss, da sonst das Fließen der Differenz selbst unmöglich wäre (1991, 154). Identität ist indes nicht allein als diskursive, sondern auch als materielle Realität zu verstehen, da sie konkrete Folgen nach sich zieht. „They [identities] arise from the narrativization of the self, but the necessarily fictional nature of this process in no way undermines its discursive, material or political effectivity" (Hall 1996, 4).

Kollektive Identität dient als Grundlage und Legitimation für Loyalität und Solidarität sowie für individuelle und kollektive Handlungen. So werden politische Identitäten u. a. konstruiert, um Loyalitäten zu mobilisieren. Aus dieser Perspektive erschließt sich die Relevanz, die Identität bei der Konstruktion von nationalen Entitäten hat. Ein Blick in die Geschichte von Nationalstaaten zeigt, dass Zugehörigkeit auf zwei Ebenen verhandelt wird. In Konzepten von Staatsangehörigkeit wird die formale Zugehörigkeit festgelegt. Diese steht in einem engen Zusammenhang mit der ideelen Zugehörigkeit, um die im Rahmen fortwährender Konstruktionsprozesse kollektiver Identitäten gerungen wird. Im Zentrum steht dabei immer die Frage: Wer und was gehört zur Nation – und wer oder was nicht. Die kollektive Identität unterstützt oftmals den Zusammenhalt einer politischen Entität, da ihr Vorhandensein (oder Nichtvorhandensein) eng mit der demokratischen Legitimation eines politischen Systems zusammenhängt. Forschungen über Nationenbildungsprozesse und nationale Befreiungsbewegungen zeigen, dass, je nach Ziel und Vorstellung der bevorzugten politischen Konstellation, verschiedene inhaltliche Auslegungen von kollektiver (nationaler) Identität produziert werden (Brah 1996).

Wie die Nationalismusforscher Anderson (1996), Gellner (1983) und Hobsbawm (1990) darlegen, gehört Bildung – neben einer allgemeinen Wehrpflicht, zentralen Steuern und der Sicherstellung des Gewaltmonopols – zu den wichtigsten Instrumenten der Konstruktion einer nationalen Identität in emergierenden Nationalstaaten. Im 18. und 19. Jahrhundert wurde Bildung in Europa u. a. im Hinblick auf die Aufgabe entwickelt, Teile der männlichen Bevölkerung auf demokratische Partizipation vorzubereiten (Field 1998, 17). Es bedurfte einer gebildeten Bürgerschaft, die sich mit dem Nationalstaat identifizierte und in der Lage war, an der entstehenden Zivilgesellschaft teilzunehmen. Bildung diente so als „*educational* answer to a *political* question" (Biesta 2002, 346; Hervorhebung im Original). Bis heute wird

Bildung als Schlüsselelement beim „nation building" betrachtet (vgl. Robertson-Wensauer 1994; Bourne 2000; Sviokla/Zonis 2003; The Hindu 2005; Omaro 2005) – damit geraten Universitäten als Bildungsinstitutionen in den Blick.

Von der Konvergenz zur Divergenz – die Verstaatlichung tertiärer Bildung

Universitäten werden teilweise als „key institution" in der Bildung nationaler und kultureller Identität genannt (Wittroch 1993, 321). Betrachtet man die Entwicklung der Universitäten vor diesem Hintergrund, so zeigt sich: Es besteht ein enger Zusammenhang zwischen dem historisch-politischen Kontext, den sich herauskristallisierenden Bildungssystemen und den damit verbundenen Universitätsmodellen. Die ersten Universitäten etwa waren überall auf der Welt ähnlich kosmopolitisch. Die Akademien und Lyceen des antiken Griechenland, die Bibliothek des ptolemäischen Alexandria, die islamische Harun al-Rashid und die Universität des mittelalterlichen Bologna kennzeichnete eine je gemeinsame Wissenschaftssprache, ein Curriculum, und in der katholischen und islamischen Welt eine Religion, die für Gelehrte über geographische und politische Grenzen hinweg offen waren (Kerr 1991, 20). Dieses Konvergenzmodell von Hochschulbildung wurde in Europa zum Anfang des 19. Jahrhunderts durch eine bis heute dominierende nationalstaatlich geprägte Universitätslandschaft zunehmend abgelöst. Die Gründung der „université impériale" Paris (1806) sowie der Humboldt Universität zu Berlin (1810) stieß die Verstaatlichung von tertiärer Bildung an, die das kontinentaleuropäische Verhältnis zwischen Staat und Universität bis in die 1960er Jahre hinein prägte (Neave 2002, 23). Während der Staat der Universität das exklusive Recht gewährt, Qualifikationen zu vermitteln bzw. Abschlüsse zu vergeben, die zum Staatsdienst führen (*effectus civilis*), behält der Staat als rechtlicher Eigentümer der Universität die Kontrolle über Finanzierungsfragen, die Bewilligung von Programmen und Abschlüssen sowie über die Ernennung von Professoren. In Frankreich besonders ausgeprägt, zielte die *étatisation* einerseits auf den Schutz der Wissenschaft vor partikularen Interessen, anderseits auf der Garantie der Berücksichtigung nationaler Interessen an der Universität.

Die Nationalstaaten sind mit spezifischen und je nach Land unterschiedlichen Anforderungen an ihre Universitäten herangetreten. So ging es im napoleonischen Frankreich um die Beschaffung eines effektiven Staatsdienstes und mehr akademischer Berufe, während im Italien des Post-Risorgimento die neulich vereinte Nation modernisiert werden sollte. In Deutschland wiederum zielten die umfassenden Reformen Anfang des 19. Jahrhunderts auf die Förderung der Eigenverantwortung der Bürger, um neue Ressourcen zu erschließen und Wissenschaft und Technik voranzutreiben (Kerr 1991, 22).

In Großbritannien dagegen blieben die Universitäten bis zum Jahr 1919 Eigentum der Akademien selbst, so dass die Berücksichtigung nationaler Interessen nicht direkt über eine staatliche Kontrolle erfolgte, sondern nur bedingt, vermittelt durch Treuhänder. Während das kontinentaleuropäische Modell äußere Einflüsse als Gefahr für den wissenschaftlichen Fortschritt wahrnahm, war im angelsächsischen Modell der direkte Einbezug von Externen explizit als gemeinschaftsstabilisierender Faktor gewünscht. Hier wird der Einfluss des liberalen Prinzips des „possessive individualism" deutlich: Nicht geteilte Charakteristika wie Sprache oder Geschichte sollten die Individuen zu einem Kollektiv verbinden, sondern geteiltes Eigentum bzw. Besitz. Nach John Locke unterstützt das Individuum das Gemeinwesen in dem Maß, wie es einen Anteil an ihm hat. Das heißt je größer sein Besitz bzw. Eigentum, desto größer sein Interesse an Stabilität, Kontinuität und Ordnung. Guy Neave unterscheidet dementsprechend zwischen dem kontinentaleuropäischen „protected space"-Modell und dem angelsächsischen „common wealth"-Modell (Neave 2002, 27).

Nationale Universitätsmodelle in Deutschland, Frankreich und Großbritannien

Neben den unterschiedlichen Verhältnissen zwischen Staat und Universität als Institution differieren die einzelnen nationalen Modelle von tertiärer Bildung auch im Hinblick auf ihre Bildungsideale. Die Organisation von Forschung und Lehre an der Universität erklärt sich zwar auch aus wissenschaftsinternen Dynamiken, sie spiegelt aber auch nationale Vorstellungen davon wider, über welche Kompetenzen und Qualifikationen akademisch ausgebildete Gesellschaftsmitglieder verfügen sollen. Dies soll am Beispiel Deutschlands, Großbritanniens und Frankreichs dargestellt werden.

Das Universitätssystem in Deutschland ist nach wie vor geprägt von der Humboldtschen Tradition mit ihrem doppelten Prinzip der Lehr- und Lernfreiheit und Einheit von Forschung und Lehre. Durch die Betonung der Vermittlung und Aneignung von Wissen durch forschendes Lernen entwickelten sich Universitäten zu Forschungseinrichtungen, in denen andere Funktionen nur marginale Bedeutung haben. Professoren, die als Beamte im Staatsdienst stehen, verzichten auf politische Aktivitäten und genießen im Gegenzug weitgehende akademische Selbstverwaltung. Die Humboldtsche Idee von Bildung durch Wissenschaft bezieht sich insgesamt weniger auf die persönliche Entwicklung Einzelner als auf den Fortschritt in den wissenschaftlichen Disziplinen, das heißt auf die Ausweitung des Bestands von Wahrheiten.

Im Vergleich dazu spielt im britischen Modell die Sozialisation von Individuen beispielsweise durch extracurriculare Aktivitäten eine große Rolle. Während Studierende und Lehrende im deutschen System durch die Forschung verbunden sind, ist das Verhältnis im britischen System durch intensiven Kontakt auch außerhalb der Vorlesungsräume und durch eine gemeinschaftliche Lebensweise charakterisiert. „Liberal Education" ist die Leitlinie der Universität in Großbritannien, in der neben Forschung und Ausbildung die Persönlichkeitsentwicklung zentral ist. So soll nicht nur neues Wissen produziert, sondern auch Werte, Handlungsleitlinien und Ideen ausgehandelt und vermittelt werden. Diese Bildungsphilosophie sieht vor, Individuen mit Charakter und Integrität auszustatten, um sie auf sozial wertvolle Arbeit und zivilgesellschaftliches Engagement vorzubereiten. Diesem Modell zufolge werde soziale Verantwortung und individuelle Emanzipation durch Verstand und Aufklärung kultiviert. Das Ideal dieses „gentlemanly ideal of education" umfasst übertragbare Fähigkeiten wie systematisches Denken, Führungsqualitäten, sicheres Auftreten und Benehmen im weitesten Sinn, die von britischen Arbeitgebern mindestens bis in das 20. Jahrhundert hinein höher geschätzt wurden als Forschungserfahrung oder eine praxisorientierte Berufsausbildung (Pasternack u. a. 2006, 50).

In der napoleonischen Tradition wiederum stehen die Universitäten in Frankreich. Sie sind stark zentralisiert und hierarchisch strukturiert. Ihr Ziel ist es, Fachkräfte für Wirtschaft und Verwaltung auszubilden. Zugleich findet eine Kompartmentalisierung statt. An den Universitäten wird vor allem professionelles Training betrieben, während ein Großteil der wissenschaftlichen Forschung von außeruniversitären Forschungseinrichtungen durchgeführt wird. Neben den öffentlichen Universitäten und technischen Hochschulen („instituts universitaires de technologie", IUT), die traditionell nur zweijährige technische Studien anbieten, sind die prestigeträchtigen *grandes écoles* mit ihren harten Selektionskriterien zu erwähnen. Da ein Großteil der französischen Entscheidungsträger aus Wirtschaft, Politik und Wissenschaft aus den *grandes écoles* kommen, ist ihre Rolle für die nationale Elitenbildung nicht zu unterschätzen. Pierre Bourdieu argumentiert, dass die *grandes écoles* eine sozial geschlossene Elite konstituieren und reproduzieren. Mehr als die Bestätigung, bestimmte wissenschaftliche Qualifikationen erlangt zu haben, gilt der erfolgreiche Abschluss einer dieser Einrichtungen als Initiationsritus in den Kreis der gesellschaftlichen Führungsschicht (Bourdieu 2004).

Europäische Identität als Voraussetzung für den Erfolg der EU

Am Beispiel der Universitäten lässt sich zeigen, dass Bildung, neben z. B. Kultur- und Sprachpolitik, zu den Feldern gehört, die für die Herausbildung und Pflege einer nationalen Identität zentral sind. So ist es nicht verwunderlich, dass die europäischen Mitgliedsstaaten lange Zeit abgeneigt waren, im Bereich Bildung eine gemeinsame Politik zu entwickeln, bzw. die alleinige Kompetenz in diesem Bereich für sich beanspruchten. Während auf EU-Ebene lange Zeit wenig Identitätspolitik betrieben wurde,[2] hat sich dies in den letzten zwei Jahrzehnten deutlich verändert. Die EU ist aktiv an der Konstruktion einer kollektiven europäischen Identität beteiligt und zu einem wichtigen Akteur bei der Gestaltung von Bildung in Europa geworden.

Hintergrund ist die seit Mitte der 1980er Jahre vorherrschende Einsicht, dass die europäische Integration in Politik und Wirtschaft nicht, wie erhofft, zu einem Zusammenwachsen in anderen Bereichen führen würde. Da dieser im (neo-)funktionalistischen Ansatz zur europäischen Integration erwartete „Spill-Over Effekt" (Haas 1958; Taylor 1983; Rosamond 2000) nicht eintrat, wird seitdem seitens der EU-Befürworter der Stärkung von europäischer Identität eine erhöhte Aufmerksamkeit geschenkt. Sie sehen diese als notwendige Voraussetzung für eine europäische Gemeinschaft an, die mehr als eine Union der Märkte und Staaten sein soll (Shore 1993, Risse/Maier 2003).

In der politischen Diskussion um die europäische Einigung wird auf die gemeinsame Identität als Erklärung, Grundlage und Bedingung für europäische Integration zurückgegriffen. Die Auffassung ist verbreitet, dass eine Stärkung der bzw. ein Bekenntnis zur europäischen Identität eine Antwort auf aktuelle gesellschaftliche Probleme biete. Für manche Verfechter soll sie der Fragmentierung und Orientierungslosigkeit entgegenwirken, welche die Globalisierung von Information, Kultur und Wirtschaft hervorrufe. Demzufolge biete sie eine Alternative zur nationalen Identität und als solche verspreche sie die Überwindung des Nationalismus (Shore 1993). Europäische Identität dient ferner als Legitimation für die Integration Europas (Europäisches Parlament und der Rat 2000; Pantel 1998; Wintle 1996).

[2] Vgl. Ludlow 1998 über die Ambitionen der Europäischen Kommission, in den frühen Jahren des Integrationsprozesses (1958-1967) eine europäische Identität zu konstruieren.

Die Bemühungen seitens der EU, ein Bewusstsein für europäische Identität zu vermitteln, werden besonders im Bereich der Kultur- und Bildungspolitik verfolgt (Barnett 2000; Blanke 1994). Die organisatorische Verbindung von Kultur und Bildung in einer Generaldirektion (X) deutet auf eine inhaltliche Nähe. Während Kultur – „indispensable for promoting a sense of European citizenship and to support an evolving European identity" (Figel' 2006) – Identitätsbildung als Kernbereich beinhaltet, kommt der Bildung nur teilweise, neben anderen Aufgaben, diese Rolle zu. Die „Campaign for a People's Europe" ab Mitte der 1980er kann als Ausgangspunkt für eine neue Ära der EU-Identitätspolitik gesehen werden (Ruiz-Gelices/King/Favell 2000). Im Gefolge des 1985 veröffentlichten sog. Adonnino-Berichtes wurden vielfach Maßnahmen zur Stärkung einer europäischen Identität im Bereich Kultur und Bildung initiiert. In diesem Bericht wird fehlende Identifikation und Loyalität mit der EU auf ein Informationsdefizit zurückgeführt. Es liegt also nahe, dass die Stärkung eines europäischen Bewusstseins durch Bildung immer wieder als Lösungsvorschlag angeführt wird, um dem sog. Informationsproblem entgegenzuwirken.

Ziel des „People's Europe Campaign" war es, das institutionelle Profil europäischer Institutionen zu stärken, die Unterstützung von europäischer Integration im Allgemeinen und EU-Politik im Besonderen zu vergrößern sowie die Bedingungen für die Etablierung eines gemeinsamen Markts zu schaffen. Viele dieser Maßnahmen, wie z. B. die Einführung von gemeinsamen Mythen, Symbolen und einer europäischen Hymne sind erprobte Aktionen zur Identitätsbildung – sie wurden bereits im 18. und 19. Jahrhundert von Nationalstaaten eingesetzt, um ihre nationale Identität zu konstruieren.

Die Absichten solcher identitätsbildender Maßnahmen werden z. B. in dem *Beschluss über das Programm „Kultur 2000"* deutlich: „Um die volle Zustimmung und Beteiligung der Bürger am europäischen Aufbauwerk zu gewährleisten, bedarf es einer stärkeren Hervorhebung ihrer gemeinsamen kulturellen Werte und Wurzeln als Schlüsselelement ihrer Identität und ihrer Zugehörigkeit zu einer Gesellschaft, die auf Freiheit, Demokratie, Toleranz und Solidarität gründet" (Europäisches Parlament und der Rat 2000, 1).

Auffällig dabei ist die doppelte Betonung von Kultur und Politik als Grundlage der Identität. Von der Vielzahl von Modellen kollektiver Identität scheint für die EU die kulturelle und politische am angemessensten zu sein.

Universitätsbildung als Feld identitätsbildender Maßnahmen

Bildung im Allgemeinen eignet sich für Maßnahmen zur kollektiven Identitätsbildung deswegen, weil sie Ort der politischen Sozialisation ist und (fast) alle Gesellschaftsmitglieder erreicht. Auch wenn Deutschland in der Öffnung der Universitäten für breitere Teile der Bevölkerung weit hinter anderen OECD-Länder liegt, ist trotzdem auch hier die Tendenz festzustellen, dass die Reichweite der Universität sich vergrößert (Teichler 2001, 4). Besonders die Universitätsbildung eignet sich aus theoretischen wie auch praktischen Gründen für identitätsbildende Maßnahmen. Universitäten bzw. einzelne Universitätsprogramme und -institutionen nehmen an den allgemein-öffentlichen Diskursen teil. Die Vertreter von Universitäten genießen eine starke Position im gesamtgesellschaftlichen Diskurs, nicht nur wegen ihrer relativ privilegierten Subjektposition (z. B. leichter Zugang zur institutionellen, organisatorischen und materiellen Infrastruktur), sondern auch, weil sie durch die Zugehörigkeit zur Universität als Wahrheits(v)ermittler anerkannt werden. Akademiker sind in diesem Zusammenhang als Elite zu verstehen, da sie direkt (z. B. als politische Berater) und indirekt (z. B. als Beteiligte an der Bildung der zukünftigen Funktionsträger und der Wissenselite) über Macht verfügen und gesellschaftlich einflussreich sind (van Dijk 1993).

Da es keine singuläre, einheitliche universitäre Deutung der europäischen Identität, sondern – wie auch sonst innerhalb von Diskursfeldern – konkurrierende Entwürfe gibt, kommt der Universität eine zweite Rolle in der Definition der europäischen Identität zu: In der Universität wird um die gesellschaftliche Durchsetzung der einen oder anderen Deutung gekämpft. Gerade die Uneindeutigkeit Europas im Bezug auf Geographie, Geschichte, Religion, Sprache etc. sowie die Rolle der Universität als Ort der Aushandlung von gesellschaftlichen Wissensvorräten macht sie zu einem geeigneten Ort für Identitätspolitik.

Auch aus praktischen Gründen wird im Bereich (Universitäts-)Bildung Identitätspolitik betrieben. Maßnahmen wie die Förderung des öffentlichen Raums, aktiver Staatsbürgerschaft und der europäischen Medien sowie Versuche, die Unterstützung in der Bevölkerung durch direkte Informationen über das politische System der EU zu stärken, um ein europäisches Bewusstsein in der Bevölkerung zu verankern, sind weitgehend erfolglos geblieben (Walkenhorst 2004, 5). Darüber hinaus zeigt Walkenhorst, wie moderne Nationalstaaten nicht mehr über identitätsfordernde Instrumente ihrer Gründungszeit, wie z. B. Kontrolle über die Massenmedien, Krieg als Mittel der Kollektivierung und eine beeinflussbare Massendemokratie, verfügen (ebd., 11). „Effectively, the education sector remains the last resort of state controlled political identity formation and political socialization“ (ebd., 16f.). In ähnlicher Weise ist die EU auf Bildung für die Konstruktion einer europäischen Identität angewiesen: Sie verfügt nicht über die o. g. Mittel der kollektiven (nationalen) Identitätsbildung. (Universitäts-)Bildung eignet sich also an sich als Feld der kollektiven Identitätsbildung und sie bleibt außerdem als einer der wenigen Bereiche übrig, die dafür überhaupt in Frage kommen.

Entwicklung der europäischen Bildungspolitik

Die Mitgliedsstaaten wissen um den Beitrag von Bildung zur Förderung der politischen Loyalität und die Vermittlung von gemeinsamen Werten und Zusammengehörigkeitsgefühlen. Weil sie die Loyalität zur Nation bewahren wollen, sind sie bei der Entwicklung einer gemeinsamen, europäischen Bildungspolitik zurückhaltend. So erhob die Ständige Konferenz der Kultusminister der Länder in der BRD 1989 in einem Positionspapier gegen die kultur- und bildungspolitischen Aktivitäten der EU Einspruch. Sie respektierten die Kulturhoheit der Bundesländer nicht und seien deswegen verfassungswidrig (Thum 1996, 279f.). Auch in der Erklärung des damaligen Bundespräsidenten Johannes Rau wird exemplarisch deutlich, warum Bildung als Feld nationaler und regionaler politischer Entscheidungskompetenz verteidigt wird: „In der Bildung vergewissern wir uns unserer selbst und finden unsere Identität […]“ (Rau 2000, 5).

Während primäre und sekundäre Bildung ein heikles Thema auf EU-Ebene ist, konnte die EU ihre Kompetenzen in Bezug auf den tertiären Bereich aus zwei Gründen stetig ausweiten. Zum einen wurde Bildung in den frühen Jahren hauptsächlich in Bezug auf wirtschaftliche Faktoren behandelt. Zum anderen betonte die EU ihre Absicht, die „europäische Dimension“ von Bildung zu stärken. D. h. sie hat sich auf genuin europäische Zuständigkeitsgebiete konzentriert und ist damit – spätestens seit Lissabon 2000 (siehe unten) – durch die Hintertür zu einem wichtigen Akteur im Bildungsbereich geworden. Durch die Betonung der europäischen Dimension und die weitestgehende Berücksichtigung der Schulbildung als Tabubereich konnte die EU identitätsbildende Maßnahmen ohne großen Widerstand der Mitgliedsstaaten einführen. Weil die Nationalstaaten die Universitätsbildung – im Vergleich zur Schulbildung – in puncto politische Sozialisation, Loyalitätsbildung und Vermittlung von Gemeinschafts- bzw. Zusammengehörigkeitsgefühlen für relativ unbedeutend halten, konnte die EU in diesem Bereich aktiv werden.

Nach wie vor ist die Harmonisierung von Bildungsgesetzen unter den Mitgliedsländern formal ausgeschlossen und eine gemeinsame Bildungspolitik als solche existiert nicht. Seit den 1980er Jahren ist aber eine Ausweitung der Kompetenzen im (Hochschul-)Bildungsbereich zu verzeichnen. Mit den Erklärungen von Stuttgart und Fontainebleau (1983-1984) wurden die Grundlagen für das Konzept einer europäischen Staatsbürgerschaft gelegt, das wiederum mehr Kooperation unter Hochschulen befördert. Immer wieder kommt der Bezug zur europäischen Dimension vor: In der Einheitlichen Europäischen Akte (EEA) z. B. wird 1986 die Wichtigkeit einer europäischen Dimension für die Bildung betont, und das Grünbuch der Kommission von 1993 behandelt sie auch. Im Maastrichter Vertrag (1992) werden in Art. 126 die Kompetenzen der EU im Hochschulbereich festgelegt.

„Die Gemeinschaft trägt zur Entwicklung einer qualitativ hochstehenden Bildung dadurch bei, daß sie die Zusammenarbeit zwischen den Mitgliedstaaten fördert und die Tätigkeit der Mitgliedstaaten unter strikter Beachtung der Verantwortung der Mitgliedstaaten für die Lehrinhalte und die Gestaltung des Bildungssystems sowie der Vielfalt ihrer Kulturen und Sprachen erforderlichenfalls unterstützt und ergänzt" (Art. 126, Abs. 1 EGV = Art. 149, Abs. 1 i. d. F. von Nizza). Erstes Ziel dabei ist die Entwicklung einer europäischen Dimension im Bildungswesen. Damit wird zum ersten Mal für die bereits laufenden Maßnahmen eine rechtliche Grundlage geschaffen.

Seit dem Maastricht-Vertrag wird nur noch selten direkt Bezug auf die Konstruktion einer europäischen Identität in den Zielsetzungen für Bildung genommen. Je mehr die EU ihre Kompetenzen im Bereich Bildung ausweitet, desto weniger wird das Ziel der Hervorhebung einer europäischen Identität betont. Dies könnte zum einen daran liegen, dass ihre Tätigkeit im Bildungsbreich in den Jahren vor Maastricht rechtlich umstritten war. Um die Maßnahmen zu rechtfertigen, hat die EU stets das genuin Europäische daran betont hat. Zum anderen wird im Maastrichter Vertrag der nationalen Identität Vorrang gegeben: „Die Union achtet die nationale Identität ihrer Mitgliedstaaten" (Art. F, Abs. 1 EUV = Art. 6, Abs. 3 i. d. F. von Nizza). Die EU ist möglicherweise vorsichtiger geworden und will die nationalen Gefühle in den Mitgliedsstaaten nicht verletzen.

ERASMUS und SOCRATES als Beispiele europäischer Identitätspolitik

Vor allem das ERASMUS/SOCRATES-Programm zeigt die Intention der EU, identitätsbildende Maßnahmen einzuführen. ERASMUS (European Community Action Scheme for the Mobility of University Students) wurde 1987 gegründet und umfasst verschiedene Maßnahmen im universitären Bereich. Es wurde 1995 durch das SOCRATES-Programm (Community Action Programme in the Field of Education), das die Zusammenarbeit in acht Bereichen von der Schule bis zur Hochschule fördert, ergänzt.[3] Folgende Ziele des ERASMUS-Programms werden genannt: „Qualität der Hochschulbildung verbessern, verstärkt eine europäische Dimension einbringen, die grenzüberschreitende Zusammenarbeit zwischen Hochschulen fördern, die europäische Mobilität im Hochschulwesen verstärken und die Transparenz und die akademische Anerkennung von Studienleistungen und Abschlüssen in der ganzen Union begünstigen" (Europäische Kommission 2006b). Seine Aktivitäten umfassen Studenten- und Lehrendenaustausch, Curriculumsentwicklung, Intensivprogramme, thematische Netze zwischen Fakultäten, Sprachkurse und die Entwicklung sowie Verbreitung des Europäischen Systems zur Anrechnung, Übertragung und Akkumulierung von Studienleistungen (ECTS). Inzwischen sind fast 2000 Hochschuleinrichtungen in allen 27 Mitgliedstaaten der EU plus den drei Ländern des Europäischen Wirtschaftsraumes (Island, Liechtenstein und Norwegen) und dem Kandidatenland (Türkei) am ERASMUS-Programm beteiligt. Das ERASMUS-Budget betrug 2004 mehr als 187,5 Millionen Euro (Europäische Kommission 2006b).

Während der ersten zwei Phasen des ERASMUS-Programms lag der Schwerpunkt auf der Mobilität der Studierenden im Sinne eines physischen Austausches. Neben der Ausweitung dieses Teils des Programms – Ziel ist es, bis zum Jahr 2011 die jährliche Zahl der Austauschstudierenden von 150.000 bis auf 300.000 zu erhöhen, so dass bis dahin die Zahl von drei Millionen ERASMUS-Studierenden erreicht wird – soll zunehmend die Integration der europäischen Dimension in allen Studiengängen gefördert werden (o. Verf. 2004). Nach dem Motto „Die Studierenden nach Europa und Europa zu allen Studierenden bringen" werden Hochschulen stärkere Anreize angeboten, um eine europäische Sichtweise flächendeckend einzuführen.

[3] Am 1. Januar 2007 begann eine neue Generation von EU-Bildungsprogrammen. So sind die zuvor getrennt organisiertenn SOCRATES-, DA VINCI- und e-Learning-Programme unter der Rubrik „Lebenslanges Lernen" mit teilweise neuen Zielen, Strukturen und mit einem Budget von 6,97 Milliarden Euro (2007-2013) zusammengefasst.

Dabei sollen Dozentenaustausch, transnationale Curriculumsentwicklung sowie europaweiten thematischen Netzen größere Bedeutung beigemessen werden.

In der Entscheidung zur Einführung von ERASMUS 1987 wurde bereits deutlich, dass das Programm zur Stärkung der gemeinsamen europäischen Identität beitragen soll. So wird als Ziel genannt „to strengthen the interaction between citizens in different Member States with a view to consolidating the concept of a People's Europe" (Europäischer Rat 1987). In einem SOCRATES-Memorandum heißt es ferner über Bildung: „[It] contributes to building up a European culture which is forward- and outward-looking, to putting flesh on the bones of European identity and citizenship, particularly among young people, and is a powerful factor in rallying citizens around the construction of Europe" (MacLeod 1994).

Es sind vor allem zwei Typen von Maßnahmen, die im Rahmen des ERASMUS -Programms in unterschiedlicher Weise zur Identitätsbildung beitragen. An erster Stelle ist die Mobilitätsförderung[4] zu nennen, die „an increased awareness of European citizenship among the university population" entwickeln soll (Europäische Kommission 2006e). Dies umfasst nicht nur die infrastrukturelle wie auch finanzielle Unterstützung für Studierende und Lehrende für einen Studien- bzw. Lehraufenthalt an einer Hochschule in einem der 31 teilnehmenden Länder, sondern auch Sprachkurse und Maßnahmen zur Erhöhung der Transparenz, der Vergleichbarkeit und des Transfers von Studienleistungen und Abschlüssen. Seit seiner Einführung haben 1,2 Millionen Studierende an einem ERASMUS-Studienaufenthalt im europäischen Ausland teilgenommen. So soll Europa als Erfahrungshorizont und Handlungsfeld wahrgenommen werden. Dadurch, dass es erlebbar gemacht wird, soll die Identifikation mit Europa gesteigert werden.

[4] In *The Economist* wurde als einer der drei Faktoren, die zum Wachstum im Bereich Auslandsstudium führen, genant:· „the EU's policy of sponsoring student mobility within the Union so as to create a European identity among the young" (2005).

Fehlende Identifikation und Loyalität mit der EU wird vielfach auf ein vermutetes Informationsdefizit zurückgeführt. Die zweite Art von identitätsbildenden EU-Maßnahmen zielt auf die Lösung dieses Problems. Zu den inhaltlichen Maßnahmen gehören die Jean-Monnet-Aktion, das Programm zum „Curriculum Development“ (CD) und die „Citizenship Education“. 1990 ins Leben gerufen, konzentriert sich die Jean-Monnet-Aktion auf europäische Fragestellungen, insbesondere auf Forschung und Lehre zur europäischen Integration. Neben der Finanzierung von Lehrstühlen, Konferenzen und Exzellenzzentren gehört die Unterstützung von Curriculumsentwicklung und Forschung zu den wichtigsten Mitteln. Darüber hinaus ist die EU im Rahmen der Jean-Monnet-Aktion eine wichtige Finanzquelle und ein Entscheidungsträger in den europäischen Hochschulinstituten College d'Europe (Brügge), the European University Institute (Florenz), European Institute of Public Administration (Maastricht), Europäische Rechtsakademie (Trier) und Centre International de Formation Européenne (Nizza).

Die „Curriculum Development“ sieht vor, das europäische Bewusstsein gerade bei den Studierenden zu stärken, die nicht an einer Mobilitätsmaßnahme teilnehmen können. Universitäten sollen transdisziplinäre Module entwickeln, die „a significant proportion of students with a European perspective on their speicalist subject areas“ anbieten (Europäische Kommission 2006a). D. h. die europäische Perspektive soll nicht nur bei ausdrücklich europäischen Fragestellungen berücksichtigt werden, sondern Universitäten werden angehalten, die europäische Perspektive in allen Studienrichtungen zu integrieren.

Cititzenship Education fördert demokratische Werte, Menschenrechte, Toleranz und soziale Gerechtigkeit und soll Studierende auf die volle Teilnahme an der Zivilgesellschaft vorbereiten. 1988 einigten sich die Bildungsminister der Mitgliedsländern darauf, die europäische Dimension in der Bildung durch eine Reihe an Maßnahmen zu stärken: „strengthen in young people a sense of European identity and make clear to them the value of European civilisation and of the foundations on which the European peoples intend to base their development today, that is in particular the safeguarding of the principles of democracy, social justice and respect for human rights" (Council of Ministers 1988). Eine Maßnahme in dieser Richtung war z. B. das von der Europäische Gemeinschaft 1992-1995 finanzierte Projekt „Education for Citizenship in a new Europe: learning democracy, social justice, global responsibility and respect for human rights". Im Projekt wurden gemeinsame Module über Menschenrechte und Zivilgesellschaften an Universitäten entwickelt sowie die interuniversitäre Zusammenarbeit und Mobilität von Studierenden und Lehrenden gefördert[5].

Der europäische Bildungsraum – Binnendifferenzierung und Harmonisierung

Die Diversität der Universitätsmodelle in Europa wird im Zuge der Reformen modifiziert, die seit Ende der 90er Jahren häufig unter dem Titel „Bologna-Prozess", durchgeführt werden. Die Differenzierung, die bisher entlang nationaler Grenzen verlief – Forschungsmodell in Deutschland, Persönlichkeitsentwicklungsmodell in Großbritannien, Berufsausbildungsmodell in Frankreich – wird durch eine europaweite Binnendifferenzierung zunehmend abgelöst. D. h. in jedem Land entstehen verschiedene Typen von Hochschulbildungseinrichtungen bzw. bestehende Institutionen werden umstrukturiert, um je verschiedene Funktionen zu übernehmen. Auch wenn einzelne Institutionen nach wie vor gleichzeitig mehrere verschiedene gesellschaftliche Aufgaben erfüllen, werden weitgehende Reformen durchgeführt, so dass die jeweils nationalen Universitätslandschaften nach innen horizontal wie vertikal ausdifferenziert, nach außen zu einem Europäischen Hochschulraum (EHEA) harmonisiert werden.

[5] Auch andere europäische Akteure wie z. B. der Europarat sind in diesem Bereich aktiv. Vgl. The Council's 2005 Year of Citizenship Through Education, sowie die vom Europarat 2006 organisierte Konferenz „The Responsibility of Higher Education for a Democratic Culture: Citizenship, Human Rights and Sustainability".

Die Bologna-Erklärung (1999) und die Lissabon-Agenda (2000) lösten grundlegende Transformationen der europäischen Universitätslandschaft aus.[6] Am 19. Juni 1999 unterzeichneten die Bildungsminister von 29 europäischen Ländern die „Bologna Declaration" zur Errichtung eines europäischen Hochschulraumes bis zum Jahr 2010. Sie wollten Strukturen schaffen, um Mobilität, Beschäftigungsfähigkeit und die europäische Dimension zu stärken. Konkret haben sie sich auf sechs Schwerpunkte geeinigt: Einführung von verständlichen und vergleichbaren Abschlüssen; Schaffung eines zweistufigen Systems von Studienabschlüssen (undergraduate/ graduate), Einführung eines Leistungspunktesystems (wie z. B. ECTS), Förderung der Mobilität durch Beseitigung von Mobilitätshemmnissen, Förderung der europäischen Zusammenarbeit bei der Qualitätsentwicklung sowie Förderung der europäischen Dimension in der Hochschulausbildung (European Ministers of Education 1999). Inzwischen sind sowohl die teilnehmenden Akteure als auch die Ziele ausgeweitet worden. Neben den Mitgliedern mit Stimmrecht, inzwischen 45 Länder und die EU, nehmen verschiedene Interessenvertreter als Berater an der Bologna-Follow-up-Gruppe teil.

Während der Bologna-Prozess außerhalb von EU-Strukturen initiiert und durchgeführt wird, bezeichnet der Lissabon-Prozess die Strategie, welche die EU-Staats- und Regierungschefs im März 2000 in Lissabon beschlossen haben. Sie sieht vor, bis zum Jahr 2010 „die Union zum wettbewerbsfähigsten und dynamischsten wissensbasierten Wirtschaftsraum der Welt zu machen – einem Wirtschaftsraum, der fähig ist, ein dauerhaftes Wirtschaftswachstum mit mehr und besseren Arbeitsplätzen und einem größeren sozialen Zusammenhalt zu erzielen" (Europäischer Rat 2000, 3). Der dreifache Fokus der Strategie liegt auf Wettbewerbsfähigkeit, Beschäftigung und sozialem Zusammenhalt. Bildung taucht hier als Element der Beschäftigungs-, Sozial- und Wirtschaftspolitik auf, als „maßgeblicher Faktor"

[6] Der Bologna-Prozess wird häufig als Wendepunkt in der Entwicklung der europäischen Hochschulbildung genannt. Vgl. Hackl 2001; Banchoff 2002; Neave 2003.

für die Zukunft der Union (Europäische Kommission 2003, 3), wobei das SOKRATES/ERASMUS-Programm als „wichtigstes Instrument" zur Verwirklichung der europäischen Wissensgesellschaft gilt (Europäische Kommission 2006d).

Für das Individuum und für die Gesellschaft: zu Hause sein in Europa

Biesta argumentiert, dass die Entwicklung von moderner Bildung eine spezifische Antwort auf eine spezifische Frage bietet, der Frage nämlich nach Staatsbürgerschaft in einer aufkommenden Zivilgesellschaft (Biesta 2002, 345). Es sei kein Zufall, dass die Aufklärung der Entstehung der modernen Nationalstaaten vorausgegangen ist bzw. sie begleitet hat, sondern im Gegenteil entspreche das aufgeklärte Subjekt seiner Rolle im demokratischen Nationalstaat. Nach Kants Definition der Aufklärung als „der Ausgang des Menschen aus seiner selbstverschuldeten Unmündigkeit" (Kant 1784) spielt Bildung für die Herausbildung eines aufgeklärten, für sich denkenden und entscheidenden Subjekts eine zentrale Rolle. Ähnlich wie die Bildungsmodelle der Moderne nationale Vorstellungen davon widerspiegelten, über welche Kompetenzen und Qualifikationen akademisch ausgebildete Gesellschaftsmitglieder verfügen sollen, wird Bildung heute reformiert, um auf aktuelle gesellschaftliche Herausforderungen zu antworten und Menschen zu ermöglichen, sich ins gesellschaftliches Gefüge einzufinden. Im entstehenden Bologna-Modell der Hochschulbildung wird deutlich, dass sich das zeitgenössische Subjekt auf Urteilsvermögen, Selbstorganisation und Erfahrungswissen stützen können soll, um sich in der Wissensgesellschaft zu behaupten. Die aktuelle Betonung von „lebendigem" Wissen, Praxisrelevanz, Schlüsselkompetenzen und lebenslangem Lernen zeigt, dass Sich-Selbst-Einbringen und Sich-Selbst-Entwerfen zu den Charakteristika des akademisch gebildeten Gesellschaftsmitglieds in Europa gehören. Sowohl Fähigkeiten wie Sprachkompetenz als auch Lebenserfahrung in einem anderen europäischen Land schaffen die praktischen Voraussetzungen dafür, sich in

Europa wie daheim bewegen zu können. Dadurch kann und soll sich der heutige Europäer als Arbeitnehmer, Geschäftsmann und Konsument an Europa orientieren. Der homo europaeus fühlt sich in Europa zu Hause. Die Kritik am Bologna-Prozess, dass der Charakter von Universitätsbildung als „public good" verloren gehe und der Konzentration auf das Individuum weichen müsse, ist m. E. unangemessen. Im Gegenteil ist eine Übereinstimmung festzustellen zwischen der Ausbildung europäischer Individuen, die mit o. g. Qualifikationen ausgestattet werden sollen, und den Bedürfnissen der Gemeinschaft an Staatsbürgern, deren Identifikation und Erfahrung mit Europa alltäglich und selbstverständlich sein soll.

Ausblick

In diesem Artikel wurde aufgezeigt, wie Universitäten als Ort der kollektiven Identitätsbildung eingesetzt werden. Aber welche inhaltliche Ausprägung von europäischer Identität wird verbreitet bzw. propagiert? In den Rechtsakten der EU sind kaum inhaltliche Auslegungen zu finden. Auch in Interviews mit Mitarbeitern der Generaldirektion X wurde deutlich,[7] dass eine Präzisierung seitens der EU ausgeschlossen ist. Mit dem Lissabon-Gipfel 2000 führt die EU die „Offene Methode der Koordinierung" (OMK) ein. Da deren Empfehlungen dementsprechend freiwillig und nicht-bindend sind, hängen Inhalt, Intensität und Form der Implementierung von Empfehlungen zur Hochschulbildung von nationalen, regionalen und oft sogar von institutionellen Akteuren ab. Kann also die Neuformulierung europäischer Identität, wie manche Beobachter gewarnt haben, als Grundlage für kulturelle, rassistische und ökonomische Exklusion dienen (Lutz 1997, Smith 1992)? Beinhaltet die Konstruktion einer gemeinsamen europäischen

[7] Im Rahmen meines Forschungsprojekts habe ich Interviews mit Experten aus Politik und Verwaltung in Deutschland und auf europäischer Ebene geführt. Erste Ergebnisse deuten auf ein Unbehagen seitens der europäischen Akteure hin, inhaltliche Vorgaben bezüglich europäischer Identität zu machen. Vielmehr sind sie an einer öffentlichen Debatte über Zugehörigkeit, politische Werte und kulturelle Wurzeln interessiert.

Identität „an ideology of European exclusiveness" (Smith 1992, 76)? Oder bietet sie nicht vielmehr die Grundlage für ein post-nationales Verständnis von Zusammengehörigkeit (Delanty 1995)? Ist nicht gerade im universitären Diskurs ein weltoffenes Verständnis von europäischer Identität zu erkennen (Braidotti 1998), das entsprechend dem EU-Motto „Einheit in Vielfalt" entwickelt und vermittelt wird? Jene Variablen, die kollektive Identität beeinflussen, sowie ihr relatives Gewicht sind schwer zu fassen. Dennoch sollten sich weitere Forschungen angesichts der skizzierten Fragen dringend damit befassen, wie und auf welche Art und Weise die EU-Identitätspolitik gerade auch auf lokaler Ebene umgesetzt und mit welchen Inhalten sie gefüllt wird.

Literatur

[o. Verf.] (2004): Rede zur Entgegennahme des Prinz-von-Asturien-Preises für Internationale Zusammenarbeit an das „European Union's Erasmus Program", http://www.fundacionprincipedeasturias.org/ing/04/premiados/discursos/discurso788.html (abgerufen am 12.04.2007).

Anderson, Benedict (1996): Die Erfindung der Nation. Zur Karriere eines folgenreichen Konzepts, Frankfurt a. M.

Banchoff, Thomas (2002): Institutions, inertia and European Union research policy, in: Journal of Common Market Studies, Jg. 40, S. 1-21.

Barnett, Clive (2000): Towards culture 2000: The Evolution of Cultural Policy in the European Union in the 1990s (Geographical Paper, Nr. 149), Reading.

Biesta, Gert (2002): Bildung and Modernity: The Future of Bildung in a World of Difference, in: Studies in Philosophy and Education, Jg. 21, 343-351.

Blanke, Hermann-Joseph (1994): Europa auf dem Weg zu einer Bildungs- und Kulturgemeinschaft (Kölner Schriften zum Europarecht, Bd. 41), Köln u. a.

Bourdieu, Pierre (2004): Der Staatsadel, Konstanz.

Bourne, Richard (2000): Future Hopes: Richard Bourne reads a new report on universitities and socioeconomic development, in: The Guardian vom 23.05., S. 14.

Brah, Avtar (1996): Cartographies of Diaspora. Contesting Identities, London.

Braidotti, Rosi (1998): Gender and the Contested Notion of European Citizenship, in: Ferreira, Virgínia / Tavares, Teresa / Portugal, Silvia (Hrsg.): Shifting Bonds, Shifting Bounds. Women, Mobility and Citizenship in Europe, Oeiras, S. 59-65.

Brubaker, Rogers / Cooper, Frederik (2000): Beyond Identity, in: Theory and Society, Jg. 29, S. 1-47.

Council of Ministers (1988): Resolution of the Council and the Ministers of Education Meeting within the Council on the European Dimension in Education, 24 May (88/C 177/02), http://eur-lex.europa.eu/LexUriServ/LexUriServ.do?uri=CELEX:41988X0706(01):EN:HTML (abgerufen am 01.08.2006).

Delanty, Gerhard (1995): Inventing Europe: Idea, Identity, Reality, New York.

Dijk, Teun A. van (1993): Elite Discourse and Racism, Newbury Park.

Enders, Jürgen / Fulton, Oliver (2002): Blurring Boundaries and Blistering Institutions, in: Dies. (Hrsg.): Higher Education in a Globalising World. International Trends and Mutual Observations, Dordrecht, S. 1-16.

Europäische Kommission (2003): Mitteilung der Kommission. „Allgemeine und Berufliche Bildung 2010". Die Dringlichkeit von Reformen für den Erfolg der Lissabon-Strategie. (Entwurf eines gemeinsamen Zwischenberichts über die Maßnahmen im Rahmen des detaillierten Arbeitsprogramms zur Umsetzung der Ziele der Systeme der allgemeinen und beruflichen Bildung in Europa), KOM(2003) 685 endgültig, http://ec.europa.eu/education/policies/2010/doc/com_2003_685-a1_23013_de.pdf (abgerufen am 01.08.2006).

Europäische Kommission (2006a): Erasmus – Curriculum Development (CD), 02.05.2006, http://ec.europa.eu/education/programmes/socrates/erasmus/curriculum_en.html (abgerufen am 01.08.2006).

Europäische Kommission (2006b): Sokrates – Erasmus. Gemeinschaftliches Aktionsprogramm im Bereich Hochschulbildung, 02.05.2006, http://ec.europa.eu/education/programmes/socrates/erasmus/erasmus_de.html (abgerufen am 01.08.2006).

Europäische Kommission (2006c): Was ist das Socrates/Erasmus-Programm?, 02.05.06, http://ec.europa.eu/education/programmes/socrates/erasmus/what_de.html abgerufen am 01.08.2006).

Europäische Kommission (2006d): Hochschulbildung in Europa, 03.05.06, http://ec.europa.eu/education/policies/educ/higher/higher_de.html (abgerufen am 01.08.2006).

Europäische Kommission (2006e): „One Million Erasmus Students" – A European success story, 04.05.06, http://ec.europa.eu/education/archive/million/million_en.html (abgerufen am 01.08.2006).

Europäischer Rat (1987): Council Decision of 15 June 1987 adopting the European Community Action Scheme for the Mobility of University Students (Erasmus), 87/327/EEC, in: Official Journal L 166 vom 25.06, S. 20-24.

Europäischer Rat (2000): Schlussfolgerungen des Vorsitzes. Europäischer Rat (Lissabon), 23. und 24. März 2000, http://europa.eu.int/ISPO/docs/services/docs/2000/jan-march/doc_00_8_de.doc (abgerufen am 15.06.2006).

Europäisches Parlament und der Rat (2000): Beschluss Nr. 508/2000/EG des Europäischen Parlaments und des Rates vom 14. Februar 2000 über das Programm „Kultur 2000", in: Amtsblatt Nr. L 63/1 vom 10.03., S. 1-9.

European Ministers of Education (1999): Bologna Declaration of 19 June 1999, http://www.bologna-berlin2003.de/pdf/bologna_declaration.pdf (abgerufen am 01.08.2006).

Field, John (1998): European Dimensions: Education, Training and the European Union, London.

Figel', Ján (2006): Welcome to my webpage!, http://ec.europa.eu/commission_barroso/figel/index_en.htm (abgerufen am 01.08. 2006).

Giesen, Bernhard (1999): Kollektive Identität. Die Intellektuellen und die Nation 2, Frankfurt a. M.

Gellner, Ernest (1983). Nations and Nationalism, Ithaca.

Haas, Ernst (1958): The Uniting of Europe: Political, Social and Economical Forces 1950-1957, London.

Hall, Stuart (1994): Rassismus und kulturelle Identität, Hamburg.

Ders. (1996): Introduction: Who needs „identity"? in: Ders. / DuGay, Paul (Hrsg.): Questions of Cultural Identity, London, S. 1-18.

Hackl, Elsa (2001): The intrusion and expansion of community policies in higher education, in: Higher Education Management, Jg. 13, H. 3, S. 99-117.

Hobsbawm, Eric (1990). Nations and Nationalism since 1780: Programme, Myth, Reality, Cambridge.

Kant, Immanuel (1784): Beantwortung der Frage: Was ist Aufklärung?, in: Berlinische Monatsschrift, Bd. 4, S. 481-494.

Kerr, Clark (1991): International Learning and National Purposes in Higher Education, in: American Behavioral Scientist, Jg. 35, H. 1, S. 17-42.

Laclau, Ernesto / Mouffe, Chantal (1991): Hegemonie und radikale Demokratie. Zur Dekonstruktion des Marxismus, Wien.

Ludlow, N. Piers (1998): Frustrated Ambitions – The European Commission and the Formation of a European Identity, 1958- 1967, in: Bitsch, Marie-Thérèse (Hrsg.): Institutions européennes et identités européennes, Brüssel, S. 307-325.

Lutz, Helma (1997): The Limits of European-ness. Immigrant Women in Fortress Europe, in: Feminist Review, Jg. 57, S. 93-109.

MacLeod, Donald (1994): While attitudes to Europe blow hot and cold on many issues, a sea change is taking place in education where a „European dimension" is increasingly important, in: The Guardian vom 27.09.

Neave, Guy (2002): The stakeholder perspective historically explored, in: Enders, Jürgen / Fulton, Oliver (Hrsg.): Higher Education in a Globalising World: International Trends and Mutual Observations, Dordrecht, S. 17-37.

Ders. (2003): The Bologna Declaration: Some historical dilemmas posed by reconstruction of the Community in Europe's systems of higher education, in: Educational Policy, Jg. 17, S. 141-164.

Omaro, Leslie (2005): Education crucial for nation building, in: New Guinea Post-Courier vom 13.05, S. 7.

Pantel, Melissa (1998): Unity in Diversity: Cultural Policy and EU Legitimacy, in: Banchoff, Thomas / Smith, Michelle (Hrsg.): Legitimacy in the European Union: The Contested Polity, London, S. 46-65.

Pasternack, Peer u. a. (2006): Die Trends der Hochschulbildung und ihre Konsequenzen, 04.04.06, http://www.bmbwk.gv.at/medienpool/13020/studie_trends_hsbildung.pdf (abgerufen am 01.08.2006).

Rau, Johannes (2000): Bildung ist mehr! Wider den Nützlichkeitszwang des Lernens, Rede auf dem ersten Kongress des Forum Bildung „Wissen schafft Zukunft" am 14. Juli 2000 in Berlin, hrsg. vom Presse- und Informationsamt der Bundesregierung, Berlin.

Rosmond, Ben (2002): Theories of European Integration, Basingstoke.

Ruiz-Gelices, Enric / King, Russell / Favell, Adrian (2000): International Student Migration and the Institutionalisation of a „European Identity". Vortrag auf der Tagung „International Migration: New Patterns, New theories", 11.-13. September 2000 an der Nottingham Trent University, http://human.ntu.ac.uk/im/docs/EnricRuiz-Gelics.doc (abgerufen am 19.07.2002).

Robertson-Wensauer, Caroline Y. (1994): Wie Bildungssystem und Selbstbewusstsein zusammengehören. Eine kulturhistorische Betrachtung am Beispiel Schottlands, in: Hettlage, Robert (Hrsg.): Bildung in Europa – Bildung für Europa? Die europäische Dimension in Schule und Beruf, Regensburg, S. 93-104.

Shore, Cris (1993): Inventing the „People's Europe“: Critical Approaches to European Community „Cultural Policy“, in: MAN. The Journal of the Royal Anthropological Institute of Great Britain and Ireland, Jg. 28, S. 779-800.

Smith, Anthony (1992): Ethnicity and Nationalism, Leiden.

Sviokla, John / Zonis, Marvin (2003): Education the key to stable, prosperous Iraq; Successful nation-building must include a reliable educational system, in: Chicago Tribune vom 16.10., S. 31.

Taylor, Paul Graham (1983): The Limits of European Integration, London.

Teichler, Ulrich (2001): Mass Higher Education and the Need for New Responses, in: Tertiary Education and Management, Jg. 7, S. 3-7.

The Economist (2005): Wandering Scholars, in: The Economist vom 10.09., S. 18.

The Hindu (2005): Education must lead to nation-building, in: The Hindu vom 21.03., S. 1.

Thum, Bernd (1996): Bildungspolitische Modernisierung in Europa: eine notwendige Konsequenz aus dem Einigungsprozess, in: Delvaux, Peter / Papiór, Jan (Hrsg.): Eurovisionen. Vorstellung von Europa in Literatur und Philosophie, Amsterdam, S. 277-290.

Walkenhorst, Heiko (2004): „The Construction of European Identity and the Role of National Educational Systems“ – A Case Study on Germany (Essex Papers in Politics and Government, H. 160), Mai 2004, http://www.essex.ac.uk/government/Essex_Papers/Number_160.pdf (abgerufen am 01.08.2006).

Wintle, Michael (1996): Cultural Identity in Europe: Shared Experience, in: Ders. (Hrsg.): Culture and Identity in Europe. Perceptions of Divergence and Unity in Past and Present, Aldershot, S. 9-32.

Europäische Identitäten – cusanische Perspektiven

Stefan Raueiser

Die Diskussion über „Europäische Identität" bringt in der singularischen Formulierung einen Stolperstein in die Debatte um „Identitäten in Europa" ein, insofern sich Identität im europäischen Kontext im Plural definiert, will man den regional wie national so unterschiedlich ausgeprägten Geschichtswahrnehmungen und -überlieferungen auch nur annähernd gerecht werden. „Das Phänomen unterschiedlicher nationaler Erinnerungskulturen stellt nicht nur eine Herausforderung für das zusammenwachsende Deutschland, sondern auch für die Europäische Union und im Besonderen für die deutsch-polnischen Beziehungen dar", stellen daher auch die Herausgeber des Dokumentationsbandes *Polen und Deutschland 60 Jahre nach der Potsdamer Konferenz* klar, welcher beispielhaft die grundsätzliche Frage nach der Möglichkeit von gemeinsamer Erinnerung im europäischen Rahmen stellt (Kerski/Owczarek 2005, 7).

Dem Verfasser, Gastdozent des europäischen interdisziplinären Doktorandenkolloquiums in der Villa Vigoni, zu dem auch Stipendiatinnen und Stipendiaten aller Begabtenförderungswerke in der Bundesrepublik Deutschland eingeladen waren, stellt sich die Frage, welches Europa-Verständnis die von uns – nicht nur in der Bischöflichen Studienförderung Cusanuswerk – geförderten Studierenden und Promovierenden in die Debatte um europäische Identität einbringen. Zeigt doch ihr studienrelevantes Reiseverhalten, dass sie – ähnlich wie der Titel der Tagung in der Villa Vigoni – ebenfalls von einem singularischen Verständnis europäischer Identität geprägt sind, insofern sich ihr Blick ebenso eindeutig wie einseitig auf West-Europa richtet, während die östlichen Nachbarstaaten Deutschlands wie der gesamte Kulturraum Mittel-Ost-Europas weitgehend unbeachtet bleiben (zur Schwierigkeit der Definition von MOE vgl. Schlögel 2002).

Die mangelnde Bereitschaft (viel zu) zahlreicher Studierender, mittelosteuropäische Länder für einen befristeten studienbegleitenden Forschungs- oder Lehraufenthalt in Erwägung zu ziehen, resultiert meiner Ansicht nach nicht alleine von mangelnden Kenntnissen der verschiedenen slawischen Sprachen her, und wird auch nicht lediglich durch die weitgehend (noch) nach Westen gerichteten Forschungsnetzwerke verursacht, sondern hängt mit einem ganz grundsätzlich einseitigen Verständnis zusammen, nach dem der „European way of life" einzig von den Gründungsstaaten der Europäischen Union her definiert wird, während die vom amerikanischen Verteidigungsminister Donald Rumsfeld einmal als „Neues Europa" apostrophierten Staaten durch eine über vierzigjährige Teilungsgeschichte hinter einem „Eisernen Vorhang" verschwunden waren und dadurch nicht in das Europa-Bewusstsein der heutigen Studierenden-Generation eingegangen sind – vielleicht auch deshalb nicht, weil schon ihre Eltern mit unseren östlichen Anrainerstaaten lediglich einen monolithischen, dunkel-bedrohlichen „Ostblock" verbunden haben, während beispielsweise Frankreich, Italien und Spanien nicht nur des weitgehend mediterranen Klimas wegen mit deutlich helleren wie differenzierteren Bildern versehen wurden – und bis heute werden.

Der nachfolgende Beitrag will ein kurzes Schlaglicht auf die Europa-Debatte werfen (I), um die Folie zu entwickeln, vor der sich die Elite-Diskussion in der Bundesrepublik abspielt (II), die für die inhaltliche Ausrichtung der Bildungsarbeit der Begabtenförderungswerke in Deutschland Bedeutung hat (III), um Konsequenzen für die Suche nach dem (europäisch) Gemeinsamen im (für deutsche resp. west-europäische Studierende) weithin unbekannten Mittel-Ost-Europa zu formulieren (IV).

I. Wer ist Europa?

Welche Traditionen verbinden sich in dem langen Prozess des sich gegenwärtig wieder neu sortierenden Europa? Folgen wir dem Historiker und ehemaligen polnischen Außenminister Bronisław Geremek (2003), so lässt sich eine imperiale von einer gemeinschaftlichen Linie unterscheiden: In der imperialen ging es darum, Europa durch Dominanz zu einen. Dies betraf sowohl Karl V. wie auch die imperiale Expansion Napoleons, mit der Bonaparte das Reich Karls des Großen wiederherstellen wollte. Das mittelalterliche Europa wurde demgegenüber durch einen Prozess der Christianisierung geeint, der auch als Prozess der Akkulturation der unterschiedlichen europäischen Völker verstanden werden kann: Die Gemeinschaft von Religion und Kultur formte diese erste europäische Einheit ohne theokratische Macht. Stattdessen sind die mittelalterlichen Universitäten diejenigen Institutionen, die diese Gemeinschaft eines „christlichen Europa" auf starke Weise verbinden. Das Netz gotischer Kirchen und Kathedralbauten kann bis heute als Merkmal dieses europäischen Raums angesehen werden. Interessanterweise stand dabei die Einheit der europäischen Gemeinschaft nicht in Widerspruch zur Heterogenität der Monarchien, die sich gerade damals auf der Basis ethnischer Bindungen herausbildeten. Europa hat somit seit seinen Anfängen akzeptiert, dass die Einheit aus der Vielfalt der Nationen errichtet werden kann, dass die europäischen Nationen und die Einheit Europas kompatibel sind.

Als weitere Traditionslinie europäischer Einheit kann die kulturelle Gemeinschaft ihrer Eliten zu Beginn der Aufklärung gelten: Einheitsbildende Strukturen sind jetzt nicht mehr Universitäten oder Klöster, sondern die Milieus der Gelehrten und Schriftsteller, die wissenschaftlichen Akademien und intellektuellen Kreise. Ihre philosophischen Ideen und gesellschaftlichen Ideale heben die Grenzen innerhalb Europas auf, sie schaffen ein Gefühl europäischer Einheit innerhalb der Gebildeten. Interessanterweise blitzt dabei selbst unter der Feder Voltaires der Satz auf, „dass die europäische Zivilisation ihrer Natur nach christlich ist" (Geremek 2003, 13).

Nach dem Ende des Zweiten Weltkriegs haben die Gründungsväter und -mütter der europäischen Integration sehr bewusst die Tradition der imperialen Vereinigung Europas verworfen und einer gemeinschaftlichen Einigung Europas die entscheidendere Rolle für den Prozess der Bildung einer europäischen Union beigemessen. Dies gilt trotz des Umstands, dass die Europäische Gemeinschaft zunächst als pragmatische Organisation entstand, die Streitigkeiten oder Engagements ideologischer Art zu vermeiden suchte, indem am französischen republikanischen Prinzip vom weltlichen Charakter des Staates festgehalten wurde.

Bei der 1950 im Europarat geführten Diskussion über das europäische Wappen zeigten sich jedoch auch erste Elemente eines weltanschaulichen Streits über die Bedeutung christlicher Symbole für die europäische Einigung, als nämlich ein graphischer Entwurf vorgelegt wurde, in dem das Kreuz das zentrale Element darstellte. Dieser Vorschlag wurde zugunsten einer graphischen Komposition verworfen, die einen Sternenkranz auf blauem Grund zeigt. Umso spannender waren daher in jüngster Zeit die Debatten um die „Charta der Grundrechte der Union": Soll diese lediglich Vorschriften gegen Diskriminierung enthalten oder auch eine umfassende Berufung auf das „religiöse Erbe" Europas bis hin zur *invocatio Dei*? Immer wieder wird in diesem Zusammenhang die polnische Verfassung von 1997 als Vorbild angeführt, nach deren Präambel „das Polnische Volk – alle Bürger der Republik, sowohl die an Gott als Quelle der Wahrheit, der Gerechtigkeit, des Guten und Schönen Glaubenden wie auch die, die diesen Glauben nicht teilen, sondern diese universalen Werte aus anderen Quellen ableiten" – seine Verfassung „im Gefühl der Verantwortung vor Gott oder vor dem eigenen Gewissen" beschließt. Hätte in einem solchen, seiner Intention nach pluralistischen Geist, nicht auch die Präambel für den „Vertrag über eine Verfassung für Europa" formuliert werden können, ohne dass sie Befürchtungen weckte, sie diene zum Instrument irgendeines Ausschlusses?

Während der Verweis auf die „christlichen Wurzeln" Europas leicht das Missverständnis einer Musealisierung der religiösen Dimension evozieren kann, böte m. E. eine Anders- oder Nicht-Glaubende nicht vereinnahmende Formulierung der expliziten Anrufung Gottes im Gegensatz zur aktuellen Version der Präambel des Verfassungs-Entwurfs die Chance, die europäisch-abendländische Geschichte und den Weg der fortschreitenden europäischen Vereinigung nicht linear als Erfolgs- und Fortschrittsgeschichte zu verstehen, sondern einzugestehen, dass die Ambivalenz der Moderne ein wichtiges Moment der europäischen Aufklärungsgeschichte ist – so dass neben der positiv herauszustreichenden Akzeptanz universal gültiger Menschenrechte auch zahlreiche Brüche und Katastrophen in der Geschichte Europas zu verzeichnen sind, man denke nur an die europäische Kolonialgeschichte und zahlreiche ethnische Grausamkeiten bis hin zur Shoah. Die bis heute spürbare Wirkmächtigkeit des christlichen Weltverständnisses – etwa in Bezug auf die Notwendigkeit von Wahrhaftigkeit und Vergebung im zwischenmenschlichen wie zwischenstaatlichen Verhältnis, wie es etwa der Briefwechsel des polnischen und des deutschen Episkopats vor vierzig Jahren symbolisiert –, sollte viel deutlicher bei der Formulierung eines Dokuments europäischer Selbstvergewisserung zum Tragen kommen, geht es doch um wesentlich mehr als um bloße Versöhnungsrhetorik, nämlich um einen wirklichen Neuanfang nach zwei zivilisationszerstörenden Kriegen innerhalb einer mitunter eliminatorische Züge annehmenden europäischen Konfliktgeschichte.

Trotz des vorläufigen Abschlusses der politischen Diskussionen um den schriftlich fixierten Text der europäischen Verfassung muss es also um einen gelebten Dialog über die geistige Dimension Europas gehen, um ein Gespräch, das bislang den Prozess der europäischen Integration viel zu wenig begleitet hat. Denn die zunächst vorwiegend wirtschafts-, sozial- und finanzpolitisch ausgerichtete Einigung vermag aus sich heraus den europäischen Zusammenhalt nicht ausreichend zu begründen. Immer wieder wird in diesem Zusammenhang auf ein Wort verwiesen, das Jean Monnet zu Ende seines Lebens formuliert haben soll: „Wenn ich noch einmal von vorn anfangen müsste, würde ich mit der Kultur beginnen". Auch wenn ein solches Programm politisch-strategisch nicht das Erfolg versprechendste sein dürfte, akzentuiert dieser Ausspruch doch ein wichtiges Gegengewicht zu derzeitigen Befürchtungen, dass sich Europa eher als Gemeinschaft vormundschaftlicher Sozialstaaten denn als Bürgergesellschaft etablieren wird. Ob sich Europa nur als nach außen abgeschottete Wohlstandsgemeinschaft, als militärisch starke Interessengemeinschaft oder aber als multilateral eingebundene Friedensgemeinschaft versteht und konstituiert, werden letztendlich die Europäer selbst entscheiden müssen. Wie das Kräfteverhältnis zwischen gemeinschaftlicher Pflege des kulturellen Erbes, der voranschreitenden wirtschaftlichen Harmonisierung und der angestrebten politischen Einheit aussehen wird, dies müssen die europäischen Öffentlichkeiten – die es nur im Plural gibt, so lange bspw. keine großen mehrsprachigen Presseorgane existieren – miteinander je neu aus- und verhandeln.

Dass sich die jungen Generationen im „Alten Europa" nahezu ausschließlich in Richtung Westen – zur „Neuen Welt" hin – orientieren und wenig Kenntnisse über die andere Himmelsrichtung mitbringen, muss zu denken geben, zumal dann, wenn selbst das renommierte „Deutsche Polen-Institut" in Darmstadt immer wieder als „Deutsches Pollen-" oder „Deutsches Pohlen-Institut" angeschrieben wird. Die (viel zu einseitige) West-Orientierung der bundesrepublikanischen Eliten ist ebenso augenfällig wie bedenklich.

II. Europäische Eliten?

Historisch gesehen ist in Deutschland die Eliten-Diskussion ausgesprochen belastet, weil zum einen die gesellschaftstragenden Gruppen im Dritten Reich versagten, indem sie zur Demontage der Demokratie beigetragen haben, und weil zum anderen der Nationalsozialismus selbst mit seinem zur zentralen Ideologie gewordenen Rassenwahn – mit Begriffen wie „Herrenrasse" und „Übermensch" – jegliche Elitenförderung nach dem Krieg zu verunmöglichen schien. In Frankreich hingegen waren die „élités" diejenigen, die nicht durch familiäre Herkunft, sondern durch individuelle Leistung reich geworden waren, die schon vor der Revolution den Adeligen ihre Schlösser abkaufen konnten. Wer zu diesen „Auserwählten" gehörte, wurde nach Geld und Einfluss bemessen, während die anderen alleine auf Grund von Herkunft und Stand, nicht aber durch Leistung und Begabung bevorrechtigt waren (zur gesellschafts- wie kulturpolitischen Problematisierung des Elite-Begriffs vgl. Tholen 2006).

Empirisch betrachtet besitzt jede Gesellschaft, wie egalitär sie sich auch geben mag, ihre Eliten. Sie sind unvermeidlich, weil die Differenzen zwischen aktiv für das Gemeinwohl Engagierten und sich in private Nischen Zurückziehenden auch in einer Demokratie nicht aufgehoben sind. Es geht also nicht um die Frage, ob Eliten sein dürfen, sondern vielmehr darum, welche Eliten wir benötigen, und wie wir erreichen können, dass diese für Problemlösungen auf europäischer Ebene entsprechend qualifiziert sind.

Wenn dabei die Frage virulent wird, welchen Beitrag die gesellschaftlich relevanten Eliten für den Zusammenhalt Europas leisten können, muss sich der Blick auf die Bedingungen europäischer Solidarität unter dem gewachsenen Druck wirtschaftlicher Konkurrenz in Zeiten der Globalisierung richten. Nicht nur das Beispiel der immer wieder angespannten deutsch-polnischen Beziehungen macht dabei augenfällig, dass die Konzentration auf eine ökonomisch reibungslose Zusammenarbeit die nachbarschaftlichen Beziehungen nicht nachhaltig zu begründen vermag. Hinzu kommt der Umstand, dass die Fixierung auf die gleiche Blickrichtung – polnische wie deutsche Intellektuelle orientieren sich gleichermaßen nach Frankreich und Amerika – die Gefahr des Übereinander-hinweg-Redens (statt Miteinander-Sprechens) in sich birgt. So führt die Westfixierung polnischer Eliten zur „Rückenschau" ihrer deutschen Nachbarn (eine face-to-face-Kommunikation will in einer solchen Ausrichtung nicht aufkommen), während die Westorientierung der bundesrepublikanischen Öffentlichkeit zur Nicht-Wahrnehmung der geographisch östlich gelegenen Anrainer geführt hat. Doch „nur wenn die Spannung zwischen Pluralität und Vielfalt auf der einen und werteorientierten Gemeinsamkeiten auf der anderen Seite produktiv gestaltet – und damit auch kontrovers thematisiert – werden, ist ein zivilgesellschaftliches Zusammenwachsen Europas möglich. [...] Dass Europa lernt, ‚mit beiden Lungenflügeln zu atmen' (Johannes Paul II.), wird so zur Zukunftsaufgabe europäisch gesinnter Eliten" (Olschowsky 2006, 231).

Schaut man sich die Eliten-Bildung in der Bundesrepublik Deutschland näher an, so begegnet man der Pluralität von gegenwärtig elf Institutionen, die sich der finanziellen Förderung, biographisch-individuellen Begleitung wie ideellen Bildung besonders begabter Studierender und Nachwuchswissenschaftler angenommen haben. „Gemeinsam ist allen Werken ihre Verpflichtung gegenüber unserer freiheitlich-demokratischen Grundordnung und der Förderung funktionaler Leistungseliten. Sie stehen in einer langen Hochschultradition und gleichermaßen in einer auf die Zukunft weisenden Verantwortung gegenüber der individuellen Begabung und der Gesellschaft im Ganzen", heißt es im ministeriellen Vorwort der Informationsbroschüre *Arbeit und Ziele. Die Begabtenförderungswerke in der Bundesrepublik Deutschland* (BMBF 2003). Die weltanschaulich neutrale Studienstiftung des Deutschen Volkes, die sechs parteinahen Stiftungen (Konrad-Adenauer-, Heinrich-Böll-, Friedrich-Ebert-, Rosa-Luxemburg-, Friedrich-Naumann- und Hanns-Seidel-Stiftung), die beiden von den Sozialpartnern getragenen Einrichtungen (Stiftung der Deutschen Wirtschaft, Hans-Böckler-Stiftung) wie die konfessionell geprägten Werke (Evangelisches Studienwerk Haus Villigst, Bischöfliche Studienförderung Cusanuswerk) spiegeln mit ihren Trägern den Pluralismus unserer Gesellschaft wider. Begabtenförderung als Elitebildung ist somit ausgespannt zwischen staatlichem Auftrag einerseits und den Interessen unterschiedlicher gesellschaftlich relevanter Akteure andererseits.

Nicht nur das als eines der Begabtenförderungswerke (in) der Bundesrepublik fungierende und sich zugleich als Einrichtung der Katholischen Kirche in Deutschland verstehende Cusanuswerk steht daher mitten im Spannungsfeld zwischen der weltanschaulichen Neutralität des Staates – der einen Raum egalitär-freier Kommunikation zwischen Gruppen unterschiedlicher Werte- und Glaubensentscheidungen überhaupt erst ermöglicht – und der Verwiesenheit auf die Prägekräfte wertgebundener Eliten, weil der freiheitliche Rechtsstaat von Voraussetzungen lebt, die er selbst nicht garantieren kann.

Mit einem solch plural-subsidiären Ansatz von Begabtenförderung in Deutschland ist Elite-Bildung in der Bundesrepublik ganz grundsätzlich nicht als rein funktionale Expertenausbildung zu verstehen, die Exzellenz lediglich auf einem einzelnen Gebiet auszubilden hilft, gesellschaftliche Verantwortung hingegen hintan stellen könnte. Selbstverständnis wie Bildungsarbeit der Begabtenförderung in Deutschland muss vielmehr dazu anleiten, auf der Grundlage fachspezifischer Kompetenzen Urteilsfähigkeit für interdisziplinäre Problemstellungen zu entwickeln und in gemeinwohlorientierte Entscheidungen wie Handlungen umzusetzen (vgl. zum Selbstverständnis der Begabtenförderung im Hochschulbereich auch: Arbeitsgemeinschaft der Begabtenförderungswerke 1998). Konkreter auf das kirchlich beheimatete Cusanuswerk hin gesprochen: In staatlichem Auftrag und mit zivilgesellschaftlicher Perspektive darf es nicht um die Ausbildung katholischer Funktionseliten gehen, sondern um die Heranbildung von gesellschaftlich wirksamen Verantwortungs- wie Reflexionseliten. Es wird nicht in erster Linie der Erwerb von – zusätzlichem – Faktenwissen angestrebt, sondern die Vermittlung von – christlich imprägniertem – Orientierungswissen (vgl. ausführlicher: Raueiser 2006).

Gemeinsame Aufgabe aller bestehenden Begabtenförderungswerke muss es sein, Studierende zu fördern, die mit wachem Blick den umfassenden Veränderungsnotwendigkeiten der Gesellschaft positiv gegenüber stehen, die nicht den Verlust – etwa der christlichen Gesellschaft, der einfachen Antworten oder der geschlossenen Weltbilder – beklagen, sondern vielmehr den aktiven Aufbau der eigenen Identität mit einem Beitrag zur Gestaltung einer zukunftsträchtigen Gesellschaft verbinden.

Bewertungsrahmen für das Handeln solcherart gebildeter Eliten wird es sein, ob sie dem Ganzen und seinem Zusammenhalt nutzen oder schaden – ob sie sich vorrangig um die Durchsetzung eigener Partikularinteressen kümmern, oder das Gemeinwohl im Auge haben. Mit Blick auf Europa wird es dabei um die Frage gehen, welches Ganze solche Eliten im Auge haben: Ein die Europäische Gemeinschaft – etwa mit den Verträgen von Rom begründendes – „Kern-Europa", eine sich möglichen Konkurrenten gegenüber abschottende europäische Wirtschaftsgemeinschaft, eine Flüchtlingsströmen gegenüber reservierte „Burg Europa" oder eine europäische Werte-Gemeinschaft, die im Falle von Interessenkonflikten bereit ist, nationale Belange auch einmal zurückzustellen, um der Herausbildung einer „europäischen Gesellschaft" Raum zu verschaffen?

III. Europa in der Begabtenförderung

Das internationale Jahr für Demokratieerziehung des Europarates (2005: European Year of Citizenship through Education), zahlreiche demokratiepädagogische Aktivitäten der Bundesländer und deren gemeinsame Anstrengung mit dem Bundesministerium für Bildung und Forschung im Rahmen des Bund-Länder-Programms „Demokratie lernen und leben" machen deutlich, welche Bedeutung dem Verhältnis von Erziehung und Demokratie in der aktuellen europäischen Bildungspolitik beigemessen wird. „Demokratieerziehung" richtet sich dabei vor allem darauf, „den Bürger mit Wissen, Fähigkeiten und Kompetenzen auszustatten, die für eine aktive Beteiligung in einer demokratischen Bürgergesellschaft erforderlich sind; [ihm] Gelegenheiten [zu] bieten für Dialog und Diskurs, Konfliktlösung und Konsens, Kommunikation und Interaktion; [um ein] Bewusstsein [zu] schaffen für Rechte und Pflichten, Verhaltensnormen und Werte und für ethische und moralische Fragen innerhalb der Gemeinschaft" (Dürr/Ferreira Martins/Spajic-Vrkas 2001, 12).

Eine besondere Möglichkeit, die europäische Dimension von Demokratieerziehung im Sinne der Stärkung verantwortungsbewusster und informierter Bürgerschaft mit der Fähigkeit zu Dialog und Diskurs voranzutreiben, bilden im europäischen Ausland stattfindende Bildungsveranstaltungen, die Stipendiatinnen und Stipendiaten der Begabtenförderungswerke nicht nur mit den Verhältnissen und Entwicklungen des jeweiligen Gastlandes bekannt zu machen vermögen, sondern auch Fragen des europäischen Einigungsprozesses mit solchen der globalen Gerechtigkeit in der Einen Welt verbinden können, um Ursachen und Bedingungen konkreter Krisenphänomene und Konfliktregionen aus den unterschiedlichen europäischen Perspektiven besser kennenzulernen.

Bezogen auf die europagerichteten Bildungsveranstaltungen nicht nur des Cusanuswerks ist dabei darauf hinzuweisen, dass sie einen bewussten Kontrapunkt zu den individuell geäußerten Interessen der Studierenden wie Promovierenden abgeben können: Während sich Studierende bei ihren individuell organisierten Auslandsstudien, Sprachkursen, Praktika oder Famulaturen im Ausland vorwiegend für Aufenthalte in westeuropäischen Ländern entscheiden (Großbritannien, Frankreich, Spanien und Italien sind hier die Spitzenreiter)[1], können europapolitische Auslandsakademien und Europäische Kolloquien bewusst in Länder des ehemaligen Ostblocks führen, um die Transformationsprozesse vor Ort kennenzulernen, um Begegnungen mit Wissenschaftlern, wirtschaftlichen, politischen wie kirchlichen Eliten unserer östlichen Nachbarländer zu ermöglichen, und um das Lernen auch an historisch hoch sensiblen Orten – wie etwa Theresienstadt, Majdanek oder Auschwitz – zu erproben.[2]

Betrachten wir zunächst die für die heutige Stipendiatengeneration typischen Vorlieben für west-europäische Auslandsaufenthalte. Dabei kann man m. E. folgende Tendenzen ausmachen:

[1] Ein Vergleich der Reiseaktivitäten cusanisch geförderter Studierender im Spiegel der Jahresberichte der vergangenen fünf Jahre (2001-2005) zeigt: Ein knappes Drittel aller Geförderten nutzt grundsätzlich die Möglichkeit eines Auslandsaufenthalts in Form eines ein- bis zweisemestrigen Auslandsstudienaufenthalts, eines Sprachkurses, einer Famulatur, eines Praktikums oder eines PJ-Tertials im Ausland. Dabei machen die Staaten der Europäischen Union mit 55% den Schwerpunkt aller Auslandsaufenthalte aus, weitere Spitzenreiter sind die USA, die Schweiz und Australien. Ganz grundsätzlich wird der Westen Europas mit „Europa“ überhaupt identifiziert (für Auslandsstudien sind Frankreich und Großbritannien besonders beliebt; für Sprachkurse Spanien und Italien). Die neuen Mitgliedsstaaten oder weitere Staaten Mittelosteuropas spielen kaum eine Rolle, ihr Anteil liegt durchgängig bei lediglich zwei Prozent aller Europa gewidmeten Aufenthalte.

[2] Die beiden anderen Schwerpunkte cusanischer Auslands-Bildungsarbeit lassen sich mit den Begriffen „Naher Osten“ und „Eine Welt“ umschreiben: Weil sich mit den Staaten des Nahen Ostens nicht nur Gedanken an einen veritablen Krisenherd unserer Tage verbinden, sondern auch Erinnerungen an kulturell bedeutsame Stätten der biblischen Überlieferung, sollen Stipendiatinnen und Stipendiaten der Bischöflichen Studienförderung sowohl mit tagespolitisch bedeutsamen Konfliktursachen als auch mit Orten jüdisch-christlicher Tradition in Berührung kommen. Auslandsveranstaltungen zum Themenkomplex „globale Gerechtigkeit“ bezeugen den Anspruch des Cusanuswerks, Stipendiatinnen und Stipendiaten zu fördern, die Verantwortung mit Blick auf die Möglichkeiten und Begrenzungen, Visionen wie Realitäten der Einen Welt übernehmen wollen. Auch wenn sie in ihren beruflichen Wegen nicht immer direkt mit Afrika, Lateinamerika, Asien oder Ozeanien in Kontakt kommen werden, ist es mehr als wünschenswert, dass Bildungsveranstaltungen zu einem dauerhaften Engagement für benachteiligte wie vergessene Regionen unserer Erde beitragen.

- „Europa“ wird von der aktuellen Studierendengeneration als (westeuropäisch geprägte) Wohlstandsgemeinschaft verstanden, die mit konkreten Karrierechancen in der Wissenschaft verbunden ist.
- „Europa“ wird mit einem weithin geteilten „European way of life“, nicht jedoch mit der Neugier auf Fremdes verbunden. Wie anders ließe sich erklären, dass zwar ein großes Interesse an Famulaturen, Praktika oder Forschungsaufenthalten in der sog. Dritten Welt zu verzeichnen ist, kaum jemand jedoch sich aufmacht, ähnlich herausfordernde Fremdheitserfahrungen mit den Straßenkindern von Bukarest oder mit den Kriegsflüchtlingen auf dem Balkan zu erproben.
- „Europa“ wird somit nicht mit Unbekanntem, sondern mit bereits (vermutlich vor allem unbewusst) Bekanntem verbunden. Zwar üben „exotische“ Destinationen nach wie vor eine große Anziehungskraft auf Stipendiaten aus, das Unbekannte im Nahen, das Trennende im Gemeinsamen zu suchen, kommt ihnen hingegen kaum in den Sinn.

Unkenntnis und fehlende Neugier spielen als Erklärungsmuster für die genannten Phänomene m. E. eine wesentlich größere Rolle als Antipathie oder begründetes Urteil. Umso wichtiger scheint es mir zu sein, diesen Tendenzen gegenzusteuern und mit institutionalisierten Begegnungsmöglichkeiten in der studienbegleitenden Bildungsarbeit andere Akzente zu setzen.[3]

Die Stärkung des Bewusstseins von einem verbindenden, wenn auch nicht einheitlichen, sondern durchaus differenzierten mittel-ost-europäischen Kulturraum geschieht jedoch nicht nur dadurch, dass diese Region

[3] Die innerhalb des Schwerpunktthemas „Europa“ im Cusanuswerk projektierten Veranstaltungen lesen sich daher wie folgt: Europäisches Kolloquium „Am Rande? Die Ukraine zwischen Rückbesinnung und Neubeginn“ (1999); Auslandsakademien „Tschechien. Eine Reise nach Mitteleuropa“ (2002) und „Polen und Deutsche in Europa“ (2004), Europäisches Doktorandenkolloquium „Erinnerung und Identität“ in Lublin (2006). Geht man noch weiter in die Vergangenheit zurück, lassen sich dreiwöchige cusanische Auslandsakademien in Polen (1975, 1984 und 1988) nennen, Europäische Kolloquien in Warschau (1993) und Krakau (1995: „Nation und Gedächtnis“) sowie eine Auslandsakademie, die 1996 nach Minsk/Belarus und Litauen (Klaipeda/Vilnius) führte.

überhaupt besucht wird, sondern vor allem dann, wenn besondere Formen der Bildungsarbeit zum Tragen kommen. Nach unseren Erfahrungen im Cusanuswerk haben sich dabei folgende Elemente bewährt:

- Von besonderer Wichtigkeit ist es, dass Studierende und Promovierende die Möglichkeit erhalten, Menschen in vergleichbarer Lebenssituation, d. h. also Studierende, Promovierende und Nachwuchswissenschaftler des jeweiligen Gastlandes kennenzulernen, um „Europa" aus lebensweltlich vergleichbarer, wenn auch thematisch höchst unterschiedlicher Perspektive zu begegnen.[4]
- Die Diskussion mit Intellektuellen unserer östlichen Nachbarländer zeigt, dass die Geschichte der einzelnen Völker West- und Mittelosteuropas jahrzehntelang unterschiedlich verlaufen ist, wodurch sich ganz andere Wahrnehmungsmuster, Selbstverständlichkeiten und Erinnerungskulturen eingeprägt haben.[5]
- Der Besuch bei politischen, wirtschaftlichen wie kirchlichen Repräsentanten mittelosteuropäischer Staaten macht die Begegnung mit völlig anderen Biographien möglich, die Anstöße für zivilgesellschaftliches Engagement auch „im Westen" geben können.[6]
- Das Lernen an verschiedenen historischen Orten ermöglicht nicht nur Begegnungen mit Zeitzeugen, sondern auch das Bewusstsein für die in

[4] Wie überraschend war es etwa für Stipendiaten während eines dreitägigen Europäischen Kolloquiums in Hradec Kralové im September 2002, von ihren tschechischen Kommilitonen zu erfahren, dass sie Europa vor allem mit der Hoffnung auf eine bessere finanzielle Ausstattung des Bildungssektors verbanden, während die deutschen Teilnehmer der Tagung den Themenkomplex Bildung und Europa einseitig mit dem Bologna-Prozess in Verbindung brachten.

[5] So ermöglichte ein Zusammentreffen mit dem Prager Weihbischof Václav Malý die Begegnung mit einer Person, die jahrelang im Kohlenkeller eines Hotels schuften musste, um sich als katholischer Priester der Repression der Obrigkeit zu entziehen.

[6] So zeigten Gespräche mit Pavel Kohout und Wladisław Bartoszewski zahlreiche Möglichkeiten auf, einer Staatsmacht durch feinsinnigen Humor zu trotzen, gesellschaftlich scheinbar Selbstverständliches zu hinterfragen und zivil „ungehorsame" Aktionen einfach zu wagen, um soziale Veränderungen herbeizuführen.

Stein gehauenen Spuren, die von der wechselvollen Geschichte Europas zeugen, und sich kaum über (wissenschaftliche Fach-)Literatur vermitteln lassen, sondern von der Macht der schieren Präsenz leben, wie sie etwa von Theresienstadt, Majdanek oder Auschwitz ausgehen. Mit Benedikt XVI. gesprochen: „Der Ort, an dem wir stehen, ist ein Ort des Gedächtnisses. Das Vergangene ist nie bloß vergangen. Es geht uns an und zeigt uns, welche Wege wir nicht gehen dürfen und welche wir suchen müssen" (Benedikt XVI. 2006).

Vor dem Hintergrund solcher Erfahrungen lassen sich Zielsetzungen mitteleuropäischer Begegnungen definieren:

- Sie ermöglichen, die notwendigerweise fragmentarische Perspektivität des eigenen Blickwinkels zu erkennen – gilt doch der 1. Mai 2004 den einen als Tag der „Osterweiterung" der EU, anderen als „Beitritt" neuer Mitgliedsländer, wiederum anderen als Tag der „Heimkehr nach Europa", vierten schließlich als endgültige „Überwindung der Teilung" Europas. Jede Perspektive hat ihre Berechtigung, keine jedoch kann für sich eine für alle gültige Metaebene reklamieren.
- Die immer noch „schwierigen Nachbarschaften" Deutschlands mit seinen östlichen Anrainerstaaten ermöglicht es, das Trennende im kollektiven Gedächtnis der gemeinsamen Geschichte erfahrbar zu machen, statt anamnetische Stereotypen weithin unverbunden nebeneinander (bzw. gegeneinander) stehen zu lassen. So ist etwa die Kriegserfahrung Polens von der ausgesprochen lebendigen Erinnerung an die deutsche Besatzung her bestimmt, während der Überfall auf Polen in Deutschland weitaus stärker historisiert und damit zu einer die Täterschaft zwar anerkennenden „Erzählung" geworden ist, allerdings derart, dass man nicht mehr darunter leidet. Auch die beiden Völkern eigene Vertreibungsgeschichte trennt eher, als dass sie verbindet. Selbst die Jahre 1989/90 mit dem Fall des Eisernen Vorhangs und der dadurch ermöglichten Überwindung der Ost-West-Spaltung Europas wird unterschiedlich konno-

tiert: In Polen gilt sie als Wiedergewinnung uneingeschränkter staatlicher Souveränität, in Deutschland als Ermöglichung der staatlichen Einheit.

- Schließlich ist daran zu erinnern, dass erst in der Begegnung mit dem mittelosteuropäischen Kulturraum die gesamt-europäische Dimension des Holocaust erfahrbar wird, fielen der Shoah doch vor allem mittelost- und osteuropäische Juden zum Opfer – unter ihnen als mit Abstand größter Opfergruppe drei Millionen Menschen polnischer Nationalität.

Wie unmittelbar sich nationale Perspektivität mit historischer Urteilsbildung verbindet, mag auch ein Gespräch mit dem Leiter des Zentrums für Dialog und Gebet in Oświęcim verdeutlichen, der drei Fragehorizonte aufzeigt, die Besucher unterschiedlicher Nationalitäten bei ihrer Begehung von Auschwitz mitbringen. „Die deutsche Wunde heißt Schuld und die Frage, die sich hier stellt, ist, was habe ich damit zu tun? [...] Für die polnische Perspektive [...] [wurde] Auschwitz [...] als Leidensort Polens akzeptiert, aber kaum als Ort, an dem die wichtige Rolle der Sowjetarmee deutlich wurde. [...] [In jüdischer Sichtweise schließlich bedeutet] Auschwitz [...] die Erinnerung an Tod und totale Vernichtung, Asche und Friedhof“ (Rösch-Metzler 2005, 17): Während sich Deutsche vorwiegend mit der Schuld ihrer Väter- und Großvätergeneration konfrontiert sehen, drängt sich Polen die Frage nach den Ursachen wiederholter Opferschaft auf, während israelische Besucher der Erinnerung an Tod und totale Vernichtung mit dem unbändigen Willen zum Kampf um das Überleben begegnen.

IV. Europäische Identitäten – Auf der Suche nach dem Gemeinsamen

Wie wenig Europäische Identität im Singular gedacht werden kann, mag abschließend der Kommentar von Stefan Dietrich zeigen, der sich auf die Störung einer Rede des polnischen Staatspräsidenten Lech Kaczýnski in der Humboldt-Universität zu Berlin im März 2006 bezieht: „Aller oberflächlichen Verwestlichung und Nivellierung im größeren Europa zum Trotz leben die EU-Bürger/West noch immer in einer anderen Welt als die EU-Bürger/Ost. Die unsichtbare Grenze wird nicht nur durch das wirtschaftliche Gefälle markiert, sondern mehr noch von tief eingebrannten historischen Erfahrungen, die das Lebensgefühl nachhaltig prägen. Die Toleranz, auf die sich der hedonistische Westen so viel einbildet, hat sich entfalten können in Gesellschaften, die keine anderen Sorgen hatten, als den steigenden Wohlstand zu verteilen und immer noch mehr Demokratie zu wagen. Im anderen Teil Europas haben Jahrzehnte blutiger Unterdrückung und Fremdherrschaft etwas anderes hervorgebracht: die Sehnsucht nach Selbstbestimmung, nach nationaler Identität, nach Herrschaft im eigenen Haus" (Dietrich 2006).

Aufgabe europäischer Elite-Bildung wie Begabten-Förderung muss es sein, den Plural europäischer Identitäten nicht nur zuzulassen, sondern das Bewusstsein dafür zu schärfen. Zugleich kann sie dazu beitragen, Sensibilität für die eigene historische Perspektivität zu entwickeln, und dadurch erleichtern, Gemeinsames nicht nur im bereits bekannten West-Europa, sondern im – deutschen wie vielen westeuropäischen Studierenden meist völlig – unbekannten Mittel-Ost-Europa zu entdecken. Dabei treffen höchst unterschiedliche Europa-Vorstellungen aufeinander: Gilt den einen Europa als Fortsetzung des Abendlandes, fußend auf dem lateinischen Christentum (samt Protestantismus) und der Tradition des römischen Rechts in der Überlieferung der Antike einschließlich deren politischer Begrifflichkeit, betonen andere den Einfluss der jüdischen und der byzantinischen Welt auf die europäische Kultur: Europa lässt sich nicht beschränken auf eine Symbiose der romanischen und germanischen Völker mit kleinen westslawischen Einsprengseln. Dass ostslawische Völker eine Zeitlang von Mongolen beherrscht wurden, mindert ihre Europazugehörigkeit ebenso wenig, wie die jahrhundertlange islamische Herrschaft auf der Iberischen Halbinsel die der Spanier in Frage stellt.

Wie also soll Europa sich verstehen? Als Wiedergeburt des „christlichen Abendlandes" in multikultureller Gestalt, als zusammenhängenden Großraum, der Macht, Wohlstand und Modernität verspricht, oder als föderativen Zusammenschluss zur effektiven Friedenssicherung?

Am Beginn des 21. Jahrhunderts stellt sich europäisch gesinnten Zeitgenossen die Aufgabe, statische Vorstellungen weitgehend autarker National- oder Regionalkulturen zu überwinden und Identität als einen ständigen, z. T. unmerklichen Wandel zu begreifen, der vom Austausch mit „den Anderen“ bereichert und befruchtet wird. Die Tragfähigkeit solcher kollektiven Identitätskonstruktionen wird sich dann gerade in ihrer Fähigkeit zu Austausch und Wandel und in der Herausbildung gemeinsamer Memorialkulturen erweisen, wie es einer der wissenschaftlichen Leiter der Tagung in der Villa Vigoni, Bernhard Giesen, in seinen Studien über *Kollektive Identität* und über nationale Erinnerungen im öffentlichen Diskurs unter dem Stichwort *Tätertrauma* herausgearbeitet hat: In seinem Plädoyer gegen triumphalistisch-idealisierende Gründungsmythen Europas spricht er sich für ein traumatologisches Gründungskonzept aus, das die Schuld der Täter wie den sinnlosen Tod der Opfer gleichermaßen bedenkt. Einer in nationalistischen Kreisen häufig anzutreffenden Selbst-Heroisierung der eigenen Historie wird dabei das Wissen um den Krieg als Katastrophe gegenüber gestellt, was sich in öffentlichen Schuldbekenntnissen (etwa im Kniefall Willy Brandts am Warschauer Ghetto-Mahnmal) oder in medial wirksamen Versöhnungsritualen (Konrad Adenauer und Charles de Gaulle in der Kathedrale von Chartres; Helmut Kohl und Tadeusz Mazowiecki bei der Eucharistiefeier in Kreisau) zu symbolisieren vermag.

Aufgabe von Bildungsveranstaltungen in mittel-ost-europäischen Ländern zur Unterstützung europäischer Elitebildung muss es sein, sich den Nachwirkungen der europäischen Konfliktgeschichte zu stellen, Projekte europäischer Identitätsbildung aus der jeweiligen Nachbarschafts-Perspektive kennenzulernen und exemplarische Ansatzpunkte für eine gemeinsame Identitätsfindung eingedenk der europäischen Täter-, Schuld- wie Opfergeschichte zu suchen. Dazu sind die staatlichen, gesellschaftlichen wie auch kirchlichen Veränderungen in einer breit angelegten Gesprächskultur anzugehen, weil gerade die national so unterschiedlich ausgeprägten kirchlichen Selbstverständnisse einen guten Seismographen für unterschiedliche gesellschaftliche Identitätskonzeptionen abgeben: Der Dechristianisierungsprozess und die liberal-demokratische Trennung von Kirche und Staat, in vielen west- und südeuropäischen Staaten über viele Jahrzehnte hinweg und langsam verlaufen, versetzten etwa die Kirchen in Polen und der Slowakei nach der raschen Demokratisierung geradezu schockartig in eine neue Situation. Zu erkunden, wie Polen, Tschechen und Ungarn, Slowaken, Balten und Deutsche heute leben und glauben wollen, einen liberalen Rechtsstaat wie einen auf identitätsstiftende Wurzeln aufbauenden Kulturstaat in Europa gestalten können, das ist vielleicht eine der wichtigsten Fragen solcher – möglichst nicht nur cusanischer – Auslandsakademien und Kolloquien in Mittelosteuropa. Wenn Studierende auch Jahre nach der Überwindung der europäischen Teilung bezogen auf „Europäische Identität“ immer noch ein singularisches, rein westeuropäisches Raster im Kopf haben, muss es bei der Bildungsarbeit mit Stipendiatinnen und Stipendiaten der Begabtenförderung darum gehen, einen gründlichen Perspektivwechsel auf „Identitäten in Europa“ hin zu entwickeln, um künftigen europäischen Eliten ein adäquateres Verständnis des mittelosteuropäischen Kulturraums und seiner gemeinsamen Geschichte zu ermöglichen.

Literatur

[o. Verf.] (2002): Tschechien. Eine Reise nach Mitteleuropa / Čechy. Česta do středni Evropy (Theresienstadt – Hradec Králové – Brünn – Prag). Textbuch zur Auslandsakademie des Cusanuswerks vom 15. bis 28. September 2002, Bonn.

[o. Verf.] (2004): Polen und Deutsche in Europa / Polacy i Niemcy w Europie (Kreisau – Wrocław/Breslau, Kraków/Krakau – Auschwitz – Warszawa/Warschau). Textbuch zur Auslandsakademie des Cusanuswerks, 19. September bis 2. Oktober 2004, Bonn.

Arbeitsgemeinschaft der Begabtenförderungswerke (1998): Bildung und Begabung. Der Beitrag der Begabtenförderungswerke zur Bildung begabter junger Menschen für deren individuelle Biographie und für die Gesellschaft. Gemeinsames Positionspapier zur bildungspolitischen Debatte mit Politik und Öffentlichkeit (Cusanuswerk. Bischöfliche Studienförderung, Schriften, Bd. 10), Bonn.

Benedikt XVI. (2006): „Ich konnte unmöglich nicht hierherkommen“. Die Ansprache des Papstes im früheren Vernichtungslager, in: Frankfurter Allgemeine Zeitung vom 29.05., S. 9.

Bundesministerium für Bildung und Forschung (BMBF) (Hrsg.) (2003): Arbeit und Ziele. Die Begabtenförderungswerke in der Bundesrepublik Deutschland, Bonn.

[Dietrich, Stefan (Dt.)] (2006): Zwei Welten, Kommentar, in: Frankfurter Allgemeine Zeitung vom 10.03., S. 1.

Dürr, Karlheinz / Ferreira Martins, Isabel / Spajic-Vrkas, Vedrana (2001): Demokratie-Lernen in Europa, hrsg. vom Council for cultural co-operation (CDCC). Project on „Education for Democratic citizenship", Strasbourg.

Giesen, Bernhard (1999): Kollektive Identität. Die Intellektuellen und die Nation 2, Frankfurt a. M.

Ders. / Schneider, Christoph (Hrsg.) (2004): Tätertrauma. Nationale Erinnerungen im öffentlichen Diskurs (Historische Kulturwissenschaft, Bd. 2), Konstanz.

Geremek, Bronisław (2003), Europa am Scheideweg: Religion in der Welt der Politik, in: OST-WEST. Europäische Perspektiven, Jg. 4, H. 1, S. 10-17.

Kerski, Basil / Owczarek, Zdzisław (Hrsg.) (2005): Ist gemeinsame Erinnerung möglich? Polen und Deutschland 60 Jahre nach der Potsdamer Konferenz, Berlin.

Olschowsky, Burkhard (2006): Anforderungen an europäische Eliten – Das Beispiel der deutsch-polnischen Beziehungen, in: Wohlmuth, Josef / Lücking-Michel, Claudia (Hrsg.): Inspirationen. Beiträge zu Wissenschaft, Kunst, Gesellschaft und Spiritualität, Paderborn, S. 231-243.

Raueiser, Stefan (2006): Katholische Elitebildung und plurale Gesellschaft. Die Integration von Standpunkt, Toleranz und Verantwortung, in: Wohlmuth, Josef / Lücking-Michel, Claudia (Hrsg.): Inspirationen. Beiträge zu Wissenschaft, Kunst, Gesellschaft und Spiritualität, Paderborn, S. 244-255.

Rösch-Metzler, Wiltrud (2005): Das Berühren der Wunde. pax christi Auschwitz-Reise Mai 2005, in: pax zeit. Zeitschrift der deutschen Sektion von pax christi, Jg. 3, S. 16-18.

Schlögel, Karl (2002): Die Mitte liegt ostwärts. Europa im Übergang, München-Wien.

Tholen, Toni (2006): Elite – Eine begriffliche Problematisierung in gesellschafts- und kulturpolitischer Absicht, in: Wohlmuth, Josef / Lücking-Michel, Claudia (Hrsg.): Inspirationen. Beiträge zu Wissenschaft, Kunst, Gesellschaft und Spiritualität, Paderborn, S. 187-199.

II. Statik und Dynamik von Identitätsangeboten: Historische Fallbeispiele

Europäisierung Westdeutschlands?

Europabewusstsein und Europadebatte in der Bundesrepublik Deutschland 1945/49-1970

Reiner Marcowitz

In der Forschung zur Geschichte der Bundesrepublik Deutschland besteht heute weitgehend Konsens, dass die 1950er und die 1960er Jahre eine Phase tiefgreifenden gesellschaftlichen Wandels gewesen sind – kulturell, ökonomisch und politisch. Der gesamte Zeitraum wird mittlerweile als die entscheidende Formationsphase der Bundesrepublik angesehen, die, wesentlich befördert durch transnationale Einflüsse, den eigentlichen Bruch mit der Vergangenheit brachte. Ihr Ergebnis ist wahlweise als „Liberalisierung" (Herbert 2002), als „Umkehr" (Jarausch 2004) oder auch als „Westernisierung" (Doering-Manteuffel 2000) bezeichnet worden. So unumstritten dieser Befund, so umstritten seine wissenschaftliche Erschließung.

Momentan sind drei Konzepte auf dem Wissenschaftsmarkt: „Amerikanisierung", „Westernisierung" und – neuerdings – „Europäisierung". Für alle drei lassen sich gute Argumente und ebenso gute dagegen finden: „Amerikanisierung" erfasst eine unleugbare Übernahme von Elementen amerikanischen Gesellschaftslebens, Wirtschaftsgebarens und amerikanischer Populärkultur in größeren Teilen West- und Mitteleuropas bereits in der Zwischenkriegszeit und erst recht nach 1945 (pars pro toto Gassert 1999; vgl. dazu mit Blick auf Westeuropa insgesamt Pells 1997 und mit einem besonderen Schwerpunkt auf Westdeutschland Doering-Manteuffel 1995 und Schildt 2001 sowie im Hinblick auf Frankreich Kuisel 1993, Hüser 2005 und – stärker komparatistisch und die Begrifflichkeit erweiternd – Marcowitz 2006 sowie Ders. 2007). Allerdings war der Begriff zumindest zeitweise auch ein stark aufgeladener ideologischer Kampfbegriff, was seiner Verwendung als wertneutralem wissenschaftlichen Terminus im Wege steht.

Auch kann er zumindest missverständlich wirken, weil er eine einseitige Übernahme suggeriert, wo es sich – wie bei jeder Akkulturation – um einen Prozess aktiver Verarbeitung handelt.

Dieser Gefahr entgeht das Konzept der „Westernisierung", denn seine Prämisse ist dezidiert, dass der Kulturtransfer zwischen Westeuropa und den USA keine Einbahnstraße, sondern ein durchaus reziproker Prozess war und ist (Doering-Manteuffel 1999; Ders. 2000; Kritik an diesem Ansatz übt Gassert 2001). Allerdings stellt sich hier die Frage: Was ist der „Westen"? In den einschlägigen Arbeiten handelt es sich um die westeuropäisch-transatlantische Welt. Folglich können begründete Zweifel bestehen, ob das Konzept für die Analyse politisch-gesellschaftlicher Transformationsprozesse in westeuropäischen Ländern wie Frankreich und Großbritannien, und folglich auch für entsprechende komparatistische Arbeiten anwendbar ist: Kann der „Westen" noch „verwestlicht" werden?[1] Dementsprechend konzentriert sich die *Westernization*-Forschung auch auf das amerikanisch-westdeutsche Verhältnis und verdichtet dieses überdies im Extremfall zur neuen „Meistererzählung" von „Deutschlands langem Weg nach Westen" (Winkler 2000; vgl. Doering-Manteuffel 2001). Damit wird aber auch weitgehend ausgeblendet, inwieweit Europa und ein entsprechendes Bewusstsein als Bezugspunkte in diesem Prozess eine eigenständige Rolle gespielt haben.

Dieses Desiderat ist in der Geschichtswissenschaft noch nicht hinreichend erkannt worden (vgl. zum Forschungsstand Krieger 1990; Loth 2001; Dülffer 2004; Kaiser 2004; König/Schulz 2004; Petri/Siegrist 2004). Der

[1] Zur Tragfähigkeit der unterschiedlichen Konzepte speziell für die Erforschung der französischen Geschichte nach 1945 hat der Autor am 29.5.2006 am Deutschen Historischen Institut Paris eine Tagung organisiert: Nationale Identität und transnationale Einflüsse. Amerikanisierung, Europäisierung, Globalisierung in Frankreich nach dem zweiten Weltkrieg / Identité nationale et influences transnationales. Américanisation, européanisation, mondialisation – le cas de la France après la Seconde Guerre mondiale (vgl. den Tagungsbericht in H-Soz-u-Kult: http://hsozkult.geschichte.hu-berlin.de/tagungsberichte/id=1168 sowie den gerade erschienenen Tagungsband [Marcowitz 2007]).

Schwerpunkt der europäischen Integrationsforschung lag hier zunächst auf der Untersuchung von theoretischen Europakonzepten und operativer Europapolitik (pars pro toto Herbst/Bührer/Sowade 1990, Loth 1996 und – allerdings mit einem inhaltlich-methodischen Zugriff sui generis – Krüger 2006). Diese Variante der Integrationsforschung ist seit den späten 1980er Jahren um sozialhistorische Analysen erweitert worden, die sozio-ökonomische Angleichungsprozesse in den beteiligten nationalen Gesellschaften thematisieren und deren sektorale Konvergenzen herausgearbeitet, ja zur These vom „European Way [of Life]" (Kaelble 2002) pointiert haben (pars pro toto Kaelble 1987; Ders. 1991; Hudemann/Miard-Delacroix 2005). In den letzten Jahren traten schließlich noch eine wiederbelebte Ideengeschichte sowie neue kultur- und mentalitätsgeschichtliche Ansätze hinzu, deren Vertreter vor allem nach der Entstehung einer gemeinsamen europäischen Erfahrung und Identität im Zuge eines interkulturellen Transfers auf der (zivil-)gesellschaftlichen Ebene fragen und dementsprechend die Genese transnationaler europäischer Netzwerke kultureller, ökonomischer und politischer Eliten untersuchen (zum Ansatz vgl. Paulmann 1998; zu entsprechenden empirischen Befunden Hudemann/Kaelble/Schwabe 1995; Frank 1998; Kaelble 1997; Ders. 1999; Ders. 2001; Ders./Kirsch/Schmidt-Gernig 2002; Hildermeier/Kocka/Conrad 2000; Loth 2002).

Diese inhaltlichen und methodischen Weiterungen sind zweifellos positiv, laufen aber Gefahr, dass die Integrationsforschung sich zunehmend zersplittert, denn die verschiedenen Richtungen stehen noch weitgehend unverbunden nebeneinander. Damit gerät aus dem Blick, wie eng die unterschiedlichen Ebenen der supranationalen Einigung – die politische, die ökonomisch-soziale und die kulturell-mentale – miteinander verbunden sind. Tatsächlich müssen operative Europapolitik, sozio-kulturelle sowie sozioökonomische Konvergenzprozesse und (zivil-)gesellschaftliche Europadebatte als ein System kommunizierender Röhren und mit dem Ziel einer histoire totale der europäischen Integration betrachtet werden. Erst dann könnte die Beurteilung des ökonomischen und politischen Prozesses mit einer notwendigen Analyse des gesellschaftlichen Einstellungswandels zu den behandelten Phänomenen verbunden werden, also mit einer Rezeptionsgeschichte Europas und der (west-)europäischen Integration, die über den engen Kreis der politischen Eliten hinaus auch größere Teile der (Zivil-) Gesellschaft einbezieht, um komplexe Phänomene wie Europabewusstsein oder „Europäisierung" nationaler Gesellschaften zu erfassen.

Zudem müsste der europäische Integrationsprozess nicht wie bisher überwiegend statisch, sondern eher als eine dynamische Entwicklung begriffen werden. Dann würde erstens die sukzessive Über- und Umformung des klassischen einzelstaatlichen Interesses, dessen Transformation in die Einsicht der Notwendigkeit europäischer Ideen als Lösungen für internationale Probleme verdeutlicht. Erinnert sei in diesem Zusammenhang an Max Webers Feststellung über die Wechselbeziehung von „Interessen" und „Ideen": „Interessen (materielle und ideelle), nicht: Ideen, beherrschen unmittelbar das Handeln der Menschen. Aber: die ‚Weltbilder', welche durch ‚Ideen' geschaffen wurden, haben sehr oft als Weichensteller die Bahnen bestimmt, in denen die Dynamik der Interessen das Handeln fortbewegte" (Weber 1988, 252; vgl. Lepsius 1990). Zweitens ergäben sich hieraus auch wichtige Antworten auf die Frage nach der Einstellung der Bevölkerung zur Integration ihrer Länder, und es eröffnete sich die Möglichkeit zu einer Rezeptionsgeschichte Europas und der europäischen Integration, die über den engen Kreis der politischen Eliten hinausgeht. Dies wäre allein schon deshalb notwendig, um die Handlungsspielräume europäischer Einigungspolitik ermessen zu können, zumal die europäische Einigung seit 1945 anders als die europäischen Staatsbildungsprozesse in der frühen Neuzeit unter den Bedingungen moderner Massendemokratie erfolgt.

Hierbei kann dem Historiker ein Blick über die eigenen Fachgrenzen nutzen. Andere Disziplinen – vor allem die Politik-, aber auch die Rechts- und die Wirtschaftswissenschaft sowie die Soziologie – beschäftigen sich schon seit Jahren mit „Europäisierungsprozessen" (vgl. die Forschungsberichte von Börzel/Risse 2003; Eising 2003; Bach 2000; Wessels 2001; Auel 2005). Darunter verstehen ihre Vertreter die vielfältigen Interaktionen zwischen europäischer und nationaler Ebene, darunter auch die konkreten

Auswirkungen der Übernahme von EU-Normen in das jeweilige gesellschaftliche, politische, rechtliche oder wirtschaftliche System der Mitgliedstaaten, also „processes of (a) construction, (b) diffusion, and (c) institutionalization of formal and informal rules, procedures, policy paradigms, styles, ‚ways of doing things', and shared beliefs and norms which are first defined and consolidated in the making of EU public policy and politics and then incorporated in the logics of domestic discourse, identities, political structures, and public policies" (Radaelli 2003, 30). Dieser erfreulich umfassende Ansatz versteht die Integration also zu Recht als eine dynamische Entwicklung mit starken „Rückkopplungsprozesse[n] in die nationalen Systeme" (Schwarz 2000, 13). Allerdings bliebe ergänzend zu diesen eher gegenwartsorientierten und generalisierenden Arbeiten für die Geschichtswissenschaft die notwendige Aufgabe, dieses Transformationsgeschehen stärker zu historisieren, es also als ein geschichtlich gewachsenes Phänomen zu analysieren und darzustellen.

Gerade mit Blick auf Westdeutschland als einem aufgrund seiner spezifischen Nachkriegssituation besonders „penetrierten System" (Rosenau 1966, 65) ist es ein Desiderat, den eigenständigen Wert des Europabezugs für die sich herausbildende Identität der Bundesrepublik Deutschland wie auch den genuin europäischen Anteil an dem von Westernisierungsforschern für den Zeitraum bis Anfang der 1970er Jahre konstatierten Prozess der „westeuropäisch-atlantische[n] Homogenisierung ökonomischer, politischer und sozialer Wertvorstellungen" (Doering-Manteuffel 1999, 134) zu eruieren.[2] Im Mittelpunkt eines entsprechenden Forschungsdesigns zur

[2] Die Feststellung gilt trotz der jüngst erschienenen Studie von Conze (2005), die zwar einen wichtigen Beitrag zur deutschen Ideengeschichte im 20. Jahrhundert leistet, indes die Entwicklung nach dem Zweiten Weltkrieg aufgrund ihres weiten Untersuchungszeitraums – 1920 bis 1970 – notgedrungen nicht umfassend behandeln kann und überdies für diese Jahre zwar die Binnenstruktur einschlägiger westdeutscher Organisationen und Zusammenschlüsse – „Abendland-Bewegung" und „Europa-Union Deutschland e. V." –, nicht aber deren Wirkungsgeschichte und damit die Rezeption des Europagedankens in breiten Bevölkerungsschichten untersucht und überdies den Einfluss des wichtigen transnationalen „Aktionskomitees für die Vereinigten Staaten von Europa" ignoriert.

„Europäisierung" der westdeutschen Gesellschaft, das im folgenden vorgestellt wird, soll die Entwicklung von Europabewusstsein und Europadebatte in der Bundesrepublik Deutschland auf der politischen und der gesellschaftlichen Ebene stehen. Sein Ausgangspunkt ist die Prämisse, dass sich die zunehmende Einbindung Westdeutschlands in die nach 1945 beginnende (west-)europäische Integration nicht in einzelnen außen- und außenwirtschaftspolitischen Entscheidungen erschöpfte. Vielmehr – so die These – ging mit ihr ein tiefgreifender Einstellungs- und Politikwandel einher, so dass die Rezeption Europas und der europäischen Integration als ein wesentlicher Indikator für die sich entwickelnde Identität der Bundesrepublik Deutschland angesehen werden kann. Folglich soll die geplante Untersuchung auch nicht – mittels eines ereignis-, ideen- oder institutionengeschichtlichen Ansatzes – den vordergründigen Beitrag der Bundesrepublik Deutschland zur europäischen Einigung aufzeigen. Vielmehr wird sozusagen der Subtext der operativen westdeutschen Europapolitik seit 1949 in dreierlei Hinsicht untersucht werden:

- Zunächst müsste in einer empirisch gestützten historisch-genetischen Längsschnittanalyse anhand ausgewählter Schwerpunkte – zäsierende Ereignisse (europapolitische Initiativen), publikumswirksame politische Inszenierungen (Gipfeltreffen, Staatsbesuche), Vertragsunterzeichnungen (europäische Einigungsverträge, Deutsch-Französischer Vertrag), wichtige Grundsatzdebatten (Debatten über die deutsche Teilung bzw. Einheit und die NS-Vergangenheit) – das allgemeine Verständnis von dem, was Europa den Westdeutschen jeweils bedeutete, geographisch, kulturell, politisch, analysiert werden.
- Davon ausgehend wäre dann das mentale und politische Spannungsverhältnis zwischen hergebrachter nationaler Ausrichtung und neuer transnationaler Orientierung am in die „Atlantische Allianz" eingebetteten Verbundsystem Westeuropa zu untersuchen, also im Sinne „einer kritischen Europageschichte" (Jarausch 2004, 7) durchaus auch den Ambivalenzen, Brüchen und Grenzen des transnationalen Bezuges nachzuspüren.

- Schließlich sollte die Tauglichkeit der aktuellen wissenschaftlichen Deutungsmuster – „Amerikanisierung", „Westernisierung", „Europäisierung" – geprüft werden. Dabei wird sich zum einen zeigen, inwieweit Europa und ein entsprechendes Bewusstsein als Bezugspunkte im Prozess der Westorientierung der Bundesrepublik eine eigenständige Rolle gespielt haben – sei es vermittelnd (der West-Europabezug als Brücke in den ansonsten weiterhin fremden „amerikanischen Westen" [Konrad Adenauer und ein großer Teil von CDU/CSU und FDP]), vielleicht sogar verstärkend (die westeuropäische Integration als kongenialer Teil genereller Westbindung [die „Atlantiker" in CDU, SPD und FDP]) oder doch eher bremsend (das „abendländische" Europa als Gegenbild zum „Westen" [Abendland-Bewegung]). Zum anderen würde die Sprachlosigkeit der unterschiedlichen Interpretationsschulen überwunden und der Blick auch für Mischungsverhältnisse sowie deren nationale Variationen geschärft, die bisher in der Forschung faktisch keine Rolle spielen.

Die erkenntnisleitenden Fragen lassen sich in drei Gruppen gliedern: Erstens gilt es, nach der Formulierung, Implementierung und Propagierung der regierungsoffiziellen Europapolitik zu fragen: Welches Kalkül lag dieser Politik zugrunde? Wie wurde sie nach außen propagiert, stilisiert und vermittelt? Gab es dabei zwischen innerer Motivation und äußerer Präsentation bezeichnende Unterschiede? An welchen neuen wie traditionellen Leitideen und Leitvorstellungen orientierten sich die europapolitischen Konzepte in den Westzonen zwischen 1945 und 1949 sowie danach in der Bundesrepublik Deutschland der 1960er und 1970er Jahre? Inwieweit lösten sich die politischen Eliten von der alten Vorstellung eines deutschdominierten Europa zugunsten einer (west-)europäischen und transatlantischen Multilateralität? Wenn es einen solchen Einstellungswandel gab, wie idealistisch bzw. wie realistisch war er motiviert, welche Teile der Gesellschaft vollzogen ihn aus echter Überzeugung, welche nur aus widerwilliger Anpassung an äußere Zwänge? Welcher Zusammenhang bestand zwischen dem Bekenntnis zu Europa und der Verarbeitung deutscher Schuld aus der Zeit des Nationalsozialismus? Mit welchen Strategien, zu welchen Zwecken und mit welchen Wirkungen wurde die operative Europapolitik in der Öffentlichkeit dargestellt und für sie geworben – der neue Supranationalismus also nach innen und außen kommuniziert und repräsentiert?

Zweitens interessiert die Bedeutung der sich nach dem Zweiten Weltkrieg neu bildenden europapolitischen Netzwerke sowie deren Europa-Marketing für die Europadebatte in der westdeutschen Gesellschaft und die Herausbildung eines (West-)Europabewusstseins. Entsprechende Verbände organisierten sich auf breiter Basis sowohl auf nationaler – „Abendland-Bewegung", „Europa-Union Deutschland e. V.", „Deutscher Rat der Europäischen Bewegung Deutschland e. V.", „Junge Europäische Föderalisten Deutschland e. V." – als auch auf internationaler Ebene – vor allem das von Jean Monnet gegründete „Aktionskomitee für die Vereinigten Staaten von Europa", das seit Mitte der 1950er Jahre Politiker aus unterschiedlichen Ländern und über Parteigrenzen hinweg zusammenführte, darunter auch zahlreiche prominente Vertreter aus der Bundesrepublik Deutschland. Damit standen diese Pressure-groups an der Nahtstelle zwischen Gesellschaft, Politik und Wirtschaft und bildeten zweifellos wichtige Katalysatoren für Europabewusstsein und Europadebatte in der Bundesrepublik Deutschland, ohne dass ihre Wirkung sowie die Frage nach etwaigen Rivalitäten untereinander oder mit staatlichen Stellen bisher hinreichend erörtert worden wären.

Drittens muss eruiert werden, wie sich parallel hierzu die breitere gesellschaftliche Europadebatte entwickelte und wie sich das Europaverständnis der westdeutschen Öffentlichkeit im Laufe der Zeit wandelte: Was beförderte die Identifikation mit Europa, was schwächte sie? Durch welche Mechanismen und mit welchen Mitteln wurde zunehmend ein partikulares „Westeuropa-Bewusstsein" in der Bundesrepublik Deutschland verankert, verstetigt, faktisch ideologisch und mental institutionalisiert? Welchen Beitrag leistete diese immer stärkere (teil-)europäische Identifikation zur Transformation der westdeutschen Nachkriegsbevölkerung in die Bürgerschaft der Bundesrepublik Deutschland, und wie prägte diese neue Identität die Einstellung zum Problemkomplex deutsche Teilung und Wiedervereinigung?

Welchen Schwankungen unterlag die Einstellung zu Osteuropa, und in welcher Weise beeinflusste dessen Exklusion bzw. Inklusion die Akzeptanz der (west)europäischen Einigung? Ab wann entwickelten sich operative Europapolitik und gesellschaftliche Europadebatte auseinander?

Der Untersuchungszeitraum reicht von der zweiten Hälfte der 1940er Jahre bis in die erste Hälfte der 1970er Jahre, umfasst also jenen Abschnitt, der als die entscheidende europäische Formationsphase erscheint, weil damals gleich in zweifacher Hinsicht wegweisende Weichenstellungen erfolgten: Erstens reduzierte sich die Pluralität der Europapläne und -vorstellungen der frühen Nachkriegszeit radikal auf eine operative Westeuropapolitik. Dabei war das Europamodell einer ökonomischen Sechsergemeinschaft keineswegs selbstverständlich. Vielmehr konkurrierten in der zweiten Hälfte der 1940er Jahren und in den 1950er Jahren mehrere, auch ganz unterschiedliche Europa-Konzeptionen miteinander, die teilweise sogar eine taktische Camouflage traditioneller nationaler Muster darstellten (Schwarz 1980; Loth 1989; Ders. 1990; Conze 2005, 111-360). Allerdings liefen offizielle Europapolitik und gesellschaftliche Europa-Euphorie in den fünfziger Jahre und zunächst auch noch in den sechziger Jahren des 20. Jahrhunderts weitgehend konform: Im Zuge der erfolgreichen westeuropäischen Integration bildete sich damals in der Bundesrepublik Deutschland geradezu eine „europäische Denkschule heraus, die dem engen Ansatz nationaler Interessenpolitik zugunsten gemeinschaftlicher Problemlösungen aufzugeben bereit war“ (Schwarz 1981, 103).

Ein solches Denken war kennzeichnend für die damalige außenpolitische Elite Westdeutschlands, die nach dem Desaster des „Dritten Reichs“ den Aufstieg der Bundesrepublik Deutschland durch eine Einbindung in kollektive und föderative Strukturen begrenzt sehen wollte. Sie trat keineswegs nur aus taktischen Gründen für ein integriertes Westeuropa und eine dementsprechend organisierte „Atlantische Allianz“ ein. Vielmehr war eine solche Politik durchaus auch Selbstzweck, geboren aus dem Bewusstsein latenter deutscher Instabilität und Labilität. Dieses Gefühl fand wiederum in der Bevölkerung einen starken Widerhall, wobei sich echte Überzeugung und opportunistische Flucht aus einer kontaminierten Gegenwart mischten. Im Endeffekt entwickelte sich über die Jahre und Jahrzehnte „ein ausgesprochenes Westeuropa-Bewusstsein", ja „die einseitige Vorstellung, Westeuropa sei das eigentliche Europa" (Krüger 1995, 48). Befördert wurde dieser Prozess durch die strikte Abgrenzung vom sowjetischen Machtbereich, wodurch „‚Osteuropa' als kulturelle Selbstkonstruktion Westeuropas" entstand (Langewiesche 2000, 219).

Zweitens bildete sich im gewählten Zeitraum aber auch bereits jene Ambivalenz heraus, welche die Einstellung zur europäischen Einigung bis in die Gegenwart prägt: Während die Idee eines Zusammenschlusses Westeuropas seit den 1950er Jahren grundsätzlich auf deutliche Zustimmung stößt, stellte sich seit den 1960er Jahren eine wachsende Skepsis gegenüber dem gewählten Modus der Einigung ein, der zunehmend als bürgerferne Technokratie erschien. Politische Praxis und gesellschaftliche Diskussion fielen nun allmählich auseinander: Die zunehmende Konvergenz der westeuropäischen Zivilgesellschaften in den kommenden Jahren und Jahrzehnten ging einher mit einer sukzessiven Entfremdung von den europapolitischen Entscheidungen und deren Trägern. Überdies hatten die vergeblichen Anläufe zur Politischen Union in den 1950er und 1960er Jahren die westdeutsche Öffentlichkeit wie Politik ernüchtert, so dass „das supranationale Integrationskonzept [...] zusehends an Glanz und Überzeugungskraft" (Bührer 2000, 271) verlor und nur noch als ein Spielfeld lebensferner Technokraten erschien oder zumindest in den Ruch des alltäglich Banalen geriet. Folge dieser „Entzauberung ‚Europas'" (Bührer 2000, 272)[3] war sowohl eine zunehmende Differenz zwischen dem gelebten und dem organisierten Europa als auch eine – zumindest vorübergehende – Wiederentdeckung Ostmitteleuro-

[3] Dieser Aspekt erscheint für die Ende der 1960er Jahre entstehende Euroskepsis entscheidender als das von Eckart Conze (2001, 165) betonte damalige Wiederaufleben eines deutschen National- und Selbstbewusstseins. Ein solcher Trend ist zwar nicht zu leugnen, indes fragt sich, ob er nicht wiederum auf die Enttäuschung über das Scheitern der großen Europavisionen vor allem der frühen 1950er Jahre zurückzuführen ist.

pas Ende der 1960er Jahre/Anfang der 1970er Jahre im Zuge der „Neuen Ostpolitik". Diese mobilisierte nun jene Faszination und Unterstützung, die einst die (west-)europapolitischen Phantasien beflügelt hatte: Man (wieder-) entdeckte die „Europäizität Ostmitteleuropas" (Schmale 2003) und bekannte sich erneut zu „Gesamteuropa" (Bender 1985).

Methodisch und inhaltlich schließt ein solches Forschungsdesign gleich in mehrfacher Hinsicht Forschungslücken und ist gleichzeitig auch gesellschafts- wie wissenschaftspolitisch relevant:

- Methodisch:
  Erstens entspricht es der seit einiger Zeit erhobenen Forderung nach einer „Europäisierung" gerade der Zeitgeschichte (Dülffer 2004; Gehler 2002; Jarausch 2004; Nützenadel/Schieder 2004). Zweitens überwindet es die heute in der geschichtswissenschaftlichen Integrationsforschung vorherrschende Trennung von klassischer politikgeschichtlicher Analyse der operativen Europapolitik, neuerer sozialhistorischer Untersuchung sozio-ökonomischer Konvergenzprozesse und der jüngsten Erforschung europäischer Identität, Kultur und Mentalität. Drittens bildet es nicht nur ein notwendiges Pendant zur laufenden Amerikanisierungs- und Westernisierungsforschung sowie zur aktuellen Globalisierungsdebatte, sondern verspräche auch für diese weitere Aufschlüsse, insofern als es aufzeigte, inwiefern ein (West-)Europabewusstsein und die entsprechende Debatte im Prozess der zunehmenden transnationalen Ausrichtung der Bundesrepublik Deutschland eine eigenständige Rolle gespielt haben.
- Inhaltlich:
  Erstens werden Stellenwert und Verständnis von Europa und Europapolitik in der westdeutschen Politik und Gesellschaft in den ersten beiden Nachkriegsjahrzehnten geklärt. Zweitens wird das Wechselverhältnis zwischen der gesellschaftlichen Europadebatte und der operativen Europapolitik in seinen Divergenzen wie seinen Konvergenzen verdeutlicht. Drittens werden damit kurz- und langfristige Perzeptionsmuster

herausgearbeitet, die das Europabewusstsein in der Bundesrepublik Deutschland als dem Ausdruck dauerhafter Einstellungen und Mentalitäten prägen.

- Ihre besondere gesellschafts- und wissenschaftspolitische Relevanz erfährt die Untersuchung durch die Umbruchsituation, in der sich die deutsche Gesellschaft und die deutsche wie internationale Zeitgeschichtsforschung mit dem Ende des Ost-West-Konflikts und der deutschen Vereinigung 1989/90 befinden (Doering-Manteuffel 1995; Hockerts 1995; Ritter 1996):

  Erstens hat sich mit der Auflösung des west-östlichen Bipolarismus die Tendenz zu supranationalen Staatenverbünden, transnationaler Gesellschaftswelt, ja zur wirtschaftlich globalisierten *one world* weiter verstärkt. Die daraus resultierende Ambivalenz von andauernder Nationalstaatlichkeit einerseits und zunehmender Transnationalität andererseits macht sich im ökonomisch und politisch integrierten Teil Europas besonders stark bemerkbar, weswegen weitere Forschungen zur europäischen Integration und deren Auswirkungen auf die beteiligten nationalen Akteure unabdingbar sind.

  Zweitens erleben wir national wie international einen umfassenden Generationenwechsel: Jene Altersgruppe, die den Zweiten Weltkrieg und seine Folgen noch unmittelbar erlebt hat und der die Aussöhnung mit den Nachbarn daher nach 1945 eine Herzensangelegenheit war, macht endgültig einer neuen Platz, für die „Europa [...] nicht mehr eine Sache des Instinkts oder des Herzens [ist], es ist eine Sache der Vernunft" (Vernet 1998, 3).[4] Diese Entwicklung wiegt umso schwerer, als mit dem Ende des Kalten Krieges, dem Zerfall des Ostblocks und der Aufhe-

[4] Hierzu passen auch die Ergebnisse von Meinungsumfragen bereits aus den Jahren 1992/93 (Rattinger 1996, 68). Schließlich haben im französischen Referendum über den EU-Verfassungsvertragsentwurf am 29. Mai 2005 59 % der 18- bis 24-Jährigen mit „Non" votiert und nur die über 55-Jährigen mehrheitlich zugestimmt (Flash Eurobaromètre 2005, 13). Vgl. auch Baasner 2006.

bung der deutschen Teilung „jahrzehntealte Orientierungsgewissheiten" (Schulze 2002, 60) bisheriger westdeutscher, aber auch westlicher Außenpolitik abhanden gekommen sind. Dieser parallele Generationen- und Paradigmenwechsel erklärt die ambivalente Einstellung gegenüber der Einigung unseres Kontinents – in der Bundesrepublik Deutschland wie bei ihren Nachbarn und Partnern – , also die Tatsache, dass die europäische Integration gerade in den vergangenen zehn Jahren einerseits beeindruckende Fortschritte gemacht hat, andererseits aber eine überraschende Rückbesinnung auf die Nation, eine Wiederkehr des Nationalismus, ja des Ethnozentrimus beobachtet werden kann, also von Phänomenen, die längst überwunden schienen und die an alteuropäische Konfliktlinien sowie die Selbstzerstörung des Kontinents in der ersten Hälfte des 20. Jahrhunderts gemahnen (Diner 1996). Hier kann die geplante Untersuchung die schwierigen Anfänge der westeuropäischen Einigung, die Bedingungen ihrer erfolgreichen Vermittlung, aber auch ihre andauernde Gefährdung bewusst machen.
Drittens sieht sich die europäische Integration seit einiger Zeit mit den Herausforderungen der Globalisierung konfrontiert: Der britische Kulturhistoriker Peter Burke hat kürzlich nicht ohne ironischen Seitenhieb die Vergeblichkeit der „Versuche zur Schaffung einer europäischen Identität" der letzten Jahrzehnte konstatiert (Burke 2002, 27). Für ihn werden zukünftig Lokales und Globales koexistieren und sich partiell miteinander vermischen. Indes ist mit einem solchen Szenario – so es denn tatsächlich einträfe[5] – noch nicht die Frage beantwortet, ob hieraus auch Stabilität – innergesellschaftlich wie international – erwachsen kann. Die historische Erfahrung legt zumindest die Vermutung nahe, dass private lokale sowie nationale Identität und professionelle globale

[5] Gerhards/Rössel (1999, 338) belegen, dass es sich bei der transnationalen Ausrichtung zumindest der Bundesrepublik Deutschland „keineswegs um Globalisierungsprozesse handelt: In erster Linie geht es um Europäisierungsprozesse und dominant um EUisierungsprozesse, dann auch um Amerikanisierungsprozesse".

Orientierung eine Vermittlungsinstanz benötigen, zumal wenn man nicht gefährlichen Reaktionen, wie dem Wiederaufstieg ausgrenzender Ideologien, den Boden bereiten will. Eine gemeinsame europäische Identität wäre eine solche vermittelnde Größe, ohne dass wir bisher ausreichend über Genese und Stand dieses Bewusstseins informiert wären.

Ein solches europäisches Gemeinschaftsgefühl wäre auch unabdingbar für eine erfolgreiche Fortführung der europäischen Integration. Die Einigung unseres Kontinents ist mitnichten ein irreversibler Vorgang: Natürlich droht ob der gerne beschworenen Pfadabhängigkeit kein kurzfristiger Zerfall der EU, wohl aber könnten sich zumindest langfristig zunächst Stagnation, dann Agonie und schließlich eben doch ein Rückfall in ein traditionelles, stärker einzelstaatliches und dementsprechend konfliktanfälligeres Europa einstellen, wie wir es aus früheren Jahrhunderten kennen. Es sollte eine zentrale Aufgabe europäischer Geschichtswissenschaft werden, diese Erkenntnis sozusagen als *acquis communautaire historique* der EU zu verankern und damit für Chancen wie Risiken europäischer Integration auch im 21. Jahrhundert zu sensibilisieren. Die Erfahrung von Europabewusstsein und Europadebatte im Westdeutschland der 1950er und 1960er Jahre zeigt, dass echte und nachhaltige europapolitische Fortschritte gleichermaßen politische Initiative und gesellschaftliche Unterstützung verlangen.

Literatur

Auel, Karin (2005): Europäisierung nationaler Politik, in: Bieling, Hans-Jürgen / Lerch, Marika (Hrsg.): Theorien europäischer Integration, Wiesbaden, S. 293-318.

Baasner, Frank (2006): Der Generationswechsel nach der Aussöhnung, in: Dokumente. Zeitschrift für den deutsch-französischen Dialog, Jg. 62, H. 3, S. 30-33.

Bach, Maurizio (Hrsg.) (2000): Die Europäisierung nationaler Gesellschaften, Opladen.

Bender, Peter (1985): Westeuropa oder Gesamteuropa, in: Weidenfeld, Werner (Hrsg.): Die Identität Europas, Bonn, S. 235-254.

Börzel, Tanja A. / Risse, Thomas (2002): Europäisierung und die Transformation der Nationalstaaten, in: Schneider, Volker H. (Hrsg.): Entgrenzte Märkte – grenzenlose Bürokratie, Frankfurt a. M., S. 86-108.

Bührer, Werner (2000): Abschied von der Supranationalität. Deutsche Europapolitik und europäische Integration 1958 bis 1972, in: Schildt, Axel / Siegfried, Detlef / Lammers, Karl

Christian (Hrsg.): Dynamische Zeiten. Die 60er Jahre in den beiden deutschen Gesellschaften, Hamburg, S. 248-272.

Burke, Peter (2002): Globale Identitäten aus Sicht eines Historikers. Drei Szenarios für die Zukunft, in: Aus Politik und Zeitgeschichte, Jg. 52, H. 12, S. 26-30.

Conze, Eckart (2001): Zauberwort Europa. Die europäische Integration in Politik und Gesellschaft der Bundesrepublik Deutschland 1949-1999, in: Recker, Marie-Luise / Jellonek, Burkhard / Rauls, Bernd (Hrsg.): Bilanz: 50 Jahre Bundesrepublik Deutschland, St. Ingbert, S. 151-168.

Conze, Vanessa (2005): Das Europa der Deutschen. Ideen von Europa in Deutschland zwischen Reichstradition und Westorientierung (1920-1970), München.

Diner, Dan (1996): An der Jahrhundertwende. Über Periodisierungsfragen und Deutungsachsen, in: Internationale Politik, Jg. 51, H. 12, S. 3-10.

Doering-Manteuffel, Anselm (1995): Zeitgeschichte nach der Wende von 1989/90 aus der Sicht des Historikers, in: Mehlhausen, Joachim (Hrsg.): ... und über Barmen hinaus. Studien zur Kirchlichen Zeitgeschichte. Festschrift für Carsten Nicolaisen zum 4. April 1994. (Arbeiten zur kirchlichen Zeitgeschichte: Reihe B, Darstellungen, Bd. 23), Göttingen, S. 612-625.

Ders. (1999): Wie westlich sind die Deutschen?, Göttingen.

Ders. (2000): Westernisierung. Politisch-ideeller und gesellschaftlicher Wandel in der Bundesrepublik bis zum Ende der sechziger Jahre, in: Lammers, Karl-Christian / Schildt, Axel / Siegfried, Detlef (Hrsg.): Dynamische Zeiten. Soziale Kultur und politische Ideen in den beiden deutschen Staaten, Hamburg, S. 311-341.

Ders. (2001): Eine politische Nationalgeschichte für die Berliner Republik. Überlegungen zu Heinrich August Winklers „Der lange Weg nach Westen", in: Geschichte und Gesellschaft, Jg. 27, S. 446-462.

Dülffer, Jost (2004): Europa im Ost-West-Konflikt 1945-1991, München.

Ders. (2004): Europäische Zeitgeschichte – Narrative und historiographische Perspektiven, in: Zeithistorische Forschungen / Studies in Contemporary History, Jg. 1, S. 51-71. (auch online unter: http://www.zeithistorische-forschungen.de/16126041-Duelffer-1-2004)

Flash Eurobaromètre (2005): La Constitution européenne: sondage post-referendum en France (Flash Eurobaromètre 171, juin 2005).

Eising, Rainer (2003): Europäisierung und Integration. Konzepte in der EU-Forschung, in: Jachtenfuchs, Markus / Kohler-Koch, Beate (Hrsg.): Europäische Integration, Opladen, S. 387-416.

Frank, Robert (Hrsg.) (1998): Les identités européennes au XXe siècle. Diversités, convergences et solidarités. Programme international de recherche, 2. Aufl., Paris.

Gassert, Philipp (1999): Amerikanismus, Antiamerikanismus, Amerikanisierung. Neue Literatur zur Sozial-, Wirtschafts- und Kulturgeschichte des amerikanischen Einflusses in Deutschland und Europa, in: Archiv zur Sozialgeschichte, Jg. 39, S. 531-561.

Ders. (2001): Die Bundesrepublik Deutschland und der Westen. Zu Verwestlichung, Demokratisierung und einigen komparatistischen Defiziten der zeithistorischen Forschung, in: Baberowski, Jörg u. a.: Geschichte ist immer Gegenwart. Vier Thesen zur Zeitgeschichte, München, S. 67-89.

Gehler, Michael (2002): Zeitgeschichte zwischen Europäisierung und Globalisierung, in: Aus Politik und Zeitgeschichte, Jg. 52, H. 51-52, S. 23-35.

Gerhards, Jürgen / Jörg Rössel (1999): Zur Transnationalisierung der Gesellschaft der Bundesrepublik. Entwicklungen, Ursachen und mögliche Folgen für die europäische Integration, in: Zeitschrift für Soziologie, Jg. 28, S. 325-344.

Herbert, Ulrich (2002): Liberalisierung als Lernprozess. Die Bundesrepublik in der deutschen Geschichte – eine Skizze, in: Ders. (Hrsg.): Wandlungsprozesse in Westdeutschland. Belastung, Integration, Liberalisierung 1945-1980, Göttingen, S. 7-49.

Herbst, Ludolf / Bührer, Werner / Sowade, Hanno (Hrsg.) (1990): Vom Marshallplan zur EWG. Die Eingliederung der Bundesrepublik Deutschland in die westliche Welt, München.

Hildermeier, Manfred / Kocka, Jürgen / Conrad, Christoph (Hrsg.) (2000): Europäische Zivilgesellschaft in Ost und West. Begriff, Geschichte, Chancen, Frankfurt a. M.-New York.

Hockerts, Hans Günter (1995): Zeitgeschichte nach der Epochenwende, in: Calließ, Jörg (Hrsg.): Historische Orientierung nach der Epochenwende oder: Die Herausforderung der Geschichtswissenschaft durch die Geschichte, Loccum, S. 95-104.

Hudemann, Rainer / Kaelble, Hartmut / Schwabe, Klaus (Hrsg.) (1995): Europa im Blick der Historiker, München.

Hudemann, Rainer / Miard-Delacroix, Hélène (Hrsg.) (2005): Wandel und Integration. Deutsch-französische Annäherungen der fünfziger Jahre / Mutations et intégration. Les rapprochements franco-allemands dans les années cinquante, München.

Hüser, Dietmar (2005): Kultur-Transfer-Vergleich. Zur Amerikanisierung in Frankreich und Westdeutschland nach dem Zweiten Weltkrieg, in: Hudemann, Rainer / Miard-Delacroix, Hélène (Hrsg.): Wandel und Integration. Deutsch-französische Annäherungen der fünfziger Jahre / Mutations et intégration. Les rapprochements franco-allemands dans les années cinquante, München, S. 397-417.

Jarausch, Konrad (2004): Umkehr. Deutsche Wandlungen 1945-1995, München.

Ders. (2004): Zeitgeschichte zwischen Nation und Europa. Eine transnationale Herausforderung, in: Aus Politik und Zeitgeschichte, Jg. 54, H. 39, S. 3-10.

Kaelble, Hartmut (1987): Auf dem Weg zur europäischen Gesellschaft. Eine Sozialgeschichte Westeuropas 1880-1980, München.

Ders. (1991): Nachbarn am Rhein. Entfremdung und Annäherung der französischen und deutschen Gesellschaft seit 1880, München.

Ders. (1997): Europäische Vielfalt und der Weg zur europäischen Gesellschaft, in: Hradil, Stefan / Immerfall, Stefan (Hrsg.): Die westeuropäischen Gesellschaften im Vergleich, Opladen, S. 27-68.

Ders. (1999): Europäische und nationale Identität seit dem Zweiten Weltkrieg, in: Kieseritzky, Wolther von / Sick, Klaus-Peter (Hrsg.): Demokratie in Deutschland. Chancen und Gefährdungen im 19. und 20. Jahrhundert. Historische Essays, München, S. 394-419.

Ders. (2001): Europäer über Europa. Die Entstehung des europäischen Selbstverständnisses im 19. und 20. Jahrhundert, Frankfurt a. M.-New York.

Ders. (2002): The European Way. European Societies in the 19th and 20th Centuries, New York.

Ders. / Kirsch, Martin / Schmidt-Gernig, Alexander (Hrsg.) (2002): Transnationale Öffentlichkeiten und Identitäten im 20. Jahrhundert, Frankfurt a. M.-New York.

Kaiser, Wolfram (2004): Vom Staat zur Gesellschaft? Zur Historiographie der europäischen Integration, in: Geschichte in Wissenschaft und Unterricht, Jg. 55, S. 663-679.

Kleßmann, Christoph / Sabrow, Martin (1996): Zeitgeschichte in Deutschland nach 1989, in: Aus Politik und Zeitgeschichte, Jg. 46, H. 39, S. 3-14.

König, Mareike / Schulz, Matthias (2004): Die Bundesrepublik Deutschland und die europäische Einigung: Trends und Kontroversen der Integrationshistoriographie, in: Dies. (Hrsg.): Die Bundesrepublik Deutschland und die europäische Einigung 1949-2000. Politische Akteure, gesellschaftliche Kräfte und internationale Erfahrungen, Stuttgart, S. 15-36.

Krieger, Wolfgang (1990): Die Eingliederung der Bundesrepublik Deutschland in die westliche Welt. Ein Beitrag zur Integrationsforschung, in: Möller, Horst / Wengst, Udo (Hrsg.): 50 Jahre Institut für Zeitgeschichte. Eine Bilanz, München, S. 441-458.

Krüger, Peter (1995): Europabewusstsein in Deutschland in der ersten Hälfte des 20. Jahrhunderts, in: Hudemann, Rainer / Kaelble, Hartmut / Schwabe, Klaus (Hrsg.): Europa im Blick der Historiker, München, S. 31-53.

Ders. (2006): Das unberechenbare Europa. Epochen des Integrationsprozesses vom späten 18. Jahrhundert zur Europäischen Union, Stuttgart.

Kuisel, Richard (1993): Seducing the French. The Dilemma of Americanization, Berkeley-Los Angeles-London.

Langewiesche, Dieter (2000): Nation, Nationalismus, Nationalstaat in Deutschland und Europa, München.

Lepsius, M. Rainer (1990): Interessen und Ideen. Die Zurechnungsproblematik bei Max Weber, in: Ders.: Interessen, Ideen und Institutionen, Opladen, S. 31-43.

Loth, Wilfried (1989): Deutsche Europa-Konzeptionen in der Gründungsphase der EWG, in: Serra, Enrico (Hrsg.): Il rilancio dell'Europa e il trattati di Roma, Milano, S. 585-602.

Ders. (1990): Die Europa-Bewegung in den Anfangsjahren der Bundesrepublik, in: Herbst, Ludolf / Bührer, Werner / Sowade, Hanno (Hrsg.): Vom Marshallplan zur EWG. Die Eingliederung der Bundesrepublik Deutschland in die westliche Welt, München, S. 63-77.

Ders. (1996): Der lange Weg nach Europa. Geschichte der europäischen Integration 1939-1957, 3. Aufl., Göttingen.

Ders. (2001): Beiträge der Geschichtswissenschaft zur Deutung der Europäischen Integration, in: Ders. / Wessels, Wolfgang (Hrsg.): Theorien europäischer Integration, Opladen, S. 87-106.

Ders. (2002): Europäische Identität in historischer Perspektive, Bonn.

Ders. / Wessels, Wolfgang (Hrsg.) (2001): Theorien europäischer Integration, Opladen.

Marcowitz, Reiner (2006): Im Spannungsverhältnis von Amerikanisierung, Europäisierung und Westernisierung. Die Zäsur der 1960er Jahre für die transatlantische Europadebatte, in: Kaelble, Hartmut / Metzger, Chantal (Hrsg.): Deutschland – Frankreich – Nordamerika. Transfer, Imaginationen, Relationen / Allemagne – France – Amérique du Nord. Transferts – Images – Relations, Stuttgart, S. 98-123.

Ders. (Hrsg.) (2007): Nationale Identität und transnationale Einflüsse. Amerikanisierung, Europäisierung, Globalisierung in Frankreich nach dem Zweiten Weltkrieg / Identité nationale et influences transnationales. Américanisation, européanisation, mondialisation – le cas de la France après la Seconde Guerre mondiale, München.

Nützenadel, Alexander / Schieder, Wolfgang (Hrsg.) (2004): Zeitgeschichte als Problem. Nationale Traditionen und Perspektiven der Forschung in Europa, Göttingen.

Paulmann, Johannes (1998): Internationaler Vergleich und interkultureller Transfer. Zwei Forschungsansätze zur europäischen Geschichte des 18. und 19. Jahrhunderts, in: Historische Zeitschrift, Bd. 267, S. 649-685.

Pells, Richard (1997): Not like us. How Europeans have loved, hated, and transformed American culture since World War II, New York.

Petri, Rolf / Siegrist, Hannes (Hrsg.) (2004): Probleme und Perspektiven der Europa-Historiographie, Leipzig.

Radaelli, Claudio M. (2003): The Europeanization of Public Policy, in: Featherstone, Kevin / Radaelli, Claudio M. (Hrsg.): The Politics of Europeanization, Oxford.

Rattinger, Hans (1996): Einstellungen zur europäischen Integration in der Bundesrepublik Deutschland. Ein Kausalmodell, in: Zeitschrift für Internationale Beziehungen, Jg. 3, S. 45-78.

Ritter, Gerhard (1995): Der Umbruch von 1989/91 und die Geschichtswissenschaft, München.

Rosenau, James N. (1966): Pre-theories and Theories of Foreign Policy, in: Farrell, R. Barry (Hrsg.): Approaches to Comparative and International Politics, North Evanston (Ill.), S. 27-92.

Schildt, Axel (1999): Ankunft im Westen. Essay zur Erfolgsgeschichte der Bundesrepublik, Frankfurt a. M.

Ders. (2001): Vom politischen Programm zur Populärkultur: Amerikanisierung in Westdeutschland, in: Junker, Detlef (Hrsg.): Die USA und Deutschland im Zeitalter des Kalten Krieges, Bd. 1: 1945-1968, Stuttgart u. a., S. 955-965.

Schmale, Wolfgang (2003): Die Europäizität Ostmitteleuropas, in: Jahrbuch für Europäische Geschichte, Jg. 4, S. 189-214.

Schulze, Hagen (2002): Europa. Nation und Nationalstaat im Wandel, in: Weidenfeld, Werner (Hrsg.): Europa-Handbuch, Bonn, S. 41-65.

Schwarz, Hans-Peter (1980): Vom Reich zur Bundesrepublik Deutschland im Widerstreit der außenpolitischen Konzeptionen in den Jahren der Besatzungsherrschaft 1945-1949, 2. Aufl., Stuttgart.

Ders. (1981): Die Ära Adenauer. Gründerjahre der Republik 1949-1957, Stuttgart.

Ders. (2000): Fragen an das 20. Jahrhundert, in: Vierteljahrshefte für Zeitgeschichte, Jg. 48, S. 1-36.

Vernet, Daniel (1998): Ungewissheiten in der Europa-Politik. Neue deutsch-französische Entscheidungsträger, in: Internationale Politik, Jg. 53, H. 9, S. 1-6.

Weber, Max (1988): Die Wirtschaftsethik der Weltreligionen, in: Ders.: Gesammelte Aufsätze zur Religionssoziologie, Bd. I, 9. Aufl., Tübingen.

Wessels, Wolfgang (2001): Politikwissenschaftliche Beiträge zur Integrationswissenschaft. Vielfalt und Einklang, in: Loth, Wilfried / Wessels, Wolfgang (Hrsg.): Theorien europäischer Integration, Opladen, S. 19-34.

Winkler, Heinrich August (2000): Der lange Weg nach Westen. 2 Bde., Bd. 1: Deutsche Geschichte vom Ende des Alten Reiches bis zum Untergang der Weimarer Republik; Bd. 2: Deutsche Geschichte vom „Dritten Reich" bis zur Wiedervereinigung, München.

Katholikentage als Instrumente der Identitätsbildung der deutschen Katholiken (1848-2004)

Marie-Emmanuelle Reytier

Die historische Forschung hat lange Zeit die Katholikentage vernachlässigt, denn die Historiker interessierten sich mehr für das Zentrum oder für katholische Vereine (Morsey 1966; Klein 1996). Von den Veröffentlichungen zu diesen im Jahre 1848 gegründeten Kongressen möchte ich besonders die Artikel von Rudolf Morsey (1985) und Josef Mooser (1991) erwähnen. Um diese historiographische Lücke zu füllen, habe ich meine Doktorarbeit über die Katholikentage in der Weimarer Republik geschrieben (Reytier 2005). Parallel dazu habe ich fünf Artikel über die Katholikentage (Reytier 1995; Dies. 1998; Dies. 1999; Dies. 2006a; Dies. 2006b) und drei über die Familie der Fürsten Löwenstein (Reytier 2001; Dies. 2004a; Dies. 2004b) veröffentlicht; diese Familie stand – mit einer Unterbrechung von 22 Jahren zwischen 1898 und 1920 – zwischen 1868 und 1968 an der Spitze der Kongresse.

In meiner zusammenfassenden Darstellung der deutschen Katholikentage zwischen 1848 und 2004 lege ich den Akzent auf die Rolle, die sie der Bildung einer besonderen Identität der deutschen Katholiken beimessen. In diesem Zusammenhang möchte ich Folgendes feststellen: Wenn ich die deutschen Katholiken als Träger einer spezifischen Identität ansehe, so ist mir auch bewusst, dass die katholische Religion nur ein Element der Identitätsbildung der deutschen Katholiken war. Andere Faktoren kamen hinzu, deren Einfluss ja nach der politischen oder sozialen Zugehörigkeit der Einzelnen variierte. Mit anderen Worten: Die katholische Religion war nicht zwingend das bestimmende Element dieser Identität, die sich außerdem mit der Zeit veränderte. Es leuchtet ein, dass katholisch zu sein für einen Schwaben des Jahres 1860 etwas anderes bedeutet als für einen Ostberliner des Jahres 1980. So sollte man korrekterweise von katholischen „Identitäten" sprechen, um diese Unterschiede deutlich zu machen. Diese Unterschiede bestehen, auch wenn ein gemeinsamer Glaube, der sich in Riten ausdrückt und auf vom Papst definierten Dogmen beruht, nicht in Vergessenheit geraten lässt, dass man es mit „einer" katholischen Religion zu tun hat. Die Katholikentage waren gleichzeitig Spiegel dieser Identitäten und trugen dazu bei, sie zu formen, denn sie waren nicht nur ein Ort der Begegnung und Diskussion, sondern auch ein Ort der Entscheidungen, wurden doch zahlreiche Verbände während der Kongresse oder danach gegründet.

In diesem Vortrag, in dem ich chronologisch vorgehe, unterscheide ich vier Phasen, die im Großen und im Ganzen den Regierungswechseln in Deutschland zwischen 1848 und 2004 entsprechen. Die erste Periode umfasst die Zeit vom Gründungskongress in Mainz 1848 bis zum Katholikentag in Düsseldorf 1869, dem letzten vor dem deutsch-französischen Krieg 1870, der in diesem Jahr einen Katholikentag unmöglich machte. Die zweite Periode fällt in das Kaiserreich und umfasst die Zeit zwischen den Katholikentagen in Mainz 1871 und Metz 1913, dem letzten Kongress vor dem Ersten Weltkrieg. Die dritte Periode entspricht der Zeit der Weimarer Republik vom Katholikentag in Frankfurt am Main 1921, dem ersten nationalen Kongress nach dem Krieg, bis zum Katholikentag in Essen 1932, dem letzten vor der Machtergreifung Hitlers. Die vierte Periode erstreckt sich vom Katholikentag in Mainz 1948, dem ersten nach dem Ende des Zweiten Weltkriegs, bis zum Katholikentag von Ulm im Jahre 2004.

Die Katholikentage als Förderer von Groß-Deutschland 1848-1869

Der Domkapitular Adam Franz Lennig (Brück 1983) nutzte im März 1848 die im Zuge der Revolution abgemilderte Gesetzgebung, um in Abstimmung mit seinem Bischof die „Pius-Vereine für religiöse Freiheit" zu gründen. Für diesen Namen entschied man sich zu Ehren des 1846 gewählten Papstes Pius IX., von dem man glaubte, dass er eine größere Autonomie der Katholiken gegenüber dem Staat befürwortete. Bereits nach einigen Wochen hatten die Pius-Vereine etwa 100.000 Mitglieder. Diese schickten 1142 Petitionen an die Frankfurter Nationalversammlung, die vom Mai 1848 bis Juni 1849 in der Paulskirche tagte. Darin forderten sie, dass die zukünftige Verfassung die kirchlichen Freiheiten und Rechte schützen sollte.

Im August 1848 lud Adam Franz Lennig in Köln anlässlich der 600-Jahr-Feier der Grundsteinlegung für die Kathedrale die Delegierten der Pius-Vereine für Anfang Oktober nach Mainz ein. Die „General-Versammlung des katholischen Vereines Deutschlands" – ab 1858 „Generalversammlung der katholischen Vereine Deutschlands" – hatte die Aufgabe, die Aktionen der zahlreichen, im Laufe der vorhergehenden Monate gegründeten, Pius-Vereine zu koordinieren. Vom 3. bis 6. Oktober 1848 reisten 83 Repräsentanten nach Mainz. Tagsüber fanden die Versammlungen, deren Ablauf an den von Parlamentssitzungen erinnerte, im Akademiesaal des kurfürstlichen Schlosses statt und jeder, der eine Teilnehmerkarte erwarb, durfte als Hörer teilnehmen – insgesamt wurden 1367 Eintrittskarten ausgegeben. Am Abend trafen sich die bevollmächtigten Vertreter der verschiedenen Vereine mit anderen interessierten Katholiken in kleinen Gruppen bei einem Glas Bier im Gasthaus „Zum Römischen König", wo die Mitglieder des Mainzer Pius-Vereins sich jede Woche versammelten. Unter den 83 Repräsentanten befanden sich 23 katholische Abgeordnete der Paulskirchenversammlung, darunter auch Wilhelm Emmanuel von Ketteler, der zwei Jahre später zum Bischof von Mainz ernannt wurde (Hürten 1998, 37-42).

Dieser erste Katholikentag war in politischer Hinsicht nicht revolutionär, da die 83 Repräsentanten nur versuchten, die katholischen Massen unter der Leitung der Eliten und des Klerus zu mobilisieren, um die kirchlichen Freiheiten im Geiste der Versöhnung mit der bestehenden Ordnung zu verteidigen. Die wichtigste getroffene Entscheidung war die, einen „Katholischen Verein Deutschlands" als politische Lobby der Kirche, dem die katholischen Vereine beitreten konnten, wenn sie es wünschten, zu gründen.

Für die Teilnehmer war es von wesentlicher Bedeutung, dass die Katholiken zusammenhielten, da sie sich in einer unsicheren Situation befanden: Sie waren dem Gutdünken der deutschen Monarchen und den Verfolgungen durch den Staat ausgesetzt (Ross 1998, 121-157; Mommsen 2000, 261-

284). Trotz Lennigs Bemühungen stammten aber diejenigen, die im Oktober 1848 nach Mainz kamen, in der Mehrzahl aus der westlichen Hälfte des 1815 vom österreichischen Kanzler Clemens von Metternich gegründeten Deutschen Bundes. Um den Aktionsradius der Katholikentage zu erweitern, entschieden die in Mainz im Oktober 1848 versammelten Delegierten, dass die Kongresse jedes Jahr in einer anderen Stadt unter der Leitung eines Lokalkomitees, an dessen Spitze ein Laie stand, stattfinden sollten. Im März 1849 zementierte die Weigerung des preußischen Königs Friedrich Wilhelm IV., die Kaiserkrone anzunehmen, die unsichere Lage der Katholiken und bestärkte diese in ihrer Entscheidung, auf Dauer Katholikentage zu organisieren. Der Katholikentag von 1849 sollte ursprünglich in Wien stattfinden, wurde dann aber im Mai 1849 nach Breslau und im Oktober 1849 nach Regensburg verlegt (Beschlüsse 1848, 139). Von den neun zwischen 1850 und 1860 abgehaltenen Kongressen fanden fünf im österreichischen Kaiserreich statt. Im Jahr 1850 war Linz die erste österreichische Stadt, in der ein Katholikentag stattfand. Danach folgten Katholikentage 1853 in Wien, 1856 wieder in Linz, 1857 in Salzburg und schließlich 1860 in Prag. Dagegen gab es nur einen Katholikentag in Westphalen (in Münster 1852), einen im Rheinland (in Köln 1858) und einen im Großherzogtum Baden (in Freiburg im Breisgau 1859). Offensichtlich hatte das Scheitern der Vereinigung der deutschsprachigen Länder unter der Herrschaft einer konstitutionellen Monarchie die Organisatoren der Katholikentage nicht entmutigt. Sie versuchten, ein Gleichgewicht zwischen dem Norden und dem Süden des Deutschen Bundes herzustellen, indem sie zu beiden Seiten der österreichischen Grenze die gleiche Anzahl von Kongressen organisierten.

Von 1861 bis 1869 fand nur ein einziger Katholikentag im Habsburgerreich statt: der von Innsbruck vom 9. bis 12. September 1867. Dieser hatte natürlich Symbolcharakter: gut ein Jahr nach dem Sieg der Preußen über Österreich in der Schlacht von Königgrätz am 3. Juli 1866, einem Sieg, der Otto von Bismarck ermöglichte, seine kleindeutsche Lösung durchzusetzen, ging es darum, die Verbundenheit der Katholiken des im April 1867 gegründeten Norddeutschen Bundes mit den Katholiken der im Juni 1867 entstandenen Österreichisch-Ungarischen Monarchie zu demonstrieren. Immerhin war es kein Zufall, dass ab 1860 im Habsburgerreich deutlich weniger Katholikentage stattfanden. Das war vielmehr Ausdruck des Willens, die Zukunft der Katholikentage zu einer Zeit, da sich Preußen als Macht etablierte und sein Hegemoniestreben deutlich machte, nicht zu gefährden. Diese pragmatische Haltung ist sehr charakteristisch für die katholischen Entscheidungsträger dieser Epoche, die die Position der katholischen Minderheit in einem Reich, das kurz davor stand, von Preußen dominiert zu werden, nicht schwächen wollten.

Im Grunde trugen die Katholikentage zwischen 1848 und 1860 dazu bei, die großdeutsche Identität der deutschen Katholiken herauszubilden. Von 1860 bis 1869 hingegen verwiesen sie nur mehr mit Überzeugung auf diese Identität, ohne ihre Möglichkeiten in dem sich ankündigenden Klein-Deutschland beschneiden zu wollen.

Die Katholikentage als Instrument der politischen Mobilisierung der deutschen Katholiken 1871-1913

Nach der Gründung des Kaiserreichs in Versailles am 18. Januar 1871 nutzten die deutschen Katholiken die Katholikentage, um sich als Anhänger des Kaiserreiches darzustellen. Auf dem Katholikentag von Mainz 1871 begrüßte der örtliche Bischof Wilhelm Emmanuel von Ketteler nach der traditionellen Ehrenbezeugung gegenüber dem Papst feierlich Kaiser Wilhelm I. Unter dem Beifall der Menge versicherte er: „An Vaterlandsliebe wollen wir Katholiken wirklich keinem nachstehen“ (zit. in: Morsey 1970, 33).

Trotz der zahlreichen Loyalitätsbeteuerungen der Katholiken begann Bismarck den Kulturkampf, der nach der Verabschiedung der Gesetze vom Mai 1873, welche die katholische Kirche de facto unter die Hoheit des Staates stellten, seinen Höhepunkt erreichte (Anderson 1981, 130-200). Um ihr Fortbestehen zu sichern, mussten die Katholikentage ihre Struktur an die neuen Beschränkungen durch die Vereinsgesetze anpassen: Das 1868 gegründete siebenköpfige Gremium namens „Zentralkomitee der katholischen

Vereine Deutschlands“, das die lokalen Komitees, die bis dahin jedes Jahr diese Veranstaltungen organisiert hatten, ersetzen sollte, wurde 1872 aufgelöst und Karl Heinrich Fürst zu Löwenstein, der als Einzelperson von den Vereinsgesetzen nicht betroffen war, übernahm alleine als „Kommissär der Generalversammlungen“ bis 1898 die Leitung der Katholikentage (Lokal-Komitee 1872, 225-231). Außerdem änderte sich der Name der Katholikentage nochmals: Ab 1872 wurden sie „General-Versammlungen der Katholiken Deutschlands“ genannt, was bedeutet, dass sie sich nicht mehr nur an Vereine, sondern direkt an Individuen richteten (May 1904, 364-367; Siebertz 1924, 233-278).

Darüber hinaus intensivierten sich in den 1870er Jahren die Bande zwischen den Katholikentagen und dem Zentrum, um sich dem Kulturkampf zu widersetzen. Ab 1879 nahm der Vorsitzende der Partei, Ludwig Windthorst, jedes Jahr an den Katholikentagen teil. Ende der 1870er Jahre musste Bismarck den Kulturkampf aufgeben, weil dieser die Homogenität des politischen Katholizismus nur verstärkt hatte (Ross 1976, 16). Ludwig Windthorst bemühte sich um die Wiederherstellung der nationalen Ehre der Katholiken, indem er dem Zentrum mehr Linientreue gegenüber der Regierung verschrieb (Blackbourn 1980b). Ab 1888 unterstützte die Partei die Kolonialpolitik (Gründer 1985a, 66-70; Ders. 1985b, 74-78). 1874, 1889 und 1893 weigerte sich das Zentrum zunächst, bei den Abstimmungen die Militärausgaben abzusegnen. Danach begann die Partei aber, den Bau einer Flotte unter dem Kommando von Admiral Alfred von Tirpitz zu unterstützen; diese sollte die Seemacht Großbritannien verdrängen. Die Redner der Katholikentage rechtfertigten die Unterstützung der Regierungsentscheidung, die Flotte zu vergrößern, durch den Hinweis auf deren Nutzen für die Entwicklung der Missionen (Deuerlein 1970, 434; Gottwald 1976, 195-209; Eley 1980, 68-85; Gründer 1982, 82, 325). Die katholische Bevölkerung und insbesondere die Mittelschicht war zwar der von den Junkern beherrschten Armee gegenüber traditionell feindlich eingestellt, begeisterte sich jedoch zu dieser Zeit für die Marine, weil diese in der Rekrutierung allen Schichten offen stand (Loth 1984, 66-69; Smith 1995, 76-78).

Diese Begeisterung für die Ausdehnung der militärischen Macht des Kaiserreichs spiegelte sich in den auf den Katholikentagen gehaltenen Reden wider. Sie wurden die „Heerschau" der „Reserve" der Katholiken genannt, während das Zentrum ihr „stehendes Heer" war, wie Friedrich Graf von Praschma, Präsident des Katholikentages von Bonn im Jahr 1900, versicherte.[1] Dieser Vergleich mit einer „Heerschau" erklärte sich durch die Verbindung des militärischen mit dem zeremoniellen Aspekt. Diese „kriegerische" Haltung ist allerdings kein spezifisches Merkmal der Katholikentage, da sie auch auf den Treffen der Sozialisten in ähnlicher Form zum Ausdruck kam (Kaschuba 1991, 89). Die SPD war die erste wilhelminische Partei, die sich auf Massenorganisationen stützte. Danach begannen die Katholikentage, sich derselben Waffen zu bedienen und machten aus dem Volksverein, der 1900 mehr als 500.000 Anhänger hatte, die Achse ihrer Organisation (Blackbourn 1980a, 26; Klein 1996, 65-67).

Ab 1895 wurden die patriotischen Glaubensbekenntnisse parallel zum Anstieg des Nationalismus und der Bestärkung des Machtwillens des wilhelminischen Staates immer zahlreicher. Das Bekenntnis von Josef Adam Schmitt, Präsident des Aachener Kongresses 1912, charakterisierte die herrschende Atmosphäre wie folgt: „Wir sind bereit, wenn der Kaiser uns ruft, Gut und Blut zu opfern für unser Vaterland. Wir lassen uns von Niemandem an Liebe und Treue zu Fürst und Vaterland übertreffen und unser Patriotismus wird erlöschen mit unserem letzten Atemzuge!" (Schmitt 1912, 204). Diese Worte bezeugten einen spezifisch katholischen Patriotismus, dessen Ausdruck dem des Restes der Bevölkerung sehr ähnlich war (Aschoff 1988, 64-68; Anderson 1988, 69-79; Hübinger 2000, 241f.). Nach dem Kulturkampf glaubten viele, den bestehenden Patriotismus noch über-

[1] „Das Centrum in den Parlamenten ist gewissermaßen unser stehendes Heer, das katholische Volk aber und alle kirchlichen und politischen Gesinnungsgenossen bilden die Reserve, über die wir auf den Generalversammlungen Heerschau halten und dabei alljährlich unser Verhalten für die Friedenszeit und für eine etwa nothwendige [sic] Mobilmachung berathen [sic]!" (Praschma 1900, 98).

trumpfen zu müssen. Dieser von den katholischen Eliten vermittelte Patriotismus hatte versucht, eine Antwort auf den wilhelminischen Nationalismus, der dazu beitrug, die Integration der Katholiken zu verhindern, weil er sie genauso wie die Juden und die Sozialisten als Feinde des Zweiten Reiches stigmatisierte, zu finden (Chickering 1984, 138-140). So spielte dieser Patriotismus eine exogene Rolle hinsichtlich der Integration der katholischen Minderheit und gleichzeitig eine endogene Rolle hinsichtlich der Einigung der Katholiken, deren gegensätzliche wirtschaftliche und soziale Interessen die Kohäsion des Zentrums gefährdeten.

Die Katholikentage waren in der Lage, immer mehr Katholiken zu mobilisieren. Anfang des Jahrhunderts stieg die Anzahl der Teilnehmer beträchtlich an. Sie erhöhte sich von 2.000 in Münster im Jahr 1885 und von 5.000 in den 1890er Jahren auf beeindruckende Prozessionen mit 43.000 Teilnehmern in Essen 1906, dann 56.000 in Mainz 1911 und sogar 60.000 in Düsseldorf 1908 (Mooser 1991, 267, 273; Nowak 1995, 189). Die Katholikentage waren ein Ort der spirituellen, sozialen und politischen Bildung; in diesen drei Bereichen sollten die Katholiken zum Handeln angeregt werden. In spiritueller Hinsicht wollten sie die Lehre der Kirche vertiefen und gegen die materialistischen Ideen kämpfen. Auf sozialer Ebene spielten die Kongresse eine gleichermaßen homogenisierende wie repräsentative Rolle: Sie wollten die Gemeinschaft der Gläubigen jenseits ihrer sozialen Zugehörigkeit fördern und den Gegnern des Glaubens zeigen, dass es eine Symbiose zwischen der Bevölkerung und der kirchlichen Institution gab. Politisch mobilisierten die Reden die Wählerschaft und sorgten für den Zusammenhang zwischen konfessioneller Zugehörigkeit und Wahlverhalten, wodurch sie zu einem Bindeglied zwischen dem katholischen Milieu und dem politischen Handeln wurden.

Zusammenfassend lässt sich sagen, dass die Katholikentage unter dem Kaiserreich eine zentrale Rolle beim Erhalt der katholischen Identitäten spielten, weil sie die Tribüne des politischen Katholizismus waren. Sie spiegelten die progressive Übernahme der wilhelminischen Politik durch das Zentrum wider. Die Kongresse waren der Spiegel des langsamen und noch nicht vollendeten Ausstiegs aus dem politischen, sozialen, wirtschaftlichen und sozialen „Ghetto", in dem sich die Katholiken befanden (McLeod 1986, 431-435, 440-442).[2]

Die Katholikentage als Schutz gegen die Auflösung der katholischen Identitäten 1921-1932

Lokale Katholikentage wurden zwar ab 1919 fast überall in Deutschland abgehalten, um die Katholiken zur Verteidigung der Interessen der katholischen Kirche zu mobilisieren – die Abgeordneten der verfassungsgebenden Nationalversammlung in Weimar arbeiteten in dieser Zeit die künftige Verfassung der aus den Wirren der Novemberrevolution von 1918 hervorgegangenen Republik aus –, doch erst 1921 konnten die nationalen Katholikentage, die nach dem Kongress von Metz 1913 unterbrochen worden waren, dank der Verbesserung der Kommunikationsmittel wieder aufgenommen werden. In Frankfurt am Main fand unter der strengen Beobachtung durch Alois Fürst zu Löwenstein der erste nationale Katholikentag nach dem Krieg statt.[3]

Der Fürst leitete die Katholikentage mit eiserner Hand im Samthandschuh. Zunächst kontrollierte er die Wahl der Redner. Da im Gegensatz zur

[2] Der Terminus „Ghetto" verweist auf die Isolierung der Katholiken gegenüber dem Rest der wilhelminischen Bevölkerung. Die Eliten der katholischen Minderheit sprachen von „Ghetto", weil sie über den wirtschaftlichen, politischen, sozialen und kulturellen Rückstand einiger ländlicher, mehrheitlich katholischer Regionen, die von der Industrialisierung unberührt geblieben waren, untröstlich waren. Diese Isolierung variierte je nach sozialer Gruppe: Das Verhalten der Würdenträger im Rheinland beispielsweise, einer stark industrialisierten und verstädterten Region, zeigt, dass deren verinnerlichtes Wertesystem sich nur wenig von dem der protestantischen Eliten unterschied. Der berühmte Artikel des Kölner Journalisten Bachem (1906) symbolisierte das Streben einer neuen bürgerlichen katholischen Generation, die sehr auf Integration bedacht war.

[3] Im September 1920 war der Sohn von Karl Heinrich zu Löwenstein zum Präsidenten des Zentralkomitees, welches seit 1898 mit der Organisation der Kongresse betraut war, gewählt worden. Seit seiner Gründung war es von Klemens Graf Droste zu Vischering, der nunmehr für die Ausübung dieses Amtes – er war 1832 geboren – zu alt war, geleitet worden (Reytier 2005, 96).

Vorkriegszeit die Anzahl der Katholiken, die das Zentrum wählten, auf 43 Prozent gefallen war, war „das Zentrum […] leider heute nicht mehr die parlamentarische Vertretung der deutschen Katholiken“ (Löwenstein, zit. in: Stehkämper 1977, 2).[4] „Die Zentrumsfraktion als solche [habe deshalb] auf den Katholikentagen keine Rolle zu spielen“, erklärte Alois zu Löwenstein (Stehkämper 1977, 2). Das hinderte den Präsidenten des Zentralkomitees nicht, Joseph Wirth anlässlich der Eröffnung des Kongresses in Frankfurt 1921 als Redner einzuladen. Um öffentlich die Fortschritte seit dem Kulturkampf zu feiern, wollte er dem ersten amtierenden Kanzler, der die Möglichkeit hatte, an einem Katholikentag teilzunehmen, einen Ehrenplatz einräumen (Hürten 1992, 138). Dennoch begannen der Fürst und Kardinal Faulhaber – der von Alois zu Löwenstein sehr geschätzte Erzbischof von München – nach dem Treffen eine lebhafte schriftliche Auseinandersetzung mit Joseph Wirth, da sie ihm vorwarfen, während des Katholikentags für die Republik Position bezogen zu haben. Sie verdächtigten ihn, sich des Katholikentages bedient zu haben, um seine Politik voranzutreiben. Um eine Wiederholung im darauffolgenden Jahr zu vermeiden, baten sie ihn, ein Jahr später nicht nach München zu kommen.[5] Joseph Wirth teilte ihnen mit, dass er missbilligte, „daß der katholische Kanzler des Deutschen Reiches dem Deutschen Katholikentag nicht beiwohnen kann“, respektierte aber ihren Wunsch.[6] Danach glaubten Alois zu Löwenstein und Kardinal Faulhaber, alle Politiker ferngehalten zu haben, die sich nicht linientreu verhielten. Dabei unterschätzten sie allerdings Konrad Adenauer.

Während des Katholikentages in München prangerte der Münchner Kardinal die Revolution von 1918 als „Meineid und Hochverrat“ an und

[4] Hugo Stehkämper zitiert einen Artikel von Alois zu Löwenstein in *Der Tag* vom 14. Juni 1922.

[5] Archiv des Erzbistums München und Freising, NL Kardinal Faulhaber 3503: Joseph Wirth an Kardinal Michael von Faulhaber, 21. August 1922, zit. in: Volk 1975, 260-261. Siehe auch o. Verf. 1921, 9.

[6] Archiv des Erzbistums München und Freising, NL Kardinal Faulhaber 3503: Joseph Wirth an Kardinal Michael von Faulhaber, 21. August 1922, zit. in: Volk 1975, 261.

behauptete von der darauffolgenden Republik, sie sei vom „Kainsmal“ gezeichnet, was in seinen Augen bedeutete, dass sie sich zu einem säkularisierten Staat entwickeln würde, in dem die Religion vernachlässigt würde (Faulhaber 1922, 4). Konrad Adenauer hingegen sagte, dass wohl nicht alle Katholiken der Meinung Faulhabers sein könnten. Er versuchte, die Republik von der Revolution zu trennen und den Katholiken zu erklären, dass es in ihrem Interesse als Minderheit sei, die Republik zu unterstützen (Adenauer 1922, 205). Der bayerische Kardinal Faulhaber fühlte sich durch diese Aufforderung des Rheinländers Adenauer zutiefst verletzt und weigerte sich bis zu dem Zeitpunkt, da Adenauer Kanzler wurde, mit ihm zu sprechen (Reytier 2005, 361-372). Diese Auseinandersetzung war ein Zeichen für die tiefe Kluft zwischen der Zentrumspartei und den Katholikentagen, die am Anfang der Weimarer Republik entstand (Reytier 2005, 372-383).

Um die Spaltungen innerhalb des Katholizismus zu überwinden, achtete Alois zu Löwenstein in der Folge darauf, dass keine Grundsatzerklärungen mehr auf den Katholikentagen abgegeben wurden. Aber trotz dieser Bemühungen blieben die Kongresse eine großartige politische Tribüne. Die meisten Verantwortlichen des Zentrums, von denen einige dem Zentralkomitee angehörten (Reytier 2005, 114-122, 138-168), ergriffen auch weiterhin das Wort, weil die Katholikentage für sie eine geeignete Tribüne waren, um eine große katholische Zuhörerschaft, darunter auch viele, die das Zentrum nicht wählten, zu erreichen: In Essen 1932 wohnten zum Beispiel 250.000 Menschen von sehr unterschiedlicher sozialer und geographischer Herkunft der Sonntagsmesse bei (Morsey 1985, 13). Abgesehen davon ging der Einfluss der Kongresse dank der Unterstützung durch den Klerus auf lokaler und nationaler Ebene, des Netzes der katholischen Vereine und der Presse bei weitem über die rein rechnerische Anzahl der Teilnehmer hinaus.[7] Alois zu

[7] Die evangelischen Kirchentage konnten nur einige Hundert Verantwortliche in Form von Synoden mobilisieren. Sie waren weit von den Massenveranstaltungen der Katholikentage, deren demonstrativer Charakter eine eigene politische Sprache entwickelte, entfernt (Reytier 2005, 64f.).

Löwenstein seinerseits ließ es sich nicht nehmen, sie einzuladen, da er den repräsentativen Charakter der Katholikentage bewahren wollte und davon überzeugt war, sich für die Einheit der Katholiken einsetzen zu müssen. Diese Einheit war für ihn das einzige Mittel, die katholischen Interessen in einem Deutschland, das seiner Meinung nach wirtschaftlich, sozial und kulturell immer noch von den Feinden der Kirche dominiert war, zu verteidigen (Reytier 2005, 97-113).

Die Redner können im Grunde in drei Gruppen unterteilt werden. Die erste Gruppe, die man als Integralisten bezeichnen könnte, lehnte die Weimarer Republik als Ausgeburt moderner Ideen ab. Sie umfasste Geistliche, darunter Kardinal Michael von Faulhaber, Angehörige des Adels wie Alois zu Löwenstein sowie berühmte Persönlichkeiten (Reytier 2005, 389-396). Die zweite Gruppe, die Realisten, machte einen Unterschied zwischen der aus politischem Realismus akzeptierten Weimarer Republik und dem Versailler Vertrag, den sie so entschieden ablehnte wie die Integralisten. Sie vertrat dieselben Ideen wie Ludwig Windthorst und umfasste die aktiven Politiker des Zentrums wie z. B. Konrad Adenauer. Die Realisten waren von der Anzahl her in der Mehrheit, hatten allerdings keinen einzigen Schlüsselposten auf den Katholikentagen inne (Reytier 2005, 383-389). Die letzte Gruppe, die Herzensrepublikaner, vertreten durch Joseph Wirth, wurde ab 1921 von den Kongressen ferngehalten. Der in seiner eigenen Partei isolierte Kanzler wurde gemieden und als Opportunist, der die republikanischen Ideen demagogisch ausnützte, um sich an der Macht zu halten, abgestempelt (Reytier 2005, 397-398).

Das Weiteren kontrollierte Alois zu Löwenstein die Themenauswahl. Die Hauptthemen auf den Katholikentagen zeugen von dem wiederholten Willen, die Stellung und Rolle der Katholiken in der Weimarer Gesellschaft zu definieren. Die Redner machten sich zur Aufgabe, zwei grundsätzliche Fragen zu lösen: einerseits die politische Einheit der deutschen Katholiken im Rahmen der Weimarer Verfassung und die unentbehrliche Zusammenarbeit mit den nicht-katholischen politischen Kräften zu wahren und andererseits die Eingliederung ihrer Minderheit in die Gesellschaft zu verstärken. Diesen

Spagat bewältigten sie solange, bis sich die Folgen des Börsenkrachs an der Wall Street in Deutschland bemerkbar machten: Bis 1930 trugen die Katholikentage gegen ihren Willen zur Konsolidierung des republikanischen Systems bei, weil die Bischöfe und Alois zu Löwenstein vor allem die dank der Weimarer Verfassung von der katholischen Minderheit erlangten Errungenschaften bewahren und ausbauen wollten. Viele Katholiken zogen sich allerdings ab der zweiten Hälfte der zwanziger Jahre, um die Einheit zu wahren, innerlich zurück und beschränkten sich auf die Verteidigung christlicher Werte. Der Einfluss der Geistlichen verstärkte sich. In gewissem Sinne schützte diese Haltung sie vor der Anziehungskraft des Nationalsozialismus, der viele erlegen waren. Andererseits hinderte sie sie allerdings auch, sich auf Dauer mit anderen politischen Kräften, insbesondere mit den Sozialisten, zu verbünden, um die Nationalsozialisten wirksam zu bekämpfen.
Insgesamt erwies sich also die Strategie von Alois zu Löwenstein, die Funktion der Katholikentage als Instrumente der Identitätsbildung der deutschen Katholiken zu wahren und sogar zu erweitern, als erfolgreich: In der Weimarer Republik waren die Katholikentage die größten Versammlungen, die jährlich stattfanden. Dieser Erfolg trug allerdings auch zum Scheitern der Weimarer Republik bei.

Die Katholikentage – Ausdruck eines sich wandelnden Katholizismus 1948-2004

Nach dem Zweiten Weltkrieg wurden die Katholikentage 1948 in Mainz wieder aufgenommen, um die Hundertjahrfeier ihres Bestehens zu begehen. Von da an wurden sie offiziell als „Deutscher Katholikentag" bezeichnet und standen unter einem Motto (Dirks 1948, 395-397). 1952 wurde ihre Organisation reformiert: Das Zentralkomitee wurde ein ständiges Organ mit der Aufgabe, die Arbeit der Vereine zu koordinieren, und ein „von der Autorität der Bischöfe getragen[er] Zusammenschluß der im Laienapostolat der katholischen Kirche in Deutschland tätigen Kräften" (Hürten 1998, 116). Die geistliche Hierarchie übernahm damit offiziell die Katholikentage, die bis zu diesem Zeitpunkt als unabhängige Laienorganisation dargestellt wurden (Hirschmann 1954/55, 161-168). Gleichzeitig stieg die Anzahl der Teilnehmer erheblich: In Köln nahmen 1956 500.000 Menschen an der Sonntagsmesse und 700.000 Menschen an der Abschlussveranstaltung teil (Hürten 1998, 92). Dieser Erfolg spiegelte die Dynamik der deutschen katholischen Kirche, die im Aufwind war, wider.

Während der 50er Jahre unterstützten die alle zwei Jahre stattfindenden Katholikentage die CDU. Dennoch vermied man, offen politische Themen anzusprechen, um die Teilnahme der Katholiken aus der Demokratischen Republik zu ermöglichen (Hürten 1998, 129-137). In der Tat boten die Kongresse den durch den Eisernen Vorhang getrennten Deutschen eine der seltenen Gelegenheiten zusammenzukommen. 1956 kamen 28.600 Katholiken aus der DDR zum Katholikentag nach Köln und 1958 besuchten 80.000 Bürgerinnen und Bürger der DDR den in den verschiedenen Sektoren der Stadt organisierten Katholikentag in Berlin (Hürten 1998, 95).

Ab der Mitte der sechziger Jahre wirkten sich die tiefen Veränderungen während des Zweiten Vatikanischen Konzils (1962-1965) auf die Katholikentage aus. Während eines Diskussionsforums auf dem Katholikentag von Essen Anfang September 1968 kritisierten einige Teilnehmer heftig die Enzyklika *Humanae vitae,* die Papst Paul VI. am 29. Juli 1968 über die Sexualmoral veröffentlicht hatte und in der er den Ehepaaren von künstlichen Verhütungsmitteln abriet (Paul VI. 1968, 481-503; Grenner 1968, 32-37). Diese Proteste waren der öffentliche Auftakt für eine Veränderung der Beziehungen zwischen Geistlichkeit und Katholiken (Ziemann 2004, 365-367). Im Laufe der darauffolgenden Jahrzehnte fanden sie ihren Ausdruck insbesondere in den großen Fluktuationen der Anzahl der Teilnehmer: Während in Essen 1968 noch 100.000 Katholiken an der Abschlussveranstaltung teilnahmen, waren es in Trier 1970 nur mehr 16.000 und in Mönchengladbach 1974 40.000. In der Folge stieg die Anzahl der Teilnehmer trotz der Spannungen weiter an: In Westberlin 1980 beispielsweise waren es wieder 100.000 (Hürten 1998, 99). Im Juni 1998 wurde aber auf dem Kongress in Mainz sehr deutlich, dass die Kluft zwischen den Katholiken und ihren politischen und religiösen Verantwortlichen spürbar tiefer geworden war. Zum ersten Mal unterschieden sich die Positionen der Redner von den Themen des Kanzlerkandidaten der CDU, Helmut Kohl, der sich gerade im Wahlkampf befand. Das war umso erstaunlicher, als Rheinland-Pfalz schon immer eine Bastion der CDU-Wähler war. Außerdem kamen Gruppen, die offen dem Papst widersprachen – wie zum Beispiel „Wir sind Kirche“, die sich für die Frauenordination, die Aufhebung des Zölibats und das Recht auf Abtreibung einsetzen – zum ersten Mal ausführlich zu Wort (Galembert 2000, 40-42).

Parallel dazu öffneten sich die Katholikentage den beiden anderen großen Weltreligionen. Ab dem Kongress von Trier 1970 vertieften sich die Kontakte zu den Vertretern des Judentums. Seit 1992 gibt es einen Meinungsaustausch zwischen Christen und Muslimen auf den Katholikentagen. Die Öffnung hin zur Ökumene ist sicher eine der auffälligsten Entwicklungen in der zweiten Hälfte des 20. Jahrhunderts. Ab den fünfziger Jahren entschieden der Präsident des Zentralkomitees Karl Fürst zu Löwenstein, der 1948 seinem Vater nachfolgte, und der Präsident des evangelischen Kirchentages, Reinhold von Thadden-Trieglaff, abwechselnd Katholiken- und Kirchentage abzuhalten. Bereits ab 1952 nahmen hohe evangelische Verantwortungsträger regelmäßig an den Katholikentagen teil. 1966 hielt zum ersten Mal ein evangelischer Bischof eine Rede vor den Teilnehmern in Bamberg. Danach wurde die Zusammenarbeit immer weiter verstärkt, bis hin zur Organisation eines, vom Vatikan kühl aufgenommenen, ökumenischen Kirchentages vom 28. Mai bis 1. Juni 2003 in Berlin (Meyer 2003, 19-26; Raiser 2003, 27-35). Trotz der Polemik wurde dieses Treffen unter der Leitung von Hans Joachim Meyer, Präsident des Zentralkomitees seit April 1997, und von der evangelischen Historikerin Elisabeth Raiser ein Erfolg: 200.000 für den gesamten Kongress eingeschriebene Teilnehmer, darunter 61 % Protestanten, 36,2 % Katholiken und 2,8 % Gläubige aus anderen christlichen Kirchen. Die in der Mehrzahl jugendlichen Teilnehmer boten damit einen Vorgeschmack auf den in Köln vom 11. bis 21. August 2005 geplanten Weltjugendtag (Pesch 2003, 507-522; Foitzik 2003, 433-435; Kasper 2003, 605-610; Plathow 2003, 41f.; Engelhardt 2003, 64-68; Fleischmann 2003, 26-29).

Heutzutage sind die Katholikentage größtenteils nicht mehr politisch gefärbt. Sie wenden sich vor allem an die Jugend, wie der 95. Kongress in Ulm im Juni 2004, wo drei Viertel der 25.000 bis 50.000 Teilnehmer pro Tag jünger als 30 Jahre alt waren, gezeigt hat. Die Teilnehmer kommen immer mehr aus verschiedenen, auch aus sehr papstkritischen Lagern: In Ulm konnten der Theologe Eugen Drewermann und der amtsenthobene französische Bischof Jacques Gaillot ihre Ideen in einer Arbeitsgruppe vorstellen und Kardinal Karl Lehmann, der Vorsitzende der deutschen Bischofskonferenz, nahm an einer Podiumsdiskussion mit Hans Küng, dem Gegner des „römischen Absolutismus" teil (Deutscher Katholikentag Ulm 2004). Das Zentralkomitee geht teilweise auch auf Abstand zum Vatikan, beispielsweise in der Kopftuchfrage, welches als Zeichen der Unterdrückung gewertet wird. Das gefällt aber nicht allen: Im Jahr 2000 wurde das „Forum Deutscher Katholiken" gegründet.[8] Diese jährlich stattfindenden Versammlungen mit fast tausend Teilnehmern machten sich die Rechristianisierung Europas in absoluter Papsttreue zur Aufgabe. Im Grunde handelt es sich um eine Art Parallelkatholikentag, der vom gleichen Geist durchdrungen ist, der bis in die sechziger Jahre die Originalkatholikentage geprägt hatte. Gegenwärtig haben die Katholikentage offensichtlich Schwierigkeiten, die Kohäsion der Katholiken in einer immer mehr auseinander brechenden Gesellschaft zu wahren.

Fazit

Letztendlich spielten die Katholikentage seit mehr als 150 Jahren eine wichtige Rolle in der Identitätsbildung der deutschen Katholiken, indem sie versuchten, die Mentalität zu beeinflussen, d. h. die Art zu denken und das Verhalten, indem sie ein Wertesystem vorschlugen, eine Sicht auf die Welt

[8] Vgl. http://www.forum-deutscher-katholiken.de.

und ein Lebensmodell, das auf der päpstlichen Lehre beruhte. Von Laien unter der Aufsicht des Klerus organisiert, begleiteten sie die Entstehung eines politischen Bewusstseins unter den Katholiken bis zur Gründung des Zentrums im Jahr 1870. Unter dem Kaiserreich und in der Weimarer Republik trugen sie dazu bei, die Katholiken gegenüber dem Staat und den „Feinden“ des Glaubens zu einen und die katholische Minderheit voll und ganz in die deutsche Gesellschaft zu integrieren. Nach 1945 waren sie am Aufbau der Bundesrepublik und an der Entstehung des Pluralismus beteiligt. Ihre Rolle bei der Identitätsbildung der deutschen Katholiken reduziert sich heutzutage auf die Jugend.

Literatur

[o. Verf.] (1848): Beschlüsse, in: [Lokal-Komitee] (Hrsg.): Verhandlungen der ersten Versammlung des katholischen Vereines Deutschlands am 3., 4., 5. und 6. Oktober zu Mainz. Amtlicher Bericht, Mainz, S. 138-142.

[o. Verf.] (1921): Vorgeschichte und Verlauf der 61. Generalversammlung der Katholiken Deutschlands zu Frankfurt am Main, 27.-30. August 1921, in: [Raps, Gustav (Hrsg.)]: Die Reden, gehalten in den öffentlichen und geschlossenen Versammlungen der 61. General-Versammlung der Katholiken Deutschlands zu Frankfurt am Main 27. bis 30. August 1921 nebst einer kurzen Einleitung über Vorgeschichte und Verlauf der Tagung (General-Versammlung der Katholiken Deutschlands, Bd. 61), Würzburg, S. 5-13.

Adenauer, Konrad (1922): Schlußansprache des Präsidenten, in: [Raps, Gustav (Hrsg.)]: Die Reden, gehalten in den öffentlichen und geschlossenen Versammlungen der 62. General-Versammlung der Katholiken Deutschlands zu München 27. bis 30. August 1922 (General-Versammlung der Katholiken Deutschlands, Bd. 62), Würzburg, S. 203-206.

Anderson, Margaret L. (1981): Windthorst, Oxford.

Dies. (1988): Windthorsts Erben: Konfessionalität und Interkonfessionalismus im politischen Katholizismus 1890-1918, in: Becker, Winfried / Morsey, Rudolf (Hrsg.): Christliche Demokratie in Europa. Grundlagen und Entwicklungen seit dem 19. Jahrhundert, Köln-Wien, S. 69-90.

Aschoff, Hans-Georg (1988): Politische Alternative im Bismarck-Reich: das Staats- und Verfassungsverständnis der Deutschen Zentrumspartei und die Rolle Ludwig Windthorsts, in: Becker, Winfried / Morsey, Rudolf (Hrsg.): Christliche Demokratie in Europa. Grundlagen und Entwicklungen seit dem 19. Jahrhundert, Köln-Wien, S. 59-68.

Bachem, Julius (1906): Wir müssen aus dem Turm heraus, in: Historisch-politische Blätter, Jg. 137, S. 376-386.

Blackbourn, David (1980a): Class, Religion and Local Politics in Wilhelmine Germany, Wiesbaden.

Ders. (1980b): The Problem of Democratisation: German Catholics and the Role of the Centre Party, in: Evans, Richard J. (Hrsg.): Society and Politics in Wilhelmine Germany, 2. Aufl., London, S. 169-180.

Brück, Anton (1983): Lennig, Adam Franz (1803-1866), in: Gatz, Erwin (Hrsg.): Die Bischöfe der deutschsprachigen Länder 1785/1803 bis 1945. Ein biographisches Lexikon, Berlin, S. 443.

Chickering, Roger (1984): We Men Who Feel Most German. A Cultural Study of the Pan-German League 1886-1914, London.

Deuerlein, Ernst (1970): Die Bekehrung des Zentrums zur nationalen Idee, in: Hochland, Jg. 62, S. 432-449.

Deutscher Katholikentag Ulm (2004): Kirchenkritiker Küng und Lehmann diskutieren erstmals öffentlich, Pressemitteilung Nr. 187 vom 19.06., http://www.ulm.katholikentag.de/data/kt_aktuell/nachrichten/187.doc (abgerufen am 12.03.2006).

Dirks, Walter (1948): Der Mainzer Katholikentag, in: Frankfurter Hefte, Jg. 3, S. 395-397.

Eley, Geoff (1980): Reshaping the German right. Radical Nationalism and Political Change after Bismarck, New Haven-London.

Engelhardt, Klaus (2003): Ökumenische und konfessionskundliche Herausforderungen und Aufgaben nach dem Ökumenischen Kirchentag in Berlin, in: Materialdienst des Konfessionskundlichen Instituts Bensheim, Jg. 54, H. 4, S. 64-68.

Faulhaber, Michael von (1922): Ansprache, in: [Raps, Gustav (Hrsg.)]: Die Reden, gehalten in den öffentlichen und geschlossenen Versammlungen der 62. General-Versammlung der Katholiken Deutschlands zu München 27. bis 30. August 1922 (General-Versammlung der Katholiken Deutschlands, Bd. 62), Würzburg, S. 1-5.

Fleischmann, Christoph (2003): Klarheit statt Harmonie. Zum ersten Ökumenischen Kirchentag in Berlin, in: Neue Gesellschaft / Frankfurter Hefte, Jg. 50, H. 7-8, S. 26-29.

Foitzik, Alexander (2003): Streit der Kardinäle, in: Herder Korrespondenz Jg. 57, H. 9, S. 433-435.

Galembert, Claire de (2000): Etat, nation et religion dans l'Allemagne réunifiée, in: Vingtième Siècle, Jg. 66, H. 2, S. 37-51.

Gottwald, Herbert (1976): Der Umfall des Zentrums. Die Stellung der Zentrumspartei zur Flottenvorlage von 1897, in: Klein, Fritz (Hrsg.): Studien zum deutschen Imperialismus vor 1914, Berlin (Ost), S. 181-223.

Grenner, Karl Heinz (1968): Katholikentage im Ruhrgebiet. Ein Blick zurück und auf die Gegenwart, Essen.

Gründer, Horst (1982): Christliche Mission und deutscher Imperialismus 1884-1914, Paderborn.

Ders. (1985a): Geschichte der deutschen Kolonien, Paderborn.

Ders. (1985b): Nation und Katholizismus im Kaiserreich, in: Langner, Albrecht (Hrsg.): Katholizismus, nationaler Gedanke und Europa seit 1800, Paderborn u. a., S. 65-87.

Hirschmann, Johannes B. (1954/55): Vom Katholikentag zum katholischen Kirchentag, in: Stimmen der Zeit, Bd. 155, S. 161-168.

Hübinger, Gangolf (2000): Sakralisierung der Nation und Formen des Nationalismus im deutschen Protestantismus, in: Krumeich, Gerd / Lehmann, Hartmut (Hrsg.): „Gott mit uns“. Nation, Religion und Gewalt im 19. und 20. Jahrhundert, Göttingen, S. 233-247.

Hürten, Heinz (1992): Deutsche Katholiken 1918-1945, Paderborn.

Ders. (1998): Spiegel der Kirche – Spiegel der Gesellschaft? Katholikentage im Wandel der Welt, Paderborn u. a.

Kaschuba, Wolfgang (1991): Von der „Rotte“ zum „Block“. Zur kulturellen Ikonographie der Demonstration im 19. Jahrhundert, in: Warneken, Bernd Jürgen (Hrsg.): Massenmedium

Straße. Zur Kulturgeschichte der Demonstration, Frankfurt a. M.-New York-Paris, S. 68-96.

Kasper, Walter (2003): Kein Grund zur Resignation. Die katholische Kirche und ihre ökumenischen Beziehungen, in: Herder Korrespondenz, Jg. 75, H. 9, S. 605-610.

Klein, Gotthard (1996): Der Volksverein für das katholische Deutschland 1890-1933. Geschichte, Bedeutung, Untergang, Paderborn u. a.

Lokal-Komitee (Hrsg.) (1872): Verhandlungen der 22. General-Versammlung der Katholiken Deutschlands zu Breslau am 8., 9., 11. und 12. September 1872. Nach stenographischen Aufzeichnungen, Breslau.

Loth, Wilfried (1984): Katholiken im Kaiserreich: der politische Katholizismus in der Krise des wilhelminischen Deutschlands, Düsseldorf.

May, Joseph (1904): Geschichte der Generalversammlungen der Katholiken Deutschlands 1848-1903, Köln.

McLeod, Hugh (1986): Building the „Catholic ghetto": Catholic Organisations, 1870-1914, in: Sheils, William J. / Wood, Diana (Hrsg.): Voluntary Religion, Oxford, S. 411-444.

Meyer, Hans Joachim (2003): Ökumenisch lernen. Auf dem Weg zum Ökumenischen Kirchentag, in: Ökumenische Rundschau, Jg. 52, S. 19-26.

Mommsen, Wolfgang J. (2000): 1848. Die ungewollte Revolution. Die revolutionären Bewegungen in Europa 1830-1849, 2. Aufl., Frankfurt a. M.

Mooser, Josef (1991): Volk, Arbeiter und Bürger in der katholischen Öffentlichkeit des Kaiserreichs. Zur Sozial- und Funktionsgeschichte der deutschen Katholikentage 1871-1913, in: Puhle, Hans-Jürgen (Hrsg.): Bürger in der Gesellschaft der Neuzeit. Wirtschaft – Politik – Kultur, Göttingen, S. 259-273.

Morsey, Rudolf (1966): Die Deutsche Zentrumspartei 1917-1923, Düsseldorf.

Ders. (1970): Die deutschen Katholiken und der Nationalstaat zwischen Kulturkampf und Erstem Weltkrieg, in: Historisches Jahrbuch, Jg. 90, S. 31-64.

Ders. (1985): Streiflichter zur Geschichte der deutschen Katholikentage 1848-1932, in: Jahrbuch für Christliche Sozialwissenschaften, Jg. 26, S. 9-24.

Nowak, Kurt (1995): Geschichte des Christentums in Deutschland. Religion, Politik und Gesellschaft vom Ende der Aufklärung bis zur Mitte des 20. Jahrhunderts, München.

Paul VI. (1968): Humanae vitae, in: Acta Apostolicae Sedis, Jg. 60, S. 481-503.

Pesch, Otto Hermann (2003): Die Enzyklika Ecclesia de Eucharistia. Gesichtspunkte zur Lektüre und Beurteilung, in: Stimmen der Zeit, Bd. 221, S. 507-522.

Plathow, Michael (2003): Ökumenischer Kirchentag 2003 in Berlin – Ein Meilenstein?, in: Materialdienst des Konfessionskundlichen Instituts Bensheim, Jg. 54, H. 3, S. 41-42.

Praschma, Friedrich von (1900): Rede des Präsidenten Grafen Praschma, in: Lokal-Komitee (Hrsg.): Verhandlungen der 47. Generalversammlung der Katholiken Deutschlands zu Bonn vom 2. bis 6. September, Bonn, S. 94-101.

Raiser, Elisabeth (2003): Der Ökumenische Kirchentag als Lernfeld. Erfahrungen, Chancen, Grenzen, in: Ökumenische Rundschau, Jg. 52, S. 27-35.

Reytier, Marie-Emmanuelle (1995): Les catholiques allemands et la paix au lendemain de la Première Guerre mondiale, in: Historiens de l'Europe contemporaine / Historians of Contemporary Europe, Jg. 10, S. 19-42.

Dies. (1998): Les Katholikentage dans l'entre-deux-guerres, in: 14-18. Aujourd'hui, Today, Heute, Jg. 1, S. 71-85.

Dies. (1999): I cattolici tedeschi e l'Europa all'indomani della Prima Guerra Mondiale. L'esempio dei Katholikentage, in: Canavero, Alfredo / Durand, Jean-Dominique (Hrsg.): Il fattore religioso nell'integrazione europea, Mailand, S. 359-371.

Dies. (2001): Alois Fürst zu Löwenstein (1871-1952), in: Aretz, Jürgen / Morsey, Rudolf / Rauscher, Anton (Hrsg.): Zeitgeschichte in Lebensbildern, Bd. 10, Münster, S. 115-128.

Dies. (2004a): Die Fürsten Löwenstein an der Spitze der deutschen Katholikentage: Aufstieg und Untergang einer Dynastie (1868-1968), in: Denzel, Markus A. / Schulz, Günther (Hrsg.): Deutscher Adel im 19. und 20. Jahrhundert, Sankt Katharinen, S. 461-502.

Dies. (2004b): Karl Heinrich zu Löwenstein (1834-1921): un prince ultramontain au service de l'Eglise, in: Chrétiens et Sociétés, XVIe-XXe siècles, Jg. 11, S. 49-60.

Dies. (2005): Les catholiques allemands et la République de Weimar: les Katholikentage, 1919-1932, Dissertation. (gekürzt in Vorber. bei Parole et Silence [2007] und bei Schöning [2008])

Dies. (2006a): L'Allemagne: les Katholikentage, in: Durand, Jean-Dominique (Hrsg.): Les Semaines Sociales de France, Paris, S. 357-379.

Dies. (2006b): Les catholiques allemands et la question scolaire sous la République de Weimar, in: Sorrel, Christian (Hrsg.): Education et religion XVIIIe-XXe siècles, Chambéry, S. 221-233.

Ross, Ronald J. (1976): Beleaguered Tower: the Dilemma of Political Catholicism in Wilhelmine Germany, Notre Dame-London.

Ders. (1998): The Failure of Bismarck's Kulturkampf. Catholicism and State Power in Imperial Germany, 1871-1887, Washington D.C.

Schmitt, Josef Adam (1912): Eröffnungsrede, in: Lokalkomitee (Hrsg.): 59. Generalversammlung der Katholiken Deutschlands in Aachen, Aachen, S. 199-210.

Siebertz, Paul (1924): Karl Fürst zu Löwenstein. Ein Bild seines Lebens und Wirkens nach Briefen, Akten und Dokumenten, Kempten.

Smith, Helmut Walser (1995): German Nationalism and Religious Conflict. Culture, Ideology, Politics, 1870-1914, Princeton.

Stehkämper, Hugo (1977): Konrad Adenauer als Katholikentagspräsident, Mainz.

Volk, Ludwig (Hrsg.) (1975): Akten Kardinal Michael von Faulhabers 1917-1945, Bd. 1: 1917-1934, Mainz.

Ziemann, Benjamin (2004): Zwischen sozialer Bewegung und Dienstleistung am Individuum. Katholiken und katholische Kirche im therapeutischen Jahrzehnt, in: Archiv für Sozialgeschichte, Jg. 44, S. 357-393.

III. Raum, Distanz und Identität

„Keine bloßen Memoiren"

Ludwig Simon im Exil

Heléna Tóth

1855 war ein wichtiges Jahr für Ludwig Simon (1819-1872). Der ehemalige Paulskirchenabgeordnete aus Trier, der nach der Sprengung des Rumpfparlaments in die Schweiz geflüchtet war, schloss in diesem Jahr eine Phase seines Exils endgültig ab. Er hat in einem Meisterwerk der politischen Satire an seinen politischen Gegnern Rache genommen und sich in seinen Memoiren mit dem Schicksal im Exil endgültig auseinandergesetzt (Jansen 1998, 225-246). Schließlich zog er in diesem Jahr nach Frankreich, um dort „Commis" zu werden und sich eine neue Existenz als Bankier aufzubauen.[1]

Simons Memoiren *Aus dem Exil* (1855) bieten reiche Einsichten in das Leben der deutschen achtundvierziger Flüchtlinge in der Schweiz in der ersten Hälfte der fünfziger Jahre des 19. Jahrhunderts. Sie liefern ein differenziertes Bild, indem sie sowohl das Drama des Exils schildern – den Bruch, in dem viele Flüchtlinge psychisch und materiell untergegangen sind –, als auch die Überlegenheit von anderen Flüchtlingen darstellen, die selbst in den Schwierigkeiten des Exillebens ihren Ideen treu blieben. In den Memoiren sind unter Flüchtlingen hauptsächlich die ehemaligen Paulskirchenlinken zu verstehen, mit denen Simon im Exil regen Kontakt aufrecht hielt, aber das Werk beschränkt sich nicht auf diese Gruppe. Arbeiter, Handwerker und politisch nicht besonders aktive Flüchtlinge kommen darin ebenso vor

[1] Ludwig Simon schließt seine Memoiren mit der Absicht, ein neues Leben zu beginnen: „Ich muß meine bisherige Lebensweise gründlich ändern; es muß noch ein Stück Spiritualismus unter die Füße, damit das Material überlebe. Mein Vaterland hat mich ausgestoßen; das Ausland kann mich nicht brauchen, weder im Barreau noch in der Aula; mit der Schriftstellerei geht es nicht. Weiß ich doch nicht einmal, ob ich für diese Blätter einen Verleger finden werde! – Was ich nun anfange? – Ich werde Commis" (Simon 1855b, 353).

wie Flüchtlinge aus anderen Ländern. So bildet *Aus dem Exil* ein buntes Panorama des politischen Exils in der Schweiz ab.

Zweck dieses Artikels ist es zu untersuchen, wie Simon durch die Gestaltung seiner Memoiren das Exil gedeutet hat. Besondere Aufmerksamkeit wird in dieser Untersuchung den Hauptthemen der Memoiren geschenkt, und es wird postuliert, dass die zwei Bände von *Aus dem Exil* nach der Art universeller Lehrbücher konstruiert sind. Die Hauptthemen der hauptsächlich chronologisch geordneten Bände umfassen neben Geschichte und Geographie der Schweiz auch die Zeitgeschichte, die Biographien der wichtigsten Achtundvierziger und eine ausführliche Beschreibung von Simons Seelenzuständen. Mit anderen Worten: Diese Bände sind Reiseführer, Geschichtsbücher, Feuilletons, biographische Nachschlagewerke und psychologische Berichte in einem. Durch all diese Themen zieht sich als roter Faden die Hoffnung Simons auf Gemeinnützigkeit: die Hoffnung, dass *Aus dem Exil* „nicht ganz ohne Interesse" für die deutschen Leser sei (Simon 1855b, VIII).

Die Herausforderungen des Flüchtlingslebens

Aus dem Exil war eine Antwort auf die Herausforderungen des Flüchtlingslebens, wie Simon es selbst in der Vorrede formuliert. „Memoiren pflegt man erst im reiferem Alter oder am Abende des Lebens zu schreiben. Aber ich habe das Bedürfniß, mich auf irgendeine Weise zu bethätigen und – warum soll ich's nicht frei heraussagen? – von meiner Thätigkeit zu leben" (Simon 1855a, VIII). Einen Lebensunterhalt zu verdienen, war ein Problem, das alle Flüchtlinge nach der Revolution von 1848 auf ihre eigene Weise lösen mussten, unabhängig davon, aus welchem sozialen Hintergrund sie stammten.[2] Aber das Bedürfnis sich zu „bethätigen" und besonders die

[2] Natürlich standen nicht allen Flüchtlingen die gleichen Mittel zur Verfügung. Die Märzvereine und auch andere politische Organisationen veranstalteten Sammlungen für die politischen Flüchtlinge, und die eingeflossenen Gelder wurden dann vom „Centralkomitee zur

Weise, wie Simon dieses Bedürfnis schließlich erfüllt hat, ist spezifisch für das Flüchtlingsmilieu, in dem er sich befand.

Selbstständigkeit, Bildung, Standfestigkeit und ein ausgeprägtes Ehrgefühl gehörten zu den wichtigsten Werten des bürgerlichen Milieus, in dem Simon aufwuchs. Als Sohn eines Gymnasiallehrers aus Trier hat Simon, wie viele andere spätere Paulskirchenabgeordnete, Jura studiert und war anschließend als Anwalt am Trierer Landgericht angestellt. Der leidenschaftliche Jäger und Kammermusikant Simon war im Vereinsleben in Trier lebhaft engagiert (Jansen 2000a, 284).[3] Als Student duellierte er sich wie sein Bruder, der wegen einer schweren Verletzung sein Studium kurz unterbrechen musste, und er absolvierte seinen Militärdienst als Leutnant.[4] Im Exil hat er sein Interesse für das Militär nicht verloren und schrieb mit besonderer Hingabe über die Militia in der Schweiz (Simon 1855a, 221f.; Ders. 1855b, 104f.).

Als ‚selbständiger Ehrenmann‘ hat Simon, wie viele andere Flüchtlinge aus einem bürgerlichen Hintergrund, besonders darunter gelitten, dass er in der Schweiz nicht für seinen Unterhalt sorgen konnte (Simon 1855b, 261). Viele hofften und warteten auf eine neue Revolution und selbst wenn sie Arbeit finden wollten, waren ihre Kenntnisse nicht immer gut vermarktbar. Laut Simon hatten es neben den Landarbeitern die Soldaten und die Juristen

Unterstützung sämmtlicher Flüchtlinge in der Schweiz“ verwaltet und ausgeteilt. Ludwig Simon war selbst an der Verteilung der Gelder beteiligt, und dass diese keine einfache und dankbare Aufgabe war, zeigt der Brief an Christian Gottlieb Schüler: „Ich sitze hier mitten in der Flüchtlings- und Unterstützungscorrespondenz, in welche auch dieser Brief hineinfällt. Oft komme ich ganze Wochen hindurch nicht zu eignen Arbeiten. Trotzdem hat man von all der Arbeit für die Gesammtheit Nichts als Verdruß, Undank u. Verläumdung. In der Emigration herrscht viel Elend, aber noch mehr Unverstand u. Gehässigkeit“ (Simon an Christian Gottlieb Schüler, Bern, 26. April 1850; zit. in: Jansen 2004, 105f.). Zur Organisation der Unterstützungskomitees und zur finanziellen Unterstützung der Flüchtlinge in der Schweiz vgl. Jansen 2000b, 112f.

[3] Siehe auch Hildebrand 1970, 329-343.

[4] Zu seinem Bruder und seinem Duell vgl. Simon 1855b, 229f.; zur Desertion vgl. Simon 1855a, 143 und Ders. 1855b, 58.

am schwierigsten, eine Anstellung zu finden (Reiter 1992, 216).[5] Aber für die ständig in Furcht vor Internierung oder Ausweisung lebenden Flüchtlinge wurde eine feste Anstellung von zunehmend großer Bedeutung. Ein sicher angestellter Flüchtling kostete die schweizerische Regierung kein Geld mehr, und der eidgenössische Bundesrat, der über 10.000 Flüchtlinge aus den deutschen Staaten versorgen musste, versuchte es zu vermeiden, diejenigen Flüchtlinge zu destabilisieren, die schon „einen sicheren Erwerb" gefunden hatten.[6] Ferner bildete eine feste Anstellung einen Bezugspunkt, auf den die kantonalen oder eidgenössischen Behörden sich stützen konnten und die Internierungs- oder Ausweisungsgesuche der verschiedenen deutschen Regierungen gegebenenfalls zurückweisen konnten.[7]

[5] Simon bezeichnet diesen Zustand als einen „zwischen Thun und Nichtsthun" (Simon 1855a, 49), von verschiedenen Arbeitsmöglichkeiten (vgl. ebd., 86).

[6] Der Bundesrat hat sich von Anfang an stark dafür eingesetzt, die Zahl der Flüchtlinge in der Schweiz zu vermindern. Zu diesem Zweck hat die eidgenössische Regierung rigoros für Generalamnestien für alle Revolutionsteilnehmer in den deutschen Ländern plädiert und auch zahlreichen Flüchtlingen die Weiterreise nach England oder in die Vereinigten Staaten ermöglicht. Obwohl es zu keiner Generalamnestie in der ersten Hälfte der fünfziger Jahre kam, war die Abschiebungsstrategie doch wirksam. Um die Monatswende August/September 1849 befanden sich noch 8.350 von der Regierung registrierte Flüchtlinge in der Schweiz (also war ihre tatsächliche Zahl wahrscheinlich noch größer), im Januar 1850 dagegen nur noch ca. 2.000 Flüchtlinge. 1851 ist diese Zahl auf 500 gesunken und blieb dann im Jahr 1852 bei 235 stabil. Von diesen Flüchtlingen kamen 192 aus den deutschen Staaten; vgl. Reiter 1992, 226f.

[7] Was das in der Praxis bedeutete, lässt sich am Beispiel Karl Kochendörfers darstellen. Kochendörfer, ein gelernter Schneider und Oberfeldwebel im Mannheim, wurde am 14. Februar 1850 zum „Tod durch erschießen und Verstoßung aus dem Militär verurteilt". Zuerst suchte er in Straßburg Arbeit als Schneider, ging dann aber in die Schweiz, wo er schließlich bei einem Advokaten Arbeit fand. Da er angeblich regelmäßig kleinere Reisen nach Frankreich machte, beantragte die badische Regierung seine Internierung oder Ausweisung aus der Schweiz. Die eidgenössische Regierung lehnte das Gesuch ab, indem sie sich darauf bezog, dass Kochendörfer sich „ruhig" benommen und eine Arbeit gefunden habe. Interessanterweise haben neben Kochendörfers Arbeitsgeber, ein gewisser Rechtsanwalt namens Progs, auch drei weitere angesehene Mitglieder der Gemeinde darüber Zeugnis abgegeben; vgl. Generallandesarchiv Karlsruhe (GLA), 49-2423, 9-10; 236/8574, besonders wichtig 69, aber siehe auch 137-143, 239-240, 268-270, 313. Zu biographischen Informationen über Kochendörfer vgl. Raab 1998, 502.

Die Nationalversammlungsabgeordneten, wie Ludwig Simon, waren unter den Flüchtlingen privilegiert, da sie ihre Abgeordnetendiäten, oder wenigstens einen Teil davon, weiterhin bezogen, so lange die ‚Reichskasse‘ ausreichte. Dieses Privileg hat Simon aber als „Ehrenschuld“ erlebt, da er seine Funktion als Abgeordneter nicht mehr erfüllte (Jansen 2000, 108-130)[8]. Besonders schwer fiel ihm, dass er noch Geld von seinen Eltern bekam, die auch seine Strafe bezahlt hatten, als Simon in 1851 als Deserteur aus der Preußischen Armee verurteilt worden war.[9] In der Schweiz hat Simon vergeblich versucht, als Jurist Arbeit zu finden, und seine publizistische Tätigkeit reichte nicht aus, sich völlig selbständig zu machen. Die Abhängigkeit von der Großzügigkeit seiner Familie und Freunden wurde dabei verschlimmert durch das Gefühl der Überflüssigkeit. Dieses bedrückende Gefühl erscheint auf der letzten Seite von *Aus dem Exil:* „Mein Vaterland hat mich ausgestoßen; das Ausland kann mich nicht brauchen, weder im Barreau noch in der Aula; mit der Schriftstellerei geht es nicht. Weiß ich doch nicht einmal, ob ich für diese Blätter einen Verleger finden werde!“ (Simon 1855b, 353).

Letztendlich haben die meisten Flüchtlinge, selbst die politisch am meisten engagierten, ihren eigenen sicheren Erwerb gefunden, falls nicht in der Schweiz, dann in den USA oder in England. Ludwig Simon hat seinen Plan, Commis zu werden, verwirklicht und wurde Bankier in Frankreich. Und obwohl diese gewisse Art der Etablierung nicht bedeutete, dass er die Ziele der achtundvierziger Revolution aufgegeben hätte, fiel ihr seine intensive publizistische Tätigkeit teilweise zum Opfer.[10] Als Hans Blum, Sohn des in

[8] Vgl. auch Simon 1855a, 141f. über die verschiedenen Quellen der finanziellen Unterstützung.

[9] Eine ausführliche Zusammenfassung des Desertationsprozesses findet sich in Simon 1862, 2f. Siehe auch Ders. 1855b, 231f. und Hildebrandt 1970, 342.

[10] „Der Übergang in selbständige wirtschaftliche Betätigung war demnach ein *typischer* Weg innerhalb der Paulskirchenlinken. Er bedeutete allerdings mitnichten den Verzicht auf politische und publizistische Betätigung oder auf das Engagement für die Ziele der achtundvierziger Revolution“ (Jansen 2000b, 119).

Wien hingerichteten Demokraten Robert Blum, Simon darum bat, eine Biographie über seinen Vater zu schreiben, musste Simon den Auftrag aus Zeitmangel zurückweisen. Dennoch hat Simon die Tatsache, dass er so viel Zeit seiner bürgerlichen Arbeit widmen musste, nicht als Tragödie betrachtet: „Ich weiß die Nothwendigkeit mit Verständniß zu durchdringen und dadurch nicht nur ihres Stachels zu berauben, sondern auch für meine fernere Entwicklung aufbringend zu machen. Die Ziffer hat das Ideal auf die Probe der Wirklichkeit gestellt. Diese Probe will ich bis ans Ende bestehen“[11].

„Die Nothwendigkeit mit Verständniß zu durchdringen“ – dieser Satz könnte auch Simons Einstellung seinem Exil gegenüber vortrefflich charakterisieren. Auf eine besondere Art und Weise hat jeder Flüchtling das Gleiche getan. Sie haben versucht, ihre Folgerungen aus den Ereignissen des ‚tollen Jahres‘ zu ziehen und im Licht dieser Folgerungen ihr Exil zu verstehen und zu gestalten. Für Simon war die Hauptfolgerung, dass eine Revolution ohne breite Unterstützung nicht ausführbar sei. Wenn das Volk noch nicht bereit sei, das ganze gesellschaftliche System zu ändern, und besonders für sich Verantwortung zu nehmen, dann sei es einfach noch nicht ‚reif‘ für solche Veränderungen. Es bliebe nichts anders übrig, als zu warten und inzwischen die Bildungskluft zwischen den ‚Gelehrten‘ und den Unausgebildeten zu schließen.[12] Dementsprechend hatten politische Tätigkeit und Bildung für Simon auch im Exil eine große Bedeutung.

Aus den gleichen Ereignissen konnten aber auch genau die entgegengesetzten Folgerungen gezogen werden. Alexander Herzen, ein exponierter

[11] Ludwig Simon an Hans Blum, Paris, 16 Oktober 1864, in: Bundesarchiv, Berlin (BArch), Nachlass Robert Blum/N 2029/244, 2. Im selben Brief beschreibt Simon einen Arbeitstag wie folgt: „Ich verbringe täglich 10 Stunden auf dem Büreau, habe täglich an 20 bis 40 ankommende u. ebensoviel abgehende Briefe zu lesen u. zu überwachen, von denen ich überdies einen Theil der Schwierigeren selbst schreibe. Selbst Sonntags arbeite ich bis 1 Uhr, – so dass der Sonntag Nachmittag die einzige Wirklichkeit ist, welche mir von meinem Freiheitstraum übrig geblieben. Ich beklage mich deshalb *nicht*“.

[12] Zu einer schönen Formulierung dieses Gedankens vgl. die Abschrift von Simons Rede: n. d., Nachlass Karl Mayer, BArch, Nr. 2185/26, 87.

Exilant aus Russland, vertrat eine Sichtweise, die sich von derjenigen Simons grundsätzlich unterscheidet (Jansen 2000b, 179-182). Im Mittelpunkt von Herzens Exilverständnis steht die These: „[...] wenn die Menschen, statt ewig an die Rettung der Welt zu denken, sich selbst retten wollten, wenn sie statt die Menschheit zu emanzipieren, sich selbst emanzipierten, – welches Glück wäre das für das Heil der Welt, für die Emanzipation der Menschen" (Herzen 1850, 229). Grund für dieses Handlungsmuster war das Verständnis, dass die Revolution vorzeitig war und dass die wirkliche Freiheit nicht auf der Ebene der Gesellschaft, sondern nur auf der Ebene des Individuums zu finden sei.[13] Obwohl Herzen keinen kompletten Rückzug ins Private forderte – er selbst hat später die bedeutende Flüchtlingszeitschrift *The Bell* herausgegeben –, setzte er doch voraus, die Entwicklung des Individuums immer als Priorität zu betrachten.[14]

Herzens Einstellung, die einen hohen Grad von politischer Passivität in sich trug, wurde von den Paulskirchenlinken im Exil und auch von Simon selbst kritisiert.[15] In Simons eigenen Vorstellungen von einer idealen gesellschaftlichen Ordnung stand auch das Individuum im Mittelpunkt, aber auf eine andere Weise. Simons ‚Kulturanarchie'[16] setzte auf den höchsten Grad

[13] „Das Sichunterordnen des Individuums dem Staate und der Gesellschaft ist nichts Anderes als die Fortsetzung der Menschenopfer unter einer andern Form, nichts Anderes als das Lamm, welches stirbt, um durch seinen Tod den göttlichen Zorn zu stillen, nichts Anderes als der Unschuldige, der an der Stelle des Schuldigen gekreuzigt wird" (Herzen 1850, 235).

[14] „Ich rathe Ihnen nicht, plötzlich stille zu stehen und dem thätigen Leben Valet zu sagen, sondern ich rathe, ein eigenes, unabhängiges Leben, Ihr Dasein anzufangen, das so stark, so selbständig ist, daß Sie es retten könnten – und ginge selbst die Welt unter. [...] Stellen Sie Ihre Unabhängigkeit über Alles, retten Sie, emanzipieren Sie sich, und das Uebrige wird kommen. Ob Sie eine Stelle, eine Thätigkeit haben, eine Rolle in dem Gewühle dieser Welt spielen werden, –interessirt mich wenig, und sollte auch Sie vollkommen kaltblütig lassen" (ebd. 242).

[15] Simon schreibt über Herzens Pessimismus: „Dieser interessante Jammer fängt an auch mir nachgerade an äußerst unschmackhaft zu werden" (Simon an Karl Mayer, Lausanne, 18. Januar 1851, zit. in: Jansen 2004, 181).

[16] Simons Definition der Kulturanarchie lautet: „Möglichst wenig Ausgaben für die bewaffnete Macht, reichliche Vorsorge für den öffentlichen Unterricht, möglichst wenig Gesetze, möglichst viel Freiheit, und vor Allem, – denn das ist das Mittel zum Ziele! – möglichst

an individueller Verantwortung und Selbstemanzipierung. Was diese Idee von Herzens Individualismus am stärksten unterschied, war, dass die Volksmeinung, die für Simon eine grundlegende Bedeutung hatte, für Herzen nur eine andere Form von Tyrannei darstellte.[17]

Das „Wissenswerthe“

Der Schlüsselsatz von *Aus dem Exil*, der im Lichte von Simons Wertesystem und seiner Theorie der ‚Kulturanarchie‘ eine besondere Bedeutung hat, steht am Ende der Vorrede: „Auch sind die nachfolgenden Blätter keine bloßen Memoiren. Ich habe ihnen häufige Naturbeschreibungen und manches Wissenswerthe hinzugefügt“ (Simon 1855a, VIII). Diese Bemerkung kann auf mehrere Weisen gedeutet werden. Auf einer Ebene weist sie darauf hin, dass *Aus dem Exil* auf einem kompetitiven Buchmarkt seinen Platz finden musste und in dem Fall war Versatilität ohne Zweifel ein Vorteil.[18] Besonders im Licht der Tatsache, dass Simon aus seiner publizistischen Tätigkeit leben wollte, muss die bewusste Gestaltung der Memoiren als Wissensvorrat als eine Strategie angesehen werden, um so einen möglichst breiten Leserkreis zu anzusprechen. Auf einer anderen Ebene waren die Naturbeschreibungen und die dazu gehörenden Informationen über Ortskunde ebenso wie die Vignetten über die Biographien der Achtundvierziger keine

Selbtsübung der Kräfte und möglichst wenig Vormundschaft. […] Kurz ein Verhältniß, wie es bis jetzt nur in der Schweiz besteht“ (Simon 1855a, 53f.).

17 An dem Punkt waren Simon und Herzen einig, dass eine Revolution ohne eine breite gesellschaftliche Basis unmöglich war. Simon: „Die große Lehre, die wir aus dem Leiden der drei Jahre gewonnen haben, daß das Volk nicht zum Experimentalstoff für unsere Ideen, sondern unsere Ideen zum Experimentalstoff für das Volk da sind“ (Simon 1850, 329). Herzen: „Wenn die Andern unser nicht bedürfen, wenn unsere Entwicklung, unsere Thätigkeit nicht mit ihren Tendenzen übereinstimmen, sollen wir uns ihnen doch aufdrängen? und wozu? Zwingen Sie die Menschen nie, selbst nicht zum edelsten Ziel“ (Herzen 1850, 242). Im Endeffekt hat aber Simon die Volksmeinung als Richtlinie genommen – und Herzen meinte anders: „es ist nichts Wichtiges, nichts Substanzielles darin“ (ebd., 242).

18 Nachdem Simon das Manuskript abgeschlossen hatte, wusste er nicht einmal, ob er einen Verleger dafür finden würde. Vgl. Anm. 1.

bloß interessanten Einzelheiten, sondern zeugen in ihrer Gesamtheit davon, welcher Wirkungskreis den Flüchtlingen geöffnet war und wie Simon sein Exil gemeistert hat.

Ein Interesse an Naturgeschichte und Wandern war vielen der Achundvierziger nicht fremd. Im Exil hat aber die Wanderung eine tiefere Bedeutung erlangt. Durch Reisen, die sich auf die ganze Schweiz erstreckten, konnten die Flüchtlinge miteinander in Kontakt bleiben, ihre Zwangsheimat kennenlernen und in manchen Fällen eine gewisse Art von Kontinuität, selbst wenn nur auf einer minimalen Weise, mit ihrem vorherigen Leben aufrechterhalten, indem sie ihre beliebten Freizeittätigkeiten fortsetzten.[19] Simon z. B. hat Schmetterlinge gesammelt und die besonders schönen oder seltenen Exemplare nach Hause geschickt, damit sie in seiner Schmetterlingsammlung in Trier aufbewahrt werden konnten (Simon 1855a, 28, 71f.). Von vielen Achtundvierzigern in Simons Kreis war die Natur zu einer unerschöpflichen und zugänglichen Quelle der inneren Bereicherung geworden. Diese Einstellung war es, die die Flüchtlinge von den einfachen Touristen in Simons Darstellung unterschied.[20] Es musste den Flüchtlingen auch eine

[19] In manchen Fällen ging es nicht nur einfach um das Aufrechterhalten der Kontakte zwischen den Flüchtlingen, sondern auch darum, dass die Reisen eine gewisse Einheit in die bunte Flüchtlingsgruppe gebracht haben. Simon schreibt über die Flüchtlinge in Bern: „Die frei in der Stadt wohnenden [vermögenden Flüchtlinge] und wer von den [aus Not] einkasernirten es nur immer vermochte, sei es aus eignen Mitteln, sei es als Gast eines besser Gestellten, vereinigten sich von Zeit zu Zeit zu gemeinschaftlichen Ausflügen in Flur und Wald, und versammelten sich zum Mindesten wöchentlich einmal des Abends in der „Michelei“ (Simon 1855a, 88).

[20] Simon fügt zu seiner Beschreibung des Berner Oberlandes hinzu: „Unter den zahllosen Fremden, welche alljährlich hier einkehren, gibt's natürlich Leute, die sich in dieser herrlichen Natur eben so tief und innig bereichern, als wir es zu thun uns einbilden. Viele aber setzen ein philistruoses Leben ohne tiefere Anregung lediglich in anderer Umgebung fort, essen, trinken gut, suchen sich im Salon als ‚gute Gesellschaft‘ bemerklich zu machen, und streben, wenn's hoch kommt, den inneren Mangel durch äußere Lebhaftigkeit zu ersetzen. Das ist ein Hin- und Herrennen, ein geschäftiges Nichtsthhun, eine genußlose Genußsucht“ (Simon 1855a, 64).

gewisse Art von Erfüllung geben, dass sie diese Reisen gründlich planen und sie auch ausführen konnten.[21]

Aus dem Exil selbst ist als eine Serie von Reiseberichten aufgebaut. Nach einer kurzen Einleitung („Letzte Tage in Deutschland") folgen sechs Hauptkapitel, die ohne Ausnahme als Reiseberichte konzipiert sind.[22] Die Reise ist der narrative Hauptfaden der Memoiren, und es ist genau diese Reise, die Simon mit diesem Werk abschließen will: „Ich habe das unstete Leben satt, und mir verlangt nach einem ruhigen, lebenssichernden Wirkungskreise" (Simon 1855a, VII).

Durch die Reisebeschreibungen wurde der Leser nicht nur mit den schönsten Gegenden der Schweiz vertraut, sondern auch mit ihrer Geschichte und Gegenwart. Bei Simon waren die Naturbeschreibungen besonders wichtig, weil sie unter anderem ein Bild davon zeigten, wie die Schweiz als Republik funktionierte. Die Verlegung eines Flusses, die guten Straßen, die gemütlichen Menschen, dies alles wurden in diesen Beschreibungen als ein Beweis für die Effektivität und die Stärke der republikanischen Staatsform dargestellt.[23] Durch diese Gegenwartsorientatierung hat Simon die über die Schweiz zur Verfügung stehenden Reiseführer, die er auch als

[21] Ein Indiz dafür ist, wie beliebt das Thema Reisen in der Flüchtlingskorrespondenz war. Ein gutes Beispiel findet sich in dem Brief von Karl Mayer an Carl Ludwig Deffner, Wabern, 15. Juli 1850, Hauptstaatsarchiv Stuttgart, Q 2/7, Büchsel 1. Mayer beschreibt in diesem Brief detailliert die Reisepläne von einer zweiwöchigen Wanderreise: die Route, den Geldbedarf, die Kleidungen und alles Mögliche. Er bemerkt dabei, dass sein Korrespondent möglicherweise nicht so interessiert an der Reise ist wie er: „Der Reiseplan ist dir zwar total Wurst, aber ich will ihn dir doch im Allgemeine [sic!] angeben" (über die ausgeführte Reise siehe Simon, 1855a, 230).

[22] Die Kapitel sind allesamt geographisch konzipiert und haben außer dem ersten Kapitel „Letzte Tage in Deutschland" entweder den Rahmen eines Reiseberichts oder einer Ortbeschreibung.

[23] „Die Schweiz ist ein kleines Land von kaum 2 ½ Millionen Einwohnern; sie hat weder Gold- noch Silberbergwerke und wenig fruchtbare Ebene; und doch unterbleibt in ihr nicht leicht Etwas, was vom öffentlichen Whole erheischt wird" (Simon 1855a, 48). Darüber hinaus kam für Simon die Schweiz seiner Vorstellung von einer ‚Kulturanarchie' am nächsten; vgl. ebd., 56 und Anm. 16.

Quellen für seine Arbeit benutzte, ergänzt und komplettiert.[24] Besonders der schweizerischen Bürgerwehr hat Simon viel Platz eingeräumt, da die Waffengewandtheit der Schweizer ihn faszinierte. Die Tatsache, dass es trotz vieler Waffen zu keinen Ausschreitungen unter den Schweizern käme, sei der beste Beweis für die persönlichkeitsprägende Kraft der republikanischen Staatsform und der direkten Selbstvertretung. Die Waffen waren zur Selbstverteidigung bestimmt und auch dazu genutzt: „Das lernt man in der Schule der Freiheit“ (Simon 1855b, 104).

Die Reiseberichte waren dennoch keine einfachen, mehr oder weniger schlecht verschleierten didaktischen Lektionen in republikanischer Landeskunde. Simon hat seine Wahlheimat auch gegen die verschiedenen Kritiken verteidigt, die entweder andere deutsche Flüchtlinge oder deutsche Konservative gegenüber der kleinen Republik äußerten, und dadurch hat er in der öffentlichen Diskussion über die Schweiz offen Partei ergriffen. Für Simon war das ihm gewährte Asyl kein Recht, sondern eine Manifestation der freiwilligen Gastfreundschaft, die man „mit Bescheidenheit genießen“ sollte (Simon 1855a, 106-109; Ders. 1855b, 44). Und auch für Internierungen und Ausweisungen hat er mehr Verständnis gezeigt als die meisten politischen Flüchtlinge, sowohl die Achtundvierziger verschiedener Länder als auch später die französischen Flüchtlinge nach dem Coup von 1851, von denen viele die Schweiz enttäuscht verließen.

Die Reisen hatten darüber hinaus eine persönliche Bedeutung in den Memoiren dadurch, dass sie den Charakter der Reisenden enthüllten. Dass Reisen und besonders Fußreisen sowohl den Körper als auch den Geist

[24] Unter anderem hat Simon zwei Reiseführer als Quellen benutzt: *Anleitung auf die nützlichste und genussvollste Art die Schweiz zu bereisen. Handbuch für Reisende in der Schweiz* (Ebel 1843) und *Die Schweiz. Handbüchlein für Reisende, nach eigener Anschauung und den besten Hülfsquellen bearbeitet*, Koblenz 1844; vgl. Simon 1855a, 43. „Nicht ohne Bewunderung und Erhebung wird daher der Reisende, welcher Nation er auch angehören mag, wenn er ein Freund der Rechte der Menschheit ist, die heiligen Stätten besuchen, wo die Gründer und Verfechter der schweizerischen Eidgenossenschaft theils im Stillen mit einander zu Rath gingen, theils in heissem Kampfe über despotische Gewalthaber und Unterdrücker obsiegten, und mit ihrem Blute das kostbare Gut der Freiheit errangen“ (Ebel 1843, 5).

entwickelten, war kein neues Thema in der Reiseliteratur der Zeit,[25] aber im Rahmen der Exilmemoiren hat es weitere Wichtigkeit erlangt.[26] Die Stärke des Reisenden, mit der er selbst den höchsten Gipfel bestieg, und die Fähigkeit, selbst in den einfachsten Dingen das Schöne zu entdecken, wurde durch die oft zu Metaphern werdenden Naturbeschreibungen zu einer Verkörperung von Simons Einstellung zum Exil. Dies zeige z. B. ein Tal: „Für den Kräftigen gibt's überall Ueber und Ausgang, und der Schwache ist selbst ohne Mauern stets ein Gefangener" (Simon 1855a, 240). An einer anderen Stelle werden die Gletscher zu einem Spiegel der Entwicklung der Menschheit: „Soviel ist sicher, dass die Gletscher, wie wir Menschenkinder, dem Fort- und Rückschritte unterworfen sind, dem Rückschritte durch unüberlegtes Schwelgen im Sonnenschein, dem Fortschritte durch innere Arbeit, durch Druck von Oben oder durch Beides zugleich" (Simon 1855a, 253). Den „Druck von Oben" hat das Exil selbst mitgebracht und die „innere Arbeit" hat Simon bewusst in seiner publizistischen Tätigkeit, unter anderem in seinen Memoiren, geleistet.

[25] Nach Sommer hatte die dritte Auflage von Ebels Handbuch (vgl. Anm. 24) eine besonders starke propagandistische Wirkung mit ihrer Grundthese, dass „das Reisen in der Schweiz stärke die körperliche und befördere die moralische Gesundheit" (Sommer 1936, 6f.).

[26] Der Reiseführer von Ebel (vgl. Anm. 24) beschreibt die Tugenden der Fußreise wie folgt: „Nur der Fussreisende kann sich ausser den Bereich einer Menge conventioneller Belästigungen und Plackereien setzen; er allein geniesst der unbeschränkten Freiheit, seine Schritte zu lenken, wohin er will. Eine Fussreise gewährt ausserdem besondere Reize; sie lässt den Wanderer zwar mit einiger Anstrengung den Genuss erkaufen, aber eben dadurch erhöht sie denselben und macht die Ruhe doppelt süss. [...] Mässige Anstrengung des Körpers erzeugt eine geregelte Ausdünstung und befördert den Appetit [...] und der stete Wechsel der Thätigkeit des gesammten Organismus gibt selbst dem Geiste eine neue Schwungkraft; zudem werden eine Menge ungewohnter Situationen den Muth, die Entschlossenheit und Gesitesgegenwart des Fussreisenden in Anspruch nehmen, und somit auch zur moralischen Vervollkommnung desselben dienen" (Ebel 1843, 33f.).

Biographien der Achtundvierziger

Doch in *Aus dem Exil* ging es nicht nur um Reisen, metaphorisch oder tatsächlich, sondern auch um Flüchtlinge selbst, deren Schicksale und persönliche Geschichten in die Reiseberichte eingebettet wurden. Vergangenheit und Gegenwart wichtiger Persönlichkeiten der Revolution wurden als Charakterbilder vorgestellt. Diese Charakterbilder waren mehr oder weniger politisch konturiert. In der biographischen Vignette von Wilhelm August Trützschler, jenem hingerichteten Paulskirchenlinken, der eine entscheidende Rolle bei der Entwicklung der ‚Kulturanarchie'-Theorie spielte, legte Simon großen Wert darauf, das politische Erbe seines Freundes darzustellen (Simon 1855a, 51f.). In anderen Fällen, besonders wenn es sich um Flüchtlinge handelte, die sich samt ihrer Familien in der Schweiz niedergelassen hatten, wurde großer Wert auf die Darstellung des Familienlebens gelegt (Simon 1855a, 46f., 65). Vor allem Gastfreundschaft und Solidarität, die diese Familien den Flüchtlingen zeigten, wurden betont, und ihre Idyllen als ein Gegensatz zu Simons Einsamkeit geschildert. Die Familie des Esslinger Demokraten Karl Mayer z. B. pflegte Simon zwei Monaten lang, als er im Winter 1852 schwer krank wurde. Diese Krankheit war ein Neuausbruch einer früheren Magenbeschwerde und die Zeit, die Simon in der Pflege der Mayerschen Familie in Wawern verbrachte, wurde in *Aus dem Exil* mit der Zeit kontrastiert, als Simon seine Krankheit allein bewältigen musste (vgl. Simon 1855b, 10f., 119, 239f.).

Simons Krankheit verdient dabei besondere Aufmerksamkeit. Das Exil hatte die Magenbeschwerden, die nach Simons Überzeugung in direkter Verbindung mit der psychischen Anstrengung standen, mit sich gebracht. Sie wurden in der Analyse wieder zu einer Metapher der Revolution, die er mit einem gesunden Sinn für Humor behandelte: „[S]o übte meine unsterbliche Seele über den armen Körper eine Dictatur aus, welche alsbald zu einer Revolution der Materie führen musste. Wäre diese Revolution noch vom Herzen ausgegangen! Das wäre doch noch eine poetische Krankheit gewesen. Aber es musste grade der Magen sein, damit ich einsehen lerne, dass auch die trivialste Prosa ihr Recht habe" (Simon 1855b, 8). ‚Die trivialste

Prosa' hat Simon in eine noch ausgelieferte Position versetzt als zuvor, und dadurch hatte er eine Möglichkeit, sich von der Freundschaft und der Unterstützungsbereitschaft von anderen Flüchtlingen sowie von ihren Freunden in der Schweiz zu überzeugen. Selbst die Symptome der Krankheit sollten nicht verloren gehen – Simon hat gehofft, dass seine Erfahrungen auch auf diesem Bereich „Anderen vielleicht einmal von Nutzen werden" können.[27]

Simons Interesse an Bildung und Erziehung scheint auch in den Familiendarstellungen durch, da er viel und gerne darüber schrieb, wie die Kinder in den Flüchtlingsfamilien erzogen wurden. Mit besonderem Interesse werden die Familie Vogt und die oben erwähnte Familie Mayer dargestellt. In der Vogtschen Familie in Bern waren die Kinder schon erwachsen und hatten schon ihr eigenes Leben aufgebaut. Bei der Familie Mayer wurden die ersten Schritte der drei Kindern, ‚Göckele', ‚Bille' und Ludwig mit viel Liebe beschrieben, besonders die Sorgfalt, mit der der junge Vater die Erziehung seiner Kinder in die eigenen Händen nahm:

„Der Vater unterrichtet die Kinder selbst. Spielend lehrt er sie das Abc und Zählen mit Aepfeln und Nüssen. Theilung und vorenthaltene Stücke weihen die Kinder schon frühe in den Schmerz der Brüche ein. [...] Die gelegentlichen demokratischen Nutzanwendungen des Vaters kann man sich leicht vorstellen. Aber er ließ den Empfindungen der Kinder ihren freien und natürlichen Lauf" (Simon 1855a, 131f.).

Familienidyllen und besonders Kinder haben in *Aus dem Exil* eine wichtige Funktion: Sie sind Zeugen der Überlegenheit der Flüchtlinge, die sich auch im Exil zurechtfanden, und zeigen ferner, dass viele Flüchtlinge sich

[27] Simon an Karl Mayer, Genf, 22. März 1853, zit. in: Jansen 2004, 313. Vgl. auch Simon an Karl Mayer, Genf, 22. Januar 1853, BArch, Nr. 2185/14, 91 und Simon an Karl Mayers Frau, Emilie, Genf, 11. Mai 1853, ebd. 99. In diesem letzten Brief entschuldigt sich Simon für die „Äußerungen meines krankhaften Wesens von der Kritik der Brödchen bis zur unbescheidenen Aneignung der Christagsguth, die ich bis jetzt doch nicht essen konnte", und ist besonders dankbar dafür, dass er trotz seiner Launen von der Familie Mayer so wohl behandelt wurde.

auch im Exil ein anständiges, die bürgerlichen Normen erfüllendes Leben aufgebaut hatten.

Die Memoiren legen Zeugnis von allem ab, was Simon im Exil erreichte. Durch seine eigene Erfahrung hat Simon die Reiseführer überprüft und ergänzt, er hat seine eigenen Folgerungen aus den Naturerscheinungen gezogen und die Schicksale der Flüchtlinge in Geschichte und Gegenwart der Schweiz integriert. Nur in einem Fall schreibt er: „Aber nun, lieber Leser, möchtest Du wohl endlich Etwas von dem Ziele unserer Wanderung, dem Monte-Rosa und seinen Umgebungen wissen. Leider kann ich Dir kaum mehr darüber sagen als ein Reise-Handbuch“ (Simon 1855a, 250). Aber die Memoiren zeugen auch von seiner publizistischen Tätigkeit, die einen bedeutenden Teil des „Wissenswerthe[n]“ von *Aus dem Exil* bildet; Simon hat sich nämlich auch mit wichtigen Fragen der Politik und der Zeitgeschichte auseinandergesetzt, die fast als selbständige Teile in die Reiseberichten eingegliedert wurden. Die zwei wichtigsten dieser ‚versteckten‘ Artikel sind Simons Analyse des Steuersystems unter Heranziehung der wichtigsten sozialistischen Literatur der Zeit und seine Darstellung der Entwicklung der Geschichte Frankreichs zwischen der Revolution von 1848 und dem Coup von 1851.[28] Obwohl er keine feste Arbeit fand, hat Simon seine Zeit im Exil nicht ungenutzt gelassen und die Ergebnisse seiner Studien in den Memoiren dargestellt (Simon 1855b, 3f.).

Schlussgedanken

Memoiren sind klassische *‚lieux d'identité‘*, um Pierre Nora umzuformulieren; sie bieten eine Gelegenheit, Traumata zu verarbeiten und dabei eine kohärente Narrative aufzubauen, indem der durch die Flucht verursachte Bruch auch einen sinnvollen Platz erlangt. Simons Memoiren folgen einem klassischen Muster, indem sie chronologisch von der Flucht bis zu Simons Ge-

[28] Zu seiner Analyse des Steuersystems vgl. Simon 1855b, 60-90; zur Darstellung der Geschichte Frankreichs ebd., 90-100.

genwart sein Schicksal darstellen. Die Themen in *Aus dem Exil* sind nicht unbedingt einmalig in dem Sinn, dass sie nicht auch in anderen Flüchtlingsmemoiren vorzufinden wären. Die Aufnahmegesellschaft zu beobachten und über sie im Rahmen von Memoiren zu reflektieren, spielte eine wichtige Rolle im psychologischen Prozess der Eingliederung, und im Fall der Memoiren der Achtundvierziger aus der Schweiz oder aus den USA hatten sie auch eine besondere politische Bedeutung, weil sie zeigten, wie eine Republik in der Praxis funktionierte.

Was dennoch *Aus dem Exil* einmalig macht, ist Simons Hoffnung, dass seine im Exil erworbenen Erfahrungen und Kenntnisse „von Nutzen" seien und dass sein Werk „wissenswerth" und „nicht ohne Interesse" sei (Simon 1855a, VIII). Nicht polemisch, aber zum Teil doch als bewusste Antwort auf die Herzensche Individualisierung des Exils versucht Simon in *Aus dem Exil*, seine persönliche Erfahrungen in einen weiteren Kontext zu setzen und durch sie zu zeigen, wie er seine eigenen Ideen verwirklicht hat. Das bedeutet nicht, dass Simon verschönert oder verschweigt, was für einen Bruch das Exil für ihn bedeutet hat. Seine Krankheit, die er selbst als einen organischen Teil der Revolutionsverarbeitung deutet und die Zeit, die er brauchte, bevor er in der Lage war, „wahrheitsgetreue Memoiren" abzufassen, sind Zeugen davon, dass Simons Weg zum Sinn seines Exils kein einfacher war. Von ‚Märtyrertum' war in *Aus dem Exil* dabei aber gar keine Rede:[29]

„Die folgenden Blätter sind keine ‚libri tristum ex Ponto.' Bricht auch manchmal die Wehmuth durch, so ist und bleibt die Wehmuth doch stets ein Muth, und dieser war bei mir stets herrschsam über das Wehe" (Simon 1855a, VI).

[29] „Aber meine Freiheit und meinen lebendigen Leib mit absichtsvollem Vorbedacht als martyrischen Zukunftsdünger für den ermatteten oden einer trostlosen Gegenwart herzugeben, Das – offen gestanden – ist meine Sache nicht. Wenn ich einmal mit meiner Freiheit und meinem Leben nichts Gescheidteres [sic!] mehr anzufangen weiß, dann bleibt mir Das ja noch immer unbenommen" (Simon 1855a, 80).

Besonders in der Literaturtheorie wird Exil oft als eine Art von privilegierter Identität angesehen. Unter anderen betrachten Salman Rushdie und Edward Said das Exil als eine schmerzhafte, aber bereichernde Lebensform, weil es einen exklusiveren Blickwinkel anbietet, von dem aus man verschiedene Kulturen reflektieren kann. Und Exil ist nicht nur eine Möglichkeit, diesen Blickwinkel einzunehmen, sondern es ist mehr: Es ist ein Zwang, zuerst ein äußerer, aber dann verinnerlichter, in diesem Standpunkt zu beharren und ihn wirklich zu nutzen. Es gilt das Prinzip: ‚es gibt keinen Weg zurück, nur nach vorn'.[30] Nach Salman Rushdie liegt die Grenze zwischen Exil und anderen Migrationsformen – *émigré*, *expatriate*, *refugée*, *immigrant* – in der bereichernden Entfremdung.

Simons Weg zum Sinn des Exils führte genau in die entgegengesetzte Richtung: Das Werk erreichte nicht dann seine Vollkommenheit, als Simon seine Heimat und seine Aufnahmegesellschaft transzendiert hat, sondern als er einen Weg gefunden hat, seine Erfahrungen irgendwie ‚nützlich' zu machen und sein Schicksal in die Narrative der Heimat zu integrieren. Wie er selbst in der Vorrede formuliert:

„Wir befanden uns auf demselben Schiffe, Alle, die Einen auf dem Vorder- die Anderen auf dem Hintertheile. Es war Sturm. Ihr habt Euch gerettet, der Eine so, der Andere anders. Wir wurden verschlagen. Einige von uns sind wieder unter Dach und Fach gekommen; Andere irren noch obdachlos und kämpfend umher; noch Andere sind bereits unterlegen. Gleichviel! Ihr könnt uns nicht völlig ignorieren. Unsere Schicksale gehören mit zu Eurer Geschichte, und tragen zu deren vollem Verständnisse bei“ (Simon 1855a, VIII).

Dabei hat Simon keine Theorie des Exils entwickelt, sondern zeigte eher in der Praxis, wie er selbst während des Exils seinen Ideen treu blieb. *Aus*

[30] „Seeing ‚the entire world as a foreign land' makes possible originality of vision. Most people are principally aware of one culture, one setting, one home; exiles are aware of at least two, and this plurality of vision gives rise to an awareness of simultaneous dimensions, an awareness that – to borrow a phrase from music – is *contrapuntual*“ (Said 1984, 172).

dem Exil ist dann als eine Art von Rechenschaft zu lesen, wie Simon die ersten sechs Jahre seines Exils verbracht hat. Simon, der wegen seiner Desertierung selbst von der Generalamnestie von 1862 ausgenommen wurde und nie in seine Heimat zurückkehren durfte, hat in 1855 die Lebensphase des ‚professionellen Exils' endgültig abgeschlossen. Dass er dabei weder zum Märtyrer noch zum erbitterten Revolutionär wurde, war nicht zuletzt der Hoffnung zu verdanken, dass ihn seine Erfahrungen nicht entfremden und isolieren, sondern ganz im Gegenteil an die Gesellschaft zu Hause zurückbinden würden.

Literatur

Ebel, Johann G. (1843): Anleitung auf die nützlichste und genussvollste Art die Schweiz zu bereisen. Handbuch für Reisende in der Schweiz, 8. Aufl., Zürich.

Herzen, Alexander (1850): Omnia mea mecum porto, in: Deutsche Monatschrift für Politik, Wissenschaft, Kunst und Leben, H. 7, Stuttgart, S. 224-243.

Hildebrandt, Günther (1970): Ludwig Simon, in: Arbeitskreis Vorgeschichte und Geschichte der Revolution von 1848/49 (Hrsg.): Männer der Revolution, Berlin, S. 329-343.

Jansen, Christian (1998): Arnold Ruge und Friedrich Wilhelm IV. Über das Selbstverständnis der Protagonisten der Revolution und ihre Verarbeitung der Niederlage, in: Ders. / Mergel, Thomas (Hrsg.): Die Revolutionen von 1848/49, Erfahrung, Verarbeitung, Deutung, Göttingen, S. 225-246.

Ders. (2000a): Demokrat und Kosmopolit. Der politische Weg des Trierer Paulskirchenabgeordneten Ludwig Simon (1819-1872) gegen den Strom des nationalistischen 19. Jahrhunderts, in: Herres, Jürgen / Müller, Guido (Hrsg.): Aachen, die westlichen Rheinlande und die Revolution von 1848/49, Aachen, S. 279-308.

Ders. (2000b): Einheit, Macht und Freiheit. Die Paulskirchenlinke und die deutsche Politik in der nachrevolutionären Epoche 1849-1867 (Beiträge zur Geschichte des Parlamentarismus und der politischen Parteien, Bd. 119), Düsseldorf.

Ders. (Hrsg.) (2004): Nach der Revolution 1848/49: Verfolgung, Realpolitik, Nationsbildung. Politische Briefe deutscher Liberaler und Demokraten 1849-1861, Düsseldorf.

Lüthi, M. (1936): Die Schweiz im Urteil deutscher Flüchtlinge um 1848, in: Näf, Werner (Hrsg.): Deutschland und die Schweiz in ihren kulturellen und politischen Beziehungen während der ersten Hälfte des 19. Jahrhunderts (Berner Untersuchungen zur Allgemeinen Geschichte, Bd. 9), Bern, S. 52-128.

Raab, Heinrich (1998): Revolutionäre in Baden 1848/49, Stuttgart.

Reiter, Herbert (1992): Politisches Asyl im 19. Jahrhundert; Die deutschen politischen Flüchtlinge des Vormärz und der Revolution von 1848/49 in Europa und den USA, Berlin.

Moser, Max (1936): Der Fortschrittsgedanke Ludwig Simons, in: Näf, Werner (Hrsg.): Deutschland und die Schweiz in ihren kulturellen und politischen Beziehungen während der ersten Hälfte des 19. Jahrhunderts (Berner Untersuchungen zur Allgemeinen Geschichte, Bd. 9), Bern, S. 129-144.

Said, Edward W. (1984): Reflections on Exile, in: Granta. A paperback magazine of new writing, H. 13, S. 159-172.

[Simon, Ludwig] (1850): Das Untergangstum, in: Deutsche Monatsschrift für Politik, Wissenschaft, Kunst und Leben, H. 12, Stuttgart, S. 325-331.

Simon, Ludwig (1855a): Aus dem Exil, Bd. 1, Giessen.

Ders. (1855b): Aus dem Exil, Bd. 2, Giessen.

Ders. (1862): Meine Desertion. Ein Zeitbild im Rahmen des preußischen Gottesgnadentums, Frankfurt a. M.

Sommer, H. (1936): Deutsche Schweizerreisen in der ersten Hälfte des 19. Jahrhunderts, in: Näf, Werner (Hrsg.): Deutschland und die Schweiz in ihren kulturellen und politischen Beziehungen während der ersten Hälfte des 19. Jahrhunderts (Berner Untersuchungen zur Allgemeinen Geschichte, Bd. 9), Bern, S. 5-51.

Geschichtsbild und Identität

Die historische Einordnung der Sowjetunion durch deutsche und französische Linksintellektuelle (1917-1939)

Eva Oberloskamp

„Meiner Überzeugung nach wird die Oktoberrevolution das unvergleichlich wichtigste Ereignis des zwanzigsten Jahrhunderts bleiben."[1]

Die gewaltigen Umwälzungen, die im Herbst des Jahres 1917 in Russland begannen, stellten ein in seinem Anspruch und seiner Radikalität noch nie dagewesenes Experiment dar: Ausgerechnet in dem Land, das vielfach als Inbegriff politischer und wirtschaftlicher Rückständigkeit galt, sollte zum ersten Mal die Utopie des Sozialismus Realität werden. Durch revolutionäre Umgestaltung sollte ein neuer Staat entstehen – eine neue, bessere Welt, ohne Krieg, materielle Not und soziale Ungleichheit. Das westliche Europa beobachtete das junge Sowjetrussland mit einer Mischung aus Neugier, Angst und Faszination – befand sich doch die „alte Welt" selbst in einer tiefgreifenden „Identitätskrise der europäischen Kultur und Gesellschaft" (Bracher 1998, 19).

In diesem Beitrag soll untersucht werden, welche historische Bedeutung deutsche[2] und französische Linksintellektuelle in der Zeit zwischen den

[1] So lautet im Jahr 1933 die Antwort Klaus Manns auf die Frage der in Moskau erscheinenden Zeitung *Internationale Literatur* nach seiner Einstellung zur Oktoberrevolution (Mann 1992a, 451).

[2] Mitberücksichtigt werden sollen hier auch deutschsprachige Linksintellektuelle aus anderen Staaten, deren Werk in Deutschland rezipiert wurde und für die von einer gewissen Öffentlichkeitswirksamkeit in der Weimarer Republik ausgegangen werden kann.

Weltkriegen dem neuen sowjetischen Staat beimaßen, der gerade in sozialistischen Kreisen Hoffnung „auf kreative Erneuerung und Orientierung" (Furler 1987, 11) weckte.[3] Hierbei wird davon ausgegangen, dass Intellektuellen besonders in Krisenzeiten – und als solche wurden sowohl in Frankreich als auch in Deutschland die Jahre nach dem Ersten Weltkrieg empfunden – eine zentrale Funktion im öffentlichen und politischen Leben zukommt: Als Interpreten und Produzenten von politischen Wirklichkeitsbildern, die Sinn- und Deutungsangebote für andere machen, können sie einen erheblichen Einfluss auf die politische Kultur einer bestimmten Gruppe oder des ganzen Staates ausüben (Rohe 1990, 339-341).[4] Die Konzentration auf Linksintellektuelle[5] erscheint aus einer ganzen Reihe von Gründen sinnvoll, unter anderem weil sich Linksintellektuelle eher als Vertreter anderer politischer Tendenzen gezwungen sahen, zur Sowjetunion Stellung zu nehmen, und weil sich die Gruppe der Linksintellektuellen für Deutschland und Frankreich relativ klar umreißen lässt – eine wichtige Voraussetzung für den deutsch-französischen Vergleich. Der komparative Ansatz wirft allerdings für den gewählten Zeitraum der Jahre 1917 bis 1939 das Problem auf, dass ab 1933 die politischen Kontexte in Deutschland und Frankreich stark divergierten. Es wird dennoch davon ausgegangen, dass ein Vergleich möglich ist, weil die Untersuchung letztlich auf längerfristig wirksame Denktraditionen zielt, die im Falle der deutschen Linksintellektuellen auch über den Bruch des Jahres 1933 hinweg wirksam waren. Wichtigste Quelle der Unter-

[3] Aus der zahlreichen Literatur zum Verhältnis europäischer Intellektueller zum Kommunismus und zur Sowjetunion sei an dieser Stelle exemplarisch auf einige wenige Titel verwiesen: Furet 1995; Koenen 2005; Koenen/Kopelew 1998; Caute 1967 sowie Ders. 1973.

[4] Ein Überblick über die eher unübersichtliche Literatur zur Intellektuellengeschichte und insbesondere zur Frage der Begriffsdefinition findet sich bei Hertfelder 2000 sowie Jäger 2000. Zum französischen Verständnis des Begriffs siehe beispielsweise Jurt 2000. Zum Problem eines intellektuellengeschichtlichen deutsch-französischen Vergleichs siehe Bock 1998, Charle 2001 sowie Beilecke/Marmetschke 2005.

[5] „Links" soll hier zunächst rein formal an der Zugehörigkeit zu politisch links stehenden Organisationen oder Netzwerken festgemacht werden.

suchung sind Reiseberichte,[6] darüber hinaus werden vereinzelt auch andere öffentliche Stellungnahmen von Linksintellektuellen zur Sowjetunion mit einbezogen sowie nicht zur Veröffentlichung bestimmte Texte, so etwa Reisetagebücher oder Korrespondenz. Einschränkend muss an dieser Stelle der Werkstattcharakter des Beitrags betont werden, der in aller Kürze einige Zwischenergebnisse meiner bisherigen Forschungsarbeit festhalten soll.[7]

Die oben formulierte Fragestellung kann nur unter Berücksichtigung der jeweiligen Geschichtsbilder beantwortet werden, die den historischen Einordnungen zugrunde liegen. Hierbei sind unterschiedliche Aspekte von Interesse: Zum einen sind die historischen Bezugspunkte zu untersuchen, auf die deutsche und französische Linksintellektuelle in ihren Texten über die Sowjetunion zurückgreifen,[8] und zum anderen muss gefragt werden, welche Sinnzusammenhänge und historischen Erklärungsmuster sich hinter den Äußerungen zur Sowjetunion verbergen. Geht man davon aus, dass Geschichtsbilder ein bestimmendes Element kollektiver Identität bilden (vgl. Giesen 1999, 43-46), so kann auf der Grundlage der Analyse deutsch-französischer Unterschiede und Gemeinsamkeiten in der historischen Ein-

[6] Zu den Sowjetunionreisen deutscher und französischer Linksintellektueller sowie zur Reiseliteratur siehe Coeuré 1999, Furler 1987, Heeke 2003, Hollander 1981, Hourmant 2000, Kupfermann 1979, Margulies 1968, Mazuy 2002, Schütz 1977.

[7] Der Aufsatz behandelt nur einen Teilaspekt meiner Dissertation, die vergleichend die Wahrnehmung der Sowjetunion in den Reiseberichten deutscher und französischer Linksintellektueller 1917 bis 1939 untersucht. Im Rahmen dieses Aufsatzes soll auf eine breitere Diskussion der Forschungsliteratur verzichtet werden, es werden lediglich an einigen Stellen weiterführende Titel genannt.

[8] Diese historischen Bezugspunkte könnten in Anlehnung an Maurice Halbwachs auch als Inhalte des kollektives Gedächtnisses des deutschen bzw. französischen linksintellektuellen Milieus bezeichnet werden. Unter „kollektivem Gedächtnis" versteht Halbwachs einen kollektiven Bezugsrahmen von Erinnerung, der durch die Kommunikation und Interaktion der Individuen gruppenbezogen erstellt wird. Es handelt sich also um eine von der Gegenwart ausgehende gesellschaftliche Konstruktion, die es dem Individuum ermöglicht, seine Wahrnehmungen und Erinnerungen zu ordnen und sie in einen sinnvollen Zusammenhang zu stellen. Zum Begriff des kollektiven Gedächtnisses vgl. Oexle 1995, 22-29, sowie Assmann 1995, 173-175. Zum Konzept kollektiver Erinnerung siehe auch Nora 1984.

ordnung der Sowjetunion auch nach einer gesamteuropäischen Identität für die Zeit zwischen den Weltkriegen gefragt werden.

Im Folgenden sollen zunächst die Äußerungen französischer Linksintellektueller zur Sowjetunion genauer betrachtet werden. Dabei wird sowohl der Frage nach den historischen Bezugspunkten als auch jener nach den größeren Zusammenhängen und Erklärungsmustern nachgegangen. Beide Aspekte werden danach für den deutschen Fall untersucht. Abschließend soll vergleichend erörtert werden, welches übergreifende Geschichts- und Weltbild jeweils die historische Einordnung der Sowjetunion dominierte.

Die historischen Bezugspunkte, auf die französische Linksintellektuelle in den 1920er und 1930er Jahren in ihren Texten über die Sowjetunion zurückgreifen, bilden einen auffallend einheitlichen Kanon. Häufigste historische Referenz – sie findet sich in nahezu jedem Reisebericht – ist die Französische Revolution von 1789.[9] Meistens geht hierbei die Erwähnung der Französischen Revolution mit einer impliziten Parallelisierung zur Bolschewistischen Revolution einher. Beiläufige Vergleiche wie beispielsweise „Comme l'armée de la révolution française, l'armée rouge a connu des temps héroïques" (Duhamel[10] 1927, 199) finden sich in großer Zahl.

Darüber hinaus gehört auch die revolutionäre Geschichte Frankreichs im weiteren Sinne zum historischen Repertoire französischer Linksintellektueller. So verweist beispielsweise Henri Béraud[11] unter anderem auf die Revo-

[9] Zur Bedeutung des Mythos der Französischen Revolution für die französische Linke in der ersten Hälfte des 20. Jahrhunderts vgl. Luzzatto 1996.

[10] Georges Duhamel, Arzt, Schriftsteller, geb. am 30.06.1884 in Paris, gest. am 13.04.1966 in Valmondois (Val d'Oise). Die biographischen Angaben zu deutschen und französischen Linksintellektuellen enthalten neben Lebensdaten und beruflicher Tätigkeit eventuelle für die Zeit zwischen den Weltkriegen relevante Mitgliedschaften in der Kommunistischen Partei oder in von der kommunistischen Partei dominierten Organisationen. Soweit nicht anders vermerkt, sind die Angaben zu den französischen Linksintellektuellen dem Dictionnaire biographique du mouvement ouvrier français (Pennetier 1997) entnommen.

[11] Henri Béraud, Schriftsteller und Journalist, geb. am 21.09.1885 in Lyon, gest. am 24.10.1958 in Saint-Clément-des-Baleines (Île de Ré). Béraud ist bis etwa in die Mitte der

lution von 1848 (Béraud 1925, 194), Georges Friedmann[12] auf die Tradition der Pariser Kommune von 1871 (Friedmann 1936, 82) und Jean-Richard Bloch[13] erwähnt die revolutionäre Geschichte Frankreichs, die vom Mittelalter über 1789 bis hin zur Dreyfus-Affäre in die Dritte Französische Republik reiche (Bloch 1934, 64).

Insbesondere kommunistische Intellektuelle oder solche, deren Bindung an die kommunistische Partei relativ eng ist, lassen die Sowjetunion hierbei als das Land erscheinen, welches die Ziele der Französischen Revolution wieder aufgenommen hat und ihrer Vervollkommnung entgegenführt. Dieses Bild entspricht weitgehend den Vorgaben des historischen Materialismus; im französischen Fall ist es jedoch gleichzeitig getragen vom lebendigen Gruppengedächtnis, dessen Inhalte sich kohärent in die sozialistische Theorie einfügen ließen. Der Gedanke einer kontinuierlichen Traditionslinie findet sich beispielsweise in sehr expliziter Form in einem Grußtext von Romain Rolland[14], den er zum 20. Jahrestag der Oktoberrevolution veröffentlichte:

„J'apporte à la jeune Révolution d'Octobre, qui fête aujourd'hui ses 20 ans, le salut reconnaissant des fils de la vieille Révolution d'Occident. [...] Vous, camarades soviétiques, vous avez repris notre flambeau, tombé de nos mains, et par les mains de votre grand Lénine, éveilleur du feu, la torche de liberté éclaire le monde. L'œuvre de la Convention, interrompue, se continue; et le monde nouveau par nous rêvé, par vous s'édifie. [...] Et nous entendons [...] l'hymne héroïque qui, telle une nouvelle *Marseillaise*,

1920er Jahre dem pazifistisch-linken Spektrum zuzuordnen, danach jedoch zunehmend an rechten Ideen orientiert, während des Zweiten Weltkriegs „Collaborateur" (Ory 1996, 139f.).

[12] Georges Friedmann, Soziologe, geb. am 13.05.1902 in Paris, gest. am 15.11.1977 in Paris.

[13] Jean-Richard Bloch, Lehrer und Schriftsteller, geb. in Paris am 25.05.1884, gest. in Paris am 15.03.1947, 1934 Association des Ecrivains et Artistes Révolutionnaires (AEAR), 1938 Parti communiste français (PCF).

[14] Romain Rolland, Schriftsteller, geb. am 29.01.1866 in Clamency (Nièvre), gest. am 30.12.1944 in Vézelay (Yonne), 1932 AEAR.

appelle les peuples à la libération et à l'union, et les mènera à la victoire" (Rolland 1992, 337; Hervorhebung im Original).[15]

Auch Louis Aragons[16] 1934 veröffentlichtes Poem über die Sowjetunion „Hourra l'Oural" betont diese Traditionslinie, wobei es jedoch größeres Gewicht auf die qualitativen Unterschiede zwischen der bürgerlichen Revolution von 1789 und der proletarischen von 1917 legt: Aragon stellt zunächst die Kontinuitäten zur Französischen Revolution heraus („Le drôle d'air ah le drôle d'air / que la Marseillaise sur la Balalaïka"; Aragon 1998, 85), um dann aber das radikal Neue im Anspruch der Sowjetunion zu betonen:

„Je salue ici
le Prolétariat contre la guerre
pour la transformation de la guerre
en Révolution
Je salue ici
l'Internationale contre la Marseillaise
Cède le pas ô Marseillaise
à l'Internationale car voici
l'automne de tes jours voici
l'Octobre où sombrent tes derniers accents." (Aragon 1998, 89)

In einigen Texten französischer Linksintellektueller hingegen wird gerade vor dem Hintergrund der durch die Französische Revolution begründeten republikanischen Grundwerte Kritik an der Sowjetunion geübt. Hierbei handelt es sich in der Regel um Intellektuelle, deren Sympathien für die „neue Welt" nur zu einer losen Bindung an die kommunistische Bewegung

[15] Der Text wurde zuerst 1937 in der Moskauer Zeitung *La Littérature Internationale*, Nr. 10-11, veröffentlicht.

[16] Louis Aragon, Schriftsteller, geb. am 03.10.1897 in Paris, gest. am 24.12.1982 in Paris, 1927 PCF, 1932 AEAR.

geführt hatten und die sich relativ bald wieder von ihr distanzierten. So schreibt beispielsweise Henri Béraud in seinem Reisebericht:

„On voit combien cette presse révolutionnaire ressemble peu à ce que furent les journaux de 1793, de 1848, voire de la Commune. Chez nous, les mouvements populaires s'accomplissent toujours dans le choc des idées. L'émeute multiplie les gazettes et les tribunes. Ce qui nourrit la clarté latine, c'est la libre discussion. L'esprit bolchevik est tout autre. Cette presse uniforme, sermonneuse, statisticienne, reflète parfaitement l'âme de ces froids révolutionnaires qui jamais ne comprirent que la beauté de la Révolution ne saurait consister qu'à unir la liberté à l'égalité" (Béraud 1925, 194f.).[17]

Auch André Gides[18] Kritik an dem von ihm beobachteten Konformismus und der völligen Uniformisierung des Individuums in der Sowjetunion sowie an der neuen Art von Ungleichheit und Unfreiheit, die er dort konstatiert, muss vor dem Hintergrund republikanischer Grundwerte verstanden werden (vgl. z. B. Gide 1950, 33f., 44-51, 56-61, 68f., 77-81).

Französische Linksintellektuelle nennen zudem auch immer wieder Persönlichkeiten der französischen Geschichte, die nicht in der revolutionären Tradition Frankreichs stehen – allen voran Napoleon I. Diese Topoi erscheinen dabei tendenziell eher als negative Bezugspunkte. So formulieren beispielsweise Marcel Cachin[19] und Paul Vaillant-Couturier[20] in ihrer Rechtfertigungsschrift des zweiten großen Moskauer Schauprozesses im Januar 1937 eine Kritik an Trotzki, die diesen mit Napoleon gleichsetzt (Ca-

[17] In seinem Reisebericht hebt Béraud außerdem die Unterschiede zwischen der Französischen Revolution und der Oktoberrevolution hervor: „Ne fallait-il pas, en outre, dire aux fils de 1789 que la vraie Révolution russe, la preneuse de Bastille, c'est celle de Février, celle qui renversa le tsarisme, et non point celle qui jugula les libertés publiques" (Béraud 1925, VII).

[18] André Gide, Schriftsteller, geb. am 22.11.1869 in Paris, gest. am 19.02.1951 in Paris.

[19] Marcel Cachin, Lehrer, sozialistischer, dann kommunistischer Politiker, Journalist, geb. am 20.09.1869 in Paimpol (Côtes-du-Nord), gest. am 12.02.1958 in Choisy-le-Roi (Seine), 1920 PCF.

[20] Paul Vaillant-Couturier, Rechtsanwalt, Schriftsteller, Journalist, sozialistischer, dann kommunistischer Politiker, geb. am 08.01.1892 in Paris, gest. am 10.10.1937 in Paris, 1920 PCF, 1932 AEAR.

chin/Vaillant-Couturier 1937, 13). Auch Henri Barbusse[21] lässt in seiner Stalinbiographie ein eher kritisches Napoleonbild erahnen (Barbusse 1935, 38). Allerdings ist diese Negativbesetzung nicht zwingend, Jean-Richard Bloch etwa erwähnt in seinem Bericht über den I. Unionskongress der Sowjetschriftsteller in Moskau 1934 Ludwig XIV. und Napoleon, ohne dabei eine negative Wertung zu formulieren (Bloch 1935, 106). Dieses Miteinbeziehen von Persönlichkeiten, die eindeutig nicht in der republikanischen Tradition Frankreichs stehen, verweist auf ein eher integratives Geschichtsbild, wie es für die „synthèse de la IIIe République" charakteristisch war, gefördert durch Bücher wie die „Histoire de la France contemporaine" von Charles Seignobos oder den „Petit Lavisse", den jeder französische Schüler im Geschichtsunterricht lesen musste.[22]

Schließlich finden sich in den Texten über die Sowjetunion französischer Linksintellektueller auch zahlreiche Bezüge auf die Geschichte des Altertums. So erwähnt etwa Romain Rolland in seinem Reisetagebuch aus dem Jahr 1935 die Pharaonen des alten Ägypten (Rolland 1992, 229).[23] Auch die Griechen werden wiederholt genannt, so etwa in der Rede André Malraux'[24] auf dem bereits erwähnten Schriftstellerkongress 1934 in Moskau (Malraux 1934b, 166) oder in dem Bericht Jean-Richard Blochs über den gleichen Kongress (Bloch 1935, 100). Ein weiterer historischer Bezugspunkt, der von französischen Linksintellektuellen angeführt wird, ist das Römische Reich. Anspielungen finden sich beispielsweise bei Jean-Richard Bloch (1934b, 341), Romain Rolland (1992, 227) oder André Gide, der in seinem 1936 er-

[21] Henri Barbusse, Schriftsteller, geb. in Asnières (Seine) am 17.05.1873, gest. am 30.08.1935 in Moskau, 1923 PCF.

[22] Siehe hierzu Nora 1962. Pierre Nora bezeichnet die Geschichtskultur der Dritten Republik als „histoire-mémoire", in der kollektive Erinnerung und Geschichtswissenschaft ein harmonisches Ganzes bilden. Der Gegensatz zur „histoire-mémoire" ist laut Nora die „histoire-critique", die kritisch und korrigierend das kollektive Gedächtnis immer wieder der wissenschaftlichen Prüfung unterzieht (Nora 1984, XX-XXIII).

[23] Ein ähnlicher Bezug auf das alte Ägypten findet sich auch in einem Artikel von André Malraux über Trotzki (Malraux 1934a, 3). An gleicher Stelle erwähnt Malraux zudem Perikles.

[24] André Malraux, Schriftsteller, geb. am 03.11.1901 in Paris, gest. am 23.11.1976 in Paris.

schienenem Reisebericht ironisch die aus seiner Perspektive völlig unkritische Haltung der sowjetischen Bevölkerung gegenüber dem sowjetischen Staat aufs Korn nimmt: „U.R.S.S... Ave! Spes unica!" (Gide 1950, 46). Auch ohne diese Bezüge zur Antike hier im Einzelnen zu analysieren, lässt sich an ihnen die andauernde Bedeutung der klassischen Bildung innerhalb der französischen Eliten ablesen.

Nur sehr wenige französische Linksintellektuelle distanzieren sich von dieser insgesamt stark frankreichzentrierten Wahrnehmung der Sowjetunion. George Duhamel betont in seinem Reisebericht wiederholt die Notwendigkeit, die Sowjetunion vor dem Hintergrund der russischen Geschichte zu verstehen und einzuordnen:

„Le voyageur était venu pour observer, pour étudier la révolution; il sent bientôt qu'il lui faut observer, étudier, découvrir et comprendre le peuple russe, la vieille et profonde Russie" (Duhamel 1927, 20).

„Je crois que cette révolution même ne saurait être jugée qu'en fonction de ce peuple, de la Russie. Tout effort d'abstraction destiné à isoler le phénomène révolutionnaire aurait valeur d'une hypothèse gratuite, d'une vue de l'esprit" (ebd., 22).

Diese andere Perspektive auf die fremde Sowjetunion bringt Duhamel auch dazu, sein eigenes Land, Frankreich, mit neuen Augen zu sehen:

„De tout ce qu'ils vous montrent, de chaque plat qu'ils vous font manger, ils disent avec tendresse: ‚C'est russe! C'est bien russe!' Et cela m'incline à songer que les pommes frites ne sont peut-être pas universelles, mais ‚bien françaises'" (ebd., 47).

Allerdings sticht dieses Geschichtsverständnis Duhamels recht deutlich von dem der anderen französischen Linksintellektuellen ab. Bei so gut wie allen anderen Autoren wird die Sowjetunion unter Rückgriff auf ein sehr kohärentes Ensemble historischer Bezugspunkte gedeutet, die fast ausschließlich der französischen Geschichte entnommen sind. Wichtigste Referenz ist hierbei in den meisten Fällen die Französische Revolution. Ob diese nun als Teil einer historischen Entwicklung betrachtet wird, die zur Entstehung des sowjetischen Staates geführt hat, oder ob sie umgekehrt als positive Folie für ein kritisches Sowjetunionbild dient – in beiden Fällen wird die Französische Revolution grundsätzlich positiv bewertet und als einheitliches Ganzes gesehen.[25]

Das Repertoire historischer Referenzen, das in den Texten deutscher Linksintellektueller über die Sowjetunion zu finden ist, gestaltet sich im Vergleich zu Frankreich höchst heterogen: Viele der genannten Ereignisse oder Personen sind jeweils nur sehr vereinzelt zu finden und scheinen in keinerlei Zusammenhang miteinander zu stehen. Das Spektrum reicht hierbei von den Griechen (Mann[26] 1994, 112) und Römern (Goldschmidt[27] 1988, 46) über „germanische […] Wagenburgbewacherinnen" (ebd., 38), Luther (Weiskopf[28] 1932, 25), Heinrich IV. von Frankreich (Zetkin[29] 1988, 151), Napoleon (Jung[30] 1991a, 56), Bismarck (Olden[31] 1988, 532) und „Exkaiser Wilhelm de[n] Einfältige[n]" (Jung 1991b, 117) bis hin zu den jüngsten Mär-

[25] Geoges Clémenceau hat in seiner berühmten Rede vor der französischen Abgeordnetenkammer am 29.01.1891 den Ausspruch getätigt „La Révolution est un bloc" und damit den oben skizzierten undifferenzierten Blick auf die Französische Revolution als unauflösliches Ganzes, wie er für die politische Linke der Dritten Republik charakteristisch war, auf eine Formel gebracht.

[26] Klaus Mann, Schriftsteller, geb. am 18.11.1906 in München, gest. am 22.05.1949 in Cannes (Freitod). Für die biographischen Angaben zu den deutschsprachigen Linksintellektuellen vgl. den bio-bibliographischen Anhang in Heeke 2003, 556-637, sowie die entsprechenden Einträge in der Deutschen Biographischen Enzyklopädie (Killy/Vierhaus 1995-1999).

[27] Alfons Goldschmidt, Journalist, Wirtschaftswissenschaftler, geb. am 28.11.1879 in Gelsenkirchen, gest. am 21.01.1940 in Cuernavaca (Mexico), 1924-1932 Funktionär der Gesellschaft der Freunde des neuen Rußland (GdF), 1929 Vors. der Internationalen Arbeiterhilfe (IAH).

[28] Franz Carl Weiskopf, Schriftsteller, Übersetzer, Journalist, geb. am 03.04.1900 in Prag, gest. am 14.09.1955 in Berlin (Ost), 1919 Deutsche Sozialdemokratische Arbeiterpartei in der Tschechoslowakischen Republik (DSAP), 1921 Kommunistische Partei der Tschechoslowakei (KPČ), 1928 Bund proletarisch-revolutionärer Schriftsteller (BPRS).

[29] Clara Zetkin, Frauenrechtlerin, kommunistische Politikerin, geb. am 05.07.1857 in Wiederau (Sachsen), gest. am 20.06.1933 in Moskau, 1917 Unabhängige Sozialdemokratische Partei Deutschlands (USPD), 1919 Kommunistische Partei Deutschlands (KPD).

[30] Franz Jung, Schriftsteller, geb. am 26.11.1888 in Neisse (Schlesien), gest. am 21.01.1963 in Stuttgart, 1919-1920 KPD, 1920 Kommunistische Arbeiterpartei Deutschlands (KAPD).

[31] Balder Olden, Pseudonym für Olaf Balder, Schriftsteller, Journalist, geb. am 26.03.1882 in Zwickau, gest. am 24.10.1949 in Montevideo (Uruguay) (Freitod).

tyrern der deutschen Arbeiterbewegung der Jahre 1918/19 (Kisch[32] 1983a, 42; Vogeler[33] 1925, 47; Graf[34] 1936, 2), die so den Bezug zur aktuellen politischen Situation herstellen.

Ein historischer Bezugspunkt, der wiederholt auftaucht, ist das Zeitalter der deutschen Klassiker. So nennt Willi Bredel[35] in seiner Rede auf dem I. Unionskongress der Sowjetschriftsteller in Moskau 1934 Deutschland das „Land der Dichter und Denker" (Bredel 1934, 73), Franz Jung erwähnt in seinem 1920 veröffentlichtem Reisebericht, allerdings mit eher ironischem Tonfall, Schiller und die deutschen Philosophen (Jung 1991a, 63) und Lion Feuchtwanger[36] sieht in der Sowjetunion den „Traum der deutschen Klassiker von einer ‚Universalliteratur' und einer ‚Gelehrtenrepublik'" kurz vor der Vollendung (Feuchtwanger 1937, 46). Gemeinsamkeiten schaffende Grundlage ist hier bezeichnenderweise nicht die Politik, sondern die Kultur.

Bei einigen Linksintellektuellen finden sich außerdem Bezüge zur Französischen Revolution[37] – wenngleich nicht immer in expliziter Form. So legt etwa Franz Carl Weiskopf in seinem 1932 erschienenem Reisebericht einem alten oirotischen Dorfbewohner folgende Worte in den Mund:

„Ja, jetzt ist alles anders. Jetzt sind sie alle frei und alle gleich und alle Brüder, Oiroten und Russen und Chakassen und Kirgisen..." (Weiskopf 1932, 250).

[32] Egon Erwin Kisch, Journalist, Schriftsteller, Reporter, geb. am 29.04.1885 in Prag, gest. am 31.03.1948 in Prag, 1919 Kommunistische Partei Österreichs (KPÖ), 1925 KPD, 1928 BPRS.

[33] Heinrich Vogeler, Maler, Graphiker, Kunsthandwerker, geb. am 12.12.1872 in Bremen, gest. am 14.06.1942 bei Vorožilovsk (Kasachstan), 1923 KPD und GdF.

[34] Oskar Maria Graf, Schriftsteller, geb. am 22.07.1894 in Berg am Starnberger See, gest. am 28.06.1967 in New York, 1934 BPRS.

[35] Willi Bredel, Schriftsteller, Journalist, geb. am 02.05.1901 in Hamburg, gest. am 27.10.1964 in Berlin (Ost), 1919 KPD, 1928 BPRS.

[36] Lion Feuchtwanger, Schriftsteller, geb. am 07.07.1884 in München, gest. am 23.12.1958 in Los Angeles.

[37] Beatrix Bouvier hat auf die starke Orientierung der deutschen Arbeiterbewegung an der revolutionären Tradition Frankreichs hingewiesen. Für das 19. Jahrhundert vgl. hierzu Bouvier 1982, für einen weiter gefassten Überblick zum 19. und 20. Jahrhundert Bouvier 1989.

Interessant ist in dieser Hinsicht auch ein im Juni 1939 von Egon Erwin Kisch veröffentlichter Artikel mit dem Titel „Die Verleumdung der Französischen Revolution". Dieser Text, in dem Kisch versucht, die im Namen der Französischen Revolution vollbrachten Gewalttaten, insbesondere die „terreur", als gerechtfertigt und notwendig hinzustellen, hat ganz offensichtlich zum Ziel, die Moskauer Schauprozesse zu legitimieren (Kisch 1983b, 451-455).

Vor allem kommunistische oder der Partei sehr nahe stehende Intellektuelle tendieren dazu, die Sowjetunion als wichtige, wenn nicht gar entscheidende Etappe eines durch die europäische Aufklärung und die Französische Revolution begonnenen Prozesses historischen Fortschritts in Richtung des Sozialismus zu deuten – eine Interpretation, die sich weitgehend an den Vorgaben des marxistischen Geschichtsverständnis orientiert. Zu diesen Autoren zählen neben Egon Erwin Kisch und Franz Carl Weiskopf auch Lion Feuchtwanger, dessen Reisebericht aus dem Jahr 1937 vor dem Hintergrund dieses gesetzmäßigen, teleologischen Geschichtsbildes verstanden werden muss.[38] Der Autor begründet hier seine Sympathien für die Sowjetunion folgendermaßen:

„Ich habe Weltgeschichte nie anders ansehen können denn als einen großen, fortdauernden Kampf, den eine vernünftige Minorität gegen die Majorität der Dummen führt. Ich habe mich in diesem Kampf auf die Seite der Vernunft gestellt, und aus diesem Grund sympathisierte ich von vornherein mit dem gigantischen Versuch, den man von Moskau aus unternommen hat" (Feuchtwanger 1937, 8).

Ganz explizit äußert sich Franz Jung in diese Richtung: Er betont, man könne Russland nur beurteilen, wenn man berücksichtige, „daß das Funda-

[38] Explizit formuliert Feuchtwanger dieses Geschichtsverständnis in einem Nachwort zur sowjetischen Ausgabe des Romans „Narrenweisheit" von Jean-Jacques Rousseau: „Jean-Jacques hat die Richtung erkannt. Es führt eine, freilich nicht immer grade, Linie von seiner Lehre über die amerikanische und die französische Revolution zu Hegel, Marx und Engels, zur Pariser Commune und zur Oktober-Revolution" (Lion Feuchtwanger, zit. in: Pischel 1993, 120).

ment Sowjetrußlands auf der [...] Theorie des historischen Materialismus erwächst" (Jung 1991c, 299). Ziel dieser sozialistischen Theorie sei es, „die Gesetze der Gesellschaftsentwicklung im Sinne der Naturentwicklung festzulegen, die die Kette der Kausalität nach der Vergangenheit wie nach der Zukunft hin von der Erkenntnis der gegebenen Materie bedingt sein läßt" (ebd., 298). Jung stellt nicht nur solch eine bewusste historische Einordnung der Sowjetunion auf Grundlage der sozialistischen Theorie als notwendig dar, sondern darüber hinaus auch die Ausrichtung des gesamten Weltbildes, der Lebensform und des Lebensinhaltes auf den historischen Materialismus, der laut Jung „die notwendige Glückslehre unserer Zeit" (ebd.) ist.

Der Großteil der deutschsprachigen Reiseberichte zur Sowjetunion jedoch beinhaltet keine solche historisch-materialistische Fundierung des geschichtlichen Stellenwerts der Sowjetunion – ganz im Gegenteil: Anstatt auf universelle Erklärungsmodelle zurückzugreifen, betont eine ganze Reihe von deutschen Linksintellektuellen zunächst einmal die prinzipielle Fremdheit der Sowjetunion. Im Gegensatz zu den französischen Reiseberichten finden sich in den deutschen Texten zahlreiche Passagen, die das grundsätzlich Andere und schwer zu Verstehende an der Sowjetunion betonen. So schreibt etwa Walter Benjamin[39] in seinem 1927 veröffentlichtem Reisebericht:

„Für Europäer ist ein solcher Standpunkt, der das Prestige der Ideologie dem sachlichen Gesichtspunkt unnachsichtlich unterordnet, kaum verständlich" (Benjamin 1972, 326).

Ganz ähnlich äußert sich auch Oskar Maria Graf, der in seinem 1936 bis 1938 verfassten, jedoch erst posthum veröffentlichtem Reisebericht notiert:

„Gorki, Tolstoi und Stalin, *sie* waren wie ein Stück dieser Masse, waren in allem wie sie und – vielleicht gerade deswegen fühlte sich diese Masse so tief mit ihnen verbunden, deshalb war ihre Wirkung so mächtig. Kein Europäer

[39] Walter Benjamin, Schriftsteller, Literaturkritiker, Übersetzer, Philosoph, geb. am 15.07.1892 in Berlin, gest. am 27.09.1940 in Port Bou (Spanien) (Freitod).

wird jemals das Geheimnis einer solch zeugenden Anonymität begreifen. Wir urteilen anders, haben zu individuelle Gesichtspunkte" (Graf 1974, 39; Hervorhebung im Original).

Klaus Mann schließlich formuliert 1933 die Hoffnung, Europa möge „von seiner sozialen Krise genesen, so daß es in Rußland nicht mehr den auf Überfall sinnenden Feind, sondern einen ziemlich fremd und zutiefst anders gearteten Bruder erkennen könnte" (Mann 1992b, 448).[40] Und sogar Lion Feuchtwanger kann sich dieses Gedankens der Fremdheit nicht erwehren, wenngleich sich bei ihm die Anerkennung von Andersheit mit der Hoffnung verbindet, im nahenden Sozialismus mögen sich alle Unterschiede aufheben.[41]

Die Sowjetunion wird also von vielen Linksintellektuellen als etwas ganz eigenes betrachtet, das dementsprechend vor dem Hintergrund der russischen bzw. sowjetischen Geschichte verstanden werden muss. Eine solche Perspektive zeigt sich beispielsweise im Reisebericht Oskar Maria Grafs:

„Mir kam es vor, als sei Rußland, dieses riesige, unübersichtliche Land etwas wie ein undurchdringlicher Urwald, den die Sowjets gleichsam wie kühne, unverdrossene Siedler Stück für Stück rodeten und bewohnbar machten. Wahrhaftig, in einem solchen Dschungel von Unberührtheit und noch verbliebenem Mittelalter eine einzige, vernünftige, noch dazu eine sozialistische Ordnung aufzurichten, dazu gehörte weit mehr als etwa dazu,

[40] Ein ähnliches Bild der Sowjetunion als etwas völlig Unbekanntes und Fremdes findet sich auch in Erika und Klaus Manns Reisebericht aus dem Jahr 1929 (Mann/Mann 1929, 153).

[41] Zu Maxim Gorkis 60. Geburtstag sendet ihm Feuchtwanger 1928 folgenden Grußtext: „Wenn es richtig ist, daß bei der nahenden Verschmelzung der Völker das, was am Einzelvolk gut ist, in das neue, gemeinsame Wesen der Menschen eingeht, dann haben Sie, Maxim Gorki, das meiste dazu beigetragen, das, was am russischen Wesen für die Welt richtig ist, für diese Überleitung ins Licht zu heben. Wir bewundern Tolstoi, wir bewundern Dostojewski. Allein diese Dichter haben ihr großes, gewaltiges Herz in das gesenkt, was am russischen Wesen uns andern fremd und erschreckend ist. Sie, Maxim Gorki, ohne von russischer Art ein Quentchen zu unterschlagen, haben sie so dargestellt, daß sie uns nicht nur schaubar und miterlebbar wird, sondern uns den Wunsch erregt, sie uns einzuverleiben. Sie haben Rußlands Seele da gepackt, wo sie in die Seele der anderen Welt einströmt. Dies, Maxim Gorki, danken wir Ihnen" (Feuchtwanger 1928).

einen zivilisatorisch hochstehenden westlichen Industriestaat – sagen wir – ‚umzustellen'" (Graf 1974, 150).

Weiter fällt auf, dass deutsche Linksintellektuelle eher von einer gewissen Offenheit der Richtung historischer Entwicklung auszugehen scheinen. Dieser Gedanke, der kaum mit der Teleologie des historischen Materialismus zu vereinbaren ist, findet sich wiederum in einer Formulierung Oskar Maria Grafs:

„Ich schämte mich noch mehr. Ich wurde giftig verdrossen und fragte mich auf einmal, ob nun dieser gehetzte Junge [ein obdachloses Kind, E.O.] auf irgendeiner Landstraße verkommen oder schließlich mit Hilfe des Staates in ein nützliches Leben finden würde, ob er als Mann einen ähnlichen Aufstieg wie Gorki nehmen würde oder ob er – weiß Gott, nichts auf der Welt hält ewig und bleibt *das*, was es am Anfang war! – am Ende gar einmal mithelfen würde, den bis dahin vielleicht schon starr und unfruchtbar gewordenen Sowjetstaat zu erneuern? Ich gab mir fast erschrocken einen Ruck, um von diesen frevlerischen Gedanken loszukommen und mischte mich in die Diskussion" (Graf 1974, 75f.; Hervorhebung im Original).

Die historische Einordnung der Sowjetunion durch deutsche Linksintellektuelle ist also bei weitem nicht so homogen, wie es in Frankreich der Fall ist: Deutsche Linksintellektuelle greifen nicht auf ein kohärentes Repertoire historischer Bezugspunkte aus der eigenen Geschichte zurück, um die Sowjetunion geschichtlich zu deuten. Ebenso bedient sich der Großteil von ihnen nicht universaler Erklärungsmodelle, die dem eigenen Land wie auch der Sowjetunion einen eindeutigen Platz in der historischen Entwicklung zuweisen könnten. Vielmehr sind die meisten deutschen Linksintellektuellen sehr vorsichtig in der Festlegung des neuen sowjetischen Staates auf eine bestimmte historische Rolle: Sie versuchen zunächst, die Sowjetunion als etwas grundsätzlich Anderes vor dem Hintergrund der russischen Geschichte zu begreifen. Ziel und Richtung der historischen Entwicklung wird dabei von den meisten Linksintellektuellen offen gelassen. Eine Ausnahme bilden hierbei allerdings die Texte kommunistischer Intellektueller, die davon auszugehen scheinen, dass sich die Geschichte nach eindeutigen, rational nachvollziehbaren Gesetzen abspielt und dabei erkennbar auf den Sozialismus zusteuert.

Abschließend soll nun versucht werden, die Geschichtsbilder deutscher und französischer Linksintellektueller, wie sie in den historischen Einordnungen der Sowjetunion zum Ausdruck kommen, vergleichend gegenüberzustellen. Wie ausgeführt wurde, bildeten die Inhalte des kollektiven Gedächtnisses, so wie sie in den untersuchten Texten französischer Linksintellektueller zu erkennen sind, offensichtlich ein weitaus kohärenteres Ensemble als im deutschen Fall. Dies zeigt, dass das linksintellektuelle Milieu in Frankreich insgesamt durch stärkere Einheit und größeren Zusammenhalt charakterisiert war als in Deutschland.[42] Weiter war das Geschichtsbild französischer Linksintellektueller in hohem Maße auf die eigene Nation ausgerichtet, die Sowjetunion wurde primär vor dem Hintergrund der französischen Geschichte gedeutet. Dieser „Gallozentrismus" findet sich ebenso bei kommunistischen wie bei linksbürgerlichen Intellektuellen – ein Phänomen, das nicht nur vor dem Hintergrund der Koinzidenz von National- und Revolutionsgeschichte gesehen werden muss, sondern auch im Kontext der integrativen Bildungspolitik der Dritten Republik. Deutsche Linksintellektuelle hingegen stellten ihre eigene Nationalgeschichte kaum in den Mittelpunkt und versuchten stattdessen, die Sowjetunion auf der Grundlage der russischen Geschichte zu verstehen – oder aber, im Fall kommunistischer Intellektueller, die Einordnung der Sowjetunion an den Vorgaben des historischen Materialismus auszurichten. Kommunistische französische Intellektuelle schienen ihr Repertoire an historischen Bezugspunkten kohärent in die marxistische Geschichtsauffassung einfügen zu können, so dass lebendiges Gruppenge-

[42] Ebenso ist aufgrund der starken Konzentrierung des kollektiven Gedächtnisses französischer Linksintellektueller auf die eigene Nationalgeschichte anzunehmen, dass in der Dritten Französischen Republik die Diskrepanz zwischen linksintellektuellem Milieu und dominierender nationaler politischer Kultur relativ gering war – im Gegensatz zur Weimarer Republik.

dächtnis und sozialistische Theorie hier ein relativ einheitliches Ganzes bildeten. Eine solche Verbindung war aufgrund der fehlenden revolutionären Tradition für deutsche kommunistische Intellektuelle offensichtlich weniger natürlich, ihre Darstellungen wirken oft holzschnittartiger und abstrakter.

Insgesamt lässt sich bei vielen französischen Linksintellektuellen die Tendenz erkennen, die Sowjetunion anhand von aufklärerischen, als universal betrachteten Ideen und Werten zu beurteilen. Die Entstehung des sowjetischen Staats fügt sich dabei in eine Abfolge von Revolutionen und Gesellschaftsformen, die eine Bewegung des Fortschritts darstellt. Dieser Universalismus findet sich nur sehr bedingt und gebrochen im Denken deutscher Linksintellektueller, deren Vorstellungen anscheinend – zumindest in einem gewissem Maße – durch den Historismus geprägt sind: Deutsche Linksintellektuelle tendieren eher dazu, Individualität und historische Gewachsenheit der Sowjetunion zu betonen, an die Stelle des von der eigenen Nation ausgehenden Fortschritts tritt somit der Entwicklungsgedanke und die Vorstellung eines unbegrenzbaren, gesetzlosen Fließen des Geschichtlichen. Dieses historistisch geprägte Denken mündet allerdings keineswegs in einen Werterelativismus, war doch die deutsche Linke auch in der Weimarer Republik durchaus am französischen revolutionären Vorbild und der aufklärerischen Vorstellung universaler Werte und Menschenrechte orientiert (vgl. hierzu Bouvier 1989).[43]

Weder das eine noch das andere Geschichtsbild scheint jedoch zwingendermaßen eine besonders kritische oder anders herum besonders positive Haltung gegenüber der Sowjetunion nach sich gezogen zu haben. Das Geschichtsbild, wie es in den untersuchten Texten französischer Linksintellektueller zum Ausdruck kam, konnte offensichtlich eine relativ unmittelbare Identifizierung mit der Sowjetunion befördern: Viele, auch herausragende französische Linksintellektuelle tendierten dazu, primär auf die großen Zu-

[43] Genauer zu untersuchen bleibt die Frage, ob – und wenn ja inwieweit – bei deutschen Linksintellektuellen das Postulat der absoluten Gültigkeit universaler Werte durch das historistische Denken aufgeweicht wurde.

sammenhänge zu schauen, die Sowjetunion vor der Folie einer progressiven, revolutionären Geschichte einzuordnen und so über die Perversionen im sowjetischen System hinwegzusehen – so etwa Louis Aragon, Henri Barbusse oder Romain Rolland.[44] Anders herum jedoch haben gerade auch französische Linksintellektuelle unter Berufung auf universelle, republikanische Grundwerte sehr konsequente und grundlegende Kritik an der Sowjetunion geäußert: prominentestes Beispiel ist André Gide. Im Falle der deutschen Linksintellektuellen mag bei einigen die Inkohärenz des eigenen nationalen Geschichtsbildes, das nur eine schwache Orientierung vorgab, die Versuchung erhöht haben, sich an großen, einfachen Erklärungsmustern wie dem historischen Materialismus festzuhalten; Beispiele hierfür wären Egon Erwin Kisch oder Franz Carl Weiskopf. Ein großer Teil der deutschen Linksintellektuellen jedoch, darunter prominente Namen wie Walter Benjamin oder Klaus Mann, ging vielmehr von kleinen Beobachtungen russich-sowjetischer Besonderheiten aus. Auf der Grundlage eines differenziert-kritischen Sowjetunionbildes waren die Sympathien dieser Linksintellektuellen für das „neue Russland" eher auf vernunftmäßigen Argumenten begründet, und sie identifizierten sich nur bedingt mit dem sowjetischen Staat.

Die historische Einordnung der Sowjetunion durch deutsche und französische Linksintellektuelle – und auch die zugrundeliegenden Sinnzusammenhänge und Erklärungsmodelle – differierten also in der Zeit zwischen den Weltkriegen erheblich. Diese Feststellung ist umso bemerkenswerter, als sich gerade für das linke Milieu zahlreiche politische und kulturelle Verbindungslinien auf deutsch-französischer und auch europäischer Ebene finden lassen. Die Unterschiede können als Indiz dafür gelten, dass – zumindest für die Zeit vor dem Zweiten Weltkrieg – eine gesamteuropäische Identität,

[44] Selbstverständlich muss bei einem Erklärungsversuch der positiven und extrem unkritischen Haltung einiger Intellektueller gegenüber der Sowjetunion noch eine ganze Reihe weiterer Faktoren berücksichtigt werden, unter andrem die persönliche Abhängigkeit vom kommunistischen Milieu sowie der allgemeine politische Kontext, insbesondere in den 1930er Jahren.

wenn man überhaupt diesen Begriff benutzen möchte, in hohem Maße durch nationale Brüche und Diskontinuitäten gekennzeichnet war.

Literatur

Aragon, Louis (1998): Hourra l'Oural. Poème, hrsg. von Olivier Barbarant, Paris.
Assmann, Aleida (1995): Funktionsgedächtnis und Speichergedächtnis – Zwei Modi der Erinnerung, in: Platt, Kristin / Dabag, Mihran (Hrsg.): Generation und Gedächtnis. Erinnerungen und kollektive Identitäten, Opladen, S. 169-185.
Barbusse, Henri (1935): Staline: un monde nouveau vu à travers un homme, Paris.
Benjamin, Walter (1972): Moskau, in: Ders.: Gesammelte Schriften. Bd. IV,1, hrsg. von Tillman Rexroth, Frankfurt a. M., S. 316-348.
Béraud, Henri (1925): Ce que j'ai vu à Moscou, Paris.
Beilecke, François / Marmetschke, Katja (Hrsg.) (2005): Der Intellektuelle und der Mandarin. Für Hans Manfred Bock, Kassel.
Bloch, Jean-Richard (1934a): L'individu contre l'individualisme, in: Commune. Revue de l'association des écrivains et des artistes révolutionnaires, Nr. 13-14: September-Oktober, S. 63-67.
Ders. (1934b): Lettre, in: Europe, Jg. 12, S. 341-347.
Ders. (1935): Parmi les leçons d'un congrès, in: Europe, Jg. 13, S. 98-108.
Bock, Hans Manfred (1998): Der Intellektuelle und der Mandarin. Zur Rolle des Intellektuellen in Frankreich und Deutschland, in: Frankreich-Jahrbuch 1998, Opladen, S. 35-51.
Bouvier, Beatrix (1982): Französische Revolution und deutsche Arbeiterbewegung. Die Rezeption des revolutionären Frankreich in der deutschen sozialistischen Arbeiterbewegung von den 1830er Jahren bis 1905, Bonn.
Dies. (1989): Das Erbe der Französischen Revolution in der deutschen Arbeiterbewegung, in: Tel Aviver Jahrbuch für deutsche Geschichte, Jg. 18, S. 209-231.
Bracher, Karl Dietrich (1998): Die Krise Europas seit 1917, Berlin.
Bredel, Willi (1934), Allemagne, in: Revue de l'association des écrivains et des artistes révolutionnaires, Nr. 13-14: September-Oktober, S. 72-73.
Cachin, Marcel / Vaillant-Couturier, Paul (1937): Guerre, Sabotage, Assassinat, Trahison. Le procès du centre de réserve trotskiste, Paris.
Caute, David (1967): Le communisme et les intellectuels français 1914-1966, Paris.
Ders. (1973): The Fellow-Travellers. A Postscript to the Enlightenment, London.
Charle, Christophe (2001): Les intellectuels en Europe au XIXe siècle. Essai d'histoire comparée, 2. Aufl., Paris.
Coeuré, Sophie (1999): La grande lueur à l'Est. Les Français et l'Union soviétique 1917-1939, Paris.
Duhamel, Georges (1927): Le voyage de Moscou, Paris.
Feuchtwanger, Lion (1928): Brief an Maxim Gorki zum 60. Geburtstag (unveröffentlicht), Akademie der Künste (Berlin), EHS 28/23.
Ders. (1993): Moskau 1937. Ein Reisebericht für meine Freunde. Mit Auszügen aus Feuchtwangers KGB-Akte, 2. Aufl., Berlin.
Friedmann, Georges (1936): Quelques traits de l'esprit nouveau en U.R.S.S., in: Halévy, Elie u. a. (Hrsg.): La crise sociale et des idéologies nationales (Inventaires, Bd. 1), Paris, S. 82-126.

Furet, François (1995): Le passé d'une illusion. Essai sur l'idée communiste au XXe siècle, Paris.

Furler, Bernhard (1987): Augen-Schein. Deutschsprachige Reisereportagen über Sowjetrußland 1917-1939, Frankfurt a. M.

Gide, André (1950): Retour de l'U.R.S.S. suivi de Retouches à mon retour de l'U.R.S.S., 11. Aufl., Paris.

Giesen, Bernhard (1999): Kollekive Identität. Die Intellektuellen und die Nation 2, Frankfurt a. M.

Goldschmidt, Alfons (1988): Straßen, Plätze, Meetings, in: Jendryschik, Manfred (Hrsg.): Unterwegs nach Eriwan. Reisen in die Sowjetunion 1918 bis 1934, Halle-Leipzig, S. 38-56.

Graf, Oskar Maria (1936): Unser Recht, unsere Freiheit, in: Deutsche Zentral-Zeitung vom 01.05., S. 2.

Ders. (1974): Reise in die Sowjetunion 1934, hrsg. von Hans-Albert Walter, Darmstadt-Neuwied.

Heeke, Matthias (2003): Reisen zu den Sowjets. Der ausländische Tourismus in Rußland 1921-1941. Mit einem bio-bibliographischen Anhang zu 96 deutschen Reiseautoren, Münster u. a.

Hertfelder, Thomas (2000): Kritik und Mandat. Zur Einführung, in: Hübinger, Gangolf / Hertfelder, Thomas (Hrsg.): Kritik und Mandat. Intellektuelle in der deutschen Politik, Stuttgart, S. 11-29.

Hollander, Paul (1981): Political Pilgrims. Travels of Western Intellectuals to the Soviet Union, China and Cuba 1928-1978, New York-Oxford.

Hourmant, François (2000): Au pays de l'avenir radieux. Voyages des intellectuels français en URSS, à Cuba et en Chine Populaire, Paris.

Jäger, Georg (2000): Der Schriftsteller als Intellektueller. Ein Problemaufriß, in: Hanuschek, Sven u. a. (Hrsg.): Schriftsteller als Intellektuelle. Politik und Literatur im Kalten Krieg, Tübingen, S. 1-25.

Jung, Franz (1991a): Reise in Rußland, in: Ders.: Werke in Einzelausgaben, Bd. 5: Nach Russland! Schriften zur russischen Revolution, Hamburg, S. 17-64.

Ders. (1991b): Hunger an der Wolga, in: Ders.: Werke in Einzelausgaben, Bd. 5: Nach Russland! Schriften zur russischen Revolution, Hamburg, S. 85-150.

Ders. (1991c): Das geistige Rußland von heute, in: Ders.: Werke in Einzelausgaben. Bd. 5: Nach Russland! Schriften zur russischen Revolution, Hamburg, S. 295-392.

Jurt, Joseph (2000): „Les intellectuels": ein französisches Modell, in: Hanuschek, Sven u. a. (Hrsg.): Schriftsteller als Intellektuelle. Politik und Literatur im Kalten Krieg, Tübingen, S. 103-133.

Killy, Walther / Vierhaus, Rudolf (Hrsg.) (1995-1999): Deutsche Biographische Enzyklopädie, 10 Bde., München.

Kisch, Egon Erwin (1983a): Der rasende Reporter in Russland. Antwort auf das offene Schreiben des Herrn Professors I. Polívka, in: Ders., Gesammelte Werke in Einzelausgaben, Bd. IX: Mein Leben für die Zeitung 1926-1947. Journalistische Texte 2, hrsg. von Bodo Uhse und Gisela Kisch, fortgeführt von Fritz Hofmann und Josef Poláček, Berlin-Weimar, S. 41-43.

Ders. (1983b): Die Verleumdung der Französischen Revolution, in: Ders., Gesammelte Werke in Einzelausgaben, Bd. IX.: Mein Leben für die Zeitung 1926-1947. Journalistische Texte 2, hrsg. von Bodo Uhse und Gisela Kisch, fortgeführt von Fritz Hofmann und Josef Poláček, Berlin-Weimar, S. 451-455.

Koenen, Gerd (2005): Der Russland-Komplex. Die Deutschen und der Osten 1900-1945, München.

Ders. / Kopelew, Lew (Hrsg.) (1998): Deutschland und die Russische Revolution. 1917-1924, München.

Kupfermann, Fred (1979): Au pays des Soviets. Le voyage français en Union soviétique, Paris.

Luzzatto, Sergio (1996): L'impôt du sang. La gauche française à l'épreuve de la guerre mondiale 1900-1945, Lyon.

Malraux, André (1934a): Trotsky, in: Marianne. Grand hebdomadaire littéraire illustré vom 25.04., S. 3.

Ders. (1934b): L'attitude de l'artiste, in: Commune. Revue de l'association des écrivains et des artistes révolutionnaires, Nr. 15: November, S. 166-174.

Mann, Erika / Mann, Klaus (1929): Rundherum. Ein heiteres Reisebuch mit 35 photographischen Abbildungen, Berlin.

Mann, Klaus (1992a): Antworten auf eine Enquete der „Literaturzeitung", Moskau, in: Ders.: Die neuen Eltern. Aufsätze, Reden, Kritiken 1924-1933, hrsg. von Uwe Naumann und Michael Töteberg, Reinbek, S. 451-452.

Ders. (1992b): Die Dauerkrise, in: Ders.: Die neuen Eltern. Aufsätze, Reden, Kritiken 1924-1933, hrsg. von Uwe Naumann und Michael Töteberg, Reinbek, S. 438-449.

Ders. (1994): Europa – Amerika, in: Ders.: Zweimal Deutschland. Aufsätze, Reden, Kritiken 1938-1942, hrsg. von Uwe Naumann und Michael Töteberg, Reinbek, S. 112-113.

Margulies, Sylvia R. (1968): Pilgrimage to Russia. The Soviet Union and the Treatment of Foreigners 1924-1937, Madison.

Mazuy, Rachel (2002): Croire plutôt que voir? Voyages en Russie soviétique (1919-1939), Paris.

Nora, Pierre (1962): Ernest Lavisse: Son rôle dans la formation du sentiment national, in: Revue historique, Bd. 228, S. 73-106.

Ders. (1984): Entre Mémoire et Histoire. La problématique des lieux, in: Ders. (Hrsg.): Les lieux de mémoire, Bd. 1: La République, Paris, S. XV-XLII.

Oexle, Otto Gerhard (1995): Memoria als Kultur, in: Ders. (Hrsg): Memoria als Kultur, Göttingen, S. 9-78.

Olden, Balder (1988): Moskauer Wunderdinge, in: Jendryschik, Manfred (Hrsg.): Unterwegs nach Eriwan. Reisen in die Sowjetunion 1918 bis 1934, Halle-Leipzig, S. 530-535.

Ory, Pascal (1996): Béraud (Henri), in: Julliard, Jacques / Winock, Michel (Hrsg.): Dictionnaire des intellectuels français. Les personnes, les lieux, les moments, Paris, S. 139-140.

Pennetier, Claude (Hrsg.) (1997): Dictionnaire biographique du mouvement ouvrier français. Le Maitron (CD-ROM), Paris.

Pischel, Joseph (1993): Nachwort, in: Feuchtwanger, Lion: Moskau 1937. Ein Reisebericht für meine Freunde. Mit Auszügen aus Feuchtwangers KGB-Akte, 2. Aufl., Berlin, S. 113-136.

Rohe, Karl (1990): Politische Kultur und ihre Analyse. Probleme und Perspektiven der politischen Kulturforschung, in: Historische Zeitschrift, Bd. 250, S. 321-346.

Rolland, Romain (1992): Voyage à Moscou (juin-juillet 1935) suivi de Notes complémentaires (octobre-décembre 1938), hrsg. von Bernard Duchatelet, Paris.

Schütz, Erhard (1977): Kritik der literarischen Reportage. Reportagen und Reiseberichte der Weimarer Republik über die USA und die Sowjetunion, München.

Vogeler, Heinrich (1925): Reise durch Rußland. Die Geburt des neuen Menschen, Dresden.

Weiskopf, Franz Carl (1932): Zukunft im Rohbau. 18000 Kilometer durch die Sowjetunion, Berlin.

Zetkin, Clara (1988): Im befreiten Kaukasus, in: Jendryschik, Manfred (Hrsg.): Unterwegs nach Eriwan. Reisen in die Sowjetunion 1918 bis 1934, Halle-Leipzig, S. 146-167.

Einige Überlegungen zum Zusammenhang zwischen der ungarischen Identität und Autonomiekonzeptionen im geographischen Raum „Karpatenbecken"

Márta Fazekas

Bekanntlich gibt es viele verschiedene wissenschaftliche Definitionen des Begriffes „Identität". Daher scheint es notwendig, am Beginn dieser Studie das Identitäts-Verständnis darzustellen, das den folgenden Ausführungen zugrunde liegt. Im Anschluss daran werde ich eine kurze historische Einführung in die Geschehnisse im geographischen Raum des „Karpatenbeckens" geben. Zur Verdeutlichung der Zusammenhänge werde ich mich dabei auf die heutige Slowakei, auf Rumänien und Serbien beschränken. Meiner Meinung nach sind in diesen drei Ländern die Prozesse der Autonomiebestrebungen der Minderheitenungarn am eindeutigsten herausstellbar und beschreibbar. Daher soll auch anhand dieser Beispiele die Thematik dieser Untersuchung, nämlich der Zusammenhang zwischen Identität und Autonomiekonzeptionen der Minderheitenungarn, verdeutlicht werden.

Die Frage der Identität und ihre Konsequenzen

Auf die Frage nach einer Definition von „Identität" pflegen die unterschiedlichsten Antworten gegeben zu werden: von „so etwas existiert nicht" bis hin zu höchst komplizierten Erklärungen, die nicht ohne zahlreiche Nebensätze auskommen. Wenn man also „Identität" begreifen will, so trifft man gleichzeitig auf Vielfalt und Homogenität. In der Postmoderne differenzieren wir daher zwischen Polyphon-, Hybrid- und Diasporaidentitäten und versuchen, uns und unsere Nachbarn in dieses begriffliche Raster einzuordnen, wenn dies auch – angesichts der verschiedenen Identitäten einer Person – nur um den Preis von Verallgemeinerungen möglich ist, die sich von der vielschichtigen Wirklichkeit notgedrungen mehr oder weniger entfernen.

Insbesondere gilt dies für die Menschen und Völker in Mitteleuropa und auf dem Balkan. Man spricht sogar von „Identitätsmanagement", worunter man das komplexe Spiel zwischen dem Einzelnen und seiner Zugehörigkeit zu verschiedenen Gemeinschaften (familiäre, lokale, regionale, nationale und transnationale Gemeinschaften) versteht (Bausinger 1993, 15).

Zusammenfassend lässt sich sagen, dass Identität keine aus sich oder für sich existierende Erscheinung ist. Sie ist vielmehr inklusiv und exklusiv in einem: einerseits um sich zu identifizieren, andererseits um sich zu abzutrennen, als selbstständiger Teil zu bestehen und um Verschiedenheiten sichtbar zu machen (vgl. Bindorffer 2001; Erikson 1968). Als einfaches Beispiel, wie kompliziert die Frage der Identität in einem „normalen Leben" sein kann, greifen wir den Fall eines alltäglichen Professors aus Siebenbürgen heraus: Er ist gebürtiger Ungar mit rumänischer Staatsbürgerschaft, lebt in Temesvár/Timisoara, hat eine Rumänien geheiratet, lehrt auf Rumänisch an der Universität und konnte Ungarn bis 1990 nicht oder nur schwerlich besuchen. Wer ist also dieser Professor? Hat er eine doppelte Identität? Oder verfügt er über eine zeitlich gebundene Form der Identität? Man kann darauf keine eindeutige Antwort geben. Stellt seine Identität also eine Ausnahme zur allgemeinen Identitätsbestimmung dar? Falls dies so wäre, so gäbe es Tausende von Ausnahmen in der ungarischen Diaspora in Süd-Siebenbürgen und der südlichen Vojvodina. Die Ungarn in der Süd-Slowakei und die Székler[1] konnten hingegen ihre ungarische/széklerische Identität bereits besser und einheitlicher bewahren, weil sie in der Slowakei entlang der ungarisch-slowakischen Grenze mit 500.000 Menschen und in

[1] Die Székler sind eine Ungarisch sprechende ethnische Minderheit in Siebenbürgen. Es gibt verschiedene Theorien über die Herkunft der Székler: Einige halten sie für Nachfahren der Hunnen, Avaren, Kabaren oder Türken, anderer Meinung nach sind sie jedoch Magyaren, die wegen ihrer Siedlungsstruktur in den Bergen einige Unterschiede zu den Ungarn entwickelt haben. Sie selbst halten sich für „széklerische Magyaren".

Nord-Siebenbürgen mit 700.000-750.000 Menschen – ethnisch gesehen – als eine relativ geschlossene Einheit leben.

Man kann bei diesen Auslandsungarn verschiedene Identitätskonzeptionen unterscheiden: eine staatsbürgerschaftliche Identität und eine sich davon eventuell unterscheidende ethnische Identität, politische Loyalität und nationale Identität, regionale und staatliche Identität sowie vaterländische (in diesem Fall gegenüber Ungarn) und staatliche Identität; und man könnte diese Aufzählung noch weiter fortsetzen. Das Mitglied einer größeren Gesellschaft kann sich in sehr vielen Formen eingeordnet wissen. Wir erleben dies alle tagtäglich und selbstverständlich: Der Unterschied von „Wir“ und „Ihr“, Freund und Gegner, Einheimischen und Ausländern. Vor allem möchten wir immer glauben, selbst zur jeweils stärkeren Gruppe zu gehören. (Besonders faszinierend ist dabei, dass die Identität einer Persönlichkeit ständig in Bewegung ist und sich in immer mehr Facetten ausdifferenziert.) Im Bezug auf die genannten Minderheiten kann man diese Feststellung besonders gut verifizieren: Diese Minderheiten sind seit dem Vertrag von Trianon[2] so sozialisiert, dass sie in den jungen, voll von Homogenisierungsbestrebungen erfassten Nationalstaaten (wie der Tschechoslowakei, Rumänien und dem SHS-Staat, d. h. dem Königreich der Serben, Kroaten und Slowenen) störende Elemente sind, deren ungarische/magyarische Identität man mit verschiedenen politischen Instrumenten zerschlagen wollte. Dieses ständige Bedrohungsgefühl hatte im Laufe des 20. Jahrhunderts unterschiedliche Auswirkungen: Assimilierung, Teil-Assimilierung (wie die Übernahme von Sterbefall-, Ess-, und Benehmensgewohnheiten) und der starke Versuch, durch Abgrenzung von der Gesellschaft ihre originale Identität zu bewahren. Wenn nun im Folgenden von diesen verschiedenen Kategorien

[2] Der Vertrag von Trianon wurde als einer der Pariser Vorortverträge am 4. Juni 1920 unterzeichnet. Dabei wurden die Mitglieder der ungarischen Delegation zwar gehört, ihre Vorschläge, eine Grenze nach ethnischen Verteilungen zu ziehen, wurden aber nicht berücksichtigt. So wurde die Fläche Ungarns von 288 000 km² auf 93 000 km² reduziert und die Bevölkerung von 18,2 Millionen auf 7,6 Millionen vermindert. Vgl. Romsics 2005.

gesprochen wird, darf dabei nicht vergessen werden, dass diese in der Realität natürlich nicht in Reinform auftreten.

Zu einer weiteren Profilierung des Identitätsbegriffs möchte ich zunächst auf die Problematik der Freiheit der Identitätswahl eingehen. Dieses individuelle Recht wird in der heutigen juristischen Literatur schon lange nicht mehr diskutiert, aber seine praktische Folge, nämlich die Autonomiebestrebungen, sind immerhin ein weitgehendes Diskussionsfeld für Juristen und Politiker. In den slowakischen und rumänischen Verfassungen ist *expressis verbis* festgelegt, dass es in dem jeweiligen Land nur eine Nation (eben die slowakische bzw. die rumänische) gibt, *ergo* sind sie – ethnisch gesehen – homogene Staaten. Aber was ist mit den dort lebenden Ungarn? In der Slowakei machen sie ca. 10% der Bevölkerung aus (520.000 Personen), in Rumänien leben 1,5 Millionen Ungarn. Nach der Verfassung sind sie ethnisch gesehen aber zu den Slowaken oder Rumänen zu rechnen. In Serbien leben ca. 300.000 Ungarn, die nach der Verfassung integrierter Teil der serbischen Gesellschaft sind.[3]

Die ungarische Vorstellung von Autonomie beinhaltet deswegen in allen drei Ländern folgende Elemente:

Da die Freiheit der ungarischen Einzelpersonen durch die nationalistischen Konzeptionen in der Gesellschaft gefährdet war bzw. ist, weil sie zur kollektiven Kategorie der Magyaren gehören, sehen alle ungarischen Konzeptionen Institutionen zur Sicherung der kollektiven Rechte der ungarischen Minderheiten vor. Am Anfang wurden sie eher „Selbstverwaltungen" genannt, später setzte sich aber immer mehr der Begriff der Autonomie durch.

In der Anfangseuphorie der 90er Jahre (als nach dem Ende des Kommunismus die Grenzen teilweise neu festgelegt wurden) hielten Ungarns

[3] Wir dürfen nicht übersehen, dass es im ehemaligen Jugoslawien eine gewisse Tradition der Minderheiten gab, da Tito darauf besonders geachtet hat, zwischen den verschiedenen Nationen des Landes die Regeln des „checks and balances" sorgfältig einzuhalten. So hatte jede Nation etwas gewonnen und etwas verloren.

Nachbarländer die Auslandsmagyaren für einen nicht zu unterschätzenden Unsicherheitsfaktor und versuchten auf diplomatischem Wege, Garantien von der ungarischen Regierung zu erhalten, nicht auf Grenzkorrekturen zu drängen. Denn es war keine Selbstverständlichkeit, dass Ungarn nach der Wiedervereinigung Deutschlands, nach der Aufspaltung der Tschechoslowakei und dem Zerfall Jugoslawiens keinen territorialen Anspruch erhoben und die Minderheitenrechte nicht nachdrücklich eingefordert hat. Es bleibt die Aufgabe der Geschichtswissenschaft, das Geheimnis aufzudecken, warum dies nur auf symbolische Weise passierte. Es gab nämlich eine Verfassungsänderung, mit der unter anderem auch ein neuer Paragraph 6 eingeführt wurde, demzufolge der ungarische Staat die Verantwortung für die ungarischen Minderheiten in den Nachbarländern übernahm.[4] Bis heute ist umstritten, welche Bedeutung dieser Rechtsbestimmung hat. Wortwörtlich heißt es in dem Paragraphen: „Der ungarische Staat übernimmt die Verantwortung…", aber trägt er sie auch tatsächlich? Hat diese Formulierung konkrete Folgen? Bis heute hängt die Antwort darauf immer noch von der jeweiligen ungarischen Regierung ab…

Kurzer Überblick über die Autonomiekonzeptionen

Der Begriff der Autonomie ist in der Region höchst umstritten. Wie man aus den bisherigen Darlegungen leicht vermuten kann, haben die slowakischen, die rumänischen und die serbischen Regierungen in den jeweiligen Autonomiebestrebungen ein eindeutiges Zeichen für Separatismus gesehen, was jedoch nie Absicht des Konzeptes war. So war es oft der Fall, dass sich die Teilnehmer einer Diskussion über den Inhalt der Vorschläge oft ausgeschwiegen haben, da sie über die Debatte um den Autonomiebegriff gar nicht erst nicht hinauskamen.

[4] Der erste ungarische Ministerpräsident nach der Wende, József Antal, bezeichnete sich in seiner ersten Rede als Ministerpräsident von 15 Millionen Ungarn, was einen riesigen Aufschrei in der gesamten Region verursacht hat.

Betrachten wir nun aber einmal die diskutierten Begriffe einzeln: Von *Territorialautonomie* spricht man, wenn ein geographisch gut abgegrenztes Gebiet, das mehrheitlich von einer nationalen Minderheit bewohnt wird, über Kompetenzen verfügt, die eine gewisse Unabhängigkeit vom Staat sichern. Kennzeichen solcher Gebiete ist es, dass man hier spezielle Rechte und Einzelregelungen antrifft, die in den anderen Teilen des Landes nicht gültig sind. Beispielsweise ist dort die Sprache der Minderheit neben der offiziellen Sprache des Landes ebenfalls Amtssprache. Stellen bei der Polizei oder in der Justiz sollen proportional zu den Bevölkerungsanteilen besetzt werden. Aber eine territoriale Autonomie muss nicht immer einen ethnischen Hintergrund haben; sie kann sich auch auf geschichtliche Traditionen berufen.[5]

Die *Personalautonomie* unterscheidet sich von der oben genannten Autonomieform grundsätzlich dadurch, dass sie nicht an ein Gebiet gebunden ist, sondern sich vielmehr auf den Minderheitengemeinschaften und deren Individuen begründet, die nicht unbedingt in einem klar abgegrenzten Raum des Landes leben, sondern eventuell über den gesamten Staat verstreut sind. Deswegen wählen die Mitglieder dieser Minderheitengemeinschaft ein Organ, durch das sie ihre Rechte ausüben können. Dieses Organ entscheidet in allen Fällen, die die Minderheit unmittelbar betreffen (z. B. im Bereich der Kultur und Bildung), und es lässt seine Meinung in öffentliche Diskussionen einfließen. Die staatlichen Behörden müssen ihre Entscheidungen mit den Vertretern dieses Organs im Voraus besprechen, wenn sie direkt oder indirekt das Leben der Minderheit angehen. So ist dieses Gremium ein Ansprechpartner für die Regierung und die verschiedenen Verwaltungseinheiten.

Über die dritte Form der Autonomie existiert schon lange eine lebhafte Debatte: nämlich ob die *kulturelle Autonomie* eine Abweichung der Personalau-

[5] So z. B. der Status des Autonomiegebiets Vojvodina in Ex-Jugoslawien.

tonomie ist oder etwas völlig Unabhängiges bezeichnet. Hier sind die Sonderrechte der Minoritätsgesellschaft ausdrücklich auf die Kultur-, Bildungs- und Unterrichtsebene eingeschränkt. Es ist eine besonders wichtige Voraussetzung, dass die Minderheit durch ihre gewählten Vertreter repräsentiert wird und nicht der Staat eine entsprechende Organisation formiert (Hévízi 2001; Balogh 1999).

Die Autonomie in Serbien

Die erste ausführliche Autonomiekonzeption wurde in Serbien-Montenegro ausgearbeitet. Man könnte sie auch als *„Dreifach-Modell"* bezeichnen. Als solche diente sie als Beispiel auch für die anderen Vorstellungen des geographischen Raums „Karpatenbecken". Vor den Balkan-Kriegen hätte man durchaus optimistisch erwarten können, dass die Bestrebungen der Ungarn hier ihre größten und v. a. ihre schnellsten Erfolge würden feiern können, da die Autonomiebestrebungen in dieser Region ihre historischen Wurzeln finden. Bereits die Verfassung des Jahres 1974 gestand dem Gebiet Vojvodina eine sehr weit reichende Autonomie zu, die jedoch für den stark zentralisierten Staat Miloševićs zu Beginn der 1990er Jahre nicht mehr akzeptabel war, so dass die Autonomie unmittelbar nach dem Zerfall Groß-Jugoslawiens aufgehoben wurde.

Es war der Ungarnpartei VMDK[6] durchaus bewusst, dass man mit keinem einheitlichen Bild rechnen darf. Die Minderheitenungarn leben einerseits *en bloc* in der Nähe der Grenze und andererseits über die ganze Vojvodina zerstreut. Aufgrund dieser Situation stützte die VDMK schließlich auch ihre eigene Autonomiekonzeption auf alle drei genannte Formen der Autonomie, nämlich die lokale, regionale und personelle. Dabei wurde die interne Selbstbestimmung institutionell auf folgende Prinzipien gegründet: Personalverwaltung (auf der Basis des inneren Selbstbestimmungsrechts), Selbst-

[6] VDMK – Demokratische Vereinigung der Ungarn in Vojvodina, die ethnisch organisierte Partei der Ungarn in der Vojvodina kurz nach der Wende.

verwaltung mit Sonderstatus (Gemeinden mit besonderem Status) und Regionalautonomie (Assoziierungsvereinbarung zwischen den Gemeinden mit besonderem Status – m. a. W. ein ungarischer Autonomiebezirk auf der Basis des Subsidiaritätsprinzips).[7] Doch sowohl dieses Konzept als auch die darauffolgenden Überarbeitungen und Neufassungen wurden sowohl von der serbischen Öffentlichkeit als auch vom serbischen Parlament bis zum Jahr 2002 ständig zurückgewiesen – bis zu jenem Zeitpunkt also, an dem der Region (jedoch nicht den Ungarn) eine gewisse Territorialautonomie vom serbischen Parlament zugesprochen wurde.[8] Was war aber so revolutionär an diesem „Dreifach-Modell"? An erster Stelle steht die Tatsache, das es auf klaren und deutlichen Prinzipien beruhte: In den Fragen, die die Minderheit in irgendeiner Form betreffen, müssen und dürfen auch nur die Mitglieder der Minderheit entscheiden. Weniger häufig wird dabei erwähnt, dass es durchaus auch von Seiten des restjugoslawischen Staates ein vorsichtiger Vorstoß in Richtung eines Personalautonomiekonzepts für die Minderheiten[9] des Landes unternommen wurde. Dieser wurde von der Panič-Regierung ausgearbeitet, drang jedoch nicht einmal ins Parlament vor. Offensichtlich war sie ihrer Zeit voraus. Die damals wenig einheitliche VMDK zersplitterte im Jahre 1994. Aus der darauf folgenden Parlamentswahl zwei Jahre später ging mit der VMSZ[10] eine neue Formation als Sieger unter den

[7] In der Abschlussdeklaration einer Tagung von Minderheitenvertretern und serbischen Oppositionsparteien, die vom „Project on Ethnic Relations" organisiert wurde, heißt es: „[…] the self-organisation of national communities through adequate autonomy arrangements […] is necessary for the more efficient organisation of multicultural communities of citizens of Vojvodina, as well for democratization of Serbia. Taxes and other financial contributions paid by members of national community should constitute the financial foundation of their self-organisation" (Project on Ethnic Relations 1999, Section 3).

[8] Dennoch darf nicht übersehen werden, dass bisherige Veränderungen (wie die erfolgreiche Volksabstimmung über die Unabhängigkeit Montenegros oder ähnliche Bestrebungen im Kosovo) das Verständnis gegenüber dem Sonderstatus der Vojvodina nicht gestärkt, sondern im Gegenteil die Verhandlungen in der Vojvodina nur verkompliziert haben.

[9] Der Plural dieser Formulierung zielt auf die Tatsache, dass neben den Ungarn mehrere Minderheitengruppen in Serbien leben, wie beispielsweise Kroaten, Slowaken, Rumänen und – nicht zu vergessen – im Zentralkosovo die Albaner.

[10] VMSZ – Ungarische Allianz in der Vojvodina.

ungarischen Parteien hervor. Bekanntlich haben die Balkankriege nicht nur die Infrastrukturen zerstört, sondern auch das Verhältnis der verschiedenen Volksgruppen zugespitzt und die positive Einstellung gegenüber einem Zusammenleben ruiniert. Ein besonders einschneidendes Ereignis war dabei die Nato-Bombardierung Belgrads im Jahre 1999. Paradoxerweise war diese extrem zugespitzte Situation der Geburtsmoment der neuen Autonomiekonzeption, die nach jahrelangen Diskussionen und auf internationalen Druck im Jahr 2002 durch das damalige serbisch-montenegrinische Parlament angenommen wurde.

Die grundsätzliche Frage, an der sich Mehrheit und Minderheit in Serbien entzweien, ist diejenige, ob die Rechte der Minderheit kollektiv oder individuell sind. Diese Frage musste wegen des großen internationalen Drucks auf Serbien schnell gelöst werden und so formulierte man im Gesetz, dass die Minderheitenrechte kollektiv *und* individuell geltend zu machen sind. Ferner wurde eine neue Institution eingeführt, nämlich der Nationalrat. Jeder Minderheitengruppe wird das Recht zugesprochen, eine Quasi-Regierung zu bilden. Momentan zählt man 13 solcher Nationalräte in Serbien.

Mit der Frage, wem das Recht zusteht, einen solchen Nationalrat zu wählen (und damit auch die anderen „Vorrechte“ zu genießen), kehren wir wieder zur zentralen Thematik der Abhandlung zurück: Wer ist ein Ungar? Dieser kurze historische Abriss zeigt, dass es letztlich die ungarischen Intellektuellen waren, die in dieser Frage die Tür zu einer Lösung geöffnet haben: Ungar ist – nach einer auf dem ungarischen Statusgesetz basierenden Regelung der Ungarn in Serbien – nunmehr derjenige, der sich in einer freien Identitätswahl als Ungar erklärt, der oder dessen Kind eine ungarische Bildungseinrichtung besucht oder der mit einer größeren Geldsumme die ungarische Gemeinschaft unterstützt hat. Als Ungarn kommt ihnen das Recht zu, Vertreter für ein Autonomiegremium, die aus 615 Mitgliedern bestehende ungarische Versammlung, zu wählen bzw. selbst zu kandidieren.[11] In dieser Versammlung sind darüber hinaus Delegierte der ungarischen Parteien und der Zivilgesellschaft vertreten. Diese Versammlung bestimmt auch die 35 Mitglieder des ungarischen Nationalrats. Nach herrschender Meinung führender Politiker sowohl von Seiten Serbiens als auch der ungarischen Minderheit gestaltet sich die Arbeit und politische Situation der Nationalräte relativ gut; so gewöhnen sich die zu der Mehrheit gehörenden serbischen Politiker durchaus an die Beteiligung der Minderheit an Entscheidungen, die sie selbst betreffen, und erkennen, dass sie in einem multiethnischen Land leben, in dem sie mit einer Politik der Stärkeren nicht gewinnen können.

Die Autonomie der Ungarn in der Slowakei

Die Vorstellungen der Ungarn im Gebiet der heutigen Slowakei ähnelten Anfang der 90er Jahre sehr den Plänen der Minderheitenungarn in der Vojvodina. Doch präsentierten sie sich zu keinem Zeitpunkt in einer derart detaillierten Ausarbeitung. Aus der heutigen Perspektive können wir uns diesen Unterschied nur so erklären, dass die Repräsentanten zwar durchaus ihre Bestrebungen artikuliert haben, jedoch ohne dabei die geringste Chance zu sehen, sie auch in der Gesamtgesellschaft realisieren zu können. Die Ungarn leben hier in einer 50-60 km breiten Grenzenregion, also in einem geographischen Sinne geschlossenen Gebiet. Dort, wo sie 90% der Bevölkerung repräsentieren, waren sie bestrebt, in Verwaltungseinheiten zusammengefasst zu werden und somit ihre administrative Unabhängigkeit auf der Lokal- und Komitatsebene[12] zu erreichen. Dieses Ziel wurde jedoch dadurch unterbunden, dass bereits die erste slowakische Regierung die neuen Komitatsgrenzen so zog, dass die Ungarn in keinem Komitat einen nennenswer-

[11] Als Voraussetzung für eine Kandidatur muss man 100 Unterstützungsunterschriften von Magyaren vorlegen.

[12] Ein Komitat ist eine Verwaltungseinheit, die zwischen der lokalen und der staatlichen Ebene angesiedelt ist. Sie hat eine ähnliche Struktur wie ein Bundesland.

ten einheitlichen Block darstellten. Folglich war es der ungarischen Elite nur noch möglich, über die Personal- oder Kulturautonomie zu verhandeln. Die ungarischen Politiker beriefen sich dabei auf ein im Jahre 1968 verabschiedetes Gesetz über den Status der Nationalitäten, das jedoch nie umgesetzt worden war und dessen Wert sich darin erschöpfte, bei eventuellen Staatsbesuchen vorgezeigt zu werden. Der Versuch, dieses Gesetz zu aktualisieren, war jedoch gescheitert, so dass man sich gezwungen sah, neue Wege zu finden: Von 1998 an war die Partei der Ungarn in der Slowakei[13] für zwei Legislaturperioden Mitglied der Regierungskoalition. Seitdem verschwanden auch die Autonomiekonzeptionen aus ihren öffentlichen Diskussionen und ihren politischen Zielen innerhalb der Koalition. Mit dem Beitritt der Slowakei und Ungarns zur Europäischen Union am 1. Mai 2004 konzentrierte sich die Hoffnung der Ungarn in der Slowakei darauf, dass sich die Lage aufgrund des in der EU stark betonten Subsidiaritätsprinzips in der Weise ändern würde, dass den ungarischen Selbstverwaltungen mehr Rechte zugesprochen würden, die die Organisation der eigenen Gemeinschaft erleichterten. Momentan existiert jedoch noch keine umfassende Regelung über die Minderheiten und ihre Kollektivrechte werden noch nicht allgemein akzeptiert. Seit der slowakischen Parlamentswahl im Juni 2006 ist die ungarische Partei allerdings nicht mehr in der Regierung vertreten[14] und man befürchtet, dass die Beteiligung der Mečiar-Partei HZDS und der Nationalpartei SNS von Jan Slota an der neuen Regierungskoalition der ungarischen Gemeinschaft zu erheblichem Schaden gereichen wird, da deren Repräsentanten für ihre Abneigung gegen die Magyaren bekannt sind. Dagegen bleibt die Hoffnung bestehen, dass die EU-Einbindung des Landes eine zurei-

[13] MKP – Partei der Ungarischen Koalition.

[14] Obwohl die Partei ihr bis dato bestes Wahlergebnis erreicht hatte, erreichte die amtierende Koalition keine Mehrheit mehr und es bildete sich eine neue Regierung aus der linkspopulistischen Partei SMER, der Meciar-Partei HZDS und der rechtsextremen Nationalpartei SNS von Jan Slota.

chende Absicherung der ungarischen Minderheit vor den Ausfällen Mečiars und Slotas darstellt.

Die Autonomie in Rumänien

Das aktuellste Beispiel der Autonomiefrage findet sich jedoch in Siebenbürgen/Transsylvanien (Rumänien). Dieses Land ist seit dem 1. Januar 2007 Mitglied der Europäischen Union. Die 1,5 Millionen hier lebenden Ungarn setzen in diese Mitgliedschaft große Hoffnungen.[15] Nicht nur ihre Anzahl, sondern allein die Tatsache, dass ca. 750.000 Ungarn in einem ethnisch geschlossenen Raum (im Szeklerland) leben, begründet für die Ungarn hier eine ganz eigene Situation, die sich von den bisher geschilderten Fällen unterscheidet. Hier haben die Ungarn ihre magyarische Identität bewahrt, was einen besonders starken Zusammenhalt unter ihnen begründet. Selbst die territoriale Autonomie ist hier kein unbekannter Begriff. So findet man in der jüngeren Geschichte zahlreiche Ausgestaltungen der Territorialautonomie wie die Ungarische Autonomieprovinz zwischen 1952 und 1960 oder das Autonomiegebiet „Maros-Magyar“[16], das von 1960 bis 1968 bestand. Als Letzteres für die Regierung Ceauşescus immer unbequemer wurde, hat dieser es schließlich aufgelöst.

Auch hier haben die Ungarn ihre Partei (RMDSZ[17]) kurz nach der Wende gegründet. Zunächst war sie Ausdruck ihrer Autonomie, *de facto* wurden aber alle ihre Pläne und Vorschläge von der rumänischen Politik abgelehnt. Vor dem Hintergrund der bereits erwähnten Tatsache, dass die Präambel der rumänischen Verfassung von einem „einheitlichen rumänischen Nationalstaat“ spricht, erregt diese Feststellung auch keine weitere Verwunderung. Sind die 1,5 Millionen Magyaren demzufolge als fünfte Kolonne in Rumänien zu betrachten? Dieser Feststellung ist zumindest mit der nötigen

[15] Vgl. die Kopenhagener Kriterien der Europäischen Union.
[16] „Maros“ ist der Name eines Flusses in Rumänien und Ungarn.
[17] RMDSZ – Demokratische Allianz der Ungarn in Rumänien.

Skepsis zu begegnen. So beschreibt der rumänische Historiker Lucian Boia die Entwicklung der Rumänen folgendermaßen: „Sie (insbesondere die Romantiker im 19. Jahrhundert) beginnen die Nation als betonte Form der Einheit zu betrachten, als Schlüssel und Ziel des gesamten historischen Fortschritts" (Boia 1999, 157). Auch heute werden die Ungarn noch weitgehend als störende Elemente dieser Einheit angesehen, weshalb ein starker Assimilierungsdruck auf sie ausgeübt wird. Seit 1996 ist die RMDSZ Mitglied der rumänischen Regierung, was in der Folge zu einer Änderung ihrer Strategie geführt hat: Statt durch einen klar definierten Autonomieplan eine offene Konfrontation zu riskieren, geht man seitdem nach der Taktik der kleinen Schritte vor. Doch war ein Teil der ungarischen politischen Elite in Rumänien damit keineswegs zufrieden und betrachtete die letzte Periode als verlorene Zeit. Die deutsche Minderheit in Südtirol – die diesbezüglich in einer durchaus vergleichbaren Situation leben – habe, so ihre Kritik, nach 16 Jahren Verhandlungen viel mehr vorzuweisen als die ungarische Minderheit unter der Führung der RMDSZ im gleichen Zeitraum. Daher riefen sie neue politische Plattformen ins Leben[18] und stellten ein im Grunde altes Ziel wieder neu in den Vordergrund, nämlich das aus der Vojvodina bekannte „Dreifach-Modell", diesmal auf die Lage Siebenbürgens appliziert. Könnten diese ungarischen Bestrebungen mehr Unterstützung – nicht zuletzt von Seiten der EU – erhalten, dann bräuchte dieses Ziel durchaus keine bloße Illusion zu bleiben. Die EU war jedoch ihrerseits wohl wenig geneigt, im schwierigen Beitrittsprozess einen weiteren Konflikt mit Rumänien zu riskieren. Zudem präsentierte sich die ungarische politische Elite selbst als zu uneinig, um zu wirklichen Ergebnissen gelangen zu können.

Nicht unerwähnt soll bleiben, dass die ungarische Gemeinschaft sowohl in der Vojvodina als auch in Siebenbürgen unter relativ hohen Abwanderungs-

[18] Im Jahre 2003 wurden der SZNT (Szekler Nationalrat), der EMNT (Ungarischer Nationalrat in Siebenbürgen) und der MSZP (Ungarischer Bürgerverein) gegründet.

raten leidet, was die jeweiligen Regierungen Ungarns jedoch auch nicht verhindern konnten bzw. wollten. Selbst die politische Elite in der ungarischen Heimat hat diesbezüglich keine einheitliche Meinung zu den Autonomiebestrebungen auf der anderen Seite der Grenze. Die häufigen Regierungswechsel behindern zudem die Ausarbeitung einer stabilen Konzeption für die Menschen mit ungarischer Identität in den Nachbarländern. Die Meinungen der einzelnen Parteien in Ungarn lassen sich diesbezüglich nicht in Einklang bringen.

Fazit

Die Darstellungen der Autonomiebestrebungen der jeweiligen ungarischen Minderheiten verdeutlichen exemplarisch den eingangs problematisierten Zusammenhang zwischen Identität und Autonomie. Die Magyaren haben ihre Identität großenteils bewahren können. Insbesondere in solchen Gebieten, in denen die Ungarn einen „ethnischen Gebietsverlust" hinnehmen mussten, kam es dabei zu einigen Vermischungen, doch hatten alle ungarischen Gemeinschaften die Kraft, eigene auf ethnischer Basis organisierte Parteien zu bilden. Letztere stellten die Sprachrohre dar, um die jeweiligen Autonomievorstellungen – mal lauter, mal leiser – zu lancieren.

Selbstverständlich soll damit keine Exklusivität des dargestellten Weges behauptet werden; vielmehr sind auch weitere Möglichkeiten denkbar, durch die Minderheiten ihre Interessen artikulieren können. In diesem Zusammenhang kann man auch nicht darüber hinwegtäuschen, dass in keinem der dargestellten Fälle das Resultat in der gewünschten Form erreicht werden konnte. Wenn man aber über das Europa der Regionen spricht, sollte man stets präsent halten, dass die „Autonomie" (in welchen Formen und Begriffen auch immer) ein erfolgversprechendes Konzept darstellen kann, um alte Wunden zwischen den Nationen zu heilen.[19]

[19] Dabei kann man an Minderheiten in Spanien, Italien, Belgien, Schweden, Deutschland, Großbritannien und Frankreich (vgl. den Sonderstatus Korsikas) denken.

Abschließend möchte ich in diesem Zusammenhang auf den im Jahr 2003 von der Parlamentarischen Versammlung des Europarates verabschiedeten „Gross-Bericht" verweisen, der die Autonomie als eine besonders fördernde politische Institution bezeichnet (Council of Europe 2003). Diese Form der Machtteilung kann ethnische Konflikte lösen und unterstützt die Souveränität, Einheit sowie die territoriale Integrität des Landes. Damit erscheint die verbreitete Meinung, die Autonomie eines Gebietes stelle der erste sichere Schritt in Richtung Separatismus dar, als widerlegt.

Unter den Grundideen der EU befinden sich an erster Stelle die Förderung der Selbstverwaltung und die Subsidiarität. Im letzten Bericht des Europäischen Parlaments über Rumänien werden diese beiden Begriffe als besonders zu unterstützende Vorschläge der ungarischen Minderheit erklärt. Es bleibt abzuwarten, wie die politische Elite Rumäniens dieses Mal den Vorstoß aufgreifen wird.

Literatur

Arday, Lajos (2002): Magyarok a Délvidéken, Jugoszláviában, Budapest.

Balogh, Sándor (1999): Autonomy and the new world order. A solution to the nationality problem, Toronto.

Bausinger, Hermann (1993): Cultural Identity and Ethnicity in Europe, in: Bechdorf, Ute u. a. (Hrsg.): Watching Europe. A Media and Cultural Studies Reader. Papers from two ERASMUS Intensive Programmes: „Popular Culture in a Transnational Context" in Middlesex, Great Britain, April 7 to April 12, 1992, „Who is Europe? Whose Europe? The Construction of Transnational Identities in Everyday Life" in Tübingen, Germany, April 13 to April 17, 1993 (Studien & Materialien des Ludwig-Uhland-Instituts der Universität Tübingen, Bd. 12), Tübingen, S. 21-32.

Bindorffer, Györgyi (2001): Kettős identitás. Etnikai és nemzeti azonosságtudat Dunabogdányban, Budapest.

Boia, Lucian (1999): Történelem és mítosz a roman köztudatban, Bukarest.

Council of Europe, Parliamentary Assembly (2003): Positive experiences of autonomous regions as a source of inspiration for conflict resolution in Europe. Report, Political Affairs Committee, Rapporteuer: Mr Gross, Switzerland, Socialist Group, Doc. 9824, 3 June 2003, http://assembly.coe.int/Main.asp?link=/Documents/WorkingDocs/Doc03/EDOC9824.htm (abgerufen am 16.10.2006).

Duray, Miklós (1999): Önrendelkezési kísérleteink, Somorja.

Eidheim, Harald (1969): When Ethnic identity is a social stigma, in: Barth, Fredrik (Hrsg.): Ethnic groups and boundaries. The social organization of culture difference, Bergen-Oslo, S. 39-57.

Ekholm-Friedman, Kajsa / Friedman, Jonathan (1995): Global complexity and the simplicity of everyday life, in: Miller, Daniel (Hrsg.): Worlds apart. Modernity through the prism of the local, London-New York, S. 134–154.

Eriksen, Thomas Hylland (1993): Ethnicity and nationalism. Anthropological perspectives, London.

Erikson, Erik Homburger (1968): Identity. Youth and crisis, New York.

Gál, Kinga (1999): Minoritätenprobleme in Ungarn und Rumänien, in: Neuss, Beate / Jurczek, Peter / Hilz, Wolfram (Hrsg.): Transformationsprozesse im südlichen Mitteleuropa – Ungarn und Rumänien. Beiträge zu einem politik- und regionalwissenschaftlichen Symposium an der TU Chemnitz (EZFF Occasional Papers, Nr. 20), Tübingen, S. 31-41.

Hévízi, Józsa (2001): Autonómia-típusok Magyarországon és Európában, Budapest.

Löwe, Heinz-Dietrich / Tontsch, Günther H. / Troebst, Stefan (Hrsg.) (2000): Minderheiten, Regionalbewusstsein und Zentralismus in Ostmitteleuropa (Siebenbürgisches Archiv, Folge 3, Bd. 35), Köln-Weimar-Wien.

Olzak, Susan / Nagel, Joane (Hrsg.) (1986): Competitive ethnic relations, Orlando u. a.

Project on Ethnic Relations (1999): Communiqué of the Roundtable on Interethnic Relations in Vojvodina, Vienna, Austria, September 23-25, 1999.

Ignác Romsics (2005): Der Friedensvertrag von Trianon (Studien zur Geschichte Ungarns, Bd. 6), Herne.

Szarka, László (2002): Elemzési szempontok a XX. századi magyar nemzetfogalomhoz, in: Magyarország és a magyar kisebbségek (Történeti és mai tendenciák), Budapest.

Ders. (2005): The European Context of Minoritz Autonomies, in: Bayer, József / Burucs, Kornélia: Ungarn in der Europäischen Union 2004 (Begegnungen, Bd. 25), Budapest.

Zellner, Wolfgang / Dunay, Pál (1998): Ungarns Außenpolitik 1990-1997. Zwischen Westintegration, Nachbarschafts- und Minderheitenpolitik, Baden-Baden.

IV. Identitätskonstruktionen in Sprache, Literatur und Kunst

Transnationale Kommunikation als Faktor eines differenzierten Integrationsprozesses in der Europäischen Union

Überlegungen zur Öffentlichkeit und europäischen Identität, zum „Eigensinn" der politischen Kulturen und zur Selbstmarginalisierung Europas

Bernd Sösemann

Existiert eine europäische Öffentlichkeit jenseits von Katastrophen? Ist vielleicht nur noch das Wetter europäisch? Muss es erst zu Terroranschlägen, Islam-Karikaturen oder der Vogelgrippe gekommen sein, damit sich François und Francesco, Fritz oder Frederik gemeinsam betroffen und herausgefordert fühlen? Oder gibt es mehr als ein halbes Jahrhundert nach den Römischen Verträgen längst eine europäische Öffentlichkeit, ein europäisches Bewusstsein und sogar schon eine europäische Identität (Wiśniewski 2003)? Schließlich gehören doch Information und Kommunikation ebenso wie Grundrechte, Integration und Konsens zu Schlüsselbegriffen eines sich seit Jahrzehnten vollziehenden europäischen Einigungsprozesses. Damit sind die Resultate von unterschiedlich offenen und in wechselnder Intensität sich vollziehenden Entwicklungen angesprochen, die auf verschiedenen Ebenen ablaufen, auf institutioneller und monetärer, verkehrstechnischer und touristischer, sozialer und rechtlicher, aber auch auf medialer. Im Kontext der allgemeinen Rahmenbedingungen stellt sich die aktuelle Situation in der Öffentlichkeit und den Medien sowie bei den Bedingungen, unter denen Journalisten arbeiten beziehungsweise ihre Berichterstattung und Kritik rezipiert werden, in allen Mitgliedsländern der EU nur annähernd ähnlich dar. Allein schon ein Vergleich der vier großen Gründungsstaaten ergibt für die Presse folgendes Bild:

	D	I	GB	F
Fläche (km²)	357.022	301.336	243.307	543.965
Bevölkerung (Mio.)	82,5	57,6	60,0	58,9
Dichte (je km²)	230	191	243	108
Tageszeitungen				
Anteil der Verkaufsarten	36% Einzel-VK 62% Abo 2% Rest	90,7 Einzel-VK 9,3% Abo	59% Einzel-VK 41% Abo	62% Einzel-VK 30% Abo 8% Rest
Reichweite (a)	78,0	39,9	33,7(b)	33
Verkauf (c)	4.103	(?)	1.364	1.803
Zeitschriften	45% Einzel-VK 43% Abo 12% Rest	85% Einzel-VK 15% Abo	11% Einzel-VK 89% Abo 12% Rest	68% Einzel-VK 32% Abo 12% Rest
Umsatz des Pressehandels (Mio. €)	4.159	3.500	(?)	2.896

(a) % der Erwachsenen – (b) inklusive Wochenzeitungen: 81% – (c) in Millionen Exemplare.
© Bernd Sösemann

Der Alltag aller Bürger in der Europäischen Union hat sich somit „europäisch" verdichtet. In der Flagge und beim Blick ins Portemonnaie, bei der Hymne und der Europäischen Menschenrechtskonvention zeigen sich einige der symbolischen Verfestigungen deutlich. Zusätzlich verstärkend wirken die europäischen Parteien und Gewerkschaften, Verbände, Glaubens- und Überzeugungsgemeinschaften auf die Öffentlichkeit ein.[1] Sie sind ebenso wie die Lobbyisten aller Sparten in ihren jeweiligen Arenen präsent, die inzwischen längst die Qualität stabiler EU-Netzwerke angenommen haben.[2]

[1] Die den „Grünen" und sogenannten Umweltschützern nahestehenden Gruppierungen und Parteien („Regenbogengruppe") haben sich am 21./22. Februar 2004 in Rom zur ersten europäischen Partei zusammengefunden.

[2] Die Datenbank „Coneccs" – http://www.europa-jetzt.org (abgerufen am 27.6.2005) – enthält 735 Einträge; darunter sind allein 472 von wirtschaftlich orientierten Gruppen; von den restlichen 263 befassen sich lediglich 39 mit europäischen Themen (5,3 % aller Einträge).

Auf die Euphorie nicht weniger vor der großen EU-Erweiterungsrunde[3] folgte nach den ersten Ablehnungen des Verfassungsentwurfs in zwei Staaten aus dem Kreis der Gründungsmitglieder der „Europäischen Wirtschaftsgemeinschaft“ die Skepsis vieler.[4] Ist damit das Ende des „Vertiefungsprozesses“ erreicht? Bislang zeichnet sich kein kohärentes Gesamturteil über die Ursachen des Debakels ab und auch kein Konsens über die Konsequenzen, die aus der Krise zu ziehen sind: weder mit Blick auf die Wiedergewinnung einer gesteigerten innereuropäischen Integration noch auf eine geostrategische Neuorientierung (Brimmer/Fröhlich 2005). Ist überhaupt noch ein Verfassungswerk wünschenswert, wenn der fortschreitende Aufnahmeprozess zu einer weiteren Ausdifferenzierung der Interessen führt, so dass allein schon diese Heterogenität sich zunehmend als Bürgerferne darstellen muss? Konstituierung und Normierung müssen dann mit Identitätsverlusten und der Stabilisierung von Ablehnungsmechanismen erkauft werden. Ein klares Konzept lässt sich an verantwortlicher Stelle bis heute nicht einmal für die im Sommer 2005 wiederbelebte Alternative eines Europas der unterschiedlichen Entwicklungsgeschwindigkeiten erkennen. Es wächst vielmehr der Verdacht, Brüssel habe bei der rasanten Fahrt zu den Erweiterungs- und Verfassungszielen seine Fahrgäste, seine Bürger verloren, ohne das Malheur bemerkt zu haben (Esser 2005). In der Regierungserklärung der deutschen Kanzlerin fand sich zum Hauptproblem der EU – wie lässt sich die Erweiterung mit einer qualitativen Vertiefung und höheren Effizienz verbinden? – lediglich der originelle Hinweis, Deutschland wolle sich den kleinen Mitgliedsstaaten zuwenden. Auf diesem Weg werden sich die Energie- und Migrationsprobleme, Irak- und Iran-Fragen oder die Haushaltsschwierigkeiten nicht beseitigen lassen (Heyde-Price 2005). Und

[3] Damit ist die Aufnahme von zehn neuen Mitgliedern am 1. Mai 2004 gemeint.

[4] Vorangegangen waren die Ablehnung der Vereinbarungen von Maastricht durch die Dänen, der von Nizza durch die Iren, Ablehnungen in Schweden und ein knappes Referendum in Frankreich (Bogdandy 2004); skeptisch gegenüber der Frage, ob das wirtschaftlich integrierte Europa überhaupt eine Verfassung benötige, zeigt sich Grimm 2001.

2006 überraschte Brüssel die Öffentlichkeit nicht nur mit der Nachricht, zukünftig noch mehr Geld für PR-Arbeit ausgeben zu wollen, sondern mit dem Eingeständnis, in der Vergangenheit journalistische Beiträge in Zeitungen und im Rundfunk auf eine Weise finanziert zu haben, dass die Tatbestände mit unabhängiger Information und Berichterstattung nichts mehr zu tun hatten.

Die historische Dimension aller Fragen und Probleme bleibt im Folgenden weitgehend unberücksichtigt. Sie kann wegen der so überaus vielfältigen Aspekte des „europäischen Gedankens“ und der paneuropäischen Konzeptionen nicht *en passant* mitbedacht werden. Diese Begrenzung ist unter einem Gesichtpunkt bedauerlich. Eine historisch-kritische Darstellung der Vielgestaltigkeit nationalstaatlich und interessenpolitisch motivierter Vorstellungen von „Europa“ könnte aufklärend wirken (Wagner 2005).[5] Damit wäre den Sonntagsrednern unter Historikern und Politikern sowie einigen Journalisten und Karikaturisten der beliebte Versuch erschwert, mit ihrer affirmativen Rhetorik „Wurzeln“ unseres heutigen Europas in allen Epochen bloßzulegen und zu feiern[6] – im oftmals allzu leichtfertigen Jonglieren mit religiösem, humanistischem und aufklärerischem Erbe, wenn sie nicht sogar den Mythos bemühen und die Jungfrau auf dem Stier aus dem Meer bis ins 21. Jahrhundert hinein reiten lassen. Das Thema entzieht sich einem knappen, historisch angelegten Skizzierungsversuch auch schon deshalb, weil seine Entwicklungslinien viel zu heterogen sind und in den Mitgliedsstaaten höchst unterschiedlich interpretiert werden.[7] Ich gehe in meinen Ausführungen von einem aktuellen, medienpolitisch motivierten und kommunikationspolitisch ausgerichteten Interesse aus. Vorab sind dafür kurz die wich-

[5] Weniger gelungen erscheint mir zu sein Frevert 2003, weil das Taschenbuch moralisierend und quellenfern geschrieben ist und nicht einmal die Entwicklungen in der Frühen Neuzeit kurz in den Blick nimmt (Christentum und Reformation, Föderalismus und Regionalismus).
[6] Zur Problematik der Aneignungsparadigmen vgl. die geistvolle Polemik von Brague 1993.
[7] Einen guten Überblick vermitteln Folke Schuppert/Pernice/Haltern 2005.

tigsten Grundlagen meines Themas zu klären. Dazu zählen die Vorstellungen, die sich gemeinhin mit den Begriffen „Identität", „Öffentlichkeit" und „Europa" beziehungsweise mit „öffentlich" und „europäisch" verbinden. Den Frage- und Problemstellungen im engeren Sinn nähere ich mich anschließend unter drei inhaltlichen Aspekten. Sie betreffen die Funktion und Bedeutung transnationaler Kommunikationsstrukturen sowie die Rolle der Medien für die Schaffung einer europäischen Öffentlichkeit; die Frage, wie aus nationalstaatlich geprägten Aneignungen und Erfahrungen der einzelnen Publika ein supranationales, also ein europaspezifisches Kollektivbewusstsein erwachsen kann; und schließlich den Zusammenhang zwischen dem Entstehungsprozess „europäisch" orientierter Publika und der Entwicklung einer „europäischen öffentlichen Meinung".[8]

Am Beginn des 21. Jahrhunderts zeichnet sich in der Geschichte des neuzeitlichen Europas eine dritte tief greifende Zäsur ab. Die erste wurde im 15. und 16. Jahrhundert durch Renaissance, Humanismus und Reformation markiert; die zweite im 18. und 19. Jahrhundert durch bürgerliche Revolutionen und konservative Erneuerungsbewegungen („Reformen von oben") geprägt; und nach den Folgen der bolschewistischen Revolution beziehungsweise dem Zusammenbruch des sowjetischen Imperiums haben wir es mit Zukunftsentwürfen für ein größeres Europa zu tun. Dieses Konzept wird nach den Verträgen von Maastricht (1992), Amsterdam (1997) und Nizza (2000) sowie im europäischen Verfassungsvertrag von 2004 nachdrücklich als eine „Einigung in Vielfalt" verstanden. Die EU formuliert darin indirekt auch ihren Anspruch, auf internationaler Bühne eine größere Verantwortung als „globaler Akteur" übernehmen zu wollen. Der Entwurf konnte politisch und wirtschaftlich, kulturell und sozial umfassender als jemals zuvor angelegt werden, weil die vergangenen anderthalb Jahrzehnte grundlegende Wandlungen mit sich gebracht hatten. Der Alltag aller EU-

[8] Dazu allgemein Brosius 2000.

Bürger erweist sich heute, blickt man auf die Zeit der Pariser (1952) und Römischen Verträge (1957) zurück, zunehmend als „europäisch". Die Dialogfähigkeit der Mitglieder untereinander und zwischen der EU und den beitrittswilligen Staaten war noch nie so ausgeprägt, die allgemeine Kooperationswilligkeit und Konsensbereitschaft stellen sich im EU-Raum im internationalen Vergleich günstiger dar als im internationalen Verkehr. Im Artikel des Verfassungsvertrags über den „Grundsatz der partizipativen Demokratie" (Art. I-47, Abs. 2) heißt es dementsprechend: „Die Organe [der Union] pflegen einen offenen, transparenten und regelmäßigen Dialog mit den repräsentativen Verbänden und der Zivilgesellschaft."

Offensichtlich hat zu diesen Erleichterungen nach 1945 die stärkere Orientierung an angloamerikanischen Wertvorstellungen und Verhandlungsstrategien ebenso beigetragen wie ein stärker ins Pragmatische gewandeltes Verständnis von „Politik" und ein schleichender Bedeutungsverlust traditioneller, also sogenannter „alt"-europäischer Bildungstraditionen, Wert- und Moralvorstellungen.[9] Dennoch scheint mir nicht zuletzt nach den enttäuschenden Erfahrungen mit den Verfassungsreferenden und aus der verhaltenen öffentlichen Resonanz in den meisten Mitgliedstaaten kein Grund mehr für einen allzu großen Fortschrittsoptimismus gegeben zu sein.[10] Die Europäisierungsprozesse vermochten zwar in der Vergangenheit selbst in großen Krisensituationen wiederholt eine starke Eigendynamik zu entwickeln, sie

[9] Vgl. dazu Fuhrmann 2004; Reytier 2002, 182f. mit dem gut begründeten Ergebnis, dass nicht 1945, sondern 1949 die entscheidende Wende für die führenden Katholiken gewesen sei.

[10] Einer der EU-Kommissare, der von 1999 bis 2004 für die Erweiterungsfragen zuständig gewesene Günter Verheugen, hat soeben seine Erfahrungen mit der wachsenden Diskrepanz zwischen der europäischen Politik und dem Bewusstsein der Bevölkerung publiziert: Verheugen 2005. Verheugen beklagt, dass selbst diejenigen, die eine entschiedenere EU-Politik mit voranzutreiben bereit sind, viel zu wenig über die praktische Umsetzung einer effektiver gestalteten Informationspolitik nachdenken.

sind jedoch keinesfalls unumkehrbar.[11] Will man sie jedoch vorantreiben und sogar langfristig stabilisieren, dann haben die Verantwortlichen sich um mehr zu bemühen als um eine Förderung der wirtschaftlichen und technischen Zusammenarbeit, um fälschungssichere Reisepässe oder die Normierung von Traktorsitzen und Gurken.[12] Die Erwartungen des Bürgers an die EU und damit ein Großteil seiner Zukunftsvorstellungen würden anderenfalls enttäuscht werden und schnell verflachen, Gleichgültigkeit könnte das europäische Selbstbewusstsein schwächen und unter den Bürgern der Europäischen Union Fuß fassen und sich so verbreiten, dass nationalistische und partikularistische Bewegungen, wie sie sich nicht nur unter Polens neuer Regierung abzeichnen, wieder als attraktive Alternative angesehen werden könnten.[13]

Wie stellt sich „Europa" heute dar? Die Gespräche und Verhandlungen beherrschen keine einheitlichen Vorstellungen. Es gab sie auch nicht einmal auf einem der Höhepunkte paneuropäischer Bemühungen,[14] in der zweiten Hälfte der zwanziger Jahre des vergangenen Jahrhunderts. Die vorwiegend nationalstaatlich geprägten politischen Ideen und Modelle waren zu unterschiedlich und zu wenig kongruent, als dass sie den damaligen Staatsmännern die Formung eines Konsenses ermöglicht hätten. Nicht als eine extreme Ausformung steht hier die anschauliche Fixierung des Konzepts „Pan-

[11] Über seine persönlichen Erfahrungen in der deutschen EU-Politik berichtet der ehemalige Abteilungsleiter für Außen- und Sicherheitspolitik im Kanzleramt (Regierung Kohl) und spätere NATO-Botschafter Bitterlich 2005.

[12] Die in der deutschen Presse vielzitierte und heftig gescholtene Norm für Traktorsitze geht übrigens nicht auf eine Initiative Brüssels, sondern auf die eines deutschen Bundeslands zurück, in dem ein Traktor-Hersteller mit dem Hinweis auf unabdingbare Sicherheitsstandards erfolgreich Lobby-Arbeit betreibt.

[13] Die Kriege in und um den Fortbestand Jugoslawiens, die Selbstständigkeit des Kosovo, von Makedonien und um das Projekt eines Groß-Albanien zeigten, wie schwer nationale Probleme selbst von einer starken Gemeinschaft zu lösen sind, wenn sie mit religiösen und kulturellen Fragen verknüpft sind.

[14] Hierzu und besonders zur Frage nach der Existenz von Kontinuitätslinien über das 20. Jahrhundert hinweg, neuerdings wiederholt zu unkritisch Ziegerhofer-Prettenthaler 2004.

europa" des Grafen Richard Nikolaus Coudenhove-Kalergi (1894-1972), sondern als Exempel für die geringe sachliche Stringenz und für einen lediglich schwach ausgeprägten politischen Pragmatismus (Coudenhove-Kalergi 1926; Frommelt 1977; Conze 2004; Paul 2004). Derartige Entwürfe waren, wie die meisten bis zum heutigen Tag, der historischen Situation und damit den jeweiligen innen- und außenpolitischen Interessen stark verpflichtet.[15] Das Jahr 1945 kann in diesem Jahr nicht als tief greifende Zäsur oder sogar als „Epochenwende" angesehen werden, weil die meisten Persönlichkeiten im Kreis der „frühen Europäer" in Deutschland, Frankreich und Italien zumindest bis weit in die fünfziger Jahre hinein von Vorstellungen beseelt waren, die nur begrenzt demokratisch waren und pluralistischen Modellen ähnelten.

Die meisten Debatten über „Europa" entstanden und entstehen weiterhin um wenige zentrale Fragen. Zumeist wird als erstes hervorgehoben, dass Europa nicht über feste Grenzen verfüge.[16] Dieses Faktum erscheint mir zwar weniger bedeutsam zu sein als häufig angenommen, aber in einem höheren und weiteren Sinn halte ich es für diskussionswürdig. Der Raum Europa ist eine historisch, bestenfalls eine politisch-soziale, aber keine statische Größe. Jede geographische Festlegung erweckt die falsche Vorstellung von einer harten Prämisse, die objektiv vorhanden sei. Europa grenzte sich immer ab, wenn es handlungsfähig sein wollte, aber mit dieser Haltung muss nicht zwangsläufig eine Ausgrenzung verbunden sein. Es dürfte in der heutigen Situation untersuchenswert sein, ob eine relativ starre Grenzziehung konstitutionell nötig ist und als Begleitphänomen eines umfassenden Einigungsprozesses letztlich überhaupt opportun wäre. Ob es also mit Blick auf die EU-Interessen und die der Anrainerstaaten nicht sachadäquater sowie

[15] Zur Geschichte der historischen Pläne und Konzepte vgl. Lipgens 1966; Erdmenger 1995; Théry 1998; Timmermann 1998; Elvert 1999 und Bernecker 2002.

[16] Strenggenommen ist diese Auffassung irrig, denn die geographischen Grenzen sind jeweils vom politisch-rechtlichen Status der Union abhängig.

kulturell und politisch erfolgsträchtiger wäre, von drei, vier Grenzziehungen auszugehen, die Territorien unterschiedlicher integrationspolitischer Qualität markierten. In der Differenz drückten sich dann die für den besonderen Fall ausgehandelten Rechte und Pflichten viel deutlicher aus und damit die mehr oder weniger gravierenden Abweichungen vom Status sowie den Aufgaben und Anforderungen einer „Kern-Gemeinschaft". Ein derart differenzierender Ansatz führte zu einer strategischen Nachbarschaftspolitik gestufter Integration. Sie könnte nicht nur die im Lauf der europäischen Einigungspolitik erheblich angestiegene Erweiterungsdynamik dämpfen und eine Überdehnung verhindern, sondern wegen der ihr innewohnenden Flexibilität auch in Einzelfällen – und hierbei denke ich nicht allein an die Türkei oder an den Staatengürtel rund um Russlands westliche Grenzen – dazu beitragen, nationale und regionale Probleme verringern und lösen zu helfen. Dementsprechend lägen die verschiedenen Grenzen jeweils dort, wo im globalen Rahmen die unterschiedlichen Interessen und Kompetenzen Europas enden beziehungsweise nicht mehr zu kommunizieren und zu begründen sind.

Das neue Europa postnationalen Zuschnitts habe keinen Demos, heißt es dann weiterhin, es mangle an einem Staatsvolk im traditionellen Sinn und es fehle zusätzlich noch an einem allgemein verbindlichen verfassungs- und völkerrechtsgültigen Namen. Die meisten Juristen behelfen sich vorläufig mit dem Terminus „Staatenverbund" und grenzen das neue Gebilde damit von dem klar definierten „Bundesstaat" und einem „Staatenbund" ab. Die EU ist eine Union von Völkern (Vertrag von Maastricht) und verkörpert somit den Vorrang der politischen Form vor der volkhaften. „Die weitere Vertiefung der Union", meint der Kulturwissenschaftler Peter Koslowski am „International Center for Economic Research" in Turin, könne zur Herausbildung eines einzigen europäischen Staatsvolkes führen, aber sie müsse es nicht. Der Zusammenhalt der EU hänge davon nicht ab, „weil die Identität von Staatsvolk und Staat weder die Voraussetzung noch der Zweck ihrer Existenz" sei (Koslowski 2003). Doch jenseits aller Nomenklaturfragen und

Erwartungen von Intellektuellen wird abzuwarten sein, mit welcher Intensität die EU das Projekt einer „Politischen Union" allen Schwierigkeiten zum Trotz weiter verfolgen wird (Zürn 1998). Es wird allein schon deshalb pragmatische neue Deutungsentwürfe geben, weil nicht zu erkennen ist, dass die Europäer ihrer „Anähnlichung" überdrüssig geworden sind. Sie werden nicht bereit sein, sich mit der Regression zu einem lockeren Bund souveräner Nationalstaaten abzufinden, den Nietzsche bereits 1886 als Charakteristikum einer sich „auseinanderlösende[n] Politik" angesehen hat (Nietzsche 1988, 179-204),[17] und sie wissen, dass nicht gegen nationalstaatlich fundierte Politik, sondern mit und durch sie Europa gebaut werden muss.

Eine im Licht der Öffentlichkeit geborene und medial geschaffene Identität hätte „etwas Konstruiertes von Anfang an", stellten Jacques Derrida und Jürgen Habermas in einem Ende Mai 2003 in der „Frankfurter Allgemeinen Zeitung" erschienenen Aufruf fest, doch lediglich „ein aus Willkür Konstruiertes trüge den Mangel der Beliebigkeit. Der politisch-ethische Wille, der sich in der Hermeneutik von Selbstverständigungsprozessen zur Geltung bringt, ist nicht Willkür. Die Unterscheidung zwischen dem Erbe, das wir antreten, und dem, welches wir zurückweisen wollen, verlangt ebensoviel Umsicht wie die Entscheidung über die Lesart, in der wir es uns aneignen. Historische Erfahrungen kandidieren nur für eine bewußte Aneignung, ohne die sie eine identitätsbildende Kraft nicht erlangen."[18] Banal erscheint der Hinweis auf ein äußerliches Identitätspotential zu sein: auf den Euro. Aber das einheitliche Geld kann in seiner Wirkungsmächtigkeit kaum überschätzt werden, da sich in freiheitlichen Gesellschaften Einheit und Integration ausschließlich im sozialen Konsens gewinnen und festigen lassen. Ein Grundstock gemeinsamer Überzeugungen und Geschichtserzählungen so-

[17] Vgl. dazu Langewiesche 2000.

[18] Den Text des Aufrufs „Unsere Erneuerung. Nach dem Krieg: Die Wiedergeburt Europas" verfasste Habermas, Derrida unterzeichnete ihn mit (Habermas/Derrida 2003).

wie die Artikulation gemeinsamer Hoffnungen und Zielsetzungen kommen als „Mediatoren" von Europabewusstsein selbstverständlich hinzu (Passerini 2003).

Die Europäer müssen sich untereinander verständigen können, ohne auf ein künstliches Esperanto zurückgreifen zu müssen, und sie sollten dazu besser in der Lage sein als es heute möglich ist. Die audiovisuellen Medien stellen zwar auch für Europa so etwas wie eine Ersatzsprache dar, doch die Frage, welche europäische Sprache die Rolle des allgemeinen Mediums spielen könne, beantwortete der französische Lyriker und Literaturtheoretiker Michel Deguy (geb. 1930) mit dem provozierend-lapidaren Ausschluss des Französischen – „Was einmal war [im 18. Jahrhundert], kommt nicht zurück" – und Italienischen – es sei „leider nie aus seinem Stiefel herausgekommen" – und dem Hinweis auf das Spanische und Deutsche. Seine Schlussfolgerungen erinnern an die Erfahrungen mit dem Sprachunterricht in der Schweiz und in Luxemburg. Jedes Kind in Europa werde seiner Vorstellung nach zukünftig wenigstens drei, zumeist aber „vier Sprachen lernen: die eigene, die Muttersprache (eine von dreißig); das Englische, um sich auf der Erde bewegen zu können und mit aller Welt und vorläufig auch in Europa kommunizieren zu können; das Spanische und das Deutsche [...]" (Deguy 2003).[19] In allen Wissenschaften und nicht allein in den naturwissenschaftlichen Disziplinen werden die nicht-hegemonialen Sprachen in einem spannungsreichen Verhältnis zu den hegemonialen leben und sie letztlich zunehmend begrifflich, aber auch inhaltlich und kulturell, bei der Entwicklung von Frage- und Problemstellungen sowie wohl auch in den Ergebnissen beeinflussen.

[19] Die anderen beiden Vorschläge Deguys sind: Schaffung eines europäischen Personalausweises und die Ausrufung von Königsberg zur „europäischen Kulturhauptstadt" in Erinnerung an Kant, den „Moses von Europa" (Nies/Mursa 2004).

Das neue Europa hat ebenso wie die Prozesse, die zur „Europäisierung" führen, bereits heute eine klare politische und kulturelle Signatur: eine medienkommunikative. Sie konstituiert sich zwar heute noch vorrangig in den klassischen Printmedien Zeitung, Zeitschriften und Illustrierten, aber das öffentliche Bild von Europa wird längst von audiovisuellen Medien gezeichnet: weniger vom Hörfunk, stärker vom Fernsehen – man denke an die langjährig überaus erfolgreichen Sendungen der „Eurovision" oder die „Spiele ohne Grenzen" – und von Satellitenprogrammen, vom Internet und von der E-mail-Kommunikation.[20] Erste Versuche wie das englischsprachige „Sky TV" oder die Kultur-Zeitschriften „Liber" und „Lettre International" scheiterten zumindest gesamteuropäisch. Ebenso wenig wurde Maxwells „European" ein Erfolg; „Le Monde diplomatique" kümmert genauso dahin wie das italienische „Europa". Der Plan, den französisch-deutschen Kulturkanal „Arte" auf andere Staaten auszudehnen und zum Nukleus eines europäischen Senders mutieren zu lassen, scheint bereits auf der ersten Stufe, der Beteiligung Italiens, zwar wieder aufgegeben zu sein, doch bleibt abzuwarten, ob die neue Regierung unter Romano Prodi hier einen anderen Weg einschlägt, der zu einem positiven Ergebnis führt. Eine Vielzahl von Spartensendern sind dagegen in ganz Europa mit 2,5 bis 3,0 % Zuschauermarktanteil relativ erfolgreich, weil sie mit rein international interessierenden Informationen („News"), Sport („Eurosport"), Musik („MTV", „VH-1") und Wirtschaft („Business") über einen globalen Bezug verfügen. Beachtliche und vom Publikum als beachtenswert angenommene europäische Medien im strengen Sinn des Begriffs existieren also noch nicht. Die Feststellung schließt nicht die Folgerung ein, im Kontext des Nachdenkens über „europäische Öffentlichkeit" reduziere sich die Informations- und Kommunikationsproblematik auf ein Medienproblem und es bedürfe lediglich für

[20] Grundsätzlich scheint mir die Ansicht richtig zu sein, dass sich das Problem der sprachlichen Heterogenität im europäischen Kommunikationsraum in einer Ära wachsender Bild-Kommunikation sowie der Visualisierung von Politik, Wissen und Bildung in der Praxis verringern dürfte.

jedes Medium eines ausreichend großen und leistungsstarken Unternehmens (Beierwalters 2000, 201-245).

Vor diesem Hintergrund kommt vielmehr sowohl dem „Öffentlichen" selbst und einer „europäischen Öffentlichkeit" als auch den Kommunikatoren, also den Journalisten, Bildreportern, Dokumentarfilmern und Publizisten aller Sparten, eine Schlüsselrolle zu.[21] Öffentlichkeit ist keine feste Größe, sondern eine Sphäre, die permanenten historischen Definitions-, Aushandlungs- und Interpretationsprozessen unterliegt, die jeweils erfasst werden müssen.[22] „Öffentlichkeit" wird von mir als ein weites Informations-, Thematisierungs- und Kommunikationsforum verstanden, das sich relativ frei und offen, diskursiv und prozessual entwickelt (Wöhler 2002, 51). Dieser Raum kann langfristig auf unterschiedlichen Ebenen existieren. Er wird akzeptiert, wenn er sich auch in einer noch relativ inhomogenen Gesellschaft als ausreichend effektiv erwiesen hat. In diesem räumlichen Kontext ist eine tendenziell unbegrenzte Zahl von Personen in unterschiedlicher Funktion, Intensität und Wirkungsmächtigkeit tätig: sprechend, hörend, sehend oder informierend, anregend, vermittelnd oder beobachtend, in provozierender, polarisierender oder konsensualer Absicht.

Für eine „europäische Öffentlichkeit" bzw. für ein transnationales „europäisches Bewusstsein" gilt inhaltlich und funktional das Gleiche wie für die „Öffentlichkeit" im Allgemeinen: Sie legitimiert das politische System – sei es national oder europäisch –, schafft informationsgesättigte Voraussetzungen für die Teilnahme am (transnationalen) politischen Integrationsprozess

[21] Hierzu zähle ich die Funktionäre der Europameisterschaften und der sportlichen Veranstaltungen bewusst nicht, da sie in der praktischen Durchführung eher nationalistische Züge und Haltungen betonen und stärken.

[22] Aus diesem Grund ist die Untersuchung historischer Kommunikationssituationen auf die methodischen und konzeptionellen Ansätze der Geschichtswissenschaft angewiesen, mit denen die historischen Rahmenbedingungen rekonstruiert werden können; vgl. dazu Sösemann 2002.

und leistet einen hohen Beitrag zur Erzeugung von Identität in den Gesellschaften (des Staatenverbunds) (Loitz 2001, 15-23). „Öffentlichkeit" gehört wie freie Information und Kommunikation zu den wichtigen Prinzipien einer rechtstaatlichen, parlamentarisch-demokratischen Gesellschaft; sie ist seit der Aufklärung zu einem „Lebensgesetz der Demokratie" geworden (Depenheuer 2002, 7). Den verfassungsrechtlichen Idealfall konstituiert ein freier, allgemeiner, gleicher und prinzipiell offen-vielgestaltiger, also monopolfrei-multimedialer Informations- und Meinungsaustausch. In ihm findet eine demokratische Gesellschaft zu ihren Konzepten und Programmen, Handlungen und Entscheidungen. Zu den wichtigsten Voraussetzungen für ein Gelingen gehören das faire Handeln aller Kontrahenten, der Respekt aller vor dem Gesetz und dem Recht sowie ein stabiles Vertrauen, dass es um die Verwirklichung einer bürgernah gestalteten Politik gehe. Im europäischen Kommunikationsraum besteht eine deutliche Trennlinie zwischen themenzentrierten elitären und zerklüfteten populären Öffentlichkeiten.

In der gegebenen Polyvalenz kultureller Identitäten[23] im europäischen Raum liegt der Appell begründet, unionseigene Kommunikationsformen zu entwickeln. Die „Kultur der Unterschiede"[24] bildet somit die Prämisse, denn sie

[23] Eine einheitliche „europäische Identität" als Oberbegriff und damit als Konstituens einer Gemeinschaft von Europäern mit als verbindlich angesehenen historischen und kulturellen Erfahrungen und Erkenntnissen, normativ zu fassenden Werten und Traditionen kann es bestenfalls in einem ideologischen Sinn geben. Alle Diskussionen über ein europäisches Geschichtsbuch, über europäische Wissenschafts-, Ausstellungs- oder Museumsprojekte zeigen die nicht unerheblichen Probleme auf den meisten Ebenen der Wahrnehmung, Erkenntnis und Darstellung. Sie behindern aber nur in äußerst seltenen Fällen die Gespräche, sondern fördern im Gegenteil die transnationalen Informations- und Kommunikationsprozesse sowie die grenzüberschreitenden kulturellen Begegnungen.

[24] Das verbindende Moment in höchst allgemeiner Form hat Ferdinand Seibt einmal zu formulieren versucht: „Diese Kultur verheißt eine rational intendierte Lebensbewältigung mit ihren eigenen Vorstellungen von Vergangenheit und Zukunft, mit ihrer Ordnung, Planung und Hoffnung, mit dem technischen Fortschrittsoptimismus und der klassischen Humanitätsidee, mit ihrem gebrochenen, aber noch immer lebendigen Christentum. Dazu noch mit einem Schuss Kulturpessimismus. [...] Überdies kann man es auch kennzeichnen durch seine besondere Dynamik auf allen Lebensgebieten, die man außerhalb Europas nur mehr einem

trägt nicht nur zum Profil und zur Stärke der EU entscheidend bei, sondern nur sie vermag in erster Linie die unterschiedlichen kulturellen Räume – sie muten wie Kammern in dem europäischen Haus an – ohne Identitätsverluste zusammenzuführen (Mokre/Weiss/Bauböck 2003). Der Maastrichter Vertrag (1992) nahm sich erstmals dieses Themas offiziell an (Pechstein/Koenig 1998). Er verlangt von den europäischen Institutionen, die Ausbildung einer eigenständigen kulturpolitischen Kompetenz zu fördern und möglichen Tendenzen einer Kulturvereinheitlichung entgegenzutreten (Witte 1996). In der Präambel des Verfassungsentwurfs findet sich die Aufforderung wieder, die „Vielfalt der Kulturen und Traditionen der Völker Europas" zu achten. Dieser Formulierung liegt das Verständnis zugrunde, dass Kultur an sich hybrid sei und Assimilation nicht produktiv sein müsse. Um diesen hohen Ansprüchen genügen zu können, bedarf es keineswegs eines in allen Mitgliedsstaaten etablierten und allen Bürgern zugänglichen einheitlichen Mediensystems, sondern einer „Europäisierung" aller am Prozess der öffentlichen Kommunikation beteiligten Institutionen und Personen und spezifischer „europäischer" Themen und Inhalte. Seit Maastricht wurden knapp 3.000 kulturelle Projekte mit jährlich rund 33 Mio. Euro unterstützt. Zu den laufenden großen Programmen gehören „Kulturhauptstadt Europas", „Kaleidoskop" (Kultur im engeren Sinn), „Media" (Fernsehen) und „Erasmus" beziehungsweise „Sokrates" (Auslandshochschulstudium). Mitten in der Vorbereitungsphase steckt der Entwurf eines „Europäischen Museums", das die Inhalte des europäischen kulturellen Gedächtnisses widerspiegeln und ein europäisches „Wir-Gefühl" durch die Konservierung von Tradition schaffen soll. Im Verlauf des weiteren Nachdenkens dürfte in der Öffentlichkeit noch stärker als bisher hervortreten, in welchem Umfang amerikanische Vorstellungen in einigen Bereichen der Kultur – und nicht nur des Konsums – integrative Bestandteile der Identität von West- und seit

anderen Kontinent ablesen kann, dem amerikanischen, aber auch das erst, seit dort Europäer leben" (Seibt 2002, 18f.).

den neunziger Jahren rasch zunehmend auch von Mittel- und Osteuropäern geworden sind. Die Film- und Fernsehindustrie nimmt dabei eine Spitzen- und Leitposition ein.[25]

Noch ist nicht zu erkennen, in welchem Umfang und wie lange die vertrauten nationalstaatlichen Ordnungssysteme weiterhin starke mitbestimmende Kräfte sein werden. Deshalb wird vorerst die Herausforderung bestehen bleiben, nationale und europäische Identitäten miteinander zu verbinden.[26] Wie hat man sich jenen EU-Bürger vorzustellen? Auf welchen Wegen und in welchen Formen ließe sich ihm ein europäisches Zusammengehörigkeitsgefühl vermitteln? In der Diskussion um die Beteiligung europäischer Staaten an dem Krieg gegen den Irak meinten Kommentatoren bereits ein europäisches Bewusstsein entdecken zu können. Politik- und Kommunikationswissenschaftler sahen darin jedoch kaum mehr als eine punktuelle „europäische Meinungsbekundung“. So lange es kein einheitliches europäisches Wahlrecht[27] und europäische Parteien gibt, wird eine deutliche Mehrheit der Bürger Europas nicht erkennen, weshalb sie sich mit dem Stimmzettel für ein Parlament geringen Gewichts einsetzen soll. Es werden auch nicht die schönsten Broschüren oder Ausstellungen die europaweit vorherrschende Skepsis und Distanz abzubauen vermögen. Trotz der Wahlpflicht in einigen

[25] Auf jeden Fall bedarf es für ein anspruchsvolles Verständnis der Medien, Öffentlichkeiten und der öffentlichen Meinungen in Europa nicht allein der kritischen Interpretation nationaler Geschichtsbilder, sondern neben des europäischen auch eines weiteren, um nicht zu sagen globalen Kontextes.

[26] Vgl. dazu Nissen 2004, 37, die meint resümieren zu können: „Der Nationalismus stellt für sich genommen noch keine Gefahr für Europa dar, aber er kann zu einer solchen werden, wenn sich über ihn Gefühle der Schlechterstellung und Benachteiligung artikulieren und Anspruch auf Gehör verschaffen wollen. Eine solche nationalistische Anspruchshaltung lässt sich mehrheitlich gegenwärtig nur in wenigen Ländern Ostmittel- und Osteuropas nachweisen. In den meisten Ländern dieser Region bildet die nationale Identität der Bevölkerungen bei der Mehrheit keine Barriere für die Durchsetzung europäischer Ideale und Zielstellungen, sondern ein Medium, in welchem sich diese realisieren können“.

[27] Seit 1999 wird wenigstens in allen Mitgliedsstaaten, also auch in Großbritannien, nach dem Verhältniswahlrecht gewählt.

Staaten und einer geschickten Terminsetzung beziehungsweise Kopplung der EU-Wahlen mit nationalen Abstimmungen verringerte sich die Wahlbeteiligung in den älteren Mitgliedsländern deutlich und in den neu aufgenommenen setzte sie auf niedrigem Niveau ein, wenn man einmal von den beiden kleinsten absieht.[28]

Staat	1979	1984	1989	1994	1999	2004
D	65,5	56,8	62,3	60,0	45,2	43,0
F	60,7	56,7	48,7	52,7	46,8	42,8
B	91,4	92,2	90,7	90,7	91,0	90,8
I	84,9	83,4	81,5	74,8	70,8	73,1
L	88,9*	88,8*	87,4*	88,5*	87,3*	89,0*
NL	57,8	50,6	47,2	35,6	30,0	39,3
GB	32,2	32,6	36,2	36,4	24,0	38,8
IRL	63,6*	47,6	68,3*	44	50,2*	58,8*
DK	47,8	52,4	46,2	52,9	50,5	47,9
GR		77,2	79,9*	71,2	75,3	63,2
E			54,6	59,1	63,0*	45,1
P			51,2	35,5	40,0	38,6
S					38,8	37,8
A					49,4	42,4
FIN					31,4	39,4
2004 (a): SK (17), P (20,8), EST (26,8), CZ und SLO (28,3), H (38,5), LV (41,3), LT (48,4), CY (71,2), MT (82).						
Entwicklung der Wahlbeteiligung in %						
Insgesamt	63,0	61,0	58,5	56,8	49,8	45,7
* zusammen mit nationaler Hauptwahl durchgeführt; (a) Angaben in %; ein Parlamentarier aus Malta vertritt 76.000 Menschen, einer aus Deutschland 826.000.						
© Bernd Sösemann						

Der „Kommunikationsraum Europa" muss zwar nicht erst geschaffen werden, denn trotz aller Kenntnismängel, Sprachschwierigkeiten und Verkehrsbehinderungen besteht er bereits (Erbring 1995). Doch seine Existenz allein

[28] Europawahlen: Die Entwicklung der Wahlbeteiligung in den Gründungsstaaten und den „neuen" Mitgliedsstaaten (nach: http://www.elections2004.eu.int/ep-election/sites/de/results1306tournout_table.html, abgerufen am 04.11.2004).

stellt eine nicht geringe politische Herausforderung dar, weil die einzelnen geographisch geprägten oder sich durch technische, wirtschaftliche oder wissenschaftliche Bedürfnisse herausgebildeten Informations- und Handlungsräume mit dem politisch gewollten „Kommunikationsraum Europa" nur partiell identisch sind (Kleinsteuber 1995). Der analytische Befund hat deshalb ambivalent auszufallen. Er lässt sich in zwei Sätzen zusammenfassen: Der Kommunikationsraum eines Kern-Europa besteht bereits in monetärer und wirtschaftlicher sowie nachrichten- und kommunikationstechnischer Hinsicht in hoher Verdichtung. Dagegen ist er sozio-kulturell, medial und kommunikationspolitisch vorerst nur in Umrissen zu erkennen.[29] Wir sollten also von einer „europäischen Öffentlichkeit" nicht als Realität sprechen, wohl aber als einem nachdrücklich anzustrebenden Ziel.[30] Der Prozess der Europäisierung nationaler Öffentlichkeiten und die Etablierung einer europäischen Öffentlichkeit dürften Generationen dauern. Bis zu diesem Ziel dürfte die Vielfalt der Sprachen, wie es Leibniz verstand, kein Hemmnis, sondern eine Stütze für die Erfahrungs- und Erkenntnisprozesse, für die Konstituierungs- und Integrationspolitik darstellen. Das tiefere Verständnis des Andersseins, der Alterität in Politik und Kultur, schärft den Blick für die eigene, oftmals beschränkte Sichtweise und gibt Anstöße für ein Umdenken und dürfte kreatives Potential freisetzen.

[29] Wenn Kaelble 2001, 163, mit Blick auf die von Intellektuellen und Journalisten, Wissenschaftlern und Kulturübersetzern getragene europaweite Öffentlichkeit von einer „weichen", nicht-institutionalisierten spricht, dann scheint mir das eine etwas zu optimistische Interpretation zu sein. Kann man in dem von Kaelble beschriebenen Phänomen wirklich viel mehr als eine begrenzte Meinungsbekundung von Eliten sehen?

[30] Die „Europäische Journalisten Föderation" warnte vor Rückschritten und wies am 26. November 2005 auf ihrem Kongress in Berlin auf bedenkliche Entwicklungen für die Pressefreiheit auch in Europa hin.

Wie lässt sich Europa vermitteln?[31] Eine „europäische Öffentlichkeit" beziehungsweise ein transnationales „europäisches Bewusstsein" gründet sich nicht vorrangig auf Institutionen und Organisationen, auf wirtschaftliche oder technische Notwendigkeiten (Kaelble/Kirsch/Schmidt-Gernig 2002; Brettschneider/Deth/Roller 2003). Sie lassen sich ausbilden und pflegen, fördern und verdichten, wenn sich die Medien aller Mitgliedsländer praxisnäher, anschaulicher und intensiver mit Europa auseinandersetzen. Das Fernziel „europäische Öffentlichkeit" dürfte nur dann erreichbar sein, wenn europäische Themen die Wahlkämpfe mit prägen, Politiker und europäische Institutionen, Pläne und Entscheidungen in den Medien der Einzelstaaten aus nationaler und europäischer Perspektive emotionalisiert und dennoch differenziert und kritisch vorgestellt und bewertet werden.[32] Die mir geeignet erscheinenden Themen lassen sich drei Bereichen zuordnen. Sie betreffen verfassungsrechtliche und institutionsorganisatorische Herausforderungen, parlamentarisch-demokratische Strukturen sowie grundlegende transnationale Themen.

Für die verfassungsrechtlichen und institutionsorganisatorischen Herausforderungen nenne ich vier Beispiele: Die Machtverteilung zwischen der EU, den Nationalstaaten und ihren Regionen („Subsidiaritätsprinzip"), die Koordinierungsverfahren zwischen dem EU-Parlament und den nationalen Parlamenten, die Sicherung des Medienpluralismus und der Garantien für eine „Kultur der Unterschiede" („Kulturverträglichkeitsklausel") sowie die Souveränitätseinbußen der Mitgliedsstaaten und die Erschließung einer neuen Legitimationskraft in der neuen Form einer gemeinsamen Souveränität („plurale Legitimation") – dazu könnten mittel- beziehungsweise langfristig zählen: ein gemeinsamer, also ein einziger ständiger Sitz im Sicherheitsrat

[31] So lautete auch ein Hauptthema auf der Tagung „Auf dem Weg zu den europäischen Wahlen. Wer sind die europäischen Bürger?" in der „Villa Vigoni", Menaggio/Como (Giovine/Venturelli 2004).

[32] Ein eindruckvolles Beispiel aus der jüngsten Zeit bietet die publizistische Auseinandersetzung um die Reglementierungsversuche der französischen Regierung im Fall der Zeitschrift „Paris Match" (2005/06).

der UN und im Internationalen Währungsfonds, ein Außenminister-Amt der EU oder ein wenigstens gemeinsamer diplomatischer Dienst.

Zu den parlamentarisch-demokratischen Strukturen formuliere ich fünf Fragen: Lässt sich das traditionelle System einer parlamentarischen Demokratie auf einen supranationalen Staatenverbund übertragen? Welche Rolle und Bedeutung ist zukünftig den Nicht-Regierungsorganisationen (NGO) zuzubilligen? Führt die verstärkte Vergemeinschaftung zwangsläufig zu einem System, das zu einer präsidialen oder sogar „post-parlamentarischen Demokratie“ degenerieren muss? Wie ließe sich die parlamentarische Autorität steigern? Würde ein Parlamentarismus à la Brüssel und Straßburg nicht allein schon deshalb zur Resignation bei Abgeordneten und Wählern führen, wenn er weiterhin in Gesetzeskompetenz und Initiativrechten, Budgethoheit und Wahlrecht für den Kommissionspräsidenten so gestaltungs- und entscheidungsschwach bliebe?

Über anderthalb Jahre wurde von „Medien Tenor“ in 7 Tageszeitungen, 19 Fernsehsendungen und 9 Wochentiteln der Bezug zur EU oder zu EU-Institutionen in 364.812 (!) Beiträgen ermittelt.[33] Dabei ergaben sich deutliche Unterschiede zwischen den einzelnen Medien, eine klare Dominanz des nationalen Blickwinkels und für die „europäischen“ Themen ein bescheidenes Bild (abgerundet):

[33] Gestaltet nach den Daten aus *Medien Tenor: Forschungsbericht Nr. 147* vom September 2004, Berlin, S. 11.

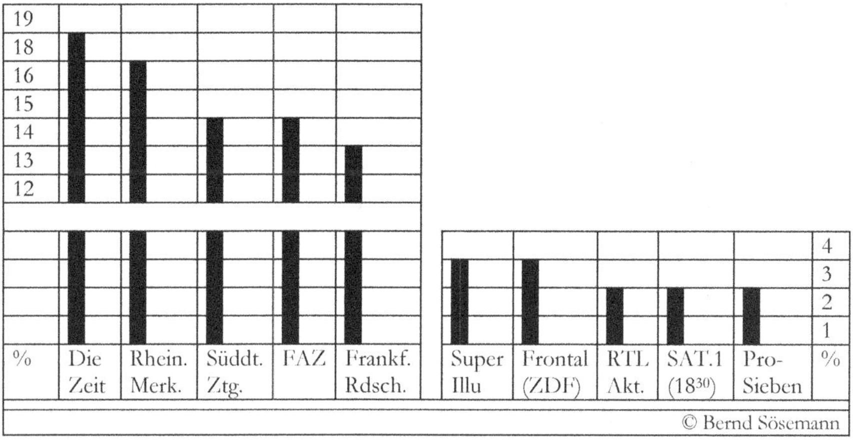

Unter den grundlegenden transnationalen Themen stechen allein deshalb sechs hervor, weil sie zu den primären Zielen der EU zählen und langfristig von zentraler Qualität sind sowie auf das Interesse aller Bevölkerungsgruppen in sämtlichen Mitgliedstaaten treffen dürften: Sicherheit und Frieden in Europa zwischen historischen Feinden (inklusive einer offensiv gestalteten Vergangenheits- beziehungsweise Gedenkkultur)[34], Einheitlichkeit in einer Außenpolitik mit globaler Perspektive, Arbeitsmarkt und Bekämpfung der Armut, Jugendaustausch, Bildungs- und Ausbildungsförderung, Migration und Integration sowie die Akzeptanz von Zukunftstechnologien wie der Genforschung im Spannungsfeld zwischen dem Festhalten am Nationalen oder Regionalen und der Zuwendung zum europäischen Staatenverbund („europäische Identität").

Auf eine der zentralen Fragen sollte möglichst bald eine Antwort gefunden werden: Wie können im „Kommunikationsraum Europa" die Zahl der

[34] Werner Link hat diese Formel einmal als konstituierendes Merkmal der gemeinsamen Erfahrung der Staaten Europas bezeichnet: „Das gemeinsame antihegemoniale und antiimperiale Geschichtsbild ist geeignet, die Solidarität der europäischen Völker sowohl im Zuge der vertieften Integration wie auch im Zuge einer gemeinsamen Außenpolitik zu begründen" (Link 2003).

EU-Themen erhöht, die Dominanz der organisatorischen und rechtlichen Fragen verringert und der zurzeit allgemein niedrige Nachrichtenwert so gesteigert werden, dass sich die Chancen für eine klar artikulierte „(gesamt-) europäische Öffentlichkeit" und schließlich auch für eine „europäische öffentliche Meinung" verbessern (vgl. Kopper 1997)? Dazu scheint mir eine Vielzahl von aufeinander abgestimmten, sukzessive und mit soziokultureller Sensibilität vorgenommenen qualitativen Veränderungen nötig zu sein. Mindestens fünf sind so bedeutend und dringlich, dass ich sie hier nennen will:

(1) Die Staats- und Regierungschefs sollten sich stärker als ein originäres Gremium der EU begreifen. Die politischen Prozesse in Brüssel oder Straßburg dürften zukünftig nicht mehr vorwiegend aus einem reinen Verwaltungshandeln bestehen.
(2) Die politischen Reformkonzepte und Entscheidungen müssten für das Publikum transparenter ablaufen und im europäischen Vergleich verständlich gemacht werden.
(3) Parlamentsmehrheit und Opposition müssten über sämtliche politische Standardrechte verfügen und die ihnen angemessenen zentralen Funktionen ausüben können.
(4) Hochrangige und nicht heute wie zumeist üblich altgediente Politiker sollten sich zukünftig sowohl einem europäisch akzentuierten Wahlkampf stellen als auch anschließend einem entsprechend europäisch verdichteten Diskurs.
(5) Den Berichten der nahezu eintausend Spezial-Korrespondenten[35] – nur in Washington arbeiten mehr Journalisten – aus Brüssel, Straßburg und

[35] Die meisten – jeweils mehr als hundert – kommen aus Deutschland und Großbritannien, gefolgt von jeweils rund sechzig aus Belgien und Spanien; am Ende der Skala – mit weniger als zwanzig akkreditierten Journalisten – stehen Dänemark, Schweden, Finnland und Österreich. Findet ein „EU-Gipfel" statt, dann sollen mitunter bis zu dreitausend Journalisten anreisen (Teichert 2000).

Luxemburg müsste redaktionell eine so überdurchschnittliche Bedeutung zugebilligt werden, dass sie die Publika aller Mitgliedstaaten erreichen.

Auf dem Weg zu dem freiheitlich-rechtsstaatlich und parlamentarisch-demokratisch organisierten Staatenverbund „Europa" gibt es keine Alternative zur Etablierung einer multilateralen Kommunikation auf der Basis einer wohl auch zukünftig eher national organisierten, aber europäisch orientierten, das politische Engagement der Bürger herausfordernden Medienöffentlichkeit. Zu diesem Ziel sollten sich die Journalisten stärker als permanent agierende kritische Öffentlichkeit verstehen. Sie sollten aus eigenem Interesse allen Tendenzen, die sich nicht erst nach der großen Erweiterungsrunde feststellen lassen – wie beispielsweise einer symbiotischen Gemeinschaft mit EU-Bürokraten – entschieden entgegentreten. Besonders die zahlreichen mittleren und kleineren Printmedien[36] und die privaten Sendeanstalten hätten sich um eine „*affectio socialis*" zu bemühen, weil durch sie die EU-Kommunikation ihren zumeist elitären Charakter verlieren könnte. Dennoch werden die nationalen oder auch regionalen Identitätsbindungen in absehbarer Zeit dominant bleiben und sich sehr wahrscheinlich nicht zu Gunsten einer Identifikation mit dem größeren Herrschaftsverband EU auflösen.[37]

[36] Eine Aufstellung von Sievert 1998, 282 (Statistik, Abbildung), bietet dazu aufschlussreiches empirisches Material.

[37] Dazu ausführlicher der Essay von Lepsius (2004, 4f.): „Die europäische Politik ist eine Integrationspolitik auf Systemebene, konzentriert sich auf ausgewählte Politikbereiche, insbesondere die Vereinheitlichung von Regulierungen des Wirtschaftslebens, die zumeist nur indirekt in die nationalen Verteilungskämpfe eingreifen. Nur gelegentlich haben sich kumulierende Ergebnisse der gewissermaßen ‚stillen' Europäisierung von wirtschaftlichen Normen, Wettbewerbsregeln, Berufsordnungen, Gesundheitsstandards und vieles mehr zum Dissens auf der Ebene symbolischer Wertrepräsentanz geführt. Insoweit brauchte die Europäische Union auch keinen hohen Grad der Identifikation durch ihre Bürger. Solange alle wesentlichen Interessen über die nationalstaatlichen Verfahren, Regulierungen und Organisationen formiert und repräsentiert werden, bestand keine Notwendigkeit für eine den Nationalstaat übergreifende Identifizierung und Selbstbeschreibung von Kollektiven mit der europäischer Ebene".

Mit zwei Feststellungen und einem Appell möchte ich schließen: Die europäische Ebene gilt den Regierungen, Parteien und Bürgern Europas heute noch als zusätzliche, nicht als die eigentliche Handlungsebene. Deshalb bleiben die emotionalen und kognitiven Gehalte nationalstaatlich geprägt. Die kulturelle beziehungsweise kommunikationspolitische Dimension spielt in der öffentlichen Debatte um Europa immer noch eine zu geringe Rolle. In vielen der politisch hochkarätigen Stellungnahmen wurden europäische Reformprogramme von bezeichnender, um nicht zu sagen: von entlarvender Eindimensionalität empfohlen. In ihnen fanden Wirtschaft und Handel, Finanzen und Subventionen jeweils ihren angemessenen Platz, nicht jedoch einmal ansatzweise Bemerkungen, geschweige denn anspruchsvolle Reflexionen über kulturelle Fragen, Mängel des demokratischen Parlamentarismus oder Informations- und Kommunikationsdefizite. Hier ist ein Umdenken vonnöten wie bei fruchtlosen Diskussionen, ob Erweiterung und Vertiefung überhaupt miteinander in Verbindung stünden. Denn die Erweiterung muss als Vertiefung europäischer Realitäten, von Freiheit verstanden und erfahrbar gemacht werden. Europäische Öffentlichkeit und europäische Staatlichkeit gründen sich in einem nicht geringen Umfang auf die Nachhaltigkeit transnational vermittelter Diskussionen über europäische Themen. Kenntnisse und Erfahrungen müssen in den Massengesellschaften Europas kooperativ, sinnhaft verarbeitet und medial vermittelt werden, wenn die *Res publica europea* auch aus Krisenzeiten ungeschwächt hervorgehen will (Aretin 2000; Barraclough 1964; Baumann 1997; Gerbet 1999; Gehler 2005). Den elitären und damit zumeist auch kritischen Medien – es sind in erster Linie also einige der Wochenblätter, Magazine und überregionalen Tageszeitungen – fällt daher heute die Aufgabe zu, die vorwiegend nationalstaatlich fixierten Politiker darauf hinzuweisen, dass es jenseits von florierenden Wirtschaftsbeziehungen und „guten Geschäften" um eine Neupositionierung Europas gegenüber den USA, China und einigen der „Tigerstaaten" gehen sollte. Anderenfalls dürfte die Fortsetzung der bereits vor dem zweiten Irak-Krieg begonnenen (Selbst-)Marginalisierung drohen.

Literatur

Aretin, Karl Otmar von (2000): Europa und Europabilder, Heidelberg.

Barraclough, Geoffrey (1964): Die Einheit Europas als Gedanke und Tat, Göttingen.

Baumann, Uwe (Hrsg.) (1997): Penser l'Europe – Europa denken, Tübingen.

Beierwalters, Andreas (2000): Demokratie und Medien: der Begriff der Öffentlichkeit und seine Bedeutung für die Demokratie in Europa, Baden-Baden.

Bernecker, Walther L. (2002): Europa zwischen den Weltkriegen 1914-1945, Stuttgart.

Bitterlich, Joachim (2005): „Europa" – Mission Impossible? Ein Beitrag zur aktuellen Europa-Debatte, Düsseldorf.

Bogdandy, Armin von (2004): Europäische Verfassung und europäische Identität, in: Juristenzeitung, Jg. 59, S. 53-104.

Brague, Rémi (1993): Europa. Eine exzentrische Identität, Frankfurt am Main.

Brettschneider, Frank / Deth, Jan van / Roller, Edeltraud (2003): Europäische Integration in der öffentlichen Meinung: Forschungsstand und Forschungsperspektiven, in: Dies. (Hrsg.): Europäische Integration in der öffentlichen Meinung (Veröffentlichungen des Arbeitskreises „Wahlen und politische Einstellungen" der Deutschen Vereinigung für Politische Wissenschaften, Bd. 9), Opladen, S. 9-26.

Brimmer, Esther / Fröhlich, Stefan (Hrsg.) (2005): The Strategic Implications of European Union Enlargement, Washington.

Brosius, Hans-Bernd (Hrsg.) (2000): Kommunikation über Grenzen und Kulturen, Konstanz.

Conze, Vanessa (2004): Richard Coudenhove-Kalergi. Umstrittener Visionär Europas, Göttingen-Gleichen.

Coudenhove-Kalergi, Richard N. (1926): Paneuropa, 4. Aufl.,Wien.

Deguy, Michel (2003): Auf nach Königsberg! Drei Ideen für Europa, in: Frankfurter Allgemeine Zeitung vom 01.11., S. 11.

Depenheuer, Otto (2002): Öffentlichkeit und Vertraulichkeit. Einführung, in: Ders. (Hrsg.): Öffentlichkeit und Vertraulichkeit. Theorie und Praxis der politischen Kommunikation, Wiesbaden, S. 7-20.

Elvert, Jürgen (1999): Mitteleuropa! Deutsche Pläne zur europäischen Neuordnung (1918-1945), Stuttgart.

Erbring, Lutz (Hrsg.) (1995): Kommunikationsraum Europa. Berichtsband der Jahrestagung der Deutschen Gesellschaft für Publizistik und Kommunikationswissenschaft (DGPuK) vom 17.-19. Juni 1993 in Berlin zum Thema „Kommunikationsraum Europa", Konstanz.

Erdmenger, Katharina (1995): Neue Ansätze zur Organisation Europas nach dem Ersten Weltkrieg (1917-1933). Ein neues Verhältnis von Europa?, Sinzheim.

Esser, Sebastian (2005): Europas Suche nach einer gemeinsamen Öffentlichkeit. Eine Inhaltsanalyse der Debatte über eine EU-Verfassung in europäischen Tageszeitungen, Marburg.

Folke Schuppert, Gunnar / Pernice, Ingolf / Haltern, Ulrich (Hrsg.) (2005): Europawissenschaft, Baden-Baden.

Frevert, Ute (2003): Eurovisionen, Ansichten guter Europäer im 19. und 20. Jahrhundert, Frankfurt a. M.

Frommelt, Reinhard (1977): Paneuropa oder Mitteleuropa? Einigungsbestrebungen im Kalkül deutscher Wirtschaft und Politik 1925-1933, Stuttgart.

Fuhrmann, Manfred (2004): Der europäische Bildungskanon, München.

Gehler, Michael (2005): Europa. Ideen, Institutionen, Vereinigung, München.

Gerbet, Pierre (1999): La construction de l'Europe, Paris.

Giovine, Umberto / Venturelli, Aldo (Hrsg.) (2004): Cittadinanza e *Governance* in Europa / Staatsbürgerschaft und *Governance* in Europa (Villa Vigoni – Communicazioni / Mitteilungen, Bd. 8,3), Como, S. 219-255.

Grimm, Dieter (2001): Die Verfassung und die Politik. Einsprüche in Störfällen, München.

Habermas, Jürgen / Derrida, Jacques (2003): Unsere Erneuerung. Nach dem Krieg: Die Wiedergeburt Europas, in: Frankfurter Allgemeine Zeitung vom 31.09., S. 33.

Heyde-Price, Adrian (2005): New Labor und die britische Außenpolitik, in: Aus Politik und Zeitgeschichte, Jg. 55, H. 47, S. 5-12.

Kaelble, Hartmut (2001): Wege zur Demokratie. Von der Französischen Revolution zur Europäischen Union, München.

Ders. / Kirsch, Martin / Schmidt-Gernig, Alexander (Hrsg.) (2002): Transnationale Öffentlichkeiten und Identitäten im 20. Jahrhundert, Frankfurt a. M.

Kleinsteuber, Hans J. (1995): Faktoren der Konstitution von Kommunikationsräumen. Konzeptionelle Gedanken am Beispiel Europa, in: Erbring, Lutz (Hrsg.): Kommunikationsraum Europa (Schriftenreihe der deutschen Gesellschaft für Publizistik- und Kommunikationswissenschaft, Bd. 21), Konstanz, S. 41-50.

Kopper, Gerd (Hrsg.) (1997): Europäische Öffentlichkeit. Entwicklung von Strukturen und Theorie, Berlin.

Koslowski, Peter (2003): Willkommen im Club. Die Europäische Union ist ohne historisches Beispiel. Sie widerlegt die Lehre des deutschen Idealismus, nach der eine Nation auf der Einheit von Volk und Staat beruhen muss, in: Die Zeit vom 01.10., S. 20.

Langewiesche, Dieter (2000): Nation, Nationalismus, Nationalstaat in Deutschland und Europa, München.

Lepsius, M. Rainer (2004): Prozesse der europäischen Identitätsstiftung, in: Aus Politik und Zeitgeschichte, Jg. 54, H. 38, S. 3-5.

Link, Werner (2003): Das antiimperiale Europa, in: Frankfurter Allgemeine Zeitung vom 27.08., S. 6.

Ders. (2006): Auf dem Weg zu einem neuen Europa. Herausforderungen und Antworten (Denkart Europa, Bd. 1), Baden-Baden.

Lipgens, Walter (1966): Europäische Einigungsidee 1923-1930 und Briands Europaplan im Urteil der deutschen Akten, in: Historische Zeitschrift, Bd. 203, S. 46-89, 316-363.

Loitz, Tanja (2001): Europäische Öffentlichkeit dank Internet? Politische Öffentlichkeitsarbeit am Beispiel der Europäischen Kommission (Medien und Politik, Bd. 18), Münster.

Mokre, Monika / Weiss, Gilbert / Bauböck, Rainer (Hrsg.) (2003): Europas Identitäten. Mythen, Konflikte, Konstruktionen, Frankfurt a. M.

Nies, Fritz / Mursa, Erika (2004): Europa denkt mehrsprachig / L'Europe pense en plusieurs langues, Tübingen.

Nietzsche, Friedrich (1988): Jenseits von Gut und Böse. Kritische Studienausgabe, hrsg. von Giorgo Colli und Mazzino Montinari, München.

Nissen, Sylke (2004): Europäische Identität und die Zukunft Europas, in: Aus Politik und Zeitgeschichte, Jg. 54, H. 38, S. 21-37.

Passerini, Luisa (Hrsg.) (2003): Figures d'Europe – Images and Myth of Europe (Multiple Europes, Bd. 22), Brüssel.

Paul, Ina Ulrike (2004): In Kontinenten denken, paneuropäisch handeln. Die Zeitschrift „Paneuropa" 1924-1938, in: Jahrbuch für Europäische Geschichte, Jg. 5, S. 161-192.

Pechstein, Matthias / Koenig, Christian (1998): Die Europäische Union. Die Verträge von Maastricht und Amsterdam, Tübingen.

Reytier, Marie-Emmanuelle (2002): Die deutschen Katholiken und der Gedanke der europäischen Einigung 1945-1949, in: Jahrbuch für Europäische Geschichte, Jg. 3, S. 163-184.

Seibt, Ferdinand (2002): Die Begründung Europas. Ein Zwischenbericht über die letzten tausend Jahre, Frankfurt a. M.

Sievert, Holger (1998): Europäischer Journalismus, Opladen.

Sösemann, Bernd (2002): Einführende Bemerkungen zur Erforschung der Geschichte der Medien und der öffentlichen Kommunikation in Preußen, in: Ders. (Hrsg.), Kommunikation und Medien in Preußen vom 16. bis zum 19. Jahrhundert (Beiträge zur Kommunikationsgeschichte, Bd. 12), Stuttgart, S. 9-21.

Teichert, Will (2000): Flagge zeigen, in: Journalist, Jg. 4, S. 10-14.

Théry, Frank (1998): Construire l'Europe dans les années vingt. L'action panaeuropéenne sur la scène franco-allemande, Genf.

Timmermann, Heiner (Hrsg.) (1998): Die Idee Europa in Geschichte, Politik und Wirtschaft, Berlin.

Verheugen, Günter (2005), Europa in der Krise. Für eine Neubegründung der europäischen Idee, Köln.

Wagner, Gerhard (2005): Projekt Europa. Die Konstruktion europäischer Identität zwischen Nationalismus und Weltgesellschaft (Kulturwissenschaftliche Studien, Bd. 11), Berlin.

Wiśniewski, Janusz (Hrsg.) (2003): Ist die Identität Europas möglich? Zu philosophischen, politischen und historischen Aspekten einer europäischen Identität, Berlin.

Witte, Barthold C. (1996): Europäische Kulturpolitik als Zukunftsaufgabe, in: Gustav-Stresemann-Institut e. V. (Hrsg.), 45 Jahre Gustav-Stresemann-Institut, Bonn, S. 53-65.

Wöhler, Karlheinz (2002): Zur Verräumlichung von Öffentlichkeit, in: Faulstich, Werner / Hickethier, Knut (Hrsg.): Öffentlichkeit im Wandel. Neue Beiträge zur Begriffsklärung, Bardowick, S. 48-62.

Ziegerhofer-Prettenthaler, Anita (2004): Botschafter Europas. Richard Nikolaus Coudenhove-Kalergi und die Paneuropa-Bewegung in den zwanziger und dreißiger Jahren, Wien.

Zürn, Michael (1998): Regieren jenseits des Nationalstaats. Globalisierung und Denationalisierung als Chance, Frankfurt a. M.

Dem deutschen Volke – Der Bevölkerung

Hans Haackes Reichstagsprojekt und das deutsche Selbstbild

Ute Pannen

Im europäischen Vergleich erweist sich das Selbstbild der Deutschen als ein besonders delikates Thema. So ereiferten sich 1999 die Gemüter über die Frage nach der angemessenen Repräsentation des Staates durch Kunst, als Hans Haacke seinen Projektplan für die Installation *Der Bevölkerung* vorstellte.[1]

Ein Blick zurück in die bundesdeutsche Geschichte zeigt, dass die Verstrickungen mit den Schrecken des Nationalsozialismus die Konstitution einer westdeutschen Identität fast unmöglich machte. Worauf sollten sich die Deutschen berufen? Bezögen sie sich auf ihre Geschichte, so müssten sie auch die Geschichte des Nationalsozialismus mit einbeziehen. Das würde bedeuten, aus einer traumatischen Erfahrung eine gemeinsame, allerdings negativ besetzte Identität zu generieren (Giesen 2004, 11-53). Eine Gemeinschaft stiftende Verehrung politischer Leitfiguren, wie dies die benachbarte DDR mit ihrem Lenin- und Stalinkult betrieb, schied für das demokratische Westdeutschland aus. Vielmehr etablierte die junge Bundesrepublik ein positives Wir-Gefühl auf der Basis ihrer wirtschaftlichen Prosperität. *D-Mark* und *Made in Germany* wurden zu Symbolen eines Deutschlands, das durch sein Wirtschaftswunder ein neues Selbstbewusstsein gewann (Münkler 1995, 252).

[1] Hans Haacke wurde vom Kunstbeirat des Deutschen Bundestages beauftragt, eine Arbeit für das Reichstagsgebäude anzufertigen.

Auf kulturpolitischer Ebene avancierte die Kunstsammlung der Bundesrepublik Deutschland zu einer Botschafterin der demokratischen Kultur.[2] Der Maler des Porträts von Willy Brandt, Georg Meistermann, regte 1970 an, den neuen demokratischen Geist des jungen Staates mit einer Kunstsammlung zu visualisieren (Bundesminister des Innern 1981, 8). Brandt initiierte noch im gleichen Jahr den regelmäßigen Erwerb zeitgenössischer, d. h. seit Bestehen der Bundesrepublik entstandener Kunst. Als eine Art Wiedergutmachung an die im Dritten Reich als entartet diffamierten Künstler legte die Ankaufskommission den Sammlungsschwerpunkt auf moderne und abstrakte Kunst. Somit unterscheidet sich diese Sammlung klar von anderen europäischen Staatssammlungen. Diese sind nämlich in der Regel viel stärker historisch angelegt als die deutsche, die einen besonderen Akzent auf die aktuelle Repräsentation ihrer demokratischen, freiheitlichen Haltung im In- und Ausland legt.[3] Ein ähnlich gegenwartsorientiertes Konzept verfolgt die Sammlung des Deutschen Bundestages, deren Kunstwerke für die Abgeordnetenbüros zur Verfügung stehen. Doch fristete die Kunstsammlung während der über vierzigjährigen Karenzzeit der deutschen Teilung eher ein Schattendasein, da die staatliche Repräsentation von Kunst in Bonn kein großes Thema war. Vielmehr passte sich die Sammlung den Umständen eines Provisoriums an.

Mit der Deutschen Einheit und dem Hauptstadtwechsel von Bonn nach Berlin ändert sich dies und die Gesten der deutschen Selbstdarstellung

[2] Während die Kunstsammlung der Bundesrepublik Deutschland die Ministerien, die oberen Bundesbehörden wie Gerichte und die Botschaften mit Kunst ausstattet, funktioniert die Kunstsammlung des Deutschen Bundestages wie eine Artothek. Die Abgeordneten können sich dort nach Belieben zeitgenössische Kunstwerke für ihre Büros ausleihen.

[3] Moderner und besonders abstrakter Kunst wurden Werte wie Demokratie und Freiheit zugeschrieben. Dabei spielte Amerika als ein demokratisches Land mit sehr erfolgreichen abstrakten Künstlern eine Vorbildrolle. Die besondere Freiheit dieser Künstler wurde gerade vor dem Kontrast des Sozialistischen Realismus hervorgehoben. Ferner sorgte die Documenta – insbesondere die erste im Jahr 1955 – für eine Art Wiedergutmachung an die im Nationalsozialismus verfehmte Kunst und deckte einen Nachholbedarf an Information über die Kunst des 20. Jahrhunderts ab.

durch Kunst und Architektur nehmen deutlich größere Dimensionen an. Die wiedererlangte vollständige politische Souveränität erlaubt und verlangt, ein gewisses Nationalbewusstsein zu pflegen, das sich u. a. sowohl in der Repräsentationsarchitektur des Reichstags als auch in der des Kanzleramts äußert, das in seinen Ausmaßen größer ist als das Weiße Haus in Washington. Mit dieser neuen Selbstdarstellung geht auch eine Repräsentation qua Kunst einher. Bei dem Reichstagsgebäude führt dies zu einem umfangreichen Kunstprogramm, das nun die Räume, Hallen und Höfe des Parlamentsgebäudes bespielt und in Korrespondenz mit der Architektur steht, die mittlerweile zu einem Symbol der Deutschen Einheit geworden ist (Speth 1995, 272). Dabei gelingt es Hans Haacke mit seinem Beitrag *Der Bevölkerung*, trotz der versteckten Platzierung seiner Arbeit im Nordhof des Reichstagsgebäudes, die meiste Öffentlichkeit zu erzeugen. Mehr als 2000 Artikel in nationalen und internationalen Publikationen zeigen, dass es Haacke gelang, eine Debatte in Presse und Bundestag zu provozieren, die ein Nachdenken über das deutsche Staatsbürgerschaftsrecht, die staatliche Souveränität und Identität freisetzte. Die Diskussion bewegte sich um die Bedeutung der Begriffe *Volk* und *Bevölkerung* sowie um die Problematik des Materials Erde im Kontext der deutschen Geschichte. Die in Medien und Bundestag geführte Debatte gibt Aufschluss über Ängste, Befürchtungen und Wünsche, aber auch über den Stolz der Nation (Westle 1999, 16-35)[4] und zeigt, wie sich die Deutschen selbst seit der Wiedervereinigung sehen. Haacke spielt mit seiner Kunst und dem provozierten Diskurs, den er als einen Teil seines Kunstwerks betrachtet, insbesondere auf ein bundesdeutsches Phänomen an. Er thematisiert das deutsche Staatsbürgerschaftsrecht, das sich nach Volkszugehörigkeit (*Ius sanguinis*) und nicht nach Geburtsort (*Ius soli*) richtet. Darin sieht Haacke eine Ausgrenzung großer Teile der Bevölkerung. Die Medien- und Bundestagsdebatte um sein Kunstwerk steht

[4] Bettina Westle erklärt und definiert das Phänomen *Nation* in Deutschland vor dem Hintergrund einer Analyse *nationaler* Identität in der Bundesrepublik insbesondere seit der Deutschen Einheit.

demnach exemplarisch für eine gesellschaftspolitische Kontroverse. Während Haackes Projektplanung wurde das Staatsbürgerschafts- beziehungsweise Einwanderungsgesetz im Bundestag diskutiert und im Jahr 2000 modernisiert.[5] Mit der Medien- und Bundestagsdebatte erreichte Haacke eine öffentliche Reflexion dieser Thematik, die zum einen die konträren bis polarisierenden Perspektiven auf das Staatsbürgerschaftsrecht sichtbar macht. Zum anderen bietet Haacke mit seiner Arbeit *Der Bevölkerung* ein Identitätsangebot, das sich für eine pluralistische Gesellschaft ausspricht (Hamilton 1997, 76-150).[6] Aber wie hat Haacke seine Gesellschaftskritik formal umgesetzt?

Zwei Aspekte vereint Haacke in seiner Arbeit: Zum einen fällt das Material der Installation ins Auge, denn die Erde wird von zahlreichen Kritikern[7] mit nationalsozialistischen Erdritualen beziehungsweise der Blut- und Boden-Ideologie in Verbindung gebracht. Zum anderen liegt ein Schwerpunkt auf der Assoziationskraft des Schriftzuges *Der Bevölkerung*. Diese Widmung bettet Hans Haacke auf den 6,8 x 20,8 x 0,3 m großen und mit Erde aufgefüllten Holzkasten im Nordhof des Bundestages.

[5] Die Reform des Staatsbürgerschaftsrechts hatte das Ziel rechtlicher Integration langjähriger Einwanderer und deren im Inland geborener Nachkommen. Das heißt, nicht nur Kinder deutscher Eltern können deutsche Staatsbürger werden, sondern auch in Deutschland geborene Kinder, wenn ein Elternteil zu dieser Zeit seit acht Jahren seinen rechtmäßigen Aufenthalt in Deutschland hat. Sie haben in der Regel eine weitere Staatsbürgerschaft und müssen zwischen dem 18. und 23. Lebensjahr entscheiden, welche Staatsbürgerschaft sie behalten möchten (*BGBl.* 2005, I, S. 721 vom 17. März 2004).

[6] Stuart Hamilton zeigt am Beispiel der Schwarzweißfotografie der 1940er und 1950er Jahre in Frankreich, dass Kunst beziehungsweise Fotografie das Selbstbild einer Nation nicht nur beschreiben, sondern auch Identitätsangebote liefern kann.

[7] Alle Personenbezeichnungen beziehen sich selbstverständlich gleichermaßen auf männliche wie weibliche Personen.

Hans Haacke, Der Bevölkerung, Berlin 1999/2000
© Deutscher Bundestag / Studio Kohlmeyer

Dabei nimmt er in der Schrifttype und Wortwahl Bezug auf den Schriftzug im Giebelportal des Reichtages *Dem Deutschen Volke*, die 1916 Peter Behrens entwarf.[8] Die Erde wird nicht von Haacke selbst dort aufgeschüttet, sondern er fordert alle Abgeordneten auf, einen Sack Erde aus ihrem Wahlkreis mitzubringen und ihn im Nordhof des Bundestages auszukippen. Nach einer anfänglichen Welle des Protests kommen zahlreiche Parlamentarier der Aufforderung des Künstlers nach. Die Erde samt ihrer mitgebrachten Samen und Keimlinge mischt sich, wie konzeptionell vorgesehen, und bleibt seitdem ohne gärtnerische Betreuung für die Dauer einer Legislaturperiode sich selbst überlassen, bis wieder neue Erde von neu gewählten Parlamentariern hinzugefügt wird. Das ungehinderte Wachstum der vegetabilen Situation wird zweimal täglich von einer Webcam gefilmt und ist jederzeit im Internet abrufbar.[9] Somit wird die Installation über die Grenzen des

[8] Ein weiterer Aspekt der Inschrift bezieht sich auf die Entstehung der Bronzebuchstaben. Sie wurden von der jüdischen Firma S. A. Loevy hergestellt, mit der Behrens seit vielen Jahren zusammenarbeitete. Die Familie Loevy, welche die Schrift „Dem Deutschen Volke" 1916 angebracht hatte, wurde in den 40er Jahren von den Nationalsozialisten deportiert und kam in verschiedenen Konzentrationslagern ums Leben; vgl. Braun 2003.

[9] www.bundestag.de/bau_kunst/kunstwerke/haacke/derbevoelkerung/bilder/index.html.

Reichstagsgebäudes hinaus sichtbar. Für Hans Haacke gehört die Internetpräsenz der Erdaufschüttung ebenso zum Kunstwerk wie die umfangreiche Debatte (Haacke 2000a, 84-86).

Der Diskurs um Haackes Arbeit spielt sich auf zwei Ebenen ab, zunächst in der Presse und im späteren Verlauf in der Bundestagsdebatte über die Realisierung des Kunstwerks. Diese beiden Ebenen werden im Folgenden untersucht. Dabei spielen drei Kriterien sowohl in der Presse als auch im Bundestag eine besondere Rolle: Die Begriffe *Volk* versus *Bevölkerung*, das Material Erde und das Thema der deutschen Identität. Die Äußerungen zu diesen drei Themenfeldern geben schließlich Aufschluss darüber, wie Journalisten und Abgeordnete die deutsche Identität wahrnehmen, wer als Souverän des Staates betrachtet wird und in welcher Art von Gesellschaft sie sich verorten.

Die Mediendebatte

Die überregionale Presse sowie lokale Tageszeitungen berichten in nicht erwarteter Zahl über das Haacke-Projekt und die damit ausgelöste Kontroverse. Die Diskussion in den Zeitungen wird eingeleitet durch die öffentliche Besprechung eines Rechtsgutachtens, der ersten großen und medial inszenierten Kritik an Haackes Arbeit. Die vorrangigen Aspekte, der Begriff *Volk* und das Material Erde, sind dabei die Reizpunkte in der öffentlichen Debatte um das Kunstwerk.

Volk versus Bevölkerung

Dieses Rechtsgutachten ist der zündende Funke für die ausgiebige Berichterstattung der Presse über Haackes Projekt. Zuvor missfiel bereits dem Juristen und CDU/CSU–Bundestagsabgeordneten Volker Kauder die Korrespondenz der Inschriften *Volk* und *Bevölkerung*, da er das Volk nun durch eine Bevölkerung ausgetauscht sah.

Die Inschrift am Architrav des Reichstagsgebäudes aus dem Jahr 1916
© Deutscher Bundestag / ams

Als Mitglied des Kunstbeirates stimmte Kauder als Einziger gegen das Haacke-Projekt. Kurze Zeit später generiert die CDU-Fraktion ein Rechtsgutachten, das Haackes Projekt als verfassungswidrig bezeichnet. Der Autor dieses Rechtsgutachtens, der Freiburger Staatsrechtslehrer Dietrich Murswiek, vertritt darin die These, der Deutsche Bundestag dürfe das Projekt nicht verwirklichen, weil der politische Aussagegehalt des Kunstprojekts verfassungswidrig sei (Willms 2000, 17). Murswiek ist der Ansicht, dass die Arbeit einen Paradigmenwechsel des staatlichen Souveräns – des *Volkes* – formuliert und diesen durch die *Bevölkerung* ersetzt. Da aber im Schlusssatz der Präambel des Grundgesetzes festgesetzt ist, dass das Parlament Stellvertreter des ganzen deutschen Volkes sei, beharrt Murswiek darauf, dass diese Gewalt auch beim Volk bleiben solle. Zur Beweisführung zieht er ferner Artikel 20 des Grundgesetzes – *alle Staatsgewalt geht vom Volke aus* – heran. Murswiek sieht mit der Bezeichnung *deutsches Volk* seinen ethnozentrischen Nationenbegriff bestätigt und leitet somit ab, dass Haackes Kunstwerk fordere, Parlament und Verfassung der Bevölkerung zu widmen, die *qua* Definition dieses Wortes viel mehr Menschen mit einbeziehe als die durch ihre ethnische Herkunft als deutsche Staatsbürger Geborenen. Eine solche Öffnung der Repräsentation des Bundestages hält Murswiek für verfassungswidrig und fordert den Bundestag auf, über die Legalität dieses Projektes verbindlich zu entscheiden (Meyer 2000, 35). Dabei gesteht Murswiek der ausländischen Bevölkerung durchaus den Schutz des Grundgesetzes zu, bezieht sie aber nicht in die zentrale verfassungsrechtliche Frage nach dem legitimierenden Subjekt der Staatsgewalt ein.

Karl Feldmeyer, Journalist der Frankfurter Allgemeinen Zeitung (FAZ), gehört zu einem der Initiatoren des öffentlichen Diskurses um *Der Bevölkerung*. Sein erster Artikel zu Haackes Arbeit erschien am 6. November 1999 und unterstellt dem Kunstbeirat, dass ihm „das Deutsche Volk suspekt sein muss" (Feldmeyer 1999, 41). Dort, wo der damalige Bundestagspräsident Wolfgang Thierse eine Weiterentwicklung – vom *Volk* zur *Bevölkerung* – sieht, erkennt auch Feldmeyer, wie Murswiek, einen Paradigmenwechsel und unterstützt damit dessen These, dass ein Paradigmenwechsel des Souveräns vom Volk zur Bevölkerung verfassungswidrig sei. Für den *Status quo* der deutschen Identität lässt sich in erster Linie eine große Ambivalenz ablesen. Auf der einen Seite steht die Furcht vor dem zunehmenden Einfluss der *Bevölkerung*, verbunden mit dem Wunsch, es bei dem traditionellen *Volk* als staatslegitimierender Kraft zu belassen. Auf der anderen Seite stehen Vertreter wie Wolfgang Thierse, die in *Der Bevölkerung* ein Zeichen für eine Weiterentwicklung unserer Gesellschaft erkennen. Diese Diskussionsgrundlage zeigt zunächst die Heterogenität der Perspektiven auf dieses Problem, die sich in zahlreichen weiteren Artikeln verdeutlicht. Nachdem Feldmeyer sich über Haackes *Volksfeindlichkeit* empört hat, bekommt der Künstler in der FAZ die Gelegenheit, sich zu verteidigen. Haacke möchte klarstellen, dass er nicht das *Volk* abschaffen möchte und auch keine Aversion gegen dieses hege. Er bezeichnet sich sogar selbst als Verfassungspatriot. Als Beweis für seine Verbundenheit mit seiner Heimat Deutschland erwähnt Haacke, der seit den 60er Jahren in New York lebt, dass er niemals erwogen habe, seine deutsche Staatsbürgerschaft aufzugeben (Haacke 2000b). Außerdem wehrt er sich gegen den Vorwurf, die Demonstranten der Wendetage und ihren Ruf *Wir sind ein Volk* beleidigt zu haben.

Haacke betrachtet sich eben nicht als einen Gegner der Einheit, sondern möchte richtig stellen, dass er den Ausruf *Wir sind ein Volk* ganz im Sinne der Französischen Revolution verstehe. Er sieht in dieser Volkszugehörigkeit ein Streben nach Freiheit, Gleichheit und Brüderlichkeit und hält sie für ethnisch nicht bedenklich, weil ihr Akzent auf dem Ausdruck von Gemeinsamkeit und nicht auf Exklusivität liege (Haacke 2000b). Während Haacke das Wort *Volk* in erster Linie als ausgrenzend und rassistisch empfindet, halten Karl Feldmeyer und sein Kollege Eduard Beaucamp den Begriff für unbedenklich. Beaucamp äußert sich in der FAZ dazu und bezeichnet den Begriff als seit der Einheit rehabilitiert. Das Volk hat nach Beaucamp seinen „republikanischen Klang“ wieder erhalten (Beaucamp 1999, 47). Einige Wochen später ist dann in der FAZ, die zuvor eher Haacke-kritisch berichtete, zu lesen, dass *Der Bevölkerung* auch eine Chance biete, über die Verantwortung gegenüber der Bevölkerung nachzudenken. Der Kunsthistoriker Klaus Herding erinnert daran, dass Bundestagspräsident Wolfgang Thierse bei seiner Eröffnungsrede nichts anderes gesagt habe, denn Thierse wollte sich als Präsident aller Bürger verstanden wissen (Herding 2000, 12). Eduard Beaucamp fasst die polarisierenden Wahrnehmungen von Haackes Werk so zusammen, dass die einen Volk, Nation und Verfassung dadurch bedroht sehen, die anderen „den Künstler bejubeln, weil er die schwarzen Schafe in der Bevölkerungsherde“ (Beaucamp 2000a, 49) ausfindig mache. Damit trifft er sehr gut die beiden verschiedenen Wahrnehmungen, die sich zu Haackes Arbeit herauskristallisiert haben. Für den Leser bedeutet dies, eine Entscheidung zwischen zwei Identifikationsangeboten treffen zu können: einem auf Nation und Volk basierenden Staatsverständnis einerseits und einem Staatsverständnis, das auf der Bevölkerung beruht, andererseits. Insbesondere zu Beginn der Debatte argumentieren mehrere Journalisten im Sinne Feldmeyers. Daraus lässt sich die Schlussfolgerung ziehen, dass sich auch ein Großteil der Leserschaft zu Beginn der Pressedebatte selbst als Teil des Volkes wahrnimmt und eine Legitimation des Staates durch die Bevölkerung für problematisch hält. Im Laufe der Berichterstattung äußern sich immer mehr Medien positiv zu Haackes Kunstwerk. Das trug wohl auch innerhalb der Leserschaft zu einer gesteigerten Aufgeschlossenheit gegenüber Haackes Kunst bei und unterstützte so Sympathien für Haackes Identitätsangebot einer von der Bevölkerung legitimierten Gesellschaft.[10]

Der Blut-und-Boden-Diskurs

Ähnlich umstritten wie der Begriff *Volk* wird die Materialität Erde in der Presse diskutiert. Dabei sind die journalistischen Konnotationen zu diesem Material in Bezug auf die deutsche Selbstwahrnehmung sehr aufschlussreich.

Eduard Beaucamp äußert in der FAZ seine Besorgnis über die Assoziationen zur nationalsozialistischen *Blut-und-Boden*-Ideologie, die Haackes Erdaufschüttung wecken könnte (Beaucamp 2000a, 49). Während des Zweiten Weltkrieges war es durchaus üblich, in Gedenkstätten für die gefallenen Soldaten Erde zu integrieren. So plante Wilhelm Kreis 1943 für das Dnjeperufer einen Gewölbebau auf einer Böschung, in dem Erde aus allen Schlachtfeldern Russlands gesammelt werden sollte (Mittig 1997, 4). An diesem Beispiel wird deutlich, dass neben dem Material Erde auch die Ebene der Repräsentation von bestimmten Orten durch Erdlieferungen aus verschiedenen Regionen Bedeutung erlangt. Nicht nur die Erde an sich, sondern auch Erde als geographischer Repräsentant lässt somit Bezüge zur nationalsozialistischen Ideologie zu. Der Kunsthistoriker und Kunstkritiker Willibald Sauerländer sieht in Haackes Installation gerade eine Inversion der Bodenproblematik, da nicht das *Volk* in der Erde wurzele, sondern gerade umgekehrt, die *Bevölkerung* (Sauerländer 2000, 15). Der Kunsthistoriker Martin Warnke empfiehlt in seinem Artikel in der Süddeutschen Zeitung, auf eine Erdaufschüttung durch die Abgeordneten persönlich zu verzichten und die Erdbeschaffung einer Gärtnerei zu überlassen, da in seinen Augen das Kunstwerk allein durch den Verzicht auf das Ritual den Bezug zu seinem Vergleichsmoment mit den *Blut-und-Boden*-Ritualen verliere (Warnke 2000, 17). Aus diesen Überlegungen lässt sich eine starke Sensibilität für die deut-

[10] Zu berücksichtigen bleibt, dass die veröffentlichten Meinungen, also die Texte der Zeitungen, nicht der öffentlichen Meinung entsprechen müssen.

sche Vergangenheit erkennen, aber auch eine große Unsicherheit im Umgang mit ihr. Diese Unsicherheit evoziert ferner auch die Frage nach einer korrekten Form der staatlichen Repräsentation. Sollte der Bundestag ein solches Kunstwerk an dem repräsentativsten Ort des Staates zulassen oder besteht hier zwangsläufig die Gefahr, missverstanden zu werden? Hans Haacke, der für seine provokanten Arbeiten bekannt ist, wollte sicherlich alles andere als ein politisch korrektes Kunstwerk abliefern. Allerdings lag es Haacke ebenso fern, eine *Blut-und-Boden*-Gedenkpolitik zu postulieren, schließlich hat er zuletzt 1990 bei der Biennale in Venedig die Architektur des deutschen Pavillons auf extreme Weise mit ihrer nationalsozialistischen Geschichte konfrontiert (Matzner 1994, 22).[11] Einen weiteren Aspekt bringt die Kunsthistorikerin Monika Wagner in die Debatte. Sie stellt weitere Beispiele für künstlerische Arbeiten mit dem Material Erde vor. So hält sie eine semantische Neubewertung der Erde über den nationalsozialistischen Kontext hinaus für möglich. Als Beispiel führt sie Haackes Beitrag zu der inzwischen legendären Earth-Ausstellung von 1969 in Ithaca, New York an. Für seine Arbeit *Grass Grows* schüttete Haacke damals Erde in den Ausstellungsraum und säte Winterweizen ein. Die Entwicklung zu einem grün bewachsenen Erdhügel am Ende der Ausstellung deutet das Thema bereits an. Damals ging es Haacke um Formveränderungen in der Zeit, um Prozesshaftigkeit (Wagner 2000, 21).

Resümierend lässt sich feststellen, dass die meisten Presseorgane sich mit großer Vorsicht dem Material Erde annähern. Hier kann in erster Linie eine hohe Sensibilität im Umgang mit der deutschen Vergangenheit beobachtet werden. Der Gedanke einer semantischen Neubewertung des Materials Erde kommt zwar auch, allerdings deutlich seltener zur Sprache.

[11] Statt jeglicher Bespielung des Raumes mit Kunst verweigerte Haacke sich der Ausstellungsarchitektur. Er transformierte den Pavillon selbst zum Kunstwerk, indem er die Bodenplatten aufriss und wild übereinander schichtete. Durch zahlreiche Bezüge zu der Architektur des zur Biennale von 1934 errichteten Pavillons warnte er vor jeglicher Instrumentalisierung der Kunst durch Politik.

Hans Haacke, Germania, im Deutschen Pavillon der Biennale von Venedig 1993
© Foto Roman Mensing / VG-Bild-Kunst Bonn

Hans Haacke, Grass Grows, Ithaca, New York 1969
© Foto Hans Haacke / VG Bild-Kunst Bonn

Die Bundestagsdebatte

Eine Stunde debattiert der Deutsche Bundestag am 5. April 2000 über die Anschaffung des Kunstwerks *Der Bevölkerung*, obwohl sie von dem zuständigen Gremium Kunstbeirat bereits beschlossen wurde. Anlass ist der Antrag der Abgeordneten Norbert Lammert, Ulrich Adam und Ilse Aigner, der von anderen Abgeordneten ebenfalls unterstützt wird. Vorausgegangen ist dieser

Debatte bereits ein etwa viermonatiger Diskurs in den deutschen Feuilletons, der mit Dietrich Murswieks Rechtsgutachten begann. Von den elf Rednern dieser Debatte sind sieben Mitglieder des Kunstbeirates, die den Tenor der Debatte färbten, da sie sich schließlich schon für die Realisierung ausgesprochen hatten. Nur Volker Kauder und Antje Vollmer argumentieren von Seiten des Kunstbeirates gegen das Projekt. In dieser Debatte herrschte kein Fraktionszwang und die Abgeordneten argumentierten tatsächlich individuell und frei von parteilichen Zugehörigkeiten. Demnach lässt sich auch keine Tendenz innerhalb der Parteien für oder gegen dieses Kunstwerk feststellen, sondern vielmehr eine kontroverse bis polarisierende Debatte, die durchaus mit der Pressediskussion vergleichbar ist. Aus ihr lassen sich ebenfalls Rückschlüsse auf die Selbstwahrnehmung der Deutschen ziehen.

Für Haackes Projekt warben:	*Dagegen plädierten:*
Prof. Gert Weisskirchen, SPD	Dr. Norbert Lammert, CDU/CSU
Ulrich Heinrich, FDP	Dr. Antje Vollmer, B'90/Grüne
Prof. Dr. Heinrich Fink, PDS	Hanna Wolf, SPD
Prof. Dr. Rita Süssmuth, CDU/CSU	Hans-Joachim Otto, FDP
Franziska Eichstädt-Bohlig, B'90/Grüne	Volker Kauder, CDU/CSU
Wolfgang Thierse, SPD	

Wir sind ein Volk

Die parlamentarische Auseinandersetzung mit der Problematik des Begriffs *Volk* gestaltet sich ähnlich wie die journalistische und akzentuiert ihre Kritik doch auf andere Weise. Norbert Lammert kritisiert, dass die Polarisierung von *Volk* und *Bevölkerung* nicht der Realität entspreche. Schließlich würden sich die Abgeordneten bereits als Vertreter aller Menschen in diesem Land fühlen (Amtliches Protokoll 2000, 180). Hier knüpft auch Hanna Wolf an, die das Grundgesetz in seinem Wortlaut von Artikel 1 – *Die Würde des Menschen ist unantastbar* – als für alle Menschen, ob *Volk* oder *Bevölkerung*, gültig betrachtet. Hanna Wolf assoziiert mit dem Begriff *Volk* in erster Linie die Rufe aus Wendetagen *Wir sind ein Volk* (ebd., 186). Ebenso betrachtet Hans-Joachim Otto den Begriff *Volk* als einen geläuterten und weist zusätzlich darauf hin, dass die Reduktion von *Volk* auf dessen Bedeutung während des Nationalsozialismus reine Geschichtsklitterung sei. Schließlich trug die Inschrift *Dem deutschen Volke* im Kaiserreich eine republikanische Bedeutung (ebd., 188). Der Schriftzug wurde nämlich erst 1916 an den bereits 1894 fertig gestellten Reichstag angebracht. Als sich abzeichnete, dass der Erste Weltkrieg ein viel längerer und härterer Kampf werden würde als erwartet, stimmte der Kaiser dem Vorschlag der Presse zu. Er widmete den Reichstag „Dem Deutschen Volke", um das enttäuschte Deutschland mit dem Monarchen zu versöhnen (Cullen 2003, 109). Volker Kauder beharrt darauf, das Grundgesetz wörtlich zu nehmen und den Souverän als *Volk* zu betrachten. Er bezieht sich auf die Formulierung „alle Staatsgewalt geht vom Volk aus" und möchte in erster Linie die Interessen des *deutschen Volkes* vertreten. Er betont die neu gewonnene Souveränität des wiedervereinten Volkes und befürchtet, dass durch Haackes Kritik am Begriff *Volk* eine neue Kluft aufgerissen werden könnte (Amtliches Protokoll 2000, 192).

Der Begriff *Volk* wird von Haackes Verteidigern grundsätzlich als problematisch, aber geläutert rezipiert. So empfindet Wolfgang Thierse den Begriff schon allein durch die Wenderufe *Wir sind ein Volk* als befreit von den belastenden nationalsozialistischen Assoziationen. Damit kommt er seinen Kontrahenten entgegen und pflichtet ihnen insofern bei, als er auch heute den Begriff *Volk* nicht mehr als so schwierig betrachtet, wie Haacke dies tut (ebd., 193). Dem stimmt auch Franziska Eichstädt-Bohlig zu. Allein durch ihre engagierte demokratische Politikkultur dürften die Deutschen ihrer Ansicht nach selbstbewusst vom *deutschen Volk* sprechen, ohne als nationalsozialistisch denkend missverstanden zu werden. Ulrich Heinrich weist diejenigen, die mit einem Verweis auf England und Frankreich den Volksbegriff gänzlich unbefangen benutzen, darauf hin, dass der Missbrauch des Volksbegriffs in Deutschland dazu führte, dass 83 Abgeordnete unter den Nazis ums Leben kamen, weil sie eben plötzlich nicht mehr zum deutschen

Volk gezählt wurden. Deshalb, so legitimiert Ulrich Heinrich Hans Haackes Arbeit, sei es hochinteressant, dass ein Künstler einen Bogen spanne zwischen den Begriffen *Volk* und *Bevölkerung* (ebd., 185).

Welche Rückschlüsse lassen sich nun aus dieser Debatte für den *Status quo* der deutschen Identität ziehen? Schwierigkeiten mit Haackes starker Kritik am Begriff *Volk* haben sowohl Gegner als auch Befürworter von dessen Arbeit. Beide weisen auf die Bedeutung der Widmung *Dem Deutschen Volke* im Kaiserreich hin. Haackes Befürworter sehen den Begriff *Volk* zwar durchaus als problematisch, aber im Grunde als seit der Wiedervereinigung inhaltlich neu besetzt und deshalb geläutert.[12] Es wird sogar die Meinung vertreten, dass die Deutschen ihre engagierte demokratische Politkultur zum Anlass nehmen könnten, zu einer selbstbewussten deutschen Identität zu stehen. Diese würde sich auch darin äußern, dass der Begriff *Volk* nicht dauerhaft nationalsozialistisch belastet bliebe. Darin lässt sich ein inzwischen relativ entspannt gewordenes Verhältnis zum Begriff *Volk* ablesen, das allerdings von einer ständigen Unsicherheit begleitet ist, die immer wieder den Umgang mit diesem Wort in Frage stellt. Allgemein lässt sich eine große Sehnsucht, ein Bedürfnis nach einem unbefangen Umgang mit den historisch belasteten Begrifflichkeiten feststellen.

Erdrituale

Mit dem Begriff *Volk* gehen die Parlamentarier offenbar freier um als der Künstler und auch als die Journalisten. Nun stellt sich die Frage, ob das Parlament auch Erde als Bestandteil eines Kunstwerks frei von der ihr im Nationalsozialismus zugeschriebenen Bedeutung betrachtet.

Norbert Lammert empfindet Erde im Kontext mit den Begriffen *Volk* und *Bevölkerung* sowie dem partizipatorischen Moment des Erde-Zusam-

[12] Hans Haacke sieht das anders; er meint, dass bei den *Wir sind ein Volk*-Rufen die Betonung auf dem *Wir* lag, da das *Volk* kein wirkliches Identifikationspotential biete.

mentragens als „Verballhornung des Anliegens". Er kritisiert das Konzept, das er nicht ernst nehmen kann, als politisch und ästhetisch misslungen. Insbesondere fordert er für die Abgeordneten das gleiche Maß an Freiheit, dass die Kunst für sich vereinnahmt und wehrt sich dagegen, die Parlamentarier zu dieser Erdaufschüttung zu verpflichten (ebd., 180). Hanna Wolf nimmt ganz konkret Bezug auf das Material und verweist auf die Erdkultsymbolik der Nationalsozialisten. Sie erinnert daran, wie damals Erde aus allen deutschen Gauen zur Olympiade nach Berlin transportiert wurde und möchte die von den Nationalsozialisten eingeführte Erdsymbolik nicht unterstützt sehen (ebd., 187). Hans-Joachim Otto steuert noch ein weiteres Beispiel bei, wie Erde im Nationalsozialismus zu Ritualen missbraucht wurde. Er erinnert an die Urnen, in denen in der Quedlinburger Stiftskirche Erde aus ganz Deutschland zu Weihezwecken deponiert wurde, und fügt hinzu: „Wenn er [Haacke] den Volksbegriff durch Hitler als dauerhaft besudelt ansieht, dann gilt dies mindestens in gleichem Maße für das von ihm beabsichtigte Ritual der Erdbeschaffung" (ebd., 188). Außerdem hält er das partizipatorische Element des Kunstprojekts, das von der Seite der Befürworter gelobt wird, für nicht realisierbar, weil es von den Abgeordneten nicht angenommen würde (ebd., 188). Auch Antje Vollmer sieht hier eine konzeptionelle Schwäche des Projekts (ebd., 184). Von Kritikern wird immer wieder die Würde und Selbstachtung angesprochen, die sie mit der Erdaufschüttung in ihrem Hause gefährdet sehen. Rita Süssmuth hält dem entgegen, dass eine unprätentiöse Erdlieferung weit weniger Schaden anrichte als manche Debatte (ebd., 190).

Das Material Erde wird aus verschiedenen Perspektiven wahrgenommen. Zum einen besteht die Sichtweise der Kritiker, die darin nationalsozialistische Erdrituale wiedererkennen und den Bundestag damit nicht in Verbindung sehen wollen. Zum anderen wird jene erkennbar, die eine Negation des *Blut-und-Boden*-Rituals ausmachen, wie Ulrich Heinrich und Rita Süssmuth. Sie akzentuieren den Gedanken der Partizipation und der Demokratie. Auch an diesen Diskussionsbeispielen lassen sich große Unsicherheiten im Umgang mit der nationalsozialistischen Vergangenheit ausmachen. Folglich besteht eine Ambivalenz zwischen der nötigen Distanzierung zu Formen der belasteten Vergangenheit und einer semantischen Neubesetzung, die solche Formen neutralisiert und ihre kontaminierte Bedeutung überwindet. Ähnlich wie in der Pressedebatte finden sich auch in der Bundestagsdebatte mehr Stimmen, die das Material Erde für historisch belastet halten und sehr sensibel mit diesem Thema umgehen. Nur wenige entdecken das partizipatorische Prinzip als Stärke des Projekts.

Bundestagspräsident Wofgang Thierse und Abgeordnete füllen erstmals Erde in die Installation, 12. September 2000
© Deutscher Bundestag / Meldepress / M. Günsche

© Deutscher Bundestag / Meldepress / M. Günsche

Deutsche Identitäten

Rückschlüsse über das Selbstbild der Deutschen lassen sich nicht nur über die Äußerungen der Parlamentarier zu den Begrifflichkeiten von *Volk* und dem Material Erde ableiten. Die Abgeordneten thematisieren im Zuge der Auseinandersetzung mit Haackes Arbeit auch ganz direkt die Frage nach der deutschen Identität. Volker Kauder etwa fragt das Parlament: „Wann, liebe Kolleginnen und Kollegen, lernen wir Deutsche endlich, uns normal zu benehmen, so normal wie die Franzosen und Briten? […] hier in Deutschland glauben aber immer noch einige, dass man das deutsche Volk in einem negativen Licht darstellen muss, um ein guter Mensch zu sein. Dies ist nicht meine Auffassung" (ebd., 192). Er möchte das nationalsozialistische Kapitel der deutschen Geschichte abschließen und einen Schlussstrich darunter ziehen. Insbesondere wehrt Kauder sich dagegen, das deutsche Volk verächtlich zu machen und auf einen kurzen Teil seiner Geschichte zu reduzieren. Er geht in seinen Forderungen sogar so weit, dass er keine Kunst im Bundestag haben möchte, die dem Begriff *Volk* einen rassistischen und ausgrenzenden Tenor unterstelle (ebd., 192). Gert Weisskirchen nimmt den Abgeordneten das Bangen um die deutsche Identität, indem er konstatiert, dass Haacke an dieser Stelle einen Nerv getroffen habe. Der Bundestag beweise ein starkes deutsches Selbstverständnis, indem er gerade diese kritische Kunst zulasse (ebd., 182). Auch Franziska Eichstädt-Bohlig meint, dass die Deutschen sich wieder erlauben könnten, selbstbewusst ihre Identität zu vertreten. Besonders nach dem Dialog über die Begriffe von *Volk* und *Bevölkerung*, der viele Schwierigkeiten in der Definition gezeigt hat, ist es ihrer Meinung nach ein Zeichen von starkem Selbstbewusstsein, Hans Haackes Arbeit zu realisieren (ebd., 190). Gert Weisskirchen sprach das erste Plädoyer für Haacke aus und begann mit der Klarstellung, dass dieses Kunstwerk nicht kontrastiv, sondern dialogisch zu der bereits bestehenden Widmung zu verstehen sei. Haackes Fürsprecher appellieren an den Mut der Abgeordneten, sich auf diese Kunst einzulassen. Sie sei ein Ausdruck wachsender Pluralität und ein gelungener Denkanstoß zu unserem Begriff des Bürgers (ebd., 181f., 191). Auch Heinrich Fink befürwortet Haackes Arbeit, eben weil sie die Diskussion über demokratische Veränderungen anrege (ebd., 187). Weisskirchen und Heinrich bestärken die Abgeordneten darin, die demokratische Perspektive in Haackes Arbeit zu erkennen. Ebenso sprechen sie die wachsende Pluralität an, die in dem Kunstwerk zum Ausdruck komme. Somit stellt Haackes Arbeit für ihn sowohl eine Frage nach unserem Begriff des Bürgers als auch nach dem des *Ius soli*, das die Bundesrepublik noch nicht vollzieht (ebd., 182, 185). Rita Süssmuth berichtet, dass die Beachtung der Gleichheit aller Menschen nach Artikel 3 des Grundgesetzes offenbar alles andere als selbstverständlich sei und erinnert an die Vielzahl der Briefe im Tenor des „Verrat[s] am Vaterland", der vollzogen würde, wenn man diese Kunst dulde. So gingen hunderte von Zuschriften ein, die es für „Verrat am Vaterland" halten, wenn „Gelbe, Schwarze, Türken und die Zigeuner etwa auch dazugehören" (ebd., 189). Das dürfe bei der Beurteilung von Haackes Arbeit nicht vergessen werden, so Süssmuth, die in diesem Zusammenhang erneut auf Artikel 3 des Grundgesetzes rekurriert, dessen Gehalt sie in Haackes Arbeit manifestiert sieht. Sie hält es für durchaus notwendig, diesen Gleichheitsanspruch künstlerisch ins Gedächtnis zu rufen, da sie in vielen rechtsnationalen Haacke-kritischen Zuschriften bemerkt habe, dass diese Gleichheit eben noch nicht selbstverständlich sei.

Resümierend lässt sich feststellen, dass Rita Süssmuth ein gewisses Potential von rechtsextremen Haltungen in der Gesellschaft feststellt, gegen das sie ankämpfen möchte. Damit widerspricht sie auch Volker Kauder, der sich eine „normal[e]" (ebd., 192) nationale Identität wünscht, wie er sie bei Franzosen oder Briten beobachtet, eine, die mit der Nationalsozialismus-Reflexion abschließen kann. In dieser Kontroverse zeigt sich, dass das Bedürfnis nach Aufarbeitung und Reflexion auch innerparteilich sehr unterschiedlich gelagert ist. Gert Weisskirchen dagegen nimmt den Abgeordneten ein Stück weit das Bangen um die deutsche Identität. Er bewertet nämlich die Tatsache, dass die Deutschen einen kritischen Künstler für das Parlamentsgebäude beauftragen, als Zeichen eines starken Selbstbewusstseins. Damit erklärt er die Offenheit, Toleranz und die Bereitschaft zur Reflektion als eine Stärke der Deutschen. Volker Kauder betont außerdem die neue Souveränität Deutschlands. Er macht deutlich, dass er das Grundgesetz wörtlich nehmen und das *Volk* als Souverän der Bundesrepublik bezeichnet wissen will, nicht die Bevölkerung. Das ist eine Haltung, die klar einen traditionellen Nationalstaat bevorzugt. Dagegen empfindet Gert Weisskirchen Haackes Arbeit als einen gelungenen Denkanstoß in Richtung pluralistischer Gesellschaft. Er ist der Meinung, dass eben diesem gegenwärtig bereits gelebten Pluralismus ein Staatsbürgerschaftsgesetz nach dem *Ius soli* gut tun würde.

Ein wichtiges Argument der Befürworter von *Der Bevölkerung* besteht außerdem in dem gesetzlichen Schutz der künstlerischen Freiheit, die das Grundgesetz in Artikel 5, Absatz 3 sichert. Neben Gert Weisskirchen akzentuiert besonders Wolfgang Thierse die Notwendigkeit der Unabhängigkeit der Kunst. Er erinnert sich an seine DDR-Erfahrung und lehnt aus diesem Erfahrungshorizont eine staatliche Einflussnahme auf Kunst ab (ebd., 193). Heinrich Fink geht sogar so weit, eine Absage an die Realisierung von *Der Bevölkerung* als parlamentarische Zensur zu bezeichnen und warnt die Abgeordneten davor, diesen peinlichen Verdacht auf sich zu ziehen (ebd., 188). Volker Kauder versucht dieses Thema zu umschiffen, indem er argumentiert, es gehe lediglich um eine Standortentscheidung für *Der Bevölkerung* und nicht um ein generelles Verbot (ebd., 191). Norbert Lammert bleibt schlicht bei dem Statement, die Freiheit der Kunst stehe hier nicht zur Debatte (ebd., 180).

Ulrich Heinrich erwähnt einen Aspekt, den man für die Gesamtbetrachtung der Diskussion nicht außer Acht lassen sollte. Er stellt fest, dass die Stimmen umso kritischer sind, je weniger Auseinandersetzung mit dem Kunstwerk stattfindet. Diese Beobachtung korreliert mit der Entwicklung der Pressedebatte. Zu Beginn dieser Auseinandersetzung im November 1999 überwogen die kritischen Artikel und erst nach zwei Monaten stetiger Information und Diskussion veränderte sich die Berichterstattung zu einer positiveren Beurteilung des Kunstprojekts. Ebenso gibt es eine verstärkte

Welle von positiver Kritik nach der befürwortenden Parlamentsabstimmung über Haackes Projekt.

Der europäischen Bevölkerung?

Nach diesen Einblicken in die Presse- und Bundestagsdebatte stellt sich zunächst die Frage, was all diese Argumente und Positionen über das deutsche Selbstbild aussagen.

Zu Fragen der Identität argumentieren Presse und Parlament ähnlich. Beide verdeutlichen die verschiedenen Lager: Die einen bevorzugen das *Volk* als Souverän und postulieren damit einen eher traditionellen Nationalstaat, während die anderen in einer Entwicklung zu einer pluralistischen Gesellschaft eine Chance entdecken, die durch ein *Ius soli* verstärkt würde. In dieser Polarisierung wird zum einen deutlich, dass eine konservative und eine innovative Denkrichtung bezüglich des Staatsbürgerschaftsrechts besteht. Bezüglich der Problematik um den Begriff *Volk* zeigt sich, dass eine hohe Sensibilität für die nationalsozialistische Vergangenheit besteht. Jedoch betrachtet die Mehrheit der Diskussionsteilnehmer und insbesondere der Parlamentarier den Begriff als geläutert und weitaus unproblematischer als der Künstler selbst. Die Diskussion um den Gleichheitsanspruch aller Menschen nach Artikel 3 des Grundgesetzes stößt Rita Süssmuth an. Ihr Diskussionsbeitrag zeigt, dass eine große Vorsicht bezüglich rechtsradikaler Gefahren durchaus angebracht ist und setzt damit einen Kontrapunkt zu Volker Kauder. Er wünscht sich in erster Linie einen „normalen" Umgang mit deutscher Identität, wie er in Frankreich oder Großbritannien zu beobachten sei. Folglich zeichnet sich im Begriff Volk die deutsche Selbstwahrnehmung in Presse und Parlament durch eine Ambivalenz aus, die sich zwischen traditioneller Nationalstaatlichkeit und einer postnationalen Gesellschaft verortet. Zugleich steht der Wunsch nach einem unbeschwerteren Umgang mit der deutschen Geschichte, wie ihn Kauder äußert, der Sorge über einen zu unreflektierten Umgang mit der nationalsozialistischen Vergangenheit gegenüber.

Auffallend ist, das der Begriff *Volk* wesentlich gelassener betrachtet wird als die Materialität Erde, die vielmehr Unsicherheit um die gebotene Distanzierung zu nationalsozialistischen Zeichen erzeugt. Eine semantische Neubewertung scheint in diesem Falle wesentlich schwieriger. Eine andere Betrachtungsweise verlautbart, die Deutschen zeichneten sich durch ein hohes Maß an Offenheit und Bereitschaft zur Reflexion aus, womit die sogenannte Unsicherheit sich in eine Stärke umkehren würde. In Presse- und Bundestagsäußerungen wird außerdem Erde als eine Verballhornung des repräsentativen Ortes empfunden. Vor diesem Hintergrund wird deutlich, wie wichtig die Klärung repräsentativer Fragen durch ein Kunstexpertengremium ist und dass die persönlichen oder juristischen Meinungen einzelner nicht ausschlaggebend sein dürfen. Schließlich wurde die Frage nach dem Stellenwert der künstlerischen Freiheit insbesondere im Bundestag diskutiert und dürfte sogar ausschlaggebend für das Abstimmungsergebnis – pro Haackes Kunstwerk – gewesen sein, denn der Bundestag schätze den Wert der Freiheit der Kunst höher ein als die Kritik am Kunstwerk selbst.

Sowohl die Presse- als auch die Bundestagsdebatte haben gezeigt, dass sich die Deutschen selbst zwischen den Polen von Nationalstaat und postnationaler Gesellschaft verorten. Da Hans Haacke den Diskurs um seine Arbeit als Teil des Kunstwerks betrachtet, muss konstatiert werden, dass *Der Bevölkerung* die Selbstwahrnehmung der Deutschen dokumentiert und ein Identifikationsangebot für eine postnationale Gesellschaft leistet, deren Staatsbürgerrecht nicht ethnisch orientiert ist.

Welche Rolle spielt also die deutsche Selbstwahrnehmung bei der Identitätsfindung der Europäer?

Bei der Definition des Europäischen steht zunächst die Vielfalt in der Einheit im Vordergrund (Meyer 2004, 9). Innerhalb dieser Findung der EU-Identität(en) kommt Deutschland eine besondere Rolle zu, wie auch die Presse- und Parlamentsdebatte um Hans Haackes Kunst zeigt. Bedingt durch die historische Schuld als Verursacher des Zweiten Weltkrieges und des Holocausts haben die Deutschen noch immer große Schwierigkeiten mit der Konstruktion einer nationalen Identität. Hinzu kommt das Phänomen der Teilung, das es den Deutschen über Jahrzehnte hinweg nicht erlaubte, sich als Nation zu fühlen. Erst mit der neu gewonnenen vollständigen staatlichen Souveränität ist die Einheit der Nation wieder hergestellt und zugleich ihre Existenz als überholt angesehen. Trotz der zahlreich gezeichneten Endszenarien des Nationalstaates wird er, selbst bei einer EU-„Finalität“, seine Vormachtstellung behalten und sich hin zu einer transnationalen Politik entwickeln. Nationalstaatliche Fixierungen sind schließlich, wenn sie nicht prämoderne Vorstellungen von vermeintlich überlegenen Merkmalen von Nationalkulturen festhalten, sondern sich als ein politisches Bewusstsein auf die Verfassung des eigenen Landes beziehen, keine Hürde auf dem Weg zu einer europäischen Identität (Meyer 2004, 70). Im Falle der Deutschen scheint eine souveränere Umgangsweise mit dem eigenen Selbstbild sogar hilfreich, um als Akteur im Prozess der europäischen Identitätsbildung mitzuwirken (Dahrendorf 1990, 323-334).[13] Thomas Meyer spricht von einem Nationalbewusstsein im Sinne eines demokratischen Patriotismus und bezeichnet dieses als eine wichtige Vorraussetzung für eine aktive Staatsbürgerschaft (Meyer 2004, 121)[14].

Hans Haackes Beitrag zur nationalen Selbstvergewisserung kann folglich als ein Schritt auf diesem Weg des Bewusstwerdens und Konstruierens deutscher Identitätsangebote gewertet werden, die für das Etablieren einer europäischen Identität grundlegend sind. *Der Bevölkerung* regt an, darüber nach-

[13] Dahrendorf sieht eine Entwicklung zu Staatsbürgergesellschaften, zu einer europäischen und zu einer Weltbürgergesellschaft. Er resümiert, dass Europa selbstbewusste Nationalstaaten braucht, um an einer internationalen Ordnung des Rechts zu arbeiten.

[14] „Das Bekenntnis zur eigenen Nation, zu ihrer Geschichte, zu ihren Institutionen, zu ihrer Kultur, zu ihren Aufgaben, ist in einem demokratischen Gemeinwesen eine politische Tugend, sofern es als eine besondere Verpflichtung für die Demokratie, Toleranz und Menschenrechte verstanden wird und nicht als der unpolitische Besitz von Eigenschaften, der zu Abwehr, Abgrenzung und Ausschließung ermächtigt“ (ebd.).

zudenken, wer den Staat ausmacht und wen das Parlament vertreten soll. Dabei plädiert *Der Bevölkerung* für eine Öffnung des Nationalstaates zu einer Gesellschaft, die sich durch die Bevölkerung legitimiert und sich von einer ethnisch orientierten Definition der Staatsbürgerschaft löst.

Literatur

Amtliches Protokoll der Sitzung vom 5. April (2000). Die Bundestagsdebatte, in: Diers, Michael / König, Kasper (Hrsg.): „Der Bevölkerung". Aufsätze und Dokumente zur Debatte um das Reichstagsprojekt von Hans Haacke, Köln, S. 179-198.

Beaucamp, Eduard (1999): Das Volk und seine Erde. Künstler als Auftraggeber: Hans Haackes Reichstagsprojekt, in: Frankfurter Allgemeine Zeitung vom 23.12., S. 47.

Ders. (2000a): Gesinnungskunst, in: Frankfurter Allgemeine Zeitung vom 23.02., S. 49.

Ders. (2000b): Erdaktion, endlos, in: Frankfurter Allgemeine Zeitung vom 08.04., S. 41.

Braun, Helmuth F. (Hrsg.) (2003): „Dem Deutschen Volke": Die Geschichte der Berliner Bronzegießer Loevy. Zeitzeugnisse aus dem Jüdischen Museum Berlin, Berlin.

Bundesminister des Innern (1981): Kunst für den Bund. Erwerbungen seit 1970, Bonn.

Cullen, Michael S. (2003): „Still zu erledigen" Die Inschrift am Reichstagsgebäude, in: Braun, Helmuth F. (Hrsg.): „Dem Deutschen Volke": Die Geschichte der Berliner Bronzegießer Loevy. Zeitzeugnisse aus dem Jüdischen Museum Berlin, Berlin, S. 98-115.

Dahrendorf, Ralf (1990): Die Sache mit der Nation, in: Merkur, Jg. 44, H. 500, S. 323-334.

Diers, Michael / König, Kasper (Hrsg.) (2000): „Der Bevölkerung". Aufsätze und Dokumente zur Debatte um das Reichstagsprojekt von Hans Haacke, Köln.

Feldmeyer, Karl (1999): Kunststück. Der Bundestag und das Volk, in: Frankfurter Allgemeine Zeitung vom 06.11., S. 41.

Ders. (2000a): Dem Deutschen Volke, in: Frankfurter Allgemeine Zeitung vom 12.02., S. 1.

Ders. (2000b): Der Bevölkerung, in: Frankfurter Allgemeine Zeitung vom 07.04., S. 12.

Ders. (2000c): Entkrampfung unterm Balkon. Wie der Bundestag nicht über Kunst, aber über Hans Haackes Kunstwerk debattierte, in: Frankfurter Allgemeine Zeitung vom 07.04., S. 49.

Ders. (2000d): Will sein Werk schon bald im Reichstag aufstellen. Emotionale Debatte im Parlament. Eine Mehrheit von zwei Stimmen, in: Frankfurter Allgemeine Zeitung vom 07.04., S. 2.

Giesen, Bernhard (2004): Das Tätertrauma der Deutschen, in: Ders. / Schneider, Christoph (Hrsg.): Tätertraumata, Konstanz, S. 11-53.

Haacke, Hans (2000a): Der Bevölkerung. Das Projekt / Überlegungen zum Kunstprojekt im Reichstagsgebäude – nördlicher Lichthof, in: Diers, Michael / König, Kasper (Hrsg.): „Der Bevölkerung". Aufsätze und Dokumente zur Debatte um das Reichstagsprojekt von Hans Haacke, Köln, S. 83-93.

Ders. (2000b): Ein glühender Verfassungspatriot, in: Frankfurter Allgemeine Zeitung vom 16.02., S. 9.

Hamilton, Peter (1997): Representing the social. France and Frenchness in post-war humanist photography, in: Hall, Stuart (Hrsg.): Representation. Cultural Representations and signifying Practices, London u. a., S. 75-151.

Herding, Klaus (2000): Gut, wenn Kunstwerke noch zu provozieren vermögen, in: Frankfurter Allgemeine Zeitung vom 29.02., S. 12.

Lau, Jörg (2000): Deutscher Mutterboden, in: Die Zeit vom 24.04., S. 48.

Maak, Niklas (2000): Eine Frage der Erde, Neues vom Haacke-Streit: Darf das Parlament über Kunst richten?, in: Süddeutsche Zeitung vom 24.03., S. 17.

Matzner, Florian (1994): Hans Haacke. Ein Künstler im öffentlichen Dienst, in: Kritische Berichte. Zeitschrift für Kunst und Kulturwissenschaften, Jg. 22, H. 3, S. 22-32.

Meyer, Hans (2000): Wie ein deutscher Staatsrechtslehrer mit Kanonen auf Spatzen schießt und sie verfehlt, in: Diers, Michael / König, Kasper (Hrsg.): „Der Bevölkerung". Aufsätze und Dokumente zur Debatte um das Reichstagsprojekt von Hans Haacke, Köln, S. 35-46.

Meyer, Thomas (2004): Die Identität Europas. Der EU eine Seele?, Frankfurt a. M.

Mittig, Ernst (1997): Nationale Erdrituale, in: Kritische Berichte. Zeitschrift für Kunst und Kulturwissenschaften, Jg. 25, H. 1, S. 4-22.

Münkler, Herfried (1995): Sichtbare Macht. Das Reichstagsgebäude als politisches Symbol, in: Klein, Ansgar u. a. (Hrsg.): Kunst, Symbolik und Politik. Die Reichstagsverhüllung als Denkanstoß, Opladen, S. 249-258.

Murswiek, Dietrich (1999): Der Bundestag darf sich nicht von seinem Volk verabschieden, in: Focus vom 27.12., S. 42.

Sauerländer, Willibald (2000): Störfall Kunst. Zum Streit um Hans Haackes Projekt für den Reichstag, in: Frankfurter Allgemeine Zeitung vom 14.02., S. 15.

Speth, Rudolf (1995): Der Reichstag als politisches Kollektivsymbol. Anmerkungen zum deutschen Nationalmythos, in: Klein, Ansgar u. a. (Hrsg.): Kunst, Symbolik und Politik. Die Reichstagsverhüllung als Denkanstoß, Opladen, S. 271-282.

Steuer, Armin D. (2003): Ein deutsches Schicksal. Die Geschichte der Familie Loevy, in: Braun, Helmuth F. (Hrsg.): „Dem Deutschen Volke": Die Geschichte der Berliner Bronzegießer Loevy. Zeitzeugnisse aus dem Jüdischen Museum Berlin, Berlin, S. 14-45.

Wagner, Monika (2000): Mehr als Blut und Boden. Erde als politischer Stoff: Zum Streit um Hans Haackes Kunstprogramm für den Reichstag, in: Berliner Zeitung vom 22.03., S. 22.

Warnke, Martin (2000): Haakes Haken, Reichstag, Erde und NS-Zeit, in: Frankfurter Allgemeine Zeitung vom 29.03., S. 17.

Westle, Bettina (1999): Kollektive Identität im vereinten Deutschland. Nation und Demokratie in der Wahrnehmung der Deutschen, Opladen.

Willms, Johannes (2000): Wir sind die Bevölkerung. Ein Holztrog, mit Erde samt Inschrift: Hans Haackes Installation, in: Süddeutsche Zeitung vom 17.02., S. 17.

Zielke, Andreas (2000): Vorläufiges für die Ewigkeit. Die knappe Entscheidung des Bundestages für Hans Haackes Installation legt die Widersprüche deutscher Ermahnungskunst offen, in: Süddeutsche Zeitung vom 07.04., S. 17.

Amerika in der Literatur deutschsprachiger Exilierter in den USA im Spannungsfeld von nationaler Identität und Alterität

Valerie Popp

I.

Die deutschsprachigen Exilierten in Amerika, die infolge der „Machtergreifung" Hitlers im Jahr 1933 aus Europa fliehen mussten, erlebten den Aufenthalt im Exilland als Infragestellung der eigenen, der europäischen Identität. Ihre Wahrnehmung Amerikas ist fest mit dieser europäischen Identität verknüpft, die sich besonders deutlich in Abgrenzung zu der als fremd wahrgenommenen amerikanischen Umwelt manifestiert. Dennoch kam es zumindest bei einigen, oft weniger bekannten Schriftstellern zu einem fruchtbaren Austausch mit der neuen amerikanischen Umwelt, der das eigene Selbstverständnis herausforderte und der seinen Niederschlag in Romanen und Erzählungen gefunden hat.[1] Dabei lässt sich jedoch eine fundamentale Unsicherheit bei der literarischen Verarbeitung amerikanischer Erfahrungen feststellen. Diese Unsicherheit ist leicht auf die soziokulturellen Rahmenbedingungen des deutschsprachigen Exils in den USA zurückzuführen: Materielle Not, die Fremdheit im Exilland, das Gefühl der Isolation, die Sorge um Deutschland und um die dort verbliebenen Freunde und Familienangehörigen, die ungewohnte Umgebung sowie die Sprachbarriere charakterisierten den Exilalltag. Dies war jedoch nur eine Seite der Realität. Auf

[1] Diese Amerika-Texte des Exils von so unterschiedlichen Autoren wie Karl Jakob Hirsch, Heinrich Eduard Jacob, Otto Schrag, Friedrich Sally Grosshut etc. wurden von der Exilforschung bisher nur am Rande wahrgenommen. Vgl. auch die Dissertation der Verfasserin an der Humboldt-Universität Berlin zu Amerikabildern der deutschsprachigen Exilliteratur nach 1933 in den USA.

der anderen Seite boten die USA den Exilanten ein hohes Maß an persönlicher Sicherheit und Freiheit und zumindest die Möglichkeit, ein neues Leben zu beginnen.

Der folgenden exemplarischen Textanalyse eines solchen Amerikatextes des Exils, *Manhattan-Serenade* von Karl Jakob Hirsch, liegen die Methoden der Alteritäts- und Stereotypenforschung bzw. der komparatistischen Imagologie zugrunde. Die komparatistische Imagologie untersucht das Bild vom anderen Land in der Literatur. Das Erkenntnisinteresse imagologischer Studien lässt sich in drei Punkten zusammenfassen: Zum einen geht es darum, dass literarische Texte kohärente „Bilder" von einem Land und seinem „Volk" entwerfen können. Zum anderen lassen diese Bilder nicht nur Rückschlüsse auf die Vorstellungswelt eines einzelnen Autors zu, sondern rekurrieren auf repräsentatives Kollektivwissen. Und schließlich lässt sich feststellen, dass jedes Bild von einer fremden Nation in einem reziproken Verhältnis steht zu dem Bild, das über die eigene Nation existiert (Florack 2001, 17). Dabei ist besonders die Frage nach der Funktion der einzelnen nationalen Stereotypen innerhalb des Kommunikationsprozesses entscheidend und weniger die Suche nach einem möglichen tatsächlichen Wahrheitsgehalt.

Die Amerikadarstellung der Exilanten baut auf den Traditionen und Vorstellungen des Amerikabildes der deutschen Literatur auf. Diese literarischen Amerikabilder sind in einem europäischen Kontext zu sehen. Sie sind nicht Monopol einer einzelnen Nationalliteratur, sondern Variationen europäischer Positionierungen in Bezug auf Amerika (Boerner 1978, 49). Der Gegensatz zwischen Amerika und Europa drückt sich dabei immer wieder in Oppositionsschemata aus: Europa als das genuin Alte, Amerika hingegen als das Neue schlechthin. Hierarchie steht dem Gleichheitsgedanken und der Demokratie gegenüber, der Geist Europas dem Geld Amerikas, die Kultur der Barbarei, das Original der Reproduktion, die Poesie der Prosa etc.

II.

Schon Mitte der siebziger Jahre hat der Exilforscher Guy Stern festgestellt, dass sich in Bezug auf das Amerikabild der Exilanten ein eigenes Genre herausgebildet hat: der „prototypische" Exilantenroman.[2] Stern konstatiert: „Es ist bemerkenswert, daß in den literarischen Werken der meisten – sofern sie überhaupt einen amerikanischen Schauplatz wählen – nicht etwa die vorgefundene Wahlheimat sui generis dargestellt wird, sondern zumeist die Exillandschaft Amerika. Entweder man beschreibt die Exilkreise und ihre Problematik oder die Bewährungsprobe des einzelnen Flüchtlings an der neuen Umgebung" (Stern 1975, 323; vgl. auch Pfanner 1983; Winkler 1989). Die Wahrnehmung Amerikas im Exil ist demzufolge selektiv. Amerika tritt als Ghettolandschaft in Erscheinung, allen voran wird das Leben der deutschsprachigen Exilantengemeinde und des reaktionären Deutschamerikanertums geschildert. Jeffrey Sammons hat dies ironisierend zusammengefasst: „An impressive achievement of some exiles was to write novels of America in which there are practically no Americans" (Sammons 1998, 262).

Bei allen Unterschieden im Detail erstaunt doch die Ähnlichkeit dieser Romane untereinander. Handlungsort fast aller Romane ist New York und die nähere Umgebung, wobei New York überwiegend Manhattan bedeutet. Kalifornien kommt bisweilen in einzelnen Episoden oder Kapiteln vor.[3] Es hat sich ein festes Szeneninventar herausgebildet, das mehr oder weniger in allen Romanen und Erzählungen kursiert: Dazu zählt das obligatorische Vorstellungsgespräch in einer Job-Agentur, wo der Exilant mit der neuen

[2] Die Problematik des Begriffes *Exilantenroman* ist der Verfasserin bewusst, aus Gründen der Praktikabilität wird er hier dennoch in einem wertneutralen Sinne verwendet. Problematisch ist der Begriff *Exilant* insofern, als er sowohl von den Nationalsozialisten als auch im Nachkriegsdeutschland negativ besetzt wurde. Die Alternative *Exiliertenroman* konnte sich in der Forschung nicht durchsetzen, der Begriff *Exulant* ist wiederum zu sehr mit den Religionsverfolgungen der frühen Neuzeit verbunden.

[3] Neben New York war Los Angeles das zweite Zentrum des deutschsprachigen Exils in den USA. Viele Exilierte fanden zumindest zeitweise Anstellung in der Filmindustrie Hollywoods, auf die sie jedoch herabsahen.

Arbeitswelt konfrontiert wird, die seine bisherige Weltanschauung herausfordert sowie die obligatorische Unterredung mit einem amerikanischen Verleger, in dem der meist autobiographisch angehauchte Schriftsteller-Protagonist über die Produktionsbedingungen des amerikanischen Literaturmarktes aufgeklärt wird. Amerika wird im Wesentlichen im Job, durch den Job bzw. durch die Jobsuche erfahren. Dazu der Exilant Herbert Weichmann in seiner Studie *Alltag in USA*: „Der Job, den man nicht hat, und der Job, den man hat, das ist der entscheidende Gesichtspunkt, unter dem der Einwanderer *sein* Amerika erlebt" (Weichmann 1949, 14; Hervorhebung im Original).

Zu den klassischen Szenerien zählt ferner die Begegnung mit dem amerikanischen Dienstleistungspersonal, sei es der Lift-Boy oder die Bedienung in der Cafeteria. Ebenso charakteristisch ist die Erfahrung des Massenerlebnisses in der Großstadt sowie die Darstellung des Ausflugs aufs Land und die Schilderung des reaktionären Deutschenviertels Yorkville an der Upper East Side in Manhattan. In der Tradition des Großstadtromans der zwanziger Jahre wird New York dabei in untereinander sehr ähnelnden Metaphern von *Steinwüste*, *Lichtermeer* bzw. *Babylon* dargestellt. New York und Amerika rufen bei den Exilanten-Protagonisten zumeist ein Gefühl tiefer Ambivalenz hervor. Fester Bestandteil dieser Exilprosa sind auch die Gespräche der Exilanten untereinander über die Rolle Amerikas und Europas in der Weltpolitik, die Auseinandersetzung mit den Medien in Amerika (vor allem Film bzw. Kino und die Funktionsmechanismen des amerikanischen Literaturmarktes) sowie der latente oder offenkundige Rassismus und eher selten auch der Antisemitismus in den USA. Beherrschend ist die Darstellung Amerikas als eines Landes, das von Reklame und Kommerz „regiert" wird.

Bemerkenswert aus mentalitätsgeschichtlicher Perspektive ist, dass die existentielle Erfahrung des amerikanischen Exils offensichtlich so homogene literarische Schreibmuster hervorgebracht hat: Dies ist einerseits darauf zurückzuführen, dass es sich um eine kollektive Erfahrung und um die kollektive Verarbeitung dieser Erfahrung handelt. Andererseits scheint der gemeinsame kulturelle Hintergrund bei der Amerikaperzeption eine Rolle gespielt zu haben, entstammten doch die meisten Exilschriftsteller dem bürgerlichen bzw. großbürgerlichen Milieu humanistischer Prägung und waren assimilierte Juden oder zumindest jüdischer Herkunft. Bei aller Gleichheit sagt das noch nichts über die Bewertung der selbst geschaffenen Szenerien aus. Die Erfahrung des ersten amerikanischen Jobs beispielsweise kann bei unterschiedlichen Schriftstellern durchaus positiv bewertet werden oder eben durchweg negativ, ja geradezu vernichtend-verdammend. Ausschlaggebend für das positive beziehungsweise negative Szenario ist dabei meist die persönliche Befindlichkeit der Protagonisten, die häufig ein *Alter Ego* der Exilierten selbst darstellen: Eine gelungene Beziehung mit einem Amerikaner/einer Amerikanerin ermöglicht eine positivere Amerikawahrnehmung, wie im Fall von *Manhattan-Serenade.* Amerika bedeutet aber auch eine soziolinguistische Erfahrung, die in fast allen Texten aufgegriffen und reflektiert wird. Dabei wird der Verlust der Sprache auch als Verlust der eigenen Identität erlebt.[4]

Neben dem Inventar „amerikanischer Szenerien" entsteht ebenso ein festes Personeninventar innerhalb der geschilderten amerikanischen Umgebung. Dieses beginnt beim amerikanischen bzw. amerikanisierten Verwandten, der den gestrandeten Europäer am Pier vom Schiff abholt. Fast immer ist dies eine höchst unangenehme, sich überamerikanisiert gerierende Person, die sich sogleich anschickt, hochmütig Amerika zu erklären. Weiterhin sind in fast allen Texten der schon erwähnte amerikanische Verleger oder Businessman präsent, der sich vordringlich durch Oberflächlichkeit und schlechtes Benehmen auszeichnet, sowie die Angestellten der Jobvermittlungsagentur. Positive Schilderungen erfahren hingegen die einfachen Bediensteten, wie der Zeitungsverkäufer, der Lift-Boy, die Bedienungen in den

[4] Die sprachliche Neuorientierung geht zumeist mit einem seelischen Konflikt einher: Diese innere Zerrissenheit der Protagonisten zwischen Alter und Neuer Welt wird in vielen Texten in Bildern von Bewusstseinspaltung, Schizophrenie oder Doppelgängertum symbolisch verdeutlicht.

Eat-Shops und Cafeterias, die *cops* und die freundlichen und hilfsbereiten Bediensteten des öffentlichen Nahverkehrs.

Entscheidend für die Amerikadarstellung ist das Entstehungsdatum der Texte. Es ist ein Unterschied im Amerikabild festzustellen, je nachdem ob der entsprechende Text kurz vor bzw. während der Kriegsjahre entstanden ist oder nach 1945. Der Kriegseintritt der Amerikaner und der Kampf gegen den Faschismus erleichterten ein positives Bekenntnis zur amerikanischen Demokratie. Interessant ist hingegen, dass der Grund für die Auswanderung oft weniger entscheidend ist für ein positives oder negatives Amerikabild: Das Schema des Exilantenromans variiert bis auf einige Ausnahmen verhältnismäßig wenig, obwohl die Bandbreite zwischen einem knapp dem Tode Entronnenen wie beispielsweise dem in Vergessenheit geratenen jüdischen Schriftsteller Salamon Dembitzer oder einem freiwillig in die USA emigrierten und dabei recht wohlhabenden Erich Maria Remarque größer nicht sein könnte. Umso frappierender ebenso, dass der Typus Exilantenroman auch von einer Schriftstellerin fortgeschrieben wurde, die selbst gar nicht in den USA im Exil lebte, sondern sich nur besuchsweise dort aufhielt: Hilde Spiels Roman *Lisas Zimmer* (1965) ist ein solches Beispiel.

Die Romane über das Leben deutscher Exilierter in Amerika gelangten übrigens mit wenigen Ausnahmen in den USA selbst nicht zur Veröffentlichung und auf dem deutschen Markt oft erst nach jahrelanger Verzögerung. Frederic Mortons *The Darkness Below* (1949) oder Walter Schönstedts *The Cradle Builder* (1940) sind solche Ausnahmen. Erfolgreicher auf dem amerikanischen Markt waren die exilierten deutschsprachigen Schriftsteller mit Prosatexten bzw. Sachbüchern, die nicht das Exilantenschicksal zum Thema hatten, sondern Ereignisse und Personen der amerikanischen Geschichte, wie etwa der Roman *The Locusts* (1943) von Otto Schrag über eine Heuschreckenplage im Mittleren Westen im ausgehenden 19. Jahrhundert und deren erfolgreiche Bekämpfung durch die divergente Einwanderergemeinde. Ebenfalls gefragt waren autobiographische Erlebnisberichte über das Leben unter Hitler in Deutschland bzw. über die Flucht nach Amerika mit den Vereinigten Staaten als lebensrettendem Hafen. Bella Fromm-Welles reüssiert mit dem ersten Typus: Sie veröffentlichte ihr ins Exil gerettetes Tagebuch über das Leben in Berlin unter dem aufkommenden Nationalsozialismus, das zum Bestseller avancierte: *Blood and Banquets. A Berlin Social Diary* (1942), die Ethnologin Eva Lips bediente mit ihrem autobiographischen Bericht über die Ankunft in Amerika als lebensrettendem, „segensreichen" Hafen mit dem sinnfälligen Titel *Rebirth in Liberty* (1942) den zweiten Typus – eine glorifizierende Apotheose auf Amerika, die einen leidenschaftlichen Willen zur Assimilation verrät und dabei deutlich auf eine amerikanische Leserschaft ausgerichtet ist.

III.

Der Roman *Manhattan-Serenade* des jüdischen Schriftstellers Karl Jakob Hirsch vereint viele Merkmale eines solchen Exilantenromans und geht dennoch darüber hinaus: Der Roman ist „ein Zeugnis der bewußten Wahrnehmung der amerikanischen Kultur in einem deutschsprachigen Exilroman" (Pfanner 2001, 159) und zugleich ein Protokoll der Sozialisation eines Europäers in Amerika.[5] *Manhattan-Serenade*, „eine eigenwillige Mischung von existentialistischem Entwicklungsroman und *littérature engagée*" (Deißenberger 2002, 62), beschreibt das Schicksal eines jungen deutschen Emigranten in New York von seiner zunächst vollständigen Isolation hin zur schrittweisen Integration in den amerikanischen Alltag. Der Protagonist mit Namen Tom lernt auf seinen einsamen Streifzügen durch die Stadt eine Amerikanerin kennen, die als Kellnerin in verschiedenen Bars arbeitet, er trifft sie durch

[5] Karl Jakob Hirsch wurde 1892 in Hannover als Sohn eines wohlhabenden jüdischen Arztes geboren. Im Herbst 1934 ging der nach einer Malereiausbildung zunehmend auch journalistisch und schriftstellerisch tätige Hirsch ins Exil in die Schweiz, 1935 erfolgte die Ausreise in die USA. In New York wurde er Redakteur der *Neuen Volkszeitung*, arbeitete aber auch zeitweise als Arbeiter in einer Fensterrahmenfabrik und als Empfangsherr in der Praxis eines deutschen Arztes in Yorkville. 1945 kehrte Hirsch als Beamter der amerikanischen Militärregierung nach München zurück. Nach einem erneuten Aufenthalt in den USA von August 1947 bis August 1948 siedelte er sich endgültig in München an. 1952 stirbt er, weitestgehend in Vergessenheit geraten. Neuerdings ist eine Renaissance Hirschs zu vermerken.

Zufall wieder, zieht zu ihr und ihrem Bruder in eine Hauswohngemeinschaft in die Bronx. Nach einigen Beziehungskrisen, die ihren Ursprung in der Unzufriedenheit des Helden mit seiner Arbeitslosigkeit und seiner Exilsituation haben, heiraten die beiden schließlich, Tom nimmt typische Gelegenheitsjobs wie Tellerwäscher und Taxifahrer an, das Paar erwartet ein Kind. Angeregt durch die politische Aktivität seines Schwagers Frank, der Opfer eines rechtsradikalen Attentats wird, beginnt Tom sich ebenfalls politisch zu engagieren und beschließt am Ende, zum Kampf gegen den Nationalsozialismus nach Europa zurückzukehren.

Der Text wurde von Februar bis August 1939 in 30 Kapiteln als Fortsetzungsroman unter dem Titel *Heute und Morgen* in der *Neuen Volkszeitung* abgedruckt, einer von deutschen Auswanderern bzw. Exilierten herausgegebenen deutschsprachigen Zeitung in New York. Obwohl sich Hirsch von diesem Roman seinen „endlichen Erfolg in USA" (Hirsch 1990, 219) versprach, ist es ihm nicht gelungen, einen amerikanischen Verleger zu finden. Nach seiner Rückkehr nach Deutschland stand 1949 eine Publikation in Buchform beim Merkur Verlag in Düsseldorf kurz bevor. Der Verlag ging jedoch unmittelbar vor Drucklegung ein (Bendel 1990, 80f.).[6] In Buchform konnte *Manhattan-Serenade* erstmals 2001 erscheinen, über sechzig Jahre nach Entstehung!

Schon die ersten Sätze des durchweg im Präsens erzählten, expressionistisch anmutenden Textes machen die Verlorenheit des Protagonisten in der fremden Stadt New York deutlich: Tom ist unfreiwillig hier und er droht, in

[6] Für diese überarbeitete Fassung änderte Hirsch den Titel in *Manhattan-Serenade* um, wohl in Anspielung auf den epochemachenden Roman *Manhattan Transfer* von John Dos Passos (1925) und um dem deutschen Leser einen exotischen Anreiz zu verschaffen. Auch der Romanschluss ist gegenüber der ursprünglichen Fassung abgeändert, und kleine inhaltliche Korrekturen wurden vorgenommen. Während in der ursprünglichen Fassung am Ende der Krieg ausbricht (eine Hellsichtigkeit Hirschs: der letzte Teilabschnitt des Romans erschien am 26. August 1939 in der *Neuen Volkszeitung*, also fünf Tage vor Hitlers Angriff auf Polen am 1. September 1939), endet die neue Version lediglich mit dem Bekenntnis des Protagonisten, für die Befreiung Europas vom Faschismus kämpfen zu wollen.

der Fremde unterzugehen: „Er ist in diese Stadt hineingefallen, wie in einen glühenden Ofen. Nun brät er, schmilzt er. Es ist Juli" (9)[7]. Seine Ausgegrenztheit macht sich an allen Sinnesorganen fest: Er kleidet sich anders als seine amerikanische Umgebung, er versteht die fremde Sprache nicht, er missversteht die kulturellen Codes des neuen Landes. Exemplarisch wird hier der Kulturkonflikt geschildert, dem sich alle Exilierten ausgesetzt sahen. Tom ist „empfindungslos", „wortlos", „stumm" (9), „Blind!" (10), „ratlos" (14), „völlig hilflos" (27). Seine Arbeitslosigkeit verstärkt das Gefühl von Ausgegrenztheit und Isolation zusätzlich. Die Emotionen, die ihn angesichts der Aufzugfahrt im imposanten Rockefeller Center beschleichen, sind Ausdruck seiner ambivalenten Einstellung gegenüber der Neuen Welt: „Man hat das Gefühl, wehrlos und hilflos emporgeschleudert zu werden in den Himmel" (15). Von einem kulturellen Missverständnis stolpert er in das nächste. Die anfänglichen Begegnungen mit Amerikanern bleiben oberflächlich, wirkliche Kommunikation findet nicht statt. Da ist zunächst der Rechtsanwalt, der ihn bei seiner Ankunft in New York zwar vom Pier abholt, aber zu Toms großem Erstaunen nicht einmal genug Zeit hat, ihm bei den Einreiseformalitäten beizustehen. Zeitmangel wird so gleich zu Beginn des Romans als amerikanisches Charakteristikum im Sinne eines Stereotyps dargestellt. Der auktoriale Erzähler kommentiert all diese Fehlschläge und liefert damit zugleich ein Erklärungsmodell für das Versagen der Exilierten angesichts der amerikanischen Wirklichkeit, wie folgendes Zitat deutlich macht: „Eine alt-kontinentale Nachlässigkeit, eine Mechanik des Gehirns arbeitet noch in ihm, der da viel zu schnell die Fünfte Avenue hinunter eilt, die Brille der Voreingenommenheit vor den Augen und Vergleichssucht im Herzen. Man müßte eigentlich diesem jungen Mann (und vielen seiner Landsleute) jenes Zeichen um den Ärmel binden, das jenseits des Oceans von Blinden getragen wird; zur Warnung für die Anderen, zum Schutz für sie selbst. ‚Ach-

[7] Alle folgenden Textzitate beziehen sich auf die *Manhattan-Serenade* von Karl Jakob Hirsch (2001).

tung! Blind!‘ So wäre es wohl am besten für all die Neuankömmlinge und Fremden, die da die Straßen der größten Stadt bevölkern“ (10).

Entscheidend ist hierbei, dass die Situation des kulturellen Missverständnisses nicht nur auf die Unzulänglichkeit der amerikanischen Bevölkerung zurückgeführt wird, sondern die Schuld an den Schwierigkeiten durchaus im Verhalten der Exilierten selbst gesehen wird. Damit oszilliert der Erzähler zwischen zwei Polen: einerseits kritisiert er seinen Titelhelden in einem moralischen Tonfall für dessen allzu europäische Attitüde („zu sehr nachdenklich, zu sehr noch befangen im Hochmut des alten Erdteils“; 22), andererseits verteidigt er ihn gegen die unbegreifliche amerikanische Lebenswirklichkeit, indem er die Amerikaner zunächst nur als oberflächliche, verrohte und lärmende Nation zeichnet, die sich ausschließlich an Geld und an keiner wirklichen Begegnung interessiert zeigt.

Zugang zur amerikanischen Welt findet der Protagonist Tom erst allmählich und fast ausschließlich durch die entflammende Liebe zu einer Amerikanerin, durch die er den Alltag und das Leben der durchschnittlichen, arbeitenden Bevölkerung kennenlernt. Die amerikanische Geliebte wird gleich zu Anbeginn in kontrastive Opposition zum Europäer Tom gestellt, der literarischen Tradition der Gegenüberstellung von Europa und Amerika folgend: Tom ist das „gequälte, zerrissene Europäerherz“ (19), Sylvia hingegen ein zufriedenes, lächelndes Mädchen. Europa steht stellvertretend für Kultur, für Vergangenheit, Reflexion, Passivität. Amerika hingegen bedeutet Aktion, Tatkraft, Handlung, Freiheit: „Tom weiß: man kann hier freier atmen, denken, fühlen. Und wenn das Wort ‚neugeboren‘ einen Sinn hat, so hier. […] Dem Leben gewachsen zu sein, ist hier stillschweigende Pflicht. In allem Lachen und oft kindischem Unsinn steckt ein Ernst, einer der auch lachen kann, der die Heiterkeit als tiefste Quelle der Lebenskraft begriffen hat. Gewiss, alles ist nicht vollkommen, vieles ist Maske und Fassade, die einen großen Jammer verbirgt. Tom weiß vom Elend, von den Quartieren der Armen dicht neben den Palästen der Reichen, aber er sieht, daß man zutiefst begriffen hat, daß es zu ändern ist. Menschen trauen sich etwas zu, so könnte man sagen. Sie sind nicht mutlos und gebrochen, sie sehen nicht rückwärts, sie weinen keiner Vergangenheit nach. Sie leben und wirken" (53f.).

Die permanente Betonung der moralischen Integrität der Amerikaner grenzt dabei bisweilen an idealistische Verklärung, wie der Text überhaupt über weite Strecken typisiert und glorifiziert, was ein weiteres Textbeispiel belegen soll: „Tom sieht, daß die Menschen um ihn herum so leben, wie er es im Grunde immer wollte. Keineswegs gottergeben in ihr Schicksal, sondern mit dem klaren Bewußtsein, daß die Einrichtungen des menschlichen Lebens unvollkommen sind, und daß der Mensch die Macht und die Pflicht hat, dies zu ändern. [...] Die Menschen hier fragen nicht erst, ob sie das Recht haben, zu sagen und zu denken, was sie wollen; sie tun es, und nichts kann sie beirren" (51).

Das plakativ-idealisierende, geradezu beschwörende Bekenntnis zu Amerika, das zum Romanende immer deutlicher in den Vordergrund tritt, erklärt sich aus dem Entstehungszusammenhang am Vorabend des Zweiten Weltkrieges, an dem Amerika für den Erzähler und für den Protagonisten gleichermaßen „die letzte Festung der Freiheit" (146) darstellt: „Dieses Land Amerika zu verteidigen, ist mehr als einen Erdteil zu schützen" (146). Die Ideale von Freiheit und Demokratie stehen in der Beurteilung Amerikas aus der Sicht des Exilierten an erster Stelle. Der zunehmende Fortschrittsglaube des Protagonisten beziehungsweise des Erzählers artikuliert sich unter anderem auch darin, dass die Berufstätigkeit der Frau, in den späten dreißiger Jahren bei weitem noch ein Novum für den Bildungsbürger aus Europa, positiv bewertet wird. Entsprechend dem zunehmenden Grad an persönlicher Integration in die Gastgesellschaft werden die Amerikaner im Verlauf des Textes positiver geschildert: Es erscheinen neben den geldgierigen, oberflächlichen Hotel- und Restaurantmanagern die engagierten und sozial eingestellten Mitbewohner in der Bronx-Wohngemeinschaft, insbesondere Sylvias Bruder Frank, eine Reihe von aufopferungsbereiten Frauen, allen voran Sylvia selbst, und darüber hinaus Garagenbesitzer und Taxibetreiber, die Verständnis für Tom zeigen und für die er arbeiten kann. „You will be what you want to be..." (22) verkündet ein Kinobesucher dem überraschten

Europäer Tom. In dieser Floskel, womöglich ein zeitgenössisches Zitat aus einem Film, einem Lied oder der Werbung, drückt sich die ganze lebenszugewandte Zuversicht aus, durch die sich die Amerikaner im Roman zunehmend auszeichnen und die auch der skeptische, von Zweifeln und Schuldgefühlen zernagte Tom sich schließlich zueigen macht. So spielt der Roman nicht ausschließlich im Exilantenmilieu wie andere typische und ungleich bekanntere Exilantenromane, so beispielsweise *Flucht ins Mittelmäßige* von Oskar Maria Graf (1959), und auch Yorkville kommt als Stadtteil nicht vor, dennoch sind eine ganze Reihe von zentralen Figuren um den Protagonisten herum auch hier Exilierte bzw. Deutschamerikaner. Immer wieder gelingt es Tom in der Großstadt New York auf Deutsche zu treffen, sei es auf deutsche Ganoven, die seine hilflose Situation ausnutzen und ihn zielgerichtet ausrauben, sei es auf die Exilantenfreunde Gustav und Nina, mit denen man sich über Politisches austauscht und die nach und nach in die Wohngemeinschaft in die Bronx einziehen, sei es auf den Nazi-Agenten Martin Kress oder sei es auf den deutschen Klinikarzt Dr. Alexander, der sich um die medizinische Betreuung seines in Lebensgefahr schwebenden Schwagers kümmert.

Die Stadt New York wird zunächst in den in der Exilliteratur üblichen Metaphern von Leblosigkeit und Künstlichkeit beschrieben, die eine intuitive Abwehr zur Folge haben, wie der anfängliche Blick des Protagonisten herunter vom Rockefeller Center offenbart: „Steine… Steine… ragende Türme, Schächte, aus denen es dumpf heraufbrodelt, kein Grün, kein Halm, kein Baum… Steine, sonst nichts. Furchtbar, so denkt der Neuling, furchtbar und schrecklich ist das alles. Tom tastet sich zögernd am Geländer entlang, wagt kaum hinunterzublicken, die Tiefe gähnt ihn an, die erbarmungslose Tiefe des Abgrundes. Doch ist es eine Tiefe, aus der Menschengebilde herauswachsen, Steingebilde? Oder ist es nur eine Kulisse, eine Theaterdekoration, ersonnen von einem modernen und geschickten Bühnenbildner, oder erdacht von einem Irrsinnigen?“ (16) – ein Zitat wie es gleichsam prototypisch für die Beschreibung New Yorks im Exilantenroman steht. Die Stadt spiegelt hier, wie so häufig in deutschsprachigen Exiltexten über New York, die Einsamkeit und Verlassenheit des Protagonisten wider.[8] Der kurze Roman enthält aber auch einige der schönsten Stadtbeschreibungen New Yorks in der deutschsprachigen Exilliteratur, die die positiven Aspekte der Großstadterfahrung ins Zentrum rücken. Die Ergriffenheit, die den Betrachter angesichts der atemberaubenden Kulisse von Manhattan bemächtigt, betrifft Einheimische und Exilierte gleichermaßen, und so ist es letztendlich die Skyline Manhattans von der Brooklyn-Bridge aus gesehen, die verbindend wirkt und ein integratives Moment zwischen den so unterschiedlichen Protagonisten hervorruft, wie folgendes Zitat über Tom und Sylvia vor Augen führt: „Sie sind stumm vor Ergriffenheit, als sie auf der Brücke die immer wieder überwältigende Silhouette der Stadt sehen. Sylvia, das Kind dieser großen Stadt, ist es genauso wie Tom, der Fremdling. Da ragen die Häuser gegen den dunkel flimmernden Himmel, die Schatten der Wolkenkratzer sind lichtblau wie Glas. Dieser Häuser-Schattenriß wirkt durchaus unwirklich, aber das ist das Bezwingende: es ist die höchste und letzte Realität, wie nichts sonst in der Welt" (69). Das Leben in der Stadt mit den Schuhputzern auf der Straße und den Fast-Food-Buden, die Architektur, die Möbel, das Klima, das Essen und die Kleidung der Amerikaner werden detailreich geschildert, die klimatisierten Wolkenkratzer ebenso wie das heruntergekommene Holzhaus mit der Veranda unweit von Schrottplätzen, Autofriedhöfen und Fabriken, in dem Tom mit den anderen lebt und in dem am Wochenende in ungezwungener Atmosphäre Parties mit Jazzmusik und Whisky gefeiert werden, bei denen die Gäste auf Matratzen sitzen anstatt auf Stühlen.

[8] Die New York-Bilder der Exilliteratur lehnen sich dabei eindeutig an die Tradition des Großstadtromans der zwanziger Jahre an. Neben Einsamkeit, Isolierung, Anonymität und Entfremdung sind es vor allem das Massenerlebnis sowie die Erfahrung von Mobilität, die in der Darstellung von Großstadterfahrung dominieren. Vgl. hierzu Becker 2002, 46.

Neben dem Berufsleben tagsüber in den Cafeterias und Bars, in denen Sylvia und zeitweise auch Tom arbeiten, wird das Freizeitleben der arbeitenden Bevölkerung geschildert. Es ist das Angestelltenleben in der Großstadt mit den kleinen Vergnügungen nach Feierabend: Man unternimmt Spritztouren mit dem Auto durch die Stadt oder in die Vergnügungsparks von Coney Island, man geht ins Kino, ins Restaurant zum Essen oder nach Harlem zu einer Show von Schwarzen oder zum Tanzen und trinkt kalifornischen Wein, Cocktails und Whisky. Bei aller anfänglicher intellektueller Ablehnung der modernen Massenmedien zeigt sich der Protagonist emotional doch ergriffen von den Erscheinungsformen moderner amerikanischer Unterhaltungskultur, so in einer zentralen Szene, als bei einer Hausparty in der Bronx Jazzmusik gespielt wird und die Bewohner auf eine dem Europäer Tom unverständliche Art und Weise ausgelassen zu tanzen beginnen. Auch dem Kinoprogramm kann Tom zunehmend positive Aspekte abgewinnen. Gemeinsam mit Sylvia sieht er den Zeichentrickfilm *Schneewittchen* (1938) von Walt Disney – ein Sensationserfolg, der Disney einen Oscar einbrachte. Mit diesem Filmerlebnis entdeckt Tom die Andersartigkeit und Eigenheit der amerikanischen Kunst auch im positiven Sinne und nimmt dies zum Anlass, Amerika implizit zu verteidigen: „Tom ist verwundert, daß diese Zartheit und im höchsten Sinne ganz zwecklose Sache in diesem Lande gemacht wird, in diesem Erdteil, der nach Aussage aller das Land der Geldsucht, der Geldgier und der Geschäfte ist" (53). Den demokratisch-egalitären Aspekt der modernen Massenmedien betonend heißt es im Text: „Das Kino nimmt alle Menschen auf; es zaubert ihnen in einigen Stunden Welten vor, die ihnen selbst fern und unerreichbar schienen. So ist das aber nicht immer. Es gibt in diesem Land auch Filme, die mitten aus dem Leben eines jeden einzelnen gewachsen sind, die seine Sorgen und Freuden widerspiegeln. Filme, die bessern wollen und das Gewissen wachrütteln. Das singt so harmlos in Gesängen, die eine scharf-rhythmische Musik begleitet, das singt sich in süßlichen Songs von Mondlicht und Freundin, das Lied der Lebensfreude und -trauer vor, und ist wunschlos dabei. Und es gibt alle diese Filme, in denen geschossen wird, in denen der Verbrecher tapfer und beinahe heldisch ist, aber zum Schluss doch büßen muss“ (51f.). So überwindet Tom seine Vorurteile gegen die amerikanische Unterhaltungskultur, die ihm zunächst nur von „dummen und albernen Worten“ (25) durchsetzt vorgekommen war, und damit gleichsam das europäische Stereotyp vom explizit profitsüchtigen, kulturlosen Amerika.

Trotz der nach und nach eintretenden Aufgeschlossenheit wird Amerika aber immer wieder dem Heimatbegriff gegenübergestellt und kann in der emotionalen Bewertung am Ende dennoch nur schlechter abschneiden. Die Exilierten sind und bleiben Gäste in einer respektierten, bisweilen sogar geliebten neuen Umgebung („eingekehrt in die freundliche Wärme einer Gastfreundschaft, in ein Land, in einen Erdteil, den Flüchtlinge groß und mächtig machten“; 118) Und weiter: „Und man kann alles tun, man kann mit wachen und starken Kräften für das Wohl des Gastlandes arbeiten, man kann es lieben lernen, man kann versuchen, seine Menschen kennenzulernen, die Sprache, die Gewohnheiten... ja man kann sich wie ‚zu Hause‘ fühlen, aber trotzdem ist es die kleine Einschränkung, das kleine Wörtchen ‚wie...‘“ (118). Das trotz aller Annäherung an die amerikanische Kultur vorherrschende Heimweh äußert sich unter anderem darin, dass der Protagonist Tom wiederholt an den Pier zurückkehrt, wo er von Europa kommend gelandet war sowie in seiner anhaltenden Vorliebe für deutsche Volksmusik und in der Tatsache, dass er die Nähe zu dem deutschen Faschisten und Attentäter Martin Kress sucht in der Hoffnung auf einen Dialog. Der Grund für diese Kontaktsuche liegt eindeutig in den gemeinsamen kulturellen Wurzeln, gegen deren identitätsprägende Wirkung Tom sich zwar abzugrenzen sucht, die aber schlussendlich doch überwiegt: „Keine Gemeinschaft besteht zwischen dem Mörder Franks und Tom, so kann man mit Fug und Recht sagen, und doch... und doch. Da ist jenes geheimnisvolle Band, das sich zwischen Menschen gleicher Herkunft hinzieht, das sie verbindet, aller Vernunft zum Trotz. ‚Heimat‘... oft geschändetes Wort, ‚Landsmann‘, wie oft mißbraucht und entstellt, und doch... und doch. [...] Wenn Tom die Menschen im neuen Erdteil betrachtet, die alle geschieden durch Rasse und Klasse doch etwas gemeinsam haben: das Land, aus dem sie stammen, das sie umgibt, das ihre Sprache spricht, jenseits von Meinung und Partei, so begreift er oft den Unterschied zwischen sich und den anderen. […] Findet der Mensch, der zielbewußte, der aufrichtige Mensch, nicht überall Freunde und Menschen, die ihm nahestehen, die ihn verstehen, besser und gründlicher vielleicht, als der Mann aus demselben Dorfe, der Mensch, der dieselbe Luft geatmet hat, wie man selbst? In dieser Zeit der völkischen Überheblichkeit ist es schwer, diese Worte zu gebrauchen, ja es ist oft unmöglich, die Verbundenheit mit einem Geburtsland oder einer Geburtsstadt ernst zu nehmen“ (111f.).

Der Roman hat eine deutlich politisch-didaktische Intention bei stark appellativen Zügen. Das zentrale Ereignis, das den Protagonisten Tom aus seiner Lethargie und seiner ich-bezogenen Passivität reißt, ist der politische Mord an seinem sozialistischen Schwager Frank. Dieser, ein Arbeiter aus einfachen Verhältnissen, der sich in Abendkursen fortgebildet hat und politisch in einer Gewerkschaft aktiv ist, wird während einer Rede von dem deutschen Nationalisten Martin Kress angeschossen und stirbt kurz darauf, nachdem eine Bluttransfusion von Tom erfolglos geblieben ist. In den pathetischen und in ihrer politischen Aussage plakativen Szenen zwischen Attentat und Tod beginnt Tom sich zu Franks politischer Nachfolge zu bekennen, sinnbildhaft unterstützt durch den symbolischen Akt der Bluttransfusion, die den Amerikaner allerdings nicht mehr zu retten vermag. Die Blutspende bleibt dennoch nicht folgenlos. Sie impliziert eine symbolische Verschwisterung, eine Verbrüderung zwischen Europäer und Amerikaner. Die Identifikation durch die Bluttransfusion rücküberträgt sich nach Franks Tod vom verstorbenen Amerikaner auf den lebenden Emigranten Tom, so dass es schließlich heißt: „Frank lebt nun in Tom“ (115).

Neben dem Faschismus wird auch der Antisemitismus im damaligen Amerika thematisiert, ein eher seltener Fall in der Exilliteratur.[9] Die Stimmung im New York Karl Jakob Hirschs ist ausländerfeindlich: „Man sollte erst mal alle Ausländer rauswerfen... sind doch meistens Spione..." (84), sagen Toms Arbeitskollegen in der Taxizentrale.[10] „Jetzt fängt es hier ja auch an..." (107), meint der deutsche Arzt zu Tom im Krankenhaus und bezieht sich damit auf faschistoide Tendenzen in den USA selbst.

Manhattan-Serenade hat, bedingt durch den Zeitpunkt der Entstehung im Jahr 1939, ein Programm, eine fortlaufende untergründige Botschaft, die da lautet: Tätiges Handeln wird die Welt retten, nur durch persönliches Eingreifen sind Krieg und Verderben zu verhindern. Es ist ein Plädoyer für ein aktives Leben, das beispielhaft im engagierten Durchschnittsamerikaner Frank vorexerziert wird, der für „seine Sache" sogar sein Leben opfert. Untermalt wird diese politische Grundhaltung durch die explizite Berufung auf den von den Exilierten verehrten Präsidenten Roosevelt, der als Kronzeuge der Demokratie schlechthin aufgerufen wird, und auf dessen *New Deal*, wie folgendes Zitat vor Augen führt: „Und das ist der Unterschied zwischen dem alten Kontinent und diesem Erdteil. Dort lastet die graue Hoffnungslosigkeit, die Zukunftslosigkeit auf allen, dort ist die Aussicht auf einen neuen Krieg der letzte Ausweg. Hier aber fühlt Tom zutiefst, wie er zusammen mit Millionen Arbeitslosen doch niemals die Hoffnung auf Arbeit ganz aufgibt. [...] In dieser Luft des neuen Erdteils ist das Vertrauen auf das hellere Mor-

[9] Die damaligen antisemitischen Tendenzen in Amerika übersahen die Exilanten wahrscheinlich aus Dankbarkeit geflissentlich, oder sie ignorierten sie aus Entsetzen über die bloße Möglichkeit einer erneuten gesellschaftlichen Diskriminierung. Zumindest wurde der amerikanische Antisemitismus in den Amerikatexten des Exils nur selten thematisiert, im Gegensatz zu dem vorherrschenden Rassismus gegen Schwarze, der – gleichsam stellvertretend – registriert und kritisiert wurde, ebenso die wie nach 1945 zunehmende Kommunistenverfolgung.

[10] Hier kommt die Angst vor der *Fünften Kolonne* zum Ausdruck. Für die Exilierten, selbst nur knapp mit dem Leben davongekommen, war es besonders demütigend, in den USA in den Verdacht der Spionage zu geraten und paradoxerweise als Verbündete eines Regimes gesehen zu werden, welches es auf ihr Leben abgesehen hatte.

gen noch ganz lebendig. Während man in anderen Ländern ängstlich auf die Launen der Herrscher und Diktatoren wartet, ist hier die ruhige kämpferische Entschlossenheit vorhanden, den Marsch zum Glück anzutreten. Es muß besser werden, das ist keine Phrase, das ist Vertrauen auf die eigene Kraft. [...] Während in andern Ländern unerklärte Kriege rasen, der Arbeiter und Bürger unter der Fuchtel grausamster Regierungen schweigen muß, kann man hier unter der Präsidentschaft Roosevelts tätig sein, kämpfen und siegen für die edelsten Aufgaben der Menschheit" (71). Nicht zuletzt diente die affirmative Amerikadarstellung sicher auch der Selbstkonditionierung des Exilierten, als Selbstvergewisserung der eigenen Rettung, als Motivation, dem Schicksalsschlag Exil positiv zu begegnen und als Aufruf an alle aus Europa Exilierten, politisch aktiv zu werden. Nach außen hin bedeutete dies an die Amerikaner gerichteter Beifall für Roosevelts *New Deal* und Bestätigung nicht-isolationistischer Kräfte in den USA.

Man kann Helmut Pfanner zustimmen, der Karl Jakob Hirsch „ein differenziertes Bild von Amerika [...], das in seiner Gesamtheit alle Paradigmen der Fremderfahrung im Exil enthält" attestiert und schlussfolgert, dass Hirsch „ein bedeutender Beobachter und Interpret der amerikanischen Kultur" geworden ist (Hirsch 1993, 301). Nach seiner Remigration nach Deutschland hat Karl Jakob Hirsch wiederholt versucht, aus seiner „exotischen" Amerikaerfahrung schriftstellerisch Kapital zu schlagen. So verfasste er die Erzählung *Es geschieht in New York* (1948), eine eigenwillige Mischung aus Märchen, Liebegeschichte und Stadtbeschreibung sowie verschiedene andere Romane mit dem Schauplatz USA.[11] Keiner dieser Texte gelangte bisher zur Veröffentlichung, wohl jedoch seine zahlreichen journalistischen Beiträge zum Leben in Amerika sowie seine beiden Autobiographien *Heimkehr zu Gott. Briefe an meinen Sohn* (1946) und *Quintessenz meines Lebens* (1990).

[11] Die Romane mit Schauplatz Amerika bzw. Amerikathematik sind *Queenie*, *Flucht in die Heimat* sowie *Die zerfetzte Flagge*. Alle unveröffentlichten Texte befinden sich im Karl-Jakob-Hirsch-Archiv der Universitätsbibliothek München. Eine Gesamtausgabe Hirschs ist geplant.

VI.

Zusammenfassend kann man sagen, dass *Manhattan-Serenade* zwar zunächst die üblichen negativen Stereotypen über Amerika reproduziert (amerikanische Oberflächlichkeit, Künstlichkeit, Konsumorientierung, d. h. Modernitätskritik), er aber andererseits die politisch-gesellschaftlichen Ideale Amerikas wie Freiheit und Demokratie durchweg positiv beurteilt und sich optimistisch hinter das Amerika Roosevelts zur Zeit des *New Deal* stellt. Der sich abzeichnende Kriegsbeginn in Europa ist dabei entscheidend für das Amerikabekenntnis des Protagonisten: „Ich lebe hier… hier in diesem Lande, habe Frau und Kind… ich gehöre hierher […]" (96), verkündet Tom zum Ende des Romans hin. Die Identifikation erfolgt, wie in anderen Exiltexten, analog zur Familiengründung: Toms Sohn ist gerade geboren worden. Die Liebe zu einer Amerikanerin und die damit einhergehende Familiengründung ermöglicht zwar ein Zugehörigkeitsgefühl zum Exilland über das politische Bekenntnis hinaus, die vollständige Assimilation gelingt jedoch nicht. Dabei ist der kurze Roman ein schönes Beispiel dafür, wie sehr sich ein deutscher Exilschriftsteller in die Darstellung amerikanischer Lebenswirklichkeit vorwagte. Das Leben in New York unter einfachen Leuten ist anschaulich geschildert, die Phänomene amerikanischer Massenkultur (Kino, Jazz etc.) rücken ohne pauschalisierende Urteile ins Blickfeld und neben dem imposanten Manhattan werden auch weniger glamouröse Bezirke wie die Bronx oder Harlem beschrieben. Das entscheidende Moment der Amerikaerfahrung ist jedoch die politisch-moralische Wandlung des Protagonisten. Erst die Erfahrung Amerika und der Kontakt mit den jungen, engagierten und tatkräftigen Amerikanern bewirkt eine Wandlung in dem passiven, von Zweifeln zernagten Europäer Tom: „Aber Tom, der Mann vom andern Erdteil, in dem er schreckliche Dinge erlebt und gesehen hat, die ihn berührt, aber nicht genug aufgerüttelt haben, wurde erst hier, entronnen der eigenen Gefahr, angesichts eines sinnlosen Mordes, zu dem, was er werden soll: zum tätigen hilfreichen Menschen" (115). Amerikanische Werte und Ideale werden gleichsam von Amerika nach Europa importiert, sinnbildhaft in der Entscheidung des durch den Amerikaaufenthalt menschlich gereiften

Exilierten Tom, der nach Europa zurückzukehren plant, um dort für die mitgebrachten amerikanischen Ideale zu kämpfen und damit das Erbe seines engagierten Schwagers Frank fortzusetzen.

Das zentrales Ergebnis in Bezug auf das Amerikabild von *Manhattan-Serenade* lautet: Der Roman transportiert ein politisches Bekenntnis zu Amerika bei gleichzeitiger anhaltender emotionaler Identifikation mit Europa. Die mitgebrachte europäische Identität wird zunächst gegen die fremde amerikanische Umgebung verteidigt und bewahrt, dann aber durch die schrittweise Integration in den amerikanischen Alltag und durch die Freundschafts- und Liebesbeziehungen stückweise aufgebrochen und am Ende sogar durch amerikanische Werte bereichert und ergänzt. In der Verschmelzung europäischer und amerikanischer Werte wird der Protagonist zum Weltenbürger, jenseits von europäischer respektive amerikanischer Identität. Dies kommt in einer der letzten Passagen des Romans zum Ausdruck, als der Europäer Tom und die Amerikanerin Sylvia gemeinsam einem Konzert von Beethovens *Neunter Symphonie* beiwohnen und der für den Roman und dessen politischer Intention bedeutsamen Textpassage „Alle Menschen werden Brüder" (127) lauschen. Die Symphonie ist zwar europäisches Kulturgut, die im Chorgesang artikulierten humanistischen Ideale findet der Protagonist Tom allerdings angesichts von Faschismus in Europa nunmehr in der amerikanischen Demokratie wieder.

Symptomatisch bleibt dennoch der „innere Zwiespalt, in dem sich Tom befindet" (96). Die Erinnerung an Europa bzw. die Gegenüberstellung Europa-Amerika bleibt stets virulent. Dies lässt sich auch auf die Gesamtheit der Amerikatexte des deutschsprachigen Exils in den USA nach 1933 übertragen. Die Amerikadarstellung des Exils ist von Ambivalenz gekennzeichnet: Diese entsteht im Spannungsfeld zwischen der nach und nach eintretenden Integration der Exilierten nach außen hin bei gleichzeitiger innerer Fremdheit und emotionaler Distanz. Einerseits ist New York Fremde, andrerseits neue Heimat. Trotz der Dankbarkeit gegenüber Amerika können Entwurzelung und innere Heimatlosigkeit nur selten überwunden werden. Am ehesten scheint dies in Texten möglich zu sein, die wie *Manhattan-*

Serenade kurz vor beziehungsweise während des Zweiten Weltkrieges entstanden sind und die nicht selten in appellativ-didaktischem Bemühen ein Bekenntnis zur amerikanischen Demokratie zugleich fordern als auch befördern.

Literatur

Becker, Sabina (2002): Die literarische Moderne im Exil. Kontinuitäten und Brüche der Stadtwahrnehmung, in: Exilforschung, Jg. 20, S. 36-52.

Bendel, Judith (1990): Die Heimkehr des Karl Jakob Hirsch. Zur Situation eines Exilautors im Nachkriegsdeutschland. Unveröffentlichte Magisterarbeit, Ludwig-Maximilians-Universität München.

Boerner, Peter (1978): Amerikabilder der europäischen Literatur. Wunschprojektion und Kritik, in: Amerikastudien, Jg. 23, S. 40-58.

Deißenberger, Barbara (2002): „Manhattan-Serenade“: Von einem der auszog nicht mitzumachen… und in Amerika lernte dagegen zu kämpfen, in: Zwischenwelt. Zeitschrift für Kultur des Exils und des Widerstands (Rezension zu Hirsch 2001), Jg. 19, S. 62-63.

Florack, Ruth (2001): Tiefsinnige Deutsche, frivole Franzosen. Nationale Stereotype in deutscher und französischer Literatur, Stuttgart.

Fromm-Welles, Bella (1942): Blood and Banquets. A Berlin Social Diary, New York-London.

Graf, Oskar Maria (1959): Flucht ins Mittelmäßige, Frankfurt a. M.

Hirsch, Karl Jakob (1946): Heimkehr zu Gott. Briefe an meinen Sohn, München.

Ders. (1990): Quintessenz meines Lebens, hrsg. von Helmut F. Pfanner, Mainz.

Ders. (2001): Manhattan-Serenade, hrsg. von Helmut F. Pfanner, Bern.

Lips, Eva (1942): Rebirth in Liberty, New York.

Morton, Frederic (1949): The Darkness Below, New York.

Pfanner, Helmut F. (1983): Exile in New York. German and Austrian Writers in New York, Detroit.

Ders. (1993): Das Amerika-Bild des deutschen Exilschriftstellers Karl Jakob Hirsch, in: Nayhauss, Hans-Christoph Graf von / Kuczyński, Krzysztof A. (Hrsg.): Im Dialog mit der interkulturellen Germanistik, Breslau, S. 293-301.

Sammons, Jeffrey L. (1998): Ideology, Mimesis, Fantasy: Charles Sealsfield, Friedrich Gerstäcker, Karl May, and Other German Novelists of America, Chapel Hill.

Schönstedt, Walter (1940): The Cradle Builder, New York.

Schrag, Otto (1943): The Locusts, New York.

Spiel, Hilde (1965): Lisas Zimmer, München.

Stern, Guy (1975): Das Amerikabild der Exilliteratur. Zu einem unveröffentlichten Filmexposé von Alfred Neumann, in: Bauschinger, Sigrid / Denkler, Horst / Malsch, Winfried (Hrsg.): Amerika in der deutschen Literatur, Stuttgart, S. 323-328.

Weichmann, Herbert (1949): Alltag in USA, Hamburg.

Winkler, Michael (1989): Die Großstadt New York als Thema der deutschsprachigen Exilliteratur, in: Spalek, John M. / Strelka, Joseph (Hrsg.): Deutschsprachige Exilliteratur seit 1933, Bd. 2, New York, S. 1367-1383.

Literatur

Europa, die Deutschen und ihre Klassiker

Zum Verhältnis von nationaler und europäischer Identität in der deutschen Literaturgeschichtsschreibung

Leonhard Herrmann

Das Entstehen der deutschen Literaturgeschichtsschreibung wird vor allem im Zusammenhang mit der Suche der Deutschen nach einer nationalen Identität erklärt: Der „deutschen Bewegung" im 19. Jahrhundert habe ein gemeinsamer kultureller Kern gefehlt, auf den sich das zu gründende bzw. eben gegründete Reich stützen und berufen konnte, wollte sich dieses nicht nur als politische Einheit, sondern als gewachsene Kulturnation begreifen (vgl. Fohrmann 1989, 1). Die im Entstehen begriffene Literaturgeschichtsschreibung habe dieses Defizit implizit oder explizit zu beseitigen versucht – durch die „große, übergreifende literarhistorische Synthese" (Fohrmann 1994a, 6) und die Stilisierung einer ‚deutschen Klassik' um 1800 (vgl. dazu u. a. Beil 1998; Voßkamp 1987; Fohrmann/Voßkamp 1991; Wiedemann 1993[1]), die als ‚nationaler Aufbruch' und Emanzipation der deutschen Literatur vom dominanten, französischen Klassizismus verstanden wurde. Die

[1] Für Wiedemann ist jedoch schon die ‚Klassik' selbst und nicht erst deren Rezeption Ausdruck der Suche nach nationaler Identität. Die Auffassung vom „nationalistischen Sündenfall der bürgerlich-liberalen Literaturgeschichtsschreibung" (Wiedemann 1993, 542) wird dabei eingeschränkt durch die These, „daß es zum demonstrativen Kosmopolitismus des klassischen Programms durchaus einen patriotischen, gelegentlich sogar radikalpatriotischen Subtext gibt, der zwar das Programm selbst nicht oder nicht wesentlich beeinflußt, aber als Gedanke einer besonderen deutschen Qualifikation [...] beharrlich begleitet" (ebd., 543). Unter dem Stichwort „Klassik-Legende" (Grimm/Hermand 1971) wurde schon in den kanonkritischen 1970er Jahren der Zusammenhang von Kanon- und Identitätskonstruktion betont; doch wurde unter dem Vorzeichen der Ideologiekritik nicht sorgsam genug zwischen verschiedenen Deutungsperspektiven unterschiedlicher historiographischer Positionen unterschieden, vgl. Anm. 3.

Nation wurde zum „Subjekt der Literaturgeschichte“ (Fohrmann 1994b, 585). Literaturgeschichten des 19. und des frühen 20. Jahrhunderts verweisen explizit auf den Kontext einer zu erstrebenden bzw. bereits erzielten Reichseinigung; viele ihrer Autoren – die meisten unter ihnen keine Universitätsprofessoren, sondern zum Beispiel Gymnasiallehrer oder Publizisten – waren neben ihrer literarhistorischen Tätigkeit auch anderweitig in die ‚deutsche Frage‘ involviert.

Angesichts der augenscheinlichen Dominanz der nationalen Frage ist nach einer ‚europäischen Identität‘ in der Literaturgeschichtsschreibung bislang kaum gefragt worden. Doch zeigt das umfangreiche Korpus literaturgeschichtlicher Darstellungen[2] – deren genuin literaturwissenschaftlicher Reflexionsgrad oft in umgekehrt proportionalem Verhältnis zu ihrem Engagement in der ‚nationalen Frage‘ steht – deutliche Spuren eines Europa-Konzepts: Europa erscheint als kulturelle und/oder historische Grundlage und gemeinsames Fundament der einzelnen, nationalen Identitäten. Diese ‚europäische Identität‘ dient bei der Identifizierung des national Eigenen vor allem als Differenzgröße, ist jedoch auch selbst – in je unterschiedlicher Akzentuierung – Ergebnis von Differenzierung: Denn zunächst wird Gemeinsam-Europäisches vom Fremden, Nicht-Europäischen unterschieden, bevor innerhalb dieser europäischen Gemeinsamkeiten wiederum typisch Eigenes identifiziert wird. Wird nun Literatur zum Medium der Suche nach nationaler Identität,[3] bekommt das Verhältnis von Eigenem und Gemeinsamem

[2] Einschlägige Bibliographien zählen über 300 Werke seit 1835, vgl. Fritsch-Rößler (1994) und Schumann (1994).

[3] Diese These wird im Folgenden im Einklang mit der gängigen Forschungsliteratur angenommen. Gleichwohl darf – die Ergebnisse werden das im Folgenden zeigen – das Engagement von Literaturhistorikern für die nationalen Frage keinesfalls pauschal beurteilt werden. Zwar existiert eine Literaturgeschichtsschreibung, die das nationale Paradigma explizit zu einem literaturgeschichtlichen Deutungsmuster macht; doch meist sind der nationalen Perspektive andere Deutungsschemata über- oder nebengeordnet. Das nationale Paradigma ist dabei – je nach Standpunkt der einzelnen Literaturhistoriker – keineswegs die einzige Perspektive auf den Gegenstand ‚Klassik‘.

eine besondere Relevanz: Ist die ‚deutsche Nationalliteratur', sind die ‚deutschen Klassiker' die nationale Variante einer paneuropäischen Entwicklung oder aber Ausdruck einer spezifisch deutschen, nationalen Geschichte, gar Ausweis einer spezifisch deutschen, kulturellen Überlegenheit? Sind Goethe und Schiller also Produkt einer universalen, einer europäischen oder einer nationalen Kultur?

Als Gemeinsames gelten den Literaturhistorikern des 19. Jahrhunderts vor allem die Antike und das Christentum. Dies rückt die Antike-Rezeption der ‚deutschen Klassiker' ins Zentrum des Problems – und zeigt zugleich, dass sich die ‚Klassiker' selbst dem nationalen Paradigma letztlich sperren: Denn wie lassen sich Autoren zum (ausschließlich) nationalen Eigentum und als Ausdruck eines Nationalcharakters stilisieren, die ihre ‚klassischen', ästhetischen und literarischen Positionen in der Rezeption eines anerkannt transnationalen, europäischen Phänomens ‚Antike' gewinnen?[4]

Ziel der folgenden Untersuchung ist es, historiographische Mechanismen aufzuzeigen, die die Literaturgeschichtsschreibung des 19. Jahrhunderts bei der Konstruktion des kulturell ‚Eigenen' in Abgrenzung zum ‚Gemeinsamen' zum Einsatz bringt. In einer konstruktivistischen Perspektive wird dabei nicht gefragt, inwieweit nationale und europäische Identitäten tatsächlich bestehen, sondern danach, wie und mit welchen historiographischen Mitteln diese im Rahmen von Literaturgeschichtsschreibung konstruiert werden. Hinter dem Verhältnis von Eigenem, Gemeinsamem und Fremdem in der Literaturgeschichte offenbart sich vor allem die Frage nach dem Ver-

[4] Auch die ‚Kosmopolitismus'-Debatte schließt sich hier an, angesichts derer sich die Frage stellt, wie sich ‚Klassiker' national funktionalisieren lassen, die sich selbst dem nationalen Paradigma explizit entziehen. Wiedemann (1993) relativiert die Bedeutung des Kosmopolitismus der Klassiker: Möge „die Botschaft der deutschen Klassiker durchaus kosmopolitisch sein, als Botschafter sehen sie sich durchaus ‚nationell', als Sprecher einer zu sich und zur geistigen Reife gekommenen, ja zu einer einem finalen bildungsgeschichtlichen Auftrag bestimmten Nation" (Wiedemann 1993, 547).

hältnis der eigenen Nation zu ihren Nachbarn: Wird die eigene Nation scharf, bisweilen aggressiv von den Nachbarn abgrenzt, dann werden die Klassiker als genuin deutsches, nationales Phänomen gewertet und Bezüge auf europäische Phänomene ausgeblendet zugunsten einer einseitigen Betonung ‚deutscher' Traditionslinien. Tritt dagegen das nationale Projekt in den Hintergrund zugunsten eines auf Ausgleich bedachten Ansatzes oder gar einer explizit europäischen Dimension, werden die Klassiker in ihren über die eigene Nation hinausreichenden Bezügen rezipiert.

1. Friedrich Schlegel: Die Moderne als europäisches Phänomen

Der Anfang der ‚modernen' Literaturgeschichtsschreibung wird gemeinhin bei Friedrich Schlegel gesucht, der nicht mehr isolierte bio- und bibliographische Mitteilungen macht, sondern Strukturen und Traditionslinien zwischen Werken und Autoren aufzeigt (vgl. Weimar 2003, 258f., 279; Fohrmann 1989, 93). Gerade darin entsteht bei Schlegel eine Perspektive, in der nationale Eigenarten von Literatur zwar gesehen und anerkannt, diese jedoch primär im Kontext einer europäischen Kultur betrachtet werden, für die die Antike die gemeinsame Referenzgröße ist.

Das Studium der griechischen Poesie führe nicht nur an diese gemeinsame Quelle heran, sondern helfe auch, die eigene, nationale Literatur zu innovieren (vgl. Schlegel 1988): Das Studium der Geschichte der griechischen Poesie ist für Schlegel „eine *wesentliche Bedingung der Vervollkommnung des Deutschen Geschmacks und Kunst*, welche in unserm Anteil an der Europäischen Bildung nicht die unbedeutendste Stelle einnimmt" (Schlegel 1988, 62; Hervorhebungen im Original).

Eine Vervollkommnung der modernen, nationalen Poesie führe, indem sie an diesem gemeinsamen Ursprung orientiert sei, zu europäischen Gemeinsamkeiten, nicht zu nationalen Unterschieden. Erscheine die Moderne in den einzelnen europäischen Literaturen als Chaos und Anarchie (ebd., 71), ergebe sich erst in der Suche nach gemeinsamen Ursprüngen ein „Leitfaden" (ebd.). Seit der Renaissance sei die Europäische Kultur von einer „Wechselnachahmung“ (ebd., 72) geprägt, im Rahmen derer einmal die eine, einmal die andere Kultur dominiert habe. In der Moderne trete an diese Stelle „ein allgemeiner Europäischer Charakter, und die Geschichte jeder nationellen Poesie der Modernen enthält nichts anders, als den allmählichen Übergang von ihrem ursprünglichen Charakter zu dem späteren Charakter künstlicher Bildung“ (ebd.).

Die poetische Moderne, die Schlegel in Abgrenzung zur ‚natürlichen‘ Dichtung der Antike als reflexiv und deshalb ‚künstlich‘ bezeichnet, ist damit ein europäisches Phänomen. Die Herausbildung eines Ganzen, die „allgemeine Vermischung der Nationalcharaktere“, die sich „zu einem höhern Zweck verändern, verwischen und selbst vertilgen“ könnten (ebd., 78), ist Signum der gesamten Entwicklung von antiker zu moderner Dichtung: War die antike Dichtung natürlich und national (ebd., 109), so wird die moderne in ihrer Vollendung reflexiv und europäisch sein – ein utopisches Konzept, das eine gemeinsame Existenz des Eigenen aus der Tradition gemeinsamer Wurzeln annimmt, wobei Schlegel den Leser über die Gegenwärtigkeit oder Zukünftigkeit seiner Annahme im Unklaren lässt.

Auch Literaturgeschichten, in denen noch das vor-schlegelsche Muster einer tabellarischen Auflistung aktiv ist, verfolgen nur selten eine explizit nationale Motivation; auch die Beschränkung des Gegenstandes auf die eigene Nationalsprache ist noch kein Regelfall. Prominentestes Beispiel dafür ist Ludwig Wachlers „Handbuch der allgemeinen Geschichte der literärischen Cultur“ (1805). Dabei werden zwar spezifische Eigenschaften der deutschen Literatur identifiziert;[5] auch die Rahmenbedingungen – eine stabile Verfassung und ein starker Pluralismus – seien in Deutschland im Vergleich zu Frankreich günstiger. Doch die durch spezifisch nationale Eigenschaften gekenn-

[5] Die deutschen Autoren zeichneten sich aus „durch beharrliche literärische Betriebsamkeit, womit sie fremde Schätze annehmen und verarbeiten, durch erfinderischen Scharfsinn, durch ernste Besonnenheit und durch männliche Gestaltung des höheren Ziels, welches vermittelst aller wissenschaftlichen Bemühungen erreicht werden soll“ (Wachler 1805, 673).

zeichnete deutsche Literatur ist bei Wachler organischer, harmonischer Teil einer europäischen Kulturgeschichte. Durch die ‚Klassik' erst rücke die deutsche Literatur in jene auf.[6] Das Verhältnis von Eigenem und Gemeinsamem bleibt damit ein prinzipiell harmonisches.

Deutlicher dagegen wird das Gemeinsam-Europäische vom Fremden abgegrenzt: Die Renaissance als allgemeines Aufwachen aus der „thierisch-dumpfe[n] Gleichgültigkeit" der vorherigen Jahrhunderte" (Wachler 1824, 5) habe zu einer „sittliche[n] Sehnsucht nach Wahrheit und Schönheit" im „Europäischen Geistesleben" (ebd., 3) geführt, die die „Ueberlegenheit Europa's" (ebd., 16) begründe und dauerhaft absichere. Christentum, Renaissance, Humanismus und Aufklärung verschmelzen bei Wachler zu einer paneuropäischen Bewegung, aus der die deutsche wie jede andere Nationalliteratur hervorgehe. Höhepunkt der deutschen Nationalliteratur ist dabei Goethe; er ist durchaus von nationaler Eigenart und gehört der „Gesamtheit" des deutschen Volkes an, bleibt jedoch organischer Teil einer europäischen Kulturgeschichte.

Doch bereits in der Literaturgeschichtsschreibung des frühen 19. Jahrhunderts ist die ‚deutsche Klassik' Medium der Abgrenzung nach außen, wobei Eigenes unter Abgrenzung vom Fremden identifiziert wird und gemeinsame Wurzeln keine Rolle mehr spielen. Dies zeigt sich insbesondere im Umfeld der Befreiungskriege und der nationalen Hoffnungen im Vorfeld der Restauration. Franz Horn erklärt 1812 die ‚deutsche Klassik' als nationales Erwachen nach einer Zeit stilistischer Hegemonie des französischen Klassizismus und als Ausdruck typisch deutscher Eigenschaften. Gilt Horn das 17. Jahrhundert als Zeit, in der die Deutschen – von äußeren Feinden bedrängt – ästhetisch schlecht ausgewählten, äußeren Vorbildern folgten, so zeige sich in der Literatur des ausgehenden 18. Jahrhunderts, dass das „deut-

[6] Vgl. Wachler (1805, 673f.): „Die schöne Literatur der Teutschen ist seit der Mitte des 18. Jahrhunderts ungemein reichhaltig und braucht eine Vergleichung mit der der gebildetesten europäischen Nation nicht zu scheuen."

sche Volk sich selbst treu" bleibe – mit Werten wie Gründlichkeit, dem „einfältigen Großen", „dem ungefärbten Wahren" und einer „stillen prunklosen Liebe" (Horn 1812, 18). Ganz ähnlich deutet Friedrich Bouterwek die Klassik, die sich von der „Gallomanie" und der „Anglomanie" (Bouterwek 1819, 361f.) der vorherigen Jahrhunderte befreie. Auch Wolfgang Menzel beschreibt die ‚deutsche Klassik' als Manifestation spezifisch deutscher Merkmale: Der „deutsche Nationalcharakter", wie er sich in der Dichtung manifestiere, sei „schwärmerisch, gutmüthig, phantastisch, abergläubisch, warm und gewitterhaft", womit der Deutsche „einen feinen Sinn für die Natur und das Idylische, Familienmäßige, Heimathliche" beweise (Menzel 1828, 55). Dennoch gebe es einen Bestand an Gemeinsamkeiten, indem sich die europäische Literatur durch die Renaissance von der mittelalterlichen, antiken und orientalischen losgelöst habe und unterscheidbar geworden sei.

2. Hegelianische Literaturgeschichtsschreibung: Literatur als ‚Phänomen des Geistes'

Die zentrale methodische Innovation der Literaturgeschichtsschreibung der ersten Jahrhunderthälfte ist die Nutzung der Hegelianischen Geschichtsphilosophie als Erklärungsmuster für eine ‚deutsche Klassik'. Literaturhistoriker wie Karl Rosenkranz, Theodor Mundt oder Arnold Ruge verweisen explizit auf Hegel als methodische Grundlage oder Vorbild und begreifen Literatur als Manifestation des Welt- oder Volksgeistes, dessen dialektisches Fortschreiten hin zu Freiheit, Sittlichkeit und/oder Staatlichkeit sich in einer historischen Perspektive auf literarische Texte beobachten lasse.[7] Dabei ist

[7] Exemplarisch für den Hegelianischen Ansatz der Literaturgeschichtsschreibung steht Theodor Mundt: „Thomas Campanella nannte die Welt ‚die Handschrift Gottes'. In diesem Sinne könnte man die Literatur die wahre Handschrift des Geistes nennen. Diese handschriftliche Überlieferung des Geistes, welche die Literatur ist, erscheint darum als die ächteste und vollständigste Tradition, weil der Weltgeist eben so treu wie der individuelle Volksgeist sich in ihr abbildet und sie mithin den schaffenden subjektiven Geist in seiner wahren Identität mit dem objektiven Gedanken, das Individuelle Wollen in seiner organischen Einheit mit dem allgemeinen Sollen, in sich enthält" (Mundt 1848, 1). Bei Mundt besteht die anzustrebende Syn-

die ‚Klassik' als Synthese unterschiedlicher historischer oder literarischer Traditionslinien definitiver oder vorläufiger Höhepunkt der literaturgeschichtlichen Entwicklung. Hegelianische Deutungsmodelle werden sowohl zur Integration der Klassik in einen europäischen Kontext als auch zur Identifikation nationaler Eigenheiten genutzt.

Karl Rosenkranz nutzt das Synthese-Modell im Rahmen einer europäischen Perspektive: Zwar habe die deutsche Literatur innerhalb der europäischen Literaturen einen spezifisch nationalen Charakter: die „Gemütlichkeit" (Rosenkranz 1833, 274); ihr Inhalt habe „substantielle Gediegenheit" und die Form „eine alles beseelende Wärme". Damit stehe die deutsche Literatur zwischen der skandinavischen, die verworren und schwerfällig sei, und der niederländischen, die „tändelnd, glatt und bedeutungslos" sei – zwei „Extreme", die sich in der „Totalität der deutschen Bildung" (ebd., 275) aufheben.

Die „welthistorische Tath" der modernen deutschen Dichtung – er nennt mit Klopstock, Wieland, Lessing, Goethe, Herder und Schiller bereits jenen Kanon an Klassikern, der sich im Nachhinein als am stabilsten erweisen sollte – sei es dabei, „die Poesie [...] der Idee zuzuführen" und damit „den Kreis der nationalen Beschränkung durchbrochen" zu haben (ebd., 433). Aber auch die Universalisierung selbst ist kein nationaler Alleingang, sondern steht in Zusammenhang mit europäischen Entwicklungen, etwa mit Victor Hugo in Frankreich oder Scott und Byron in England. Das Typische der ‚deutschen Klassiker' ist somit gerade die Überwindung des Nationalen und die Entdeckung einer universalen Bildungsidee.

these in der Vereinigung des Strebens nach ‚politischer Freiheit', wie sie die Revolution vertrat, und dem Streben nach ‚religiöser Freiheit', wie sie die Reformation verlangte. Ort dieser Synthese seien Wissenschaft und Kunst (ebd., 2); vgl. Rosenkranz (1832, 3): „Die Geschichte der Poesie ist in ihrem Gange von dem der Weltgeschichte nicht unterschieden und es ist derselbe Geist, der in jener, wie in dieser, sich offenbart. Die Ordnung der Geschichte der Poesie muss daher im Ganzen denselben Verlauf haben, wie die welthistorische Entwicklung des Geistes überhaupt". Zum Hegelianismus bei Rosenkranz vgl. Weimar (2003, 305f.).

Theodor Mundt dagegen deutet die Synthesekraft der ‚deutschen Klassiker' – vor allem in Abgrenzung gegenüber Frankreich – in einem rein nationalen Kontext. Die Bedingungen für die anzustrebende Synthese aus Reformation und Revolution (vgl. Anm. 7) seien in Deutschland besonders günstig für die „freie Ineinsgestaltung des thatsächlichen historischen Lebens mit dem inneren Recht des Gedankens" (Mundt 1848, 11).[8] Für diese Synthese sei die Literatur die „geistige Mitgift des deutschen Volkes", das „historische[ ] Heiratsgut, das wir von dem Schöpfer der Nationen erhalten haben" und das den Deutschen nun helfen solle, „geschichtlich unter die Haube zu kommen" (ebd., 12). Zugleich wird die Antike in Zusammenhang mit rein nationalen Erklärungsmustern gestellt: Vorbereitet durch Winckelmann seien durch Goethe ausschließlich die Deutschen in den Besitz des wahren Erbes der klassischen Antike gelangt – ein Deutungsmodell, mit dem sich die These genuin nationaler Klassiker mit deren Antike-Rezeption in Einklang bringen lässt und das sich bis weit in das 20. Jahrhundert hinein als stabil erweisen sollte (vgl. Gervinus 1844, 466; vgl. Anm. 19).

Georg Gottfried Gervinus, einflussreichster Literaturhistoriker seiner Zeit und als einer der „Göttinger Sieben" liberaler Verfechter einer Reichseinigung, übernimmt die Synthese-Theorie der Hegelianischen Literaturgeschichtsschreiber, verzichtet aber auf einen universalhistorischen Deutungszusammenhang. Die ‚deutsche Klassik' ist für ihn die auf immer verflossene „Blüthezeit" der deutschen Nationalliteratur und stellt ein genuin nationales Phänomen dar. Sie stehe dabei zwar durchaus im Kontext mit den ‚Blütezeiten' anderer Literaturen, die eine Reihe innerhalb der europäischen Kulturgeschichte darstellen[9], doch ragt sie über die anderen europäischen

[8] Ganz ähnlich deutet auch Arnold Ruge die deutsche Klassik primär in einem nationalen Kontext und betont, mit Goethe und Schiller habe sich die deutsche über die übrigen Literaturen erhoben, vgl. Arnold Ruge (1847, 1).
[9] So folge nach Gervinus auf die Blütezeit der italienischen Literatur zur Zeit der Renaissance die spanische, die englische und die französische Blütezeit, die dann von der deutschen gekrönt werde (Gervinus 1843, 4).

‚Klassiken' hinaus, indem ihr als einziger der vollkommene Ausgleich von „Natur" und „Kultur" gelungen sei. Ferner unterscheidet sie von den anderen ihr Charakter der „Schrankenlosigkeit" und „Ungebundenheit"; ihr bliebe – und hier bezieht Gervinus explizit ein nationales Deutungsmodell mit ein – nur „der Ton von Freiheit und Rücksichtslosigkeit, der im vorigen Jahrhundert von tausend Kämpfen genährt ward, als ein Rest, ja als Fortdauer jenes revolutionären Umschwungs", weil Deutschland „keine Geschichte, keinen Staat, keine Politik" aufweisen könne. So ist die ‚deutsche Klassik' für Gervinus ideelles Surrogat für die historischen „Weltbegebenheiten in Amerika und Frankreich" (Gervinus 1843, 6f.). Indem sich in Deutschland diese Phänomene nur in der Literatur artikuliert hätten, besäßen die Deutschen zwar weder Nationalstaat noch Republik, wohl aber eine einzigartige Literatur; diese wiederum ist für Gervinus die Grundlage für eine nationale Bewegung. Leidenschaftlich wendet er sich gegen das „kolossale Nivellationssystem" des Kosmopolitismus (ebd., 375) und bekennt sich zum Patriotismus: „Welcher Stolz könnte edler sein als der Nationalstolz! der Stolz nicht auf die eigenen Kräfte und Tugenden, sondern auf die der Stammverwandten!" (ebd., 378).

3. Nationale Literaturgeschichten: Dominanz der Abgrenzung

Eine Reihe populärer Literaturgeschichten – vor allem im Vor- und Umfeld der Revolution von 1848 – verzichten auf übergeordnete geschichtsphilosophische oder historiographietheoretische Deutungsmuster und machen *a priori* das ‚Erwachen' des ‚deutschen Geistes' zur Zeit Friedrichs II. zum kulturgeschichtlichen Deutungsmodell des 18. Jahrhunderts. Dabei wird eine literarische ‚deutsche Klassik' scharf abgegrenzt von einem europäischen Kontext, der jetzt nicht mehr im Hinblick auf ‚Gemeinsames' betrachtet wird, sondern ein bedrohliches ‚Fremdes' repräsentiert, gegenüber dem sich im Laufe des 18. Jahrhunderts eine genuin ‚deutsche' Literatur abgegrenzt habe.

August Koberstein, Verfasser der im 19. Jahrhundert wohl wirkungsmächtigsten Literaturgeschichte für den Schulgebrauch, macht die „Großtaten der deutschen Nation“ (Koberstein 1856, 840), die Politik Friedrichs II., das „in weiten Kreisen geweckte Geistesleben der Nation überhaupt“ und die „Rückkehr der Poesie zur Natur“ zum Signum einer literarischen Epoche (ebd., 839), mit der sich die Nation auflehne gegen äußere Feinde, die nach dem 30-jährigen Krieg in Deutschland dominierten.[10] Dabei sei die Literatur dasjenige Medium, „wodurch das deutsche Leben überhaupt erst wieder aus Versunkenheit und Verdumpfung geweckt“ (ebd., 841) werde; die Literatur habe die „Zerrissenheit einer Einigung zugeführt“ und „zuerst die Sehnsucht nach einem nationalen Leben, nach nationaler Würde und politischer Geltung in Deutschland angeregt und genährt“. Dadurch habe die Literatur „noch eine ganz andere Bedeutung für uns und, wenn nicht alles trügt, noch mehr für die nächste Zukunft des deutschen Volks“ (ebd.). Explizit ist hier die ‚deutsche Klassik‘ Quelle nationaler Identität und dient als Zielführung für die anzustrebende staatliche Vereinigung Deutschlands.

Ganz ähnlich grenzt auch der hessische Landtagsabgeordnete, Schul- und Kirchenpolitiker August Vilmar eine ‚deutsche Klassik‘ von fremden Mustern ab und leugnet dabei jedwede Form gemeinsamer kultureller Grundlage. Die gesamte „neue Zeit“ der deutschen Literatur seit Martin Opitz sei gekennzeichnet durch eine Vermischung der deutschen Literatur mit fremden Elementen. Der ursprünglich-nationale Charakter der Dichtung sei dabei verloren gegangen, Folge sei eine Krise der nationalen Identität (Vilmar 1848, 1). Doch sei der „deutsche Geist“ stark genug gewesen, sich mit dem fremden zu arrangieren und „nach langem und mühseligem Kampfe wieder

[10] Vgl. Koberstein (1856, 846): „Es war schlechterdings nicht möglich, daß die Deutschen jemals wieder zu dem Vollbesitz politischer Selbständigkeit und geistiger Freiheit, noch zu irgend einem nationalen Selbstgefühl gelangen konnten, ohne daß die äußern und innern Bande gesprengt wurden, womit die fremden Gewalthaber in allen Richtungen und Kreuzungen das deutsche Leben eingeschnürt hatten.“ Diese „fremden Gewalthaber“ seien die Jesuiten, die Franzosen und die Schweden.

ein neues Eigentum zu erobern auf fremden Gebiete, stark genug, aus dem Sclaven des fremden Herrn, in dessen Botmäßigkeit er in der Zeit des Taumels und der Trunkenheit geraten war, sich emporzuschwingen zum Hausgenossen des fremdem [sic!] Gebieters und zum gleichberechtigten Mitbesitzer seiner Habe und Güter" (ebd., 2). Die ‚deutsche Klassik' sei schließlich der „Sieg über das Fremde" und ein „Bündnis mit demselben", wodurch das ‚Fremde' zum nationalen Eigentum werde (ebd.).

Johannes Scherr, als Führer der Demokraten im Württembergischen Parlament selbst aktiver Teilnehmer an der Revolution von 1848 und wegen großdeutscher Umtriebe zu 15 Jahren Zuchthaus bestraft, deutet das Entstehen der ‚deutschen Klassik' explizit als Surrogat einer staatlichen Einigung, sowohl in ihrer Produktion als auch in ihrer Rezeption: „In den ideellen Bestrebungen flossen die Gefühle und Hoffnungen der staatlich getrennten Deutschen zusammen, die neuerwachende Dichtung wurde Gemeingut der Nation und fand eine Theilnahme, von deren Ausdehnung, Lebhaftigkeit und Innigkeit wir skeptischen Epigonen uns kaum mehr eine Vorstellung machen können" (Scherr 1851, 425). Für Scherr sind die Deutschen mit ihren Klassikern gar „Besitzer der Weltliteratur" (Scherr 1848, VI).

Das Modell einer ‚deutschen Klassik', die sich von der Überfremdung und äußeren Bevormundung früherer Epochen befreit habe, dominiert seit der Jahrhundertmitte die Perspektive populärer Literaturgeschichten.[11] Der Bezug auf einen gemeinsamen Hintergrund europäischer Literaturen ist nahezu vollständig eliminiert, die Klassiker sind genuin nationale Phänomene und

[11] So deutet auch Hillebrand das 16. und 17. Jahrhundert als Zeitraum, in dem die deutsche Literatur im Vergleich zu den „gebildetsten Nationen Europas" weit zurücklag, doch nicht allein aufgrund von Beschränkungen von außen, sondern wesentlich durch Rationalismus („Geistesbarbarei") und Absolutismus („politische Tyrannei und Unselbständigkeit"; Hillebrand 1850, 1f.). Von einer beginnenden „Weltherrschaft" und einem „Tag des Sieges nach tausendjährigem Kampfe" spricht Brederlow (1844, 1).

Ausdruck typisch deutscher Charakteristika im Sinne „nationaler Entelechie“ (Fohrmann 1989, 129).

Hermann Hettner bestimmt die ‚Klassik‘ dabei zunächst anthropologisch – und damit zunächst nach innerliterarischen Maßstäben: Indem Goethe und Schiller den Menschen als geistig-körperliche Ganzheit erfasst haben, sei die einseitig rationalistische Anthropologie der Aufklärung abgelöst und zum „vollen und ganzen, reinen und freien Menschenthum[s], zum Ideal vollendeter und in sich harmonischer Humanität vertieft und verklärt“ worden (Hettner 1869, 1). Mit diesem Vorgang habe sich die deutsche Literatur nicht nur von den Vorbildern anderer Literaturen emanzipiert, sondern sich deutlich über diese erhoben.[12] Dieses anthropologische Modell der ‚Klassik‘ betrachtet Hettner im Zusammenhang mit einem staatspolitischen Modell der eigenen Gegenwart: Das Streben nach einer staatlichen Vereinigung der Nation setze die Suche Goethes und Schillers nach der Einheit von Körper und Geist fort. Im Bestreben um eine Reichseinigung sieht Hettner eine Vollendung der „Thaten der Väter, dem Geist einen Körper, der Freiheit und Schönheit höchster Bildung den naturnothwendigen Grund und Abschluß eines mächtigen und freien Volkslebens, einer schönen und lebenswerthen Wirklichkeit, zu geben und zu sichern“ (ebd., 21).[13] Anthropologische Konzepte der Klassiker werden so mit eigenen, staatspolitischen Bestrebungen geistesgeschichtlich verbunden. Im Gestus der Überlegenheit der eigenen Literatur über die fremden Literaturen wird der europäische Kontext zwar nicht geleugnet, aber ausgegrenzt, indem er von vornherein als unterlegen markiert wird.

[12] Vgl. Hettner (1869, 1): „Kein anderes Volk hat diese entscheidende Entwicklung so tief und gründlich und so eigenthümlich durchlebt, kein anderes Volk hat sie zu so stetem und klarem Abschluß gebracht.“

[13] Nach 1871 wird die erzielte Reichseinigung in die Tradition anthropologischer Modelle Goethes und Schillers gestellt: „Die gewaltigen Ereignisse der letzten Jahre haben die Thaten der Väter vollendet. Aus Privatmenschen haben wir den entsprechenden Körper, der Freiheit und Schönheit höchster Bildung haben wir den naturnotwendigen Grund und Abschluß eines mächtigen und freien Volkslebens, einer schönen und lebenswerthen Wirklichkeit gegeben“ (Hettner 1894, 21).

4. Relativierung des Nationalen: Einflüsse des Historismus

Einflüsse historistischer Konzeptionen auf die Literaturgeschichtsschreibung verändern die Art und Weise, wie ‚Klassiker' und Nation zueinander in Beziehung gesetzt werden, indem literarische Texte primär als Ausdruck von und/oder im Zusammenhang mit sozialen oder politischen Entwicklungen betrachtet werden. Dies läuft dem bisherigen Verständnis der ‚deutschen Klassik' entgegen: Eine angenommene Sternstunde deutscher Literatur am Ende des 18. Jahrhunderts müsste in Einklang gebracht werden mit gleichzeitigen politischen und sozialen Entwicklungen – ‚Kleinstaaterei', napoleonische Besetzung und Rheinbund –, die dem nationalen Paradigma in keinerlei Weise entsprechen.

Streng historistisch argumentierende Literaturgeschichten relativieren das nationale Paradigma; sie nehmen ein organisches Verhältnis der einzelnen Epochen an, gehen weit weniger explizit normativ vor und verzichten auf ein nationales Deutungsmodell *avant la lettre*. Bleibt dagegen die nationale Perspektive erhalten, verweisen die Autoren zwar *à la mode* auf historistische Positionen, weichen diese aber an entscheidender Stelle auf durch die Integration geistesgeschichtlicher Elemente.

Wilhelm Lindemann löst das Problem durch die Annahme einer noch ausstehenden, qualitativ über der des 18. Jahrhundert stehenden ‚Klassik': Erst nach der Reichseinigung seien die optimalen politischen und sozialen Rahmenbedingungen geschaffen, um im Verbund mit dem Christentum einen neuen „Geistesfrühling" (Lindemann 1879, 3f.) entstehen zu lassen. Dieser könne über den des 18. Jahrhunderts noch hinausragen, indem er sich volksnah gebe und den Charakter der „Gelehrsamkeit" der Klassik aufgebe (ebd., 472). Literatur als solche ist für Lindemann zwar grundsätzlich kein national isoliertes Phänomen: Er erwähnt sowohl „störende" als auch „fördernde" Einflüsse der deutschen Literatur von außen (ebd., 2) und erkennt „gut gemeinte[ ] Versuche, durch Nachahmung ausländischer Dichtungsprodukte eine deutsche Literatur zu erzeugen" (ebd., 468); für eine genuin ‚deutsche Klassik' seien diese jedoch nur eine „Vorschule" (ebd.).

Einen geistesgeschichtlichen Ausweg wählt Otto von Leixner: Literatur gehe aus dem „Volkscharakter und der Volksgeschichte" (Leixner 1893, Bd. 1, Vorwort) hervor, sei damit national und frei von allen äußeren Einflüssen.[14] Ähnlich argumentiert auch Scherer, der innerhalb der deutschen Literaturgeschichte drei Blütezeiten identifiziert – um 600, um 1200 und um 1800. Jeder dieser literarischen Höhepunkte sei eine Zeit des politischen Aufschwungs und/oder der territorialen Expansion gefolgt; so stehen politischer und literarischer Aufschwung zwar in einem ursächlichen Zusammenhang, fallen jedoch zeitlich auseinander. Die ‚deutsche Klassik' um 1800 sei dabei eine Epoche, in der sich die Dichter Goethe und Schiller „an vergangene Tage politischer Größe" erinnerten (Scherer 1884, 719); zugleich ist die ‚deutsche Klassik' Vorläufer der eben erzielten Reichseinigung: „Das Nationalbewußtsein erstarkte; und was eben noch ein phantastischer Wunsch zu sein schien, ward beglückende Wahrheit" (ebd.). Deutsche Literatur ist dabei Teil und Ausdruck einer historischen Veranlagung der Deutschen, die zu erkennen Ziel jeder Art von Geschichtsschreibung sei: „Nur aus der ganzen Folge der Epochen unserer Geschichte erkennen wir die Anlagen, die in uns ruhen; und nur in der gleichmäßigen Ausbildung aller würde die Vollendung unseres Wesens bestehen" (ebd., 720).

Adolf Stern nimmt das nationale Paradigma deutlich zurück und löst sich bereits in ihrem Gegenstand vom nationalen Kontext. Unter expliziter Berufung auf Jacob Burckhardts „Cultur der Renaissance in Italien" beschreibt Stern Literaturgeschichte als das Ergebnis wechselseitiger Beeinflussung individueller Handlungen und struktureller Determinanten. Ein literarisches Werk sei das Ergebnis der Wirkungen „einer unermeßlichen Fülle von Lebenserscheinungen auf eine kaum minder große Fülle von Literaturerscheinungen" und eine „Wechselwirkung der einzelnen Literaturen auf einander" (Stern 1882, 14). Damit lässt Stern erkennen, dass eine eindeutige Fixierung

[14] Ähnlich verfahren auch Stern (1882) oder Scherer (1884), die beide jeden nicht-nationalen Einfluss auf die ‚deutsche Klassik' leugnen.

und Identifizierung nationaler Einflüsse auf eine ‚nationale' Literatur kaum möglich ist.

Ganz ähnlich verwahrt sich Julian Schmidt explizt einer nationalistischen Vereinnahmung der Literaturgeschichte und will zeigen „daß die moderne Deutsche Culturbewegung ein integrirender Theil der allgemeinen Europäischen ist; daß die Bewegung der Ideen in unserm goldenen Zeitalter sich unmittelbar der europäischen Bewegung anschließt, die demselben vorausging" (Schmidt 1886, VII). Literatur ist für ihn kein isoliertes, nationales Phänomen, sondern steht notwendig in einem europäischen Kontext.

In den ersten Jahrzehnten des 20. Jahrhunderts setzt sich zunächst die Tradition der explizit nationalistisch argumentierenden Literaturgeschichten fort.[15] Exemplarisch dafür mag die „Geschichte der deutschen Literatur" von Friedrich Traugott Vogt und Max Koch stehen, die in „offenem Eintreten für deutsches Volkstum" Stellung nehmen gegen „zersetzende Strömungen, die immer stärker und verderblicher unser Schrifttum zu überfluten drohen" (Vogt/Koch 1919, VI).[16] In einer Zeit äußerer Bedrängnis – Vogt und Koch deuten die „Dolchstoßlegende" und das „Diktat von Versailles" an – sichert das „stolze geistige Erbe, das wir von unseren Vätern übernommen haben" und das „uns keine Gewalt rauben kann", die nationale Identität, und zwar jene einer „Kulturgemeinschaft unter dem Zeichen des großdeutschen Ideals" (ebd.). Die „Großen" der Literaturgeschichte

[15] Einen prominenten Ausnahmefall stellt dabei Josef Nadler dar, der aus einem bayrisch-österreichischen Nationalismus heraus nicht nur den „Klassikerkanon, diese Geschichtsklitterung aus Eitelkeit, Bequemlichkeit und einem Quentchen Fälschergeschick" (Nadler 1918, 3) relativiert, sondern zugleich die Bedeutung der regionalen Identitäten der einzelnen deutschen ‚Stämme' gegenüber einer nationalen Identität betont. Dies geschieht in dem Interesse, die ‚klassische', preußisch-protestantische Literatur abzuwerten gegenüber der bayrisch-katholischen.

[16] Ähnlich explizit nationalistisch argumentieren auch Carl Weitbrecht (1902), Eduard Engel (1907) oder Adolf Bartels (1901-1902); letzterer wird einer der einflussreichsten Literaturhistoriker des Nationalsozialismus. Bereits in den 1920er Jahren unterstützt Bartels die frühe Hitler-Bewegung.

sollen „in den unheilvollen Zeiten unserer Geschichte“ „treue Mahner sein zu dem, was den Deutschen am bittersten Not tut, zur einheitlichen Zusammenfassung ihrer Volkskraft und zum nationalen Ehrgefühl“ (ebd.).[17]

Dennoch wäre eine einseitig nationale Deutung der Literaturgeschichtsschreibung nach dem Ende des Ersten Weltkriegs verfehlt. Auch in Zeiten äußerer Bedrängung betonen Literaturhistoriker nicht nur die Zugehörigkeit der deutschen zu einer europäischen Kultur und Identität, sondern beschreiben eine ‚Weltliteratur‘, die jenseits aller nationaler Grenzen in einem universalhistorischen Zusammenhang steht. In dieser Perspektive wird die Annahme einer kulturellen Überlegenheit oder Hegemonie der ‚deutschen Klassik‘ gegenüber anderen Literaturen unmöglich.

Der einzelne Dichter ist nur Teil der „Geistesgeschichte seines Volkes, und diese selbst wieder nur ein Akt in dem großen Weltdrama, das wir Literatur nennen“ (Biese 1907, 1), schreibt Alfred Biese einleitend zu seiner „Deutschen Literaturgeschichte“. Statt eines primär nationalen Fokus will er mit genuin literaturanalytischen Mitteln Literaturgeschichte schreiben, dabei „den Entlehnungen und Nachbildungen und Stoffwandlungen, aber auch den uralten und immer wiederkehrenden Motiven der Volks- und Kunstdichtung nachgehen und somit in aller Verschiedenheit und Besonderheit das Ewig-Dauernde aufzeigen“ (ebd.). Dazu gehöre es, auch jenen Fäden nachzuspüren, „welche sich von einem Volke zum anderen hinüberspinnen“ (ebd., 2). Die ‚deutsche Klassik‘ sei dabei – und hier nimmt er einen

[17] Dass dabei die Ereignisse des Ersten Weltkriegs verschärfend auf die Zielsetzung der beiden Autoren gewirkt haben, zeigt ein Vergleich mit der ersten Auflage (Vogt/Koch 1897), die zwar ebenfalls im Zusammenhang mit großdeutschen ‚Idealen‘ zu sehen ist (vgl. Vogt/Koch 1897, VI: „So mögen nun Wort und Bild im Verein dem Leser das mehr als tausendjährige Werden und Wachsen jenes nationales Schatzes vor Augen führen, der wie die Sprache noch heute als das große Gemeingut alle deutschen Stämme über die politischen Grenzen hinaus verbindet“) und die „nationale Entwicklung in den großen Strömungen“ und „in den einzelnen Erscheinungen des litterarischen Lebens mit allen ihren wechselnden Bedingungen“ (ebd., V) darstellen möchte, aber die ‚deutschen Klassiker‘ weit weniger aggressiv nach außen abgrenzt.

Topos der vor-nationalen Literaturgeschichtsschreibung auf – kein Ausdruck eines spezifisch deutschen Nationalcharakters, sondern wurzele in Antike und Christentum. Hinzu komme jedoch ein tiefer liegender, humanistischer „Universalismus". Dieser sei ganz wesentlich durch Herder repräsentiert gewesen, dessen „hoher Geist" „zugleich die Literatur und Kultur der gesamten Menschheit" erfasst und damit auch die „Völker des Orients, der Hebräer, Inder und Chinesen" integriert habe (ebd., 637). Als Schüler Herders habe Goethe diesen Universalismus zur Basis der ‚deutschen Klassik' gemacht.

Richard M. Meyer macht die Beziehungen einer Nationalliteratur zu ihren Nachbarliteraturen gar zur Basis der Begriffsbestimmung ‚Literatur'[18]. Mit der deutschen Klassik habe sich die deutsche Literatur zwar über die unmittelbaren Nachbar-Literaturen erhoben, aber keine Vorreiterrolle übernommen; vielmehr sei die deutsche Literatur in einem universalhistorischen Kontext primus inter pares unter der griechischen und der italienischen Literatur.

Das Verhältnis von ‚deutscher Klassik' und europäischem Kontext, das Meyer hier beschreibt – die geistes- und/oder ideengeschichtliche Integration der ‚deutschen Klassik' in eine Tradition aus (griechischer) Antike und (italienischer) Renaissance – wird für die Literaturgeschichtsschreibung der ersten Jahrzehnte des 20. Jahrhunderts relevant bleiben, jedoch erneut mit einer spezifisch nationalen Bedeutungsfolie unterlegt:[19] Die so konstruierte

[18] Vgl. Meyer (1916, 1): „Wir verstehen darunter [unter Literatur, L.H.] eine Gesamtheit von kunstmäßigen Anwendungen der Sprache, die drei Bedingungen erfüllt: Alle zu ihr gehörigen Werke müssen durch ein gemeinsames Merkmal von allen anderen Anwendungen der Sprache unterschieden sein; das Ganze muß eine gewisse Vollständigkeit besitzen, und das Ganze muß als solches mit den entsprechenden ‚Literaturen' anderer Völker gewisse Ähnlichkeiten aufweisen."

[19] Vor allem bei Walther Rehm findet sich die These einer griechisch-italienisch-deutschen Tradition, die an den schon im gesamten 19. Jahrhundert wirksamen Mythos einer griechisch-deutschen Verwandtschaft anknüpft: Mit seiner These der „griechisch-deutschen Begegnung" (Rehm 1936, 1) erklärt Rehm die Antikerezeption Goethes und Schillers selbst

Traditionslinie wertet die „deutsche Nationalliteratur" gegenüber ihren Nachbarliteraturen – vor allem gegenüber der französischen – deutlich auf, kann jedoch darauf verzichten, die ‚deutsche Klassik' als nationale Eigenschöpfung und Ergebnis rein nationaler Traditionen zu betrachten, eine These, die nur schwierig zu plausibilisieren war, da sie offenkundige, nichtnationale Bezüge der Klassik ignorieren musste. Sie wird durch eine geistesgeschichtliche Perspektive ersetzt, die die ‚deutsche Klassik' zur Entdeckerin der wahren Antike und zur einzig legitimen Erbin von Antike und Renaissance macht. Auf diese Weise wird nicht nur die Funktionen einer ‚deutschen Klassik' für eine ‚deutsche Identität' erneuert, sondern werden auch Antike und Renaissance selbst national vereinnahmt. Was einst als gemeinsames Erbe anerkannt war, wird mit dem Konzept einer ‚deutschen Antike' zum nationalen Eigentum umgewertet und als eigene Vergangenheit gedeutet.

Literatur

Bartels, Adolf (1901-1902): Geschichte der deutschen Literatur, Leipzig.

Beil, Ulrich J. (1998): Die „verspätete Nation" und ihre „Weltliteratur". Deutsche Kanonbildung im 19. und frühen 20. Jahrhundert, in: Heydebrand, Renate von (Hrsg.): Kanon – Macht – Kultur. Theoretische, historische und soziale Aspekte ästhetischer Kanonbildung, Stuttgart-Weimar, S. 323-340.

Biese, Alfred (1907): Deutsche Literaturgeschichte in zwei Bänden, Bd. 1: Von den Anfängen bis Herder, München.

Bouterwek, Friedrich (1819): Geschichte der Künste und Wissenschaften seit der Wiederherstellung derselben bis an das Ende des achtzehnten Jahrhunderts. Von einer Gesellschaft gelehrter Männer ausgearbeitet. Dritte Abteilung: Geschichte der schönen Wissenschaften von Friedrich Bouterwek, Bd. 11, Göttingen.

Brederlow, Christian Georg Friedrich (1844): Vorlesungen über die Geschichte der deutschen Literatur. Ein Lesebuch für die erwachsene Jugend, 2. Teil, Leipzig.

Engel, Eduard (1907): Geschichte der deutschen Literatur von den Anfängen bis in die Gegenwart, Bd. 1: Von den Anfängen bis zu Goethe, 2. Aufl., Leipzig-Wien.

als Suche nach nationaler Identität: Nicht nur ein reines Bild der Antike, sondern ein „gültiges Deutschtum" (ebd., 57) sollte entstehen. Das Griechische sei dabei als „mögliche Form des Deutschen" verstanden worden (ebd., 16).

Fohrmann, Jürgen (1989): Das Projekt der deutschen Literaturgeschichte. Entstehung und Scheitern einer nationalen Poesiegeschichtsschreibung zwischen Humanismus und Deutschem Kaiserreich, Stuttgart.

Ders. (1994a): Einleitung: Von den deutschen Studien zur Literaturwissenschaft, in: Ders. / Vosskamp, Wilhelm (Hrsg.): Wissenschaftsgeschichte der Germanistik im 19. Jahrhundert, Stuttgart, S. 1-14.

Ders. (1994b): Geschichte der deutschen Literaturgeschichtsschreibung zwischen Aufklärung und Kaiserreich, in: Ders. / Vosskamp, Wilhelm (Hrsg.): Wissenschaftsgeschichte der Germanistik im 19. Jahrhundert, Stuttgart, S. 576-604.

Ders. / Vosskamp, Wilhelm (Hrsg.) (1991): Wissen und Nation. Zur Entstehungsgeschichte der deutschen Literaturwissenschaft, München.

Fritsch-Rößler, Waltraud (1994): Bibliographie der deutschen Literaturgeschichten, Bd. 1: 1835-1899, Frankfurt a. M. u. a.

Gervinus, Georg Gottfried (1843): Geschichte der poetischen National-Literatur der Deutschen. Vierter Teil: Von Gottsched's Zeiten bis zu Göthe's Jugend, 2. Aufl., Leipzig.

Ders. (1844): Geschichte der poetischen National-Literatur der Deutschen. Fünfter Teil: Von Goethe's Jugend bis zur Zeit der Befreiungskriege, 2. Aufl., Leipzig.

Grimm, Reinhold / Hermand, Jost (Hrsg.) (1971): Die Klassik-Legende, Frankfurt a. M.

Hettner, Hermann (1869): Literaturgeschichte des 18. Jahrhunderts, 3. Buch, erste Abt., Braunschweig.

Ders. (1894): Literaturgeschichte des 18. Jahrhunderts, 3. Buch, erste Abt., 4. Aufl., Braunschweig.

Hillebrand, Josef (1850): Die deutsche Nationalliteratur seit dem Anfange des achtzehnten Jahrhunderts, besonders seit Lessing, bis auf die Gegenwart; historisch und ästhetisch dargestellt, Bd. 1: Die deutsche Nationalliteratur im achtzehnten Jahrhundert bis auf Göthe und Schiller, 2. Aufl., Hamburg-Gotha.

Horn, Franz (1812): Die schöne Litteratur Deutschlands, während des achtzehnten Jahrhunderts, Berlin-Stettin.

Koberstein, August (1856): Grundriß der Geschichte der deutschen National-Literatur, 4. Aufl., Bd. 2, Leipzig.

Leixner, Otto von (1893): Geschichte der Deutschen Litteratur, 2. Aufl., 2 Bde., Leipzig.

Lindemann, Wilhelm (1879): Geschichte der Deutschen Literatur von den ältesten Zeiten bis auf die Gegenwart, 5. Aufl., Freiburg i. Br.

Menzel, Wolfgang (1828): Die deutsche Literatur, 2 Bde., Stuttgart (Nachdruck Hildesheim 1981).

Meyer, Richard M. (1916): Die deutsche Literatur bis zum Beginn des neunzehnten Jahrhunderts, hrsg. von Otto Pniower, Berlin.

Mundt, Theodor (1848): Allgemeine Literaturgeschichte, 2. Aufl., Berlin.

Nadler, Josef (1918): Literaturgeschichte der deutschen Stämme und Landschaften, Bd. 3: Hochblüte der Altstämme bis 1805 und der Neustämme bis 1800, Regensburg.

Rehm, Walter (1936): Griechentum und Goethezeit. Geschichte eines Glaubens, Leipzig.

Ruge, Arnold (1847): Geschichte der Deutschen Poesie und Philosophie seit Lessing (Arnold Ruge's sämtliche Werke, Bd. 1), 2. Aufl., Mannheim.

Rosenkranz, Karl (1832): Handbuch einer allgemeinen Geschichte der Poesie, erster Teil: Geschichte der orientalischen und der antiken Poesie, Halle.

Ders. (1833): Handbuch einer allgemeinen Geschichte der Poesie, dritter Teil: Geschichte der Spanischen, Portugisischen, Englischen, Scandinavischen, Niederländischen, Deutschen und Slawischen Poesie, Halle.

Scherer, Wilhelm (1884): Geschichte der Deutschen Litteratur, 2. Aufl., Berlin.
Scherr, Johannes (1848): Bildersaal der Weltliteratur, Stuttgart.
Ders. (1851): Allgemeine Geschichte der Literatur (Neue Encyklopädie der Wissenschaften und Künste für die deutsche Nation, Bd. 6,1), Stuttgart.
Schlegel, Friedrich (1988): Über das Studium der Griechischen Poesie, in: Ders.: Kritische Schriften und Fragmente in 6 Bden., hrsg. von Ernst Behler und Hans Eichner, Bd. 1, Paderborn u. a., S. 62-136.
Schmidt, Julian (1886): Geschichte der Deutschen Literatur von Leibniz bis auf unsere Zeit, zweiter Band: 1763-1781, Berlin.
Schumann, Andreas (1994): Bibliographie zur deutschen Literaturgeschichtsschreibung 1827-1945, München u. a.
Stern, Adolf (1882): Geschichte der neuern Litteratur, Bd. 4: Klassizismus und Aufklärung, Leipzig.
Vilmar, August Friedrich Christian (1848): Geschichte der deutschen National-Litteratur, Bd. 3, 3. Aufl., Marburg.
Vogt, Friedrich / Koch, Max (1897): Geschichte der Deutschen Litteratur von den ältesten Zeiten bis zur Gegenwart, Bd. 1, Berlin-Wien.
Dies. (1919): Geschichte der Deutschen Literatur von den ältesten Zeiten bis zur Gegenwart, Bd. 1, 4. Aufl., Leipzig-Wien.
Voßkamp, Wilhelm (1987): Klassik als Epoche. Zur Typologie und Funktion der Weimarer Klassik, in: Herzog, Reinhardt / Koselleck, Reinhart (Hrsg.): Epochenschwelle und Epochenbewußtsein, München, S. 493-514.
Wachler, Ludwig (1805): Handbuch der allgemeinen Geschichte der litterärischen Cultur. Zweyte Hälfte: Geschichte der neueren Zeit 1500-1800, Marburg.
Ders. (1824): Handbuch der Geschichte der Litteratur. Zweyte Umarbeitung, dritter Theil: Geschichte der neuern Nationalliteratur, Leipzig.
Weimar, Klaus (2003): Geschichte der deutschen Literaturwissenschaft, Paderborn.
Weitbrecht, Carl (1902): Deutsche Literaturgeschichte der Klassikerzeit, Leipzig.
Wiedemann, Conrad (1993): Deutsche Klassik und nationale Identität. Eine Revision der Sonderwegsfrage, in: Voßkamp, Wilhelm (Hrsg.): Klassik im Vergleich. Normativität und Historizität europäischer Klassiken, Stuttgart, S. 541-569.

Babylon neu entdecken

Ein Versuch zur Bestimmung der Rolle der Sprache(n) im europäischen Identitätsdiskurs und daraus resultierende Konsequenzen für den wissenschaftlichen Kommunikationsraum

*Irene Vogt**

Die Diskussion um „Identitäten in Europa – Europäische Identität" soll im vorliegenden Beitrag aus einer linguistischen Perspektive betrachtet werden.

Seit einigen Jahrzehnten bemüht sich die Forschung intensiv um die Identitätsfrage der europäischen Staatengemeinschaft. Ich möchte zunächst auf die Rolle der Sprache in diesem Kontext eingehen, die trotz ihrer unbestrittenen Relevanz in den bisherigen einschlägigen Publikationen zur Identitätsfrage nicht ausreichend berücksichtigt wurde: Der Begriffsbestimmung von *Sprache* und *Identität* im ersten Kapitel folgt eine Herausarbeitung der Rolle der Sprache im Identifikationsprozess. Ein weiterer Abschnitt wird sich der Frage widmen, in welchem Maße die Wissenschaft mit ihrer Sprachenproblematik eine bedeutende Funktion in der Integration einnimmt; welche sprachplanerischen Maßnahmen von Seiten der Europäischen Union sich bisher ergeben haben, wird im Anschluss erläutert werden.

„Europa liegt dort, wo sich die Europäer als Europäer empfinden" (Weidenfeld 1985, 27). Daher schließt das letzte Kapitel mit folgendem Wunsch: Europa ist eine Willensgemeinschaft, die sich selbst zu bilden, zu definieren und inszenieren hat; dies möge auch in Form einer vielsprachigen Wissenschaft geschehen.

* Sehr herzlich möchte ich mich bei Dr. Petra Plieger und Dr. Luisa Vogt bedanken, die mir bei diesem Beitrag mit Kompetenz und Rat zur Seite standen.

1. Begriffsbestimmungen

Eine klare Abgrenzung benötigen (trotz oder gerade wegen ihrer inflationären Verwendung, aber nicht eindeutigen Bedeutung) vor allem zwei Begriffe: *Sprache* und *Identität*.

1.1 Sprache

Im Kontext der Identitätsdiskussion sind zwei Themenkomplexe zum Sprachbegriff wichtig: das Verhältnis zwischen Sprache und Welt und die Sprachbetrachtungsweise. Die folgende Darstellung will nicht die Komplexität der Debatten aufzeigen, sondern die hier zugrunde liegenden Annahmen pointiert skizzieren:

Zum Verhältnis Sprache-Welt: Der mindestens seit Platons *Kratylos* währende φύσει-θέσει-Streit führt zu einer Auflösung bei Thomas von Aquin.[1] Die Sprachfähigkeit des Menschen sieht er als naturgegeben an, die historische Realisierung in den verschiedenen Sprachen sei „Werk des Menschen". Die sprachlichen Zeichen als arbiträr zu betrachten, ist also nicht – wie oft verallgemeinernd behauptet wird – die Leistung Saussures (dieser bezieht sich auch in seinen Ausführungen explizit auf Dwight Whitney); ihm ist zuzuschreiben, die Auswirkung der Anwendung dieses Prinzips antizipiert zu haben (Coseriu/Matilal 1996, 895-897). Doch wie verhält es sich nun mit dem Zusammenhang zwischen der Welt, den Gedanken und der Sprache? Zwei Höhepunkte in den Kontroversen sind dabei auszumachen. Sie sind zeitlich in das 17. und ins 20. Jahrhundert einzuordnen, wobei sie sich von der Schwerpunktsetzung unterscheiden: In der älteren Diskussion geht es um das Konzept der „Idee", im letzten Jahrhundert konzentriert sich die Debatte auf die „Bedeutung" (Dascal 1996, 1032f.). Weiterhin ungeklärt bleibt jedoch das Wesen der mentalen Repräsentationen. Während

[1] Der φύσει-θέσει-Streit behandelt im Kern die Frage, ob die Sprache von der Natur oder durch Übereinkunft bedingt sei.

bei Descartes die Zeichen dem Denken nachträglich für die Kommunikation hinzugefügt werden, baut Leibniz die Lockeschen Annahmen einer nicht nur kommunikativen, sondern auch kognitiven Funktion der Sprache aus. Die Zeichen sind vielmehr Voraussetzung für das Denken; aus diesem Grunde fordert Leibniz einen Ausbau der Zeichen, v. a. der Sprache, als Mittel des Denkens. Christian Wolff, Zeitgenosse von Leibniz und bedeutender Philosoph seiner Zeit, folgert aus seinen Untersuchungen die wechselseitige Bedingtheit von Sprache und Denken; zugleich entwickelt er eine Theorie der „Metaphorisierung" von Sprache im Erkenntnisprozess.[2] Dem arbiträren Zeichen wird somit durch den Bedeutungssprung eine neue, „natürliche" Komponente verliehen. Neue Erkenntnis zeigt sich in der Schaffung von neuen Zeichenkombinationen,[3] von neuen Metaphern, von neuen Begriffen (Ricken 1994).

Es wird also nur das versprachlicht, was auch das Bewusstsein erreicht. Ins Bewusstsein gelangen Konzepte jedoch durch die Erfahrung bzw. Wahrnehmung der Umwelt oder durch Notwendigkeiten des sprachlichen Handelns. Dass die Weltsicht und die Sprache sich reziprok beeinflussen, kommt besonders an der Schaltstelle zwischen zwei Sprachen, im Übersetzungsprozess, zum Vorschein. Nicht nur in bestimmten Termini offenbaren sich diese Differenzen, auch in der „Einbettung" der Sprache, wie z. B. in Text- oder Diskursart zeigen sich die Unterschiede, die adäquat berücksichtigt werden müssen.[4]

[2] Unter „Metaphorisierung" versteht Wolff (vereinfacht dargestellt) einen Bedeutungssprung wie z. B. „Quelle" im Sinne von *principium*.

[3] Die Zeichen selbst sind dabei weiterhin arbiträr, durch die Kombination aber „natürlich" miteinander verbunden.

[4] Auf das Zusammenspiel von Sprache und Fach beim Übersetzen geht Heidrun Gerzymisch-Arbogast in ihrem Beitrag zur Vielfalt und Einheit Europas ein, während Luana Peotta in ihrer komparatistischen, funktionalpragmatisch geprägten Studie die Situation anhand juristischer Fachtexte analysiert (Gerzymisch-Arbogast 2003, 127-136; Peotta 1998). Ruth Wodak analysiert in ihrem Aufsatz den Verstehensprozess und errichtet dabei Parameter für die Evaluation der Verständlichkeit eines Textes (Wodak 1992).

Zur Sprachbetrachtungsweise: Während die Beschäftigung mit der ersten Thematik bis zu Platons *Kratylos* zurückführbar ist, reicht die zweite Problematik in dieser Ausprägung nur bis in die 30er Jahre des 20. Jahrhunderts zurück: Zu dieser Zeit entwickelten Vertreter des Prager Linguistenkreises die Theorie der funktionalen Sprachbetrachtung (Peotta 1998, 35). Den Forschungsarbeiten der letzten Jahrzehnte liegen zwei unterschiedliche Präsuppositionen zu Grunde: Auf der einen Seite dominiert der Systemaspekt von „Sprache", auf der anderen Seite (aus der Perspektive einer funktionalen Pragmatik) bildet die Zweckgerichtetheit von Sprache den Ausgangspunkt wissenschaftlicher Tätigkeit (Ehlich 1996, 952-958). Die Analyse der Rolle von Sprache in kollektiven Identitäten erfordert eine Betrachtung von Sprache in sozialer Interaktion und bildet somit Ausgangspunkt für diese Überlegungen.

1.2 Identität und europäische Identität

Der Begriff der Identität erfuhr erst in den letzten Jahren eine Hochkonjunktur im wissenschaftlichen Kommunikationsraum, aber trotz seines mannigfaltigen Gebrauchs fehlt ihm die nötige semantische Randschärfe, die einer wissenschaftlichen Terminologie eigen sein müsste;[5] dies führt teilweise zu einer kompletten In-Frage-Stellung des Konzepts, andererseits ist es aber aus den aktuellen Forschungsdebatten nicht mehr wegzudenken. Kritisiert wird in der Forschungsliteratur der Umgang mit dem Begriff v. a. bei der Verwendung ohne explizite Bedeutungsbestimmung. Da sich bisher keine Bedeutungsbestimmung durchgesetzt hat, sei nun im Folgenden das hier vorliegende Verständnis dargelegt:

Der Begriff stammt ursprünglich aus der Mathematik bzw. Logik und erfordert als synchroner Terminus eine vollständige Übereinstimmung in *allen* Merkmalen; diachron verstanden verweist er in der Sozialpsychologie auf

[5] Das Konzept der Identität zieht in der Forschung der Vormoderne keinerlei Interesse auf sich.

zwei Phänomene: einerseits auf die Identifikation des einzelnen Subjekts (subjektiver Aspekt), andererseits auf die Identifikation in Form von Anteilnahme an den Erfahrungen, Aktivitäten und Zielsetzungen eines Kollektivs (kollektiver Aspekt).[6] Im postmodernen Verständnis weist jedes Individuum multiple Identitäten auf (Lützeler 1993, 100; Angelucci von Bogdandy 2003, 11f.); dabei baut es Verbindung auf zu Bezugssystemen, wie beispielsweise zu einer Nation, zu einer Kultur, einer Religion, Musikrichtung o. Ä., die identitätsstiftende Konzepte und Symbole in sich tragen. Diese Systeme sind – strukturell bzw. synchron gesehen – offene Strukturgebilde, im Kern bestehend aus konstituierenden Elementen, zum Rande hin aus kompatiblen, aber nicht unbedingt notwendigen Komponenten.[7] Eine Dynamik erhalten die Bezugssysteme in diachroner Perspektive v. a. durch die Veränderungen kompatibler Elemente; die tradierten Bezugssysteme unterliegen also auch Wandlungen, verlieren auch gänzlich an Bedeutung, aber andere entstehen ebenso neu.[8]

Im Prozess der individuellen Identifikation können bei einem schwächeren Bezug zum System auch mit dem Kern inkompatible Elemente in Kauf genommen werden.[9] Ein „kollektives Subjekt", eine kollektive Identität wird

[6] Zu dem Konzept der kollektiven Identitäten in Verbindung mit Sprache vgl. Kremnitz 1995, 67.

[7] Ein Beispiel mag dies erläutern: Das Bezugssystem Christentum hat als konstitutives Element den Glauben an einen dreieinen Gott. Kompatible Elemente können beispielsweise konfessionelle Unterschiede in der Marienverehrung oder in der Sakramentenlehre oder auch in der intrakonfessionellen Diskussion befindliche Themen, wie z. B. Schwangerschaftsverhütung oder Ähnliches darstellen; Konfessionen bilden dabei weitere (Sub-)Bezugssysteme. Der Systembegriff lehnt sich an den bei Regn dargelegten an; vgl. Regn 1984.

[8] Die Dynamik zeigt sich beispielsweise im gewandelten Verständnis der Missionierung; jüdisch-christliche Gemeinden konnten ihre Existenz nicht in die heutige Zeit fortschreiben, während z. B. im 7. Jahrhundert der Islam als neues Bezugssystem die Weltbühne betritt. Zur Möglichkeit von Gründungen neuer Bezugssysteme (in diesem Fall Nationen), vgl. Giesen/ Junge 1991, 256. Zum Verweis des Identitätskonzepts auf „zwar durchaus veränderliche, aber in der Regel zugleich einen hohen Institutionalisierungsgrad aufweisende Muster kollektiver Zugehörigkeit", vgl. Kraus 2004, 23.

[9] Dies ist der Fall, wenn ein Individuum einem dieser Systeme nahe steht, aber sich mit Kernelemente nicht identifiziert.

jedoch dann konstruiert, wenn sich verschiedene Individuen mit einer gewissen Intensität auf die gleichen Bezugssysteme ausrichten.

Europa gliedert sich als eines dieser Systeme in die Bezugsmöglichkeiten ein. Es besteht zwischen den Bezugssystemen keine Ausschließlichkeit: Es ist also keine Entscheidung zwischen Europa und einer Nation zu treffen, noch zwischen anderen Bezugssystemen. Insofern kann die von der EU so stark propagierte Dialogik der Vielheit in der Einheit auch tatsächlich greifen (vgl. beispielsweise Edgar Morin, zit. in: Lützeler 1993, 103).

2. Sprache in der Identitätsbildung

In diesem Abschnitt soll die Sprache als Bezugssystem, als Kommunikationsmedium und als Bewusstmachung des Individuums selbst herausgearbeitet werden; die meisten Arbeiten zu dieser Thematik stellen nur einen dieser Punkte in den Raum und verquicken dabei unterschiedliche Bezugssysteme. Doch auch in Bezug auf ein vielsprachiges Europa wäre anzuraten, die Bezugssysteme getrennt zu behandeln. Im Folgenden werde ich also auf einige ausgewählte Arbeiten eingehen und daran erläutern, inwiefern Sprache und Nation miteinander verbunden sind und welche Rollen die Sprache beim subjektiven und beim kollektiven Identitätsprozess einnimmt.

2.1 Sprache und Nation

Für Nossol scheint die Sprache die „naheliegendste und ‚natürlichste' Basis für ethnisch-nationale Identifikation und Gemeinschaftsbildung zu sein" (Nossol 1998, 19). Diese Auffassung geht auf einige Sprachursprungstheorien zurück, die annehmen, dass zu Beginn *einer* sozialen Gemeinschaft *eine* Sprache dem Handeln zur Verfügung stand. Auch verschiedene Mythen gehen von einer Ursprache aus und regten zu Jahrhunderte andauernden Disputen innerhalb der Philosophie an.

Ein Exkurs in die Sprachgeschichte des Begriffs „deutsch" suggeriert zunächst eine vollständige Überlagerung der Bezugssysteme „Nation"/ „Volk" und Sprache: Das althochdeutsche *diutisc*, ist abgeleitet von *diot*

(„Volk") und bedeutet „zum Volk gehörig"; im 10. und 11. Jahrhundert bezeichnet „deutsch" aber allgemein kontinentalgermanische Sprachen und so leiten sich auch die Sprachen *dietsc* (in Flandern) und *duutsc* (in Holland) vom gleichen Wort ab.[10] Jacob Grimm verweist ebenso auf die identitätsstiftende Funktion von Sprache; die Sprache bilde Völker und halte sie zusammen. Ein Volk sei somit „der inbegriff von menschen, welche dieselbe sprache reden" (Grimm, zit. in: Reiher 1986, 128f.). Autoren der Gründerzeit Deutschlands verweisen nicht auf Abstammung, Geburt, Religion, Geschichte oder gesetzliche Zugehörigkeit, sondern allein auf die Sprache (Annesley u. a. 1998, 325). Und so zeigt auch die Geschichte der anderen Länder Europas, dass Sprachen als Identitätsmerkmale der Völker in den nationalen Unabhängigkeitskämpfen eine wichtige Rolle spielten (Hagège 1996, 149). Betrachtet man die aktuelle Lage der Grenzziehungen, so gibt es jedoch kaum Nationen, die eine einzige Sprache sprechen: Je nach Land unterscheidet sich nur die Anzahl der Sprachen, und je nach nationaler Gesetzgebung und Größe der sprachlichen Gruppen werden die (Minderheiten-)Sprachen stärker oder schwächer berücksichtigt; insofern ist also das allen gemeinsame, für Stabilität sorgende Kernelement des Bezugssystems Nation nicht in Form einer gemeinsamen Sprache zu erkennen. Kremnitz weist dennoch darauf hin, dass die Sprache „als Verständigungsmittel der Kommunikationsgemeinschaft in der Moderne einer der wichtigsten Kandidaten für die Bestimmung und vor allem für die Selbstwahrnehmung relativ stabiler ‚kollektiver Identitäten' zu sein" scheint (Kremnitz 1995, 74f.).

Zwei verschiedene Ungleichgewichte können in einer postulierten Überlagerung von Nation und Sprache ausgemacht werden: einerseits die Situation von *mehreren* Sprachen mit *einer* „kollektiven Identität", andererseits die

[10] „Deutschland" erscheint als Zusammenrückung erst in Zeugen des 15. Jahrhunderts. „Deutscher" im politischen Sinn taucht erst ab der Revolution von 1848/1849 auf; im staatsrechtlichen Sinn wird bis dahin auf die Bezeichnungen für die Angehörigen der deutschen Einzelstaaten zurückgegriffen (wie beispielsweise „Preuße", „Bayer", „Österreicher", „Sachse" etc.). Vgl. dazu Morciniec 1998 und Wiktorowicz 1998.

von *einer* Sprache mit *mehreren* „kollektiven Identitäten“. Nimmt man also die Überlagerung an, dann eröffnen sich jedoch mehrere Fragen: Kann man beim ersten Fall, wie er z. B. in Kanada, der Schweiz oder Belgien bekanntlich vorzufinden ist, tatsächlich von *einer mehrsprachigen* kollektiven Identität sprechen, oder müsste man nicht vielmehr von mehreren einsprachigen kollektiven Identitäten sprechen, oder vielmehr von verschiedenen *monolingualen* kollektiven Identitäten, deren Mitglieder zusammen eine *nationale* kollektive Identität bilden? Und wie verhält es sich mit einer Sprache, die in mehreren kollektiven Identitäten als Kommunikationsmittel dient? Müsste man in so einem Fall vielleicht zwischen Kommunikationsgemeinschaft (sprachliche Handlungen sind identisch) und Sprachgemeinschaft (Konstrukt Sprache ist identisch) unterscheiden (ebd.)?

2.2 Funktionen der Sprache im subjektiven und kollektiven Identifikationsprozess

Auch wenn Nossol die Sprache als „das wesentlichste Medium für soziale Interaktion und soziale Beziehungen“ einstuft (Nossol 1998, 20), unterscheidet er jedoch nicht die verschiedenen Rollen, die die Sprache in der Gesellschaft einnehmen kann, sondern geht nur auf das Bezugssystem Sprache als Identifikationsmöglichkeit ein. Auch bei Löffler werden Sprachen nur in ihrer Rolle als Bezugssystem und die Auswirkungen der versetzten Überlagerung von den Bezugssystemen Nation und Sprache untersucht: In seinem Beitrag versucht er der Identität der Schweiz auf die Spur zu kommen; dabei weist Löffler der Sprache eine Reihe von Funktionen zu: die Sprache als Schibboleth (Erkennungszeichen), die Sprache als eigener Wert und als Verbindungsstiftung zu den ähnlich/gleichsprachigen Nachbarländern (Löffler 1998).

Schambeck deutet in seinem Beitrag auf eine „zweifache Orientierung“ der Sprache hin: „Die Sprache ist das Ausdrucksmittel des Menschseins überhaupt. Sie ist in gleicher Weise individual- und sozialorientiert. Sie ist individualorientiert, weil sie den einzelnen Menschen im Sprechen sich selbst erleben und mit seinem Wort seine Individualität erfahren lässt. Gleichzeitig erlaubt die Sprache den Menschen, durch das gesprochene und geschriebene Wort mit den Mitmenschen in Kontakt zu treten und Öffentlichkeit zu schaffen“ (Schambeck 2003, 215).

Der erste Punkt, den Schambeck anspricht, betrifft die Rolle der Sprache für den subjektiven Identifikationsprozess: Da die Versprachlichung zugleich Bewusstmachung bedeutet, kann sich das Individuum durch Sprache individuell erfahren und entfalten. Wie auch Reiher und Kramer darlegen, ist Sprache „[…] Werkzeug des Denkens und Handelns sowie das wichtigste Kommunikationsmittel. Durch den Gebrauch bestimmter sprachlicher Mittel oder auch deren Vermeidung kann der Sprecher einem Hörer Zustimmung oder Ablehnung, Einverständnis oder Abweisung signalisieren“, und durch das Einvernehmen bzw. der Distanzierung schafft er sich seine eigene Identität (Reiher/Kramer 1998, 5).

Wie oben mit Nossol angesprochen und wie häufig in der Forschungsliteratur berücksichtigt, nimmt die Sprache auch die Funktion als Bezugssystem ein. Dabei ist sie sowohl für den subjektiven als auch für den kollektiven Identifikationsprozess relevant (Hagège 1996, 151, 159).

Wie Schambeck andeutet, spielt in diesem Bezugsgeflecht die Sprache aber ebenso eine dritte Rolle: Für ein Individuum stellt Sprache die Möglichkeit dar, nach außen zu treten, Handlungen auszuführen und Bezüge zu konstruieren und Verbindungen zu den Bezugssystemen zu erstellen; daher nimmt die Sprache eine Sonderstellung unter den Bezugssystemen ein, ist sie schließlich Mittlerin zwischen dem Individuum bzw. einer Gruppe von Individuen und den Bezugssystemen. Nur wer die Sprache bzw. eine der Sprachen innerhalb eines Bezugssystems versteht, den Code entschlüsseln kann, dem ist ein Bezugssystem leicht zugänglich.

2.3 Welche Folgen hat dies nun für das Bezugssystem Europa?

In seinem Buch zur Europäischen Öffentlichkeit und Sprachpolitik weist Kraus darauf hin, dass „für die Identität Europas als politischer Gemeinschaft wie für die Identität einer europäischen Bürgergesellschaft das Moment der kulturellen Vielfalt eine konstitutive Bedeutung [hat]. Europa bildet ein Mosaik, das sich aus unterschiedlichen ethnischen, regionalen oder nationalen Identifikationsmustern, historischen Traditionslinien, kulturellen Deutungsstandards und Sprachen zusammensetzt" (Kraus 2004, 23). Genau sie müssen im europäischen Diskurs aufgegriffen und in ihrer sprachlichen Vielfalt berücksichtigt werden. Dies führt jedoch nicht mit sich, dass alle Bereiche der Kommunikation in Europa vielsprachig zu gestalten sind. Um die verwaltungstechnische Funktionalität zu gewährleisten, ist es beispielsweise sinnvoll (wie geschehen), die Arbeitssprachen auf einige (momentan drei) Sprachen zu beschränken. Wie alle verschiedenen Kommunikationsbereiche sprachpolitisch berücksichtigt werden sollten, ist hier in der Kürze nicht darzulegen. Konzentrieren wird sich daher der nächste Abschnitt auf einen der relevantesten Kommunikationsbereiche in einer Gesellschaft, den der Wissenschaft.[11] Für die Ermöglichung eines wachsenden Bezugs zum System Europa muss gerade hier die sprachliche Vielfalt der Bewohner adäquat berücksichtigt werden; schließlich ebnen die Sprachen insbesondere in diesem Diskurs den Weg zur Identifikation.

Welche Rolle die Berücksichtigung der Mehrsprachigkeit im europäischen Wissenschaftsdiskurs zu spielen hat, wird also im nächsten Kapitel beleuchtet.

3. Sprachenvielfalt im Wissenschaftsdiskurs in Europa

3.1 Wissenschaft im gesellschaftlichen Gefüge: allgemeine und kulturspezifische Merkmale wissenschaftlicher Kommunikation

Die Modernisierung einer Gesellschaft kennzeichnet ein schnell ansteigender Daten- und Informationsfluss; gleichzeitig entstehen Zweifel an der Vertrauenswürdigkeit vieler Informationen. Da sich das gesellschaftliche Gefüge arbeitsteilig an den Gesamtprozessen beteiligt, beschränkt sich für den Einzelnen die Wissenserweiterung auf eine Spezialisierung in einem eng

[11] Die Relevanz der Wissenschaftskommunikation und Aufgaben der Wissenschaft in der Gesellschaft wird im Kapitel 3.1 ausführlicher dargelegt. Zu erstem vgl. Weidenfeld 1985, 29.

umgrenzten Gebiet. „Vertrauen in die Sachkompetenz des anderen ist der Sozialkitt der technischen Zivilisation. [...] Die Verwissenschaftlichung unserer Welt hat für die Gesellschaft eine tiefgreifende Konsequenz: Wissenschaft als der zentrale Ort der Sammlung und Speicherung dieses Wissens erhält damit eine Schlüsselstellung, die ihr eine besondere Verantwortung aufbürdet“ (Weidenfeld 1985, 29). Weidenfeld geht hier hauptsächlich auf die „musealen“ Aufgaben der Wissenschaft ein; anzumerken ist, dass die Aufgabe der Wissenschaft innerhalb der Gesellschaft aber auch produktive Arbeitsschritte umfasst: Zunächst müssen nämlich aktuelle Fragen der Gesellschaft, Wissensdefizite im gesellschaftlichen Gesamtwissen aufgedeckt und analysiert werden, um dann in einem zweiten Schritt die Antwort darauf zu suchen, wobei dies in Diskussion erfolgt.[12] Diese Aufgaben bewältigt die Wissenschaft nicht alleine, sondern auch andere Akteure wie Industrie und Institutionen leisten ihren (nach ihren jeweiligen Handlungsmustern gestrickten) Beitrag.

Unterstreichen möchte ich hier jedoch vor allem die wichtige Funktion der Wissenschaft als Dreh- und Angelpunkt des gesellschaftlichen Wissensaustauschs, der sowohl diachron als auch synchron vonstatten geht.

Während die oben genannten Merkmale der Aufgaben der Wissenschaft allgemein anzutreffen sind, ist die konkrete Umsetzung in Form wissenschaftlicher Texte erst einmal abhängig von der Verbindung zwischen den Kommunikationsräumen (Diskurssysteme in Adamzikscher Terminologie)[13]: Je nachdem, wie eng diese Räume miteinander interagieren (z. B.: Ist die Hochschule eher eine Institution der Forschung oder der Lehre? Sind

[12] Die Beantwortung von Fragen lässt in wissenschaftlichen Texten Assertionen (Feststellungen) als Illokutionen erwarten. Allerdings lassen sich empirisch zwei illokutive Komplexe nachweisen: einerseits Assertionen, andererseits aber eristische Strukturen. Der „Streit“ wird hierbei „im wissenschaftssoziologischen Sinn als produktiver Prozess“ verstanden (Ehlich 1993, 24).

[13] Das Diskurssystem Wissenschaft umschreibt nach Adamzik vier zentrale Bereiche: Forschung, Wissenschaftstradierung, Anwendung, Lehre und Ausbildung. Damit interferierende Diskurssysteme sind beispielsweise die der Verwaltung, der Popularisierung, der Schule, des Verlagswesens, des Zeitschriftenwesens etc.

die Akteure der Forschung zugleich für die Popularisierung verantwortlich oder gibt es spezialisierte Interaktionsrollen?), verändern sich die verschriftlichten Erzeugnisse (Adamzik 2001, 40-43).

Unter dem Begriff des Wissenschaftsstils bzw. der „kulturellen Denkweise“ gibt es einige Analysen der kulturspezifischen Eigenarten innerhalb des wissenschaftlichen Kommunikationsraums. Die meisten dieser Arbeiten leiden jedoch unter defizitären Korpora (kleine Menge an Übersetzungen (!), Texte ausländischer Studenten u. Ä.) und mangelnder empirischer Validität gepaart mit einem ethnozentrischen Beobachtungsstandpunkt.[14]

Wie in der Begriffsbestimmung zu *Sprache* bereits ausführlicher erläutert, existiert ein komplexes Verhältnis zwischen Sprache und Wissen (d. h. immer auch wissenschaftliches Wissen); die Entwicklung der Wissenschaftssprachen nimmt sprachliche Ergebnisse der Wissenschaft auf, wie auch die Wissenschaftssprache ihrerseits in der alltäglichen Sprache ihr unüberwindbares und unaufgebbares Substrat hat (Hegel, zit. in: Ehlich 1993, 32f.; Schröder 1995, 57). Insofern spielt die Sprache – oft auch für die einzelnen Wissenschaftler unbewusst – eine nicht zu vernachlässigende Komponente im Wissenschaftsdiskurs.

3.2 Ein- oder Mehrsprachigkeit im europäischen Wissenschaftsdiskurs?

Es gibt drei Tendenzen, die sich im europäischen bzw. allgemein im Wissenschaftsdiskurs abzeichnen: Die Meinung, eine universale Wissenschaftssprache ermögliche den direkten Austausch, konkurriert – neben der Ansicht, die Dinge ihren Lauf ohne steuernden Eingriff nehmen zu lassen – mit einem Plädoyer zur Mehrsprachigkeit.

[14] Zur Kritik an Clynes Konzept der Linearität vgl. Gaberell 2001; Arbeiten zum Thema Wissenschaftsstil verfassten u. a. Kaplan 1966/1980, Galtung 1985 und Clyne 1987. Eine fundiertere Arbeit ist hingegen Eßer 1997 zum Unterschied zwischen der deutschen und mexikanischen Wissenschaftssprache.

Eine universale Wissenschaftssprache

Ein Blick in die Geschichte zeigt, dass weder der Wunsch nach, noch die praktische Umsetzung der wissenschaftlichen Kommunikation in einer universalen Wissenschaftssprache neu sind: In der Antike waren das Griechische und das Lateinische dominante und kaum von Konkurrenz bedrohte Wissenschaftssprachen. Während das Arabische im Mittelalter für einige Jahrhunderte an Relevanz gewann, blieb das Lateinische in Europa bis ins 17. Jahrhundert Kommunikationsmittel der Gelehrten.[15] Zu dieser Zeit etablierten sich die einzelnen Landessprachen mehr und mehr als Wissenschaftssprachen. Im Gegenzug entwickelte sich das Desiderat einer präzisen, eineindeutigen, logischen und den Zwecken der Wissenschaft angemessenen Sprache – Kriterien, die die Alltagssprache, u. a. nach Bacon, Descartes und Locke, nicht erfüllen konnte; daher sollte eine künstliche Idealsprache geschaffen werden. Pascal jedoch, der durchaus die Schwierigkeiten mit der Alltagssprache zur Kenntnis nahm, wies auf die Utopie einer künstlichen Sprache hin: Das Entwerfen einer wissenschaftlichen Begrifflichkeit mittels Definition bzw. Bestimmung bleibt schließlich stets in einer Ausgangssprache verhaftet (Durand-Sendrail 1994, 98).

Die heutige Debatte betrifft weniger die Schaffung einer künstlichen Sprache (obwohl diese auch noch ihre Umsetzung in Form von Esperanto u. a. erhalten hat) als vielmehr die Verbreitung des Englischen.

So weisen die aktuellen Sprachentrends in der wissenschaftlichen Kommunikation auf eine starke Zunahme des Englischen hin (Ammon 1991; Ammon 1990; Skudlik 1990). Wie die Arbeiten von Skudlik und Ammon zeigen, werden Arbeiten in Molekularbiologie, der Psychologie, der Allgemeinen Linguistik und Medizin bereits überwiegend in Englisch veröffent-

[15] Wie stark das Lateinische verteidigt wurde, zeigt sich im Skandal, den Thomasius auslöste, als er 1687 eine Vorlesung auf Deutsch an der Universität Leipzig ankündigte (vgl. zu diesem Themenkomplex Ricken 1994, 43).

licht. Andere Disziplinen, wie beispielsweise Geschichte, scheinen bisher dem Sprachtrend gegenüber resistent.[16]

Für eine gemeinsame Wissenschaftssprache spricht der auf der Oberfläche einfachere Wissensaustausch. Hagège ist in diesem Zusammenhang der Meinung, dass „die Verwendung einer gemeinsamen europäischen Sprache in keiner Weise die Einebnung der Unterschiede und noch weniger das Verschwinden der anderen Sprachen" mit sich bringt (Hagège 1992, 228). Grundsätzlich seien jedoch die Europäer dazu angehalten, Kenntnis von möglichst vielen europäischen Sprachen zu erwerben. Und gerade im wissenschaftlichen Kommunikationsraum wäre Vielfalt bereichernd (ebd., 229).

Ventola untersucht in seinem Aufsatz unter anderem die Qualität des Englischen als Fremd- bzw. Zweitsprache und stellt fest, dass bei z. T. hoher Selbsteinschätzung des Sprachniveaus der Autoren die Textproduktion Mängel aufweist (Ventola 1995).[17] Häufig wird der sprachspezifische Textartenunterschied nicht beachtet;[18] dies hat zur Auswirkung, dass diese Publikationen durch viele anglophone Wissenschaftler nicht rezipiert werden, auch wenn sie auf Englisch veröffentlicht wurden (Skudlik 1990, 153).

Dies führt bei Ventola zu der Forderung, den nicht anglophonen Forschern Personal oder Mittel zur Verfügung zu stellen, die Veröffentlichungen auf ein sprachlich angemessenes Niveau zu bringen.

Geschehenlassen

Die „Unpolitik des Geschehenlassens", wie sie Offe in seinem Vorwort zur Publikation von Kraus bezeichnet, wird vor allem von Seiten der Verteidiger einer Mehrsprachigkeit stark kritisiert (Offe 2004, 12). Der unreflektierten

[16] Inwiefern in allen Disziplinen die Sprache entscheidend den Diskurs mitbestimmt, wird unter anderem Gegenstand meiner laufenden Dissertation sein.

[17] Kritiker des Englischen als universaler Wissenschaftssprache stellen wortgewaltig die damit einhergehende „Selbstverstümmelung" bzw. „mentale Kastration" in Frage (vgl. ebd.).

[18] Ventola spricht von einem häufig aufzufindenden (kontinental-)*European taste* in der Darstellung; auch der Unterschied zwischen *Continental writing* und *Anglo-American writing* wird öfters hervorgehoben (ebd., 369).

Benutzung des Englischen und der selbstverständlichen Bereitschaft, die eigene Sprache als Wissenschaftssprache aufzugeben, steht die Förderung des englischen Sprachexports von Seiten anglophoner Institutionen und Industrieunternehmen gegenüber (Ehlich 1993, 18; Hagège 1992, 37). Insofern ist diese Haltung des Geschehenlassens eine Zustimmung, den aktiven Akteuren das Feld zu überlassen. Kraus sieht in diesem Verhalten ein Konfliktpotential im Interesse der Selbsterhaltung der Sprachgemeinschaften, das bei Bewusstwerdung ausbrechen könnte (Kraus 2004, 192).

Mehrsprachige Wissenschaft in Europa

Die meisten Publikationen zum Thema Wissenschaftssprache betonen die Relevanz der Vielsprachigkeit. Nur durch eine mehrsprachige Wissenschaft können die verschiedenen Wissenschaftstraditionen und -stile, die sich auch in der jeweiligen Wissenschaftssprache niederschlagen, berücksichtigt werden. Ein weiteres Argument, das besonders in Hinblick auf die Konstruktion eines Bezugssystems Europa als relevant erweisen müsste, ist die Zugangsmöglichkeit zu Informationsmaterial, zum Wissen von Seiten der breiten Bevölkerung. Die Vision, die viele dieser Befürworter teilen, ist, die Sprachenvielfalt positiv zu nutzen und durch eine massive Förderung von Sprachkenntnissen (vor allem der Nachbarregionen und -länder) zum „dritten Ort“ (Kramsch 1993; Roche 2007) zu gelangen. Für den wissenschaftlichen Kommunikationsraum würde dies bedeuten, nicht nur die Grenzen und Möglichkeiten der eigenen und der anderen Sprache, sondern auch des eigenen und des anderen Wissenschaftsstils (!) kennen und schätzen zu lernen. Dies ist die Vorbedingung für einen tatsächlichen interkulturellen Dialog; denn „wirkliche Verständigung zwischen Nachbarn in einem umfassenden Sinne kann [...] nur gelingen, wenn die Tiefenstruktur des kulturellen Selbstverständnisses des anderen nicht nur von einer Handvoll Experten, sondern von breiteren Schichten der Völker erfasst wird. Dass dies angesichts des unauflöslichen Zusammenhangs von Sprache und Kultur ohne fundierte Sprachkenntnis nicht geht, ist eine Selbstverständlichkeit“ (Hoffmann 2000, 63).

Inwiefern das Ziel des dritten Ortes meist nicht durch den Erwerb der *Lingua franca* Englisch erreicht wird, zeigt Pölzl in ihrem Artikel (2003). Auch wenn sich Pölzls Analyse auf mündliche Diskurse bezieht, gilt Ähnliches für die schriftliche Kommunikation: Wie auch die Übernahme von Diskurs- bzw. Textartenmustern (Ventola 1995) zeigt, ergibt sich in der Mehrzahl der Fälle keine mit einer „muttersprachlichen" Kompetenz vergleichbare Textproduktion; der Text bleibt als „Übersetzung" (*‚overt' translation*) erkennbar und erweist sich somit eher als ein hybrides Gebilde (Roche 2007; Gerzymisch-Arbogast 2003, 134).

4. Zusammenfassung und Ausblick

Abschließend möchte ich noch auf die sprachpolitische Debatte hinweisen. Neben der Förderung der deutschen Sprache durch Mittlerorganisationen (DAAD, Goethe-Institut, Zentralstelle für das Auslandsschulwesen u. a.) und anderer Standardsprachen durch nationale Förderinstitutionen anderer Länder (Institute Français, British Council, Istituto di Cultura Italiana, Instituto Cervantes) agiert – wenn auch in unterschiedlicher Weise – die Europäische Union im Bereich der Sprachpolitik. Im Jahr 1992 hat der Europarat die „Europäische Charta der Regional- und Minderheitensprachen" herausgegeben und dabei einen Anstoß zur Würdigung der Mehrsprachigkeit gegeben. Stickel bedauert dabei jedoch „das Fehlen eines überzeugenden Konzepts zur Pflege und Weiterentwicklung der ‚großen' Sprachen in Europa, das heißt, der Sprachen, die in einem oder mehreren europäischen Staaten als Standardsprachen anerkannt und verwendet werden" (Stickel 2002, 7). Das Institut für deutsche Sprache (Mannheim) hat daher einen Austausch mit anderen Sprachinstituten der europäischen Länder angeregt, um gemeinsame Strategien zur Förderung der Mehrsprachigkeit in Europa zu planen.

Wie die vorangegangenen Seiten hoffentlich zeigen konnten, stellt die Sprache sowohl im Prozess der individuellen als auch der kollektiven Identitätsfindung einen wichtigen Baustein dar. Die babylonische Sprachenverwirrung wurde oft negativ interpretiert und ein Idealzustand mit einer Universalsprache als Kommunikationsmittel herbeigesehnt. Es ist aber an der Zeit, mit Humboldt die Sprachenvielfalt als positives Erbe zu betrachten und als Möglichkeit zu sehen, die eigenen Perspektiven zu relativieren und den Wert zu erkennen, sich der Wahrheit auf verschiedenen Wegen nähern zu können; beides kann nur in Distanz zur eigenen Sicht- und Denkweise geschehen.

Die Anteilnahme der Öffentlichkeit am wissenschaftlichen Diskurs kennzeichnet demokratische Gesellschaften. Da kollektive Identitätsbildung vorwiegend dem Akt des Wollens unterliegt, gilt es, die Mitbürger für das Thema zu sensibilisieren und in der Konstituierung des Bezugssystems Europa aktive Fürsprecher zu gewinnen.

Literatur

Adamzik, Kirsten (2001): Grundfragen einer kontrastiven Textologie, in: Dies. (Hrsg.): Kontrastive Textologie. Untersuchungen zur deutschen und französischen Sprach- und Literaturwissenschaft, Tübingen, S. 13-48.

Ammon, Ulrich (1990): Deutsch unter Druck der englischen Sprache, in: Sprachreport, Jg. 2, S. 6-8.

Ders. (1991): Die internationale Stellung der deutschen Sprache, Berlin-New York.

Angelucci von Bogdandy, Orietta (2003): Zur Ökologie einer europäischen Identität. Soziale Repräsentationen von Europa und dem Europäer-Sein in Deutschland und Italien, Baden-Baden.

Annesley, Claire u. a. (1998): Deutsche Identität – eine Fiktion!? Anmerkungen zur Neuformulierung eines Forschunsgthemas, in: Lasatowicz, Maria Katarzyna / Joachimsthaler, Jürgen (Hrsg.): Nationale Identität aus germanistischer Perspektive, Opole, S. 319-337.

Clyne, Michael (1987): Cultural Differences in the Organization of Academic Texts, in: Journal of Pragmatics, Jg. 11, S. 211-247.

Coseriu, Eugenio / Matilal, Bimal (1996): Der φύσει-θέσει-Streit. Are words and things connected by nature or by convention?, in: Dascal, Marcelo u. a. (Hrsg.): Sprachphilosophie. Ein internationales Handbuch zeitgenössischer Forschung, Berlin-New York, S. 880-900.

Dascal, Marcelo (1996): The dispute on the primacy of thinking or speaking, in: Ders. u. a. (Hrsg.): Sprachphilosophie. Ein internationales Handbuch zeitgenössischer Forschung, Berlin-New York, S. 1024-1041.

Durand-Sendrail, Béatrice (1994): Die Wissenschaftssprache ist keine Sprache. Pascals „De l'Esprit géométrique", in: Kretzenbacher, Heinz L. / Weinrich, Harald (Hrsg.): Linguistik der Wissenschaftssprache, Berlin, S. 91-99.

Ehlich, Konrad (1993): Deutsch als fremde Wissenschaftssprache, in: Jahrbuch Deutsch als Fremdsprache, Jg. 19, München, S. 13-42.

Ders. (1996): Sprache als System versus Sprache als Handlung, in: Dascal, Marcelo u. a. (Hrsg.): Sprachphilosophie. Ein internationales Handbuch zeitgenössischer Forschung, Berlin-New York, S. 952-963.

Eßer, Ruth (1997): „Etwas ist mir geheim geblieben am deutschen Referat“: kulturelle Geprägtheit wissenschaftlicher Textproduktion und ihre Konsequenzen für den universitären Unterricht von Deutsch als Fremdsprache, München.

Gaberell, Roger (2001): Das Problem der Linearität wissenschaftlicher Texte – Aspekte der Kohäsion und Kohärenz des Deutschen und des Französischen, in: Adamzik, Kirsten (Hrsg.): Kontrastive Textologie. Untersuchungen zur deutschen und französischen Sprach- und Literaturwissenschaft, Tübingen, S. 287-329.

Galtung, Johan (1985): Struktur, Kultur und intellektueller Stil. Ein vergleichender Essay über sachsonische, teutonische, gallische und nipponische Wissenschaft, in: Wierlacher, Alois (Hrsg.): Das Fremde und das Eigene, München, S. 151-193.

Gerzymisch-Arbogast, Heidrun (2003): Das Zusammenspiel von Sprache und Fach beim Übersetzen. Beitrag der Übersetzung und Übersetzungswissenschaft zur Vielfalt und Einheit in Europa, in: Burr, Isolde / Gréciano, Gertrud (Hrsg.): Europa: Sprache und Recht / La construction européenne: aspects linguistiques et juridiques, Baden-Baden, S. 127-140.

Giesen, Bernhard / Junge, Kai (1991): Vom Patriotismus zum Nationalismus. Zur Evolution der „Deutschen Kulturnation“, in: Giesen, Bernhard (Hrsg.): Nationale und kulturelle Identität. Studien zur Entwicklung des kollektiven Bewußtseins in der Neuzeit, Frankfurt a. M., S. 255-303.

Hagège, Claude (1996): Welche Sprache für Europa? Verständigung in der Vielfalt, Frankfurt a. M.-Paris.

Hoffmann, Hellmut (2000): Politik der Bundesregierung Deutschlands zur Förderung der deutschen Sprache im Ausland, in: Ammon, Ulrich (Hrsg.): Sprachförderung. Schlüssel auswärtiger Kulturpolitik, Frankfurt a. M. u. a., S. 61-72.

Kramsch, Claire (1993): Context and Culture in Language Teaching, Oxford.

Kraus, Peter A. (2004): Europäische Öffentlichkeit und Sprachpolitik. Integration durch Anerkennung, Frankfurt a. M.-New York.

Kremnitz, Georg (1995): Dimensionen und Dynamik kollektiver Identitäten (Beispiele aus dem okzitanischen und katalanischen Sprachgebiet), in: Sociolinguistica. Internationales Jahrbuch für Europäische Soziolinguistik, Bd. 9: Europäische Identität und Sprachenvielfalt, Tübingen, S. 67-87.

Löffler, Heinrich (1998): Sprache als Mittel der Identifikation und Distanzierung in der viersprachigen Schweiz, in: Reiher, Ruth / Kramer, Undine (Hrsg.): Sprache als Mittel von Identifikation und Distanzierung, Frankfurt a. M., S. 11-38.

Lützeler, Paul Michael (1993): Europäische Identität in der Postmoderne. Vom Nationalismus zur Multikulturalität, in: Jahrbuch Deutsch als Fremdsprache, Jg. 19, 100-115.

Morciniec, Norbert (1998): Zur Entstehung der deutschen Nationalität im Spiegel der Sprachgeschichte, in: Lasatowicz, Maria Katarzyna / Joachimsthaler, Jürgen (Hrsg.): Nationale Identität aus germanistischer Perspektive, Opole, S. 25-36.

Nossol, Alfons (1998): Schlesien, ein Land von drei Kulturen. Chancen der Versöhnung in: Nationale Identität aus germanistischer Perspektive, in: Lasatowicz, Maria Katarzyna / Joachimsthaler, Jürgen (Hrsg.): Nationale Identität aus germanistischer Perspektive, Opole, S. 13-24.

Offe, Claus (2004): Vorwort, in: Kraus, Peter A.: Europäische Öffentlichkeit und Sprachpolitik. Integration durch Anerkennung (Theorie und Gesellschaft, Bd. 53), Frankfurt a. M.-New York, S. 7-12.

Peotta, Luana (1998): Kontrastive Fachtextpragmatik. Deutsche und italienische Gerichtsurteile im Vergleich, Frankfurt a. M. u. a.

Pölzl, Ulrike (2003): Signalling cultural identity: the use of L1/Ln in ELF, in: Vienna English working papers, Bd. 12, H. 2, http://www.univie.ac.at/Anglistik/ang_new/online_papers/views/03_2/POEL_SGL.PDF, S. 3-23.

Regn, Gerhard (1987): Tassos zyklische Liebeslyrik und die petrarkistische Tradition. Studien zur „parte prima" der „Rime" (1591/1592), Tübingen.

Reiher, Ruth (Hrsg.) (1986): Jacob und Wilhelm Grimm. Über das Deutsche, Leipzig.

Reiher, Ruth / Kramer, Undine (Hrsg.) (1998): Sprache als Mittel von Identifikation und Distanzierung, Frankfurt a. M.

Ricken, Ulrich (1994): Christian Wolff und die Wissenschaftssprache der deutschen Aufklärung, in: Kretzenbacher, Heinz L. / Weinrich, Harald (Hrsg.): Linguistik der Wissenschaftssprache, Berlin, S. 41-90.

Roche, Jörg (2007): Wissenskulturen und Wissenschaftssprachen – Kommunikationskultur in einer pluralistischen Wissensgesellschaft, in: Rieger, Caroline L. / Plews, John L., / Lorey, Christoph (Hrsg.): Intercultural Literacies and German in the Classroom. Festschrift für Manfred Prokop zum 65sten Geburtstag, München, S. 31-50.

Schambeck, Herbert (2003): Sprachgebrauch in Politik und Recht mit Blick auf Europa, in: Burr, Isolde / Gréciano, Gertrud (Hrsg.): Europa: Sprache und Recht / La construction européenne: aspects linguistiques et juridiques, Baden-Baden, S. 215-221.

Schröder, Konrad (1995): Zur Problematik von Sprache und Identität in Westeuropa, in: Sociolinguistica. Internationales Jahrbuch für Europäische Soziolinguistik, Bd. 9: Europäische Identität und Sprachenvielfalt, Tübingen, S. 67-87.

Skudlik, Sabine (1990): Sprachen in den Wissenschaften. Deutsch und Englisch in der internationalen Kommunikation, Tübingen.

Ventola, Eija (1995): Englisch als „lingua franca" der schriftlichen Wissenschaftskommunikation in Finnland und in Deutschland, in: Kretzenbacher, Heinz L. / Weinrich, Harald (Hrsg.): Linguistik der Wissenschaftssprache, Berlin-New York, S. 353-386.

Weidenfeld, Werner (1985): Europa – aber wo liegt es? in: Ders. (Hrsg.): Die Identität Europas, München-Wien, S. 13-41.

Wiktorowicz, Józef (1998): Das Nationalbewusstsein und die neuere Geschichte der Wörter „deutsch" und „Deutscher", in: Lasatowicz, Maria Katarzyna / Joachimsthaler, Jürgen (Hrsg.): Nationale Identität aus germanistischer Perspektive, Opole, S. 37-50.

Wodak, Ruth (1992): Strategies in text production and text comprehension: A new perspective, in: Stein, Dieter (Hrsg.): Cooperating with Written texts. The Pragmatics and Comprehension of Written Texts, Berlin-New York, S. 493-528.

EU à venir – Die Europäische Identität aus poststrukturalistischer Perspektive

*Cornelia Bruell**

1. Einleitung

Jacques Derrida sagt über die Übersetzung, sie sei gleichzeitig „notwendig und unmöglich" (Derrida 1987, 208). Gleiches möchte ich über die Europäische Identität behaupten: *notwendig*, sowohl praktisch zum Zwecke einer funktionierenden politischen Gemeinschaft als auch zur theoretischen Ermöglichung von Differenz, und *unmöglich*, als Identität im Sinne einer *gleichursprünglichen* (Schelling 1985 mit dem *System der Identität*) Totalität. Der wissenschaftliche und politische Diskurs über eine EUropäische Identität, sei es im kulturellen oder politischen Sinn (z. B. Habermas 2001; Meyer 2004), nimmt seit Jahren kein Ende und erstreckt sich auf unterschiedlichste Herangehensweisen (ein breites Spektrum siehe z. B. in: Heit 2005). Im Rahmen der Europäischen Integrationsforschung kommen jedoch m. E. Ansätze zu kurz, die stärker auf die Fragmentierung und Differenzierung heutiger Gesellschaften eingehen, wie zum Beispiel postmoderne und poststrukturalistische Ansätze (vgl. auch Waever 2004). Die Anwendung eines poststrukturalistischen Ansatzes ist nicht nur im Rahmen des Gegenstandes, also im Rahmen Europäischer Integrationstheorien, gering, sondern auch im deutschsprachigen Raum im Allgemeinen. Flügel u. a. (Flügel/Heil/Hetzel 2004, 7) fassen dies folgendermaßen zusammen: „Im deutschen Sprachraum wird die Aufgabe der Politischen Philosophie allerdings im Wesentlichen darauf beschränkt, politisches Handeln in kategorialen Rechts- und Ver-

* Ich danke Monika Mokre für ihre geist- und hilfreichen Kommentare zu einer ersten Fassung dieses Artikels.

nunftprinzipien zu begründen und damit auf eine bestimmte, engumgrenzte Sphäre der Rationalität und des Handelns zu beschränken. Politik wird hier tendenziell als Institution oder Teilsystem der Gesellschaft aufgefasst. Die radikaldemokratischen Autorinnen[1], deren Rezeption bisher vor allem auf den französischen und angelsächsischen Sprachraum beschränkt war, artikulieren demgegenüber einen Universalitätsanspruch des Politischen." Diese „engumgrenzte Sphäre" soll mit diesem Beitrag auch für die Europäische Union durchbrochen werden. Im Folgenden werde ich durch das Heranziehen einiger poststrukturalistischer Denker (v. a. Ernesto Laclau und Jacques Derrida) zeigen, warum eine EUropäische Identität notwendig ist und welcher Gestalt diese sein könnte.

Innerhalb des poststrukturalistischen Gedankengebäudes werde ich mich, dem Thema des Bandes entsprechend, auf identitätsrelevante Kriterien konzentrieren. Diese sind die Theorie der Gemeinschaft (als kollektive Identität), das sie konstituierende Subjekt und die Bedeutung des Diskurses. Radikaldemokratische Theoretikerinnen (z. B. Jacques Derrida, Judith Butler, Etienne Balibar, Chantal Mouffe und Ernesto Laclau, Alain Badiou, Slavoj Žižek) erkennen, dass „die Differenzierung der Gesellschaft in autonome Funktionssegmente" von einer „Entdifferenzierung durch hegemoniale Kämpfe konterkariert" wird (Flügel/Heil/Hetzel 2004, 8). Anders als vereinzelte Postmodernistinnen behaupten, besteht aus poststrukturalistischer Sicht also nicht nur ein Zerfall, eine absolute Pluralisierung, sondern gleichzeitig auch ein auf Dauer gestellter hegemonialer Konflikt um zentrale Machtpositionen, mit dem Universalisierungen einhergehen.

Die legitimatorische Krise des EUropäischen Einigungsprozesses, die häufig als *Demokratiedefizit* zusammengefasst wird (Literatur siehe weiter unten), hat

[1] Alle Personenbezeichnungen beziehen sich selbstverständlich gleichermaßen auf männliche wie weibliche Personen.

nun durchaus nicht nur mit der spezifischen Konstitution der Europäischen Union zu tun, sondern mit einer Krise der Demokratie schlechthin. Erwähnte Dynamiken wie die Streuung von Kompetenzen auf Teilsysteme (seien es wirtschaftliche, rechtliche oder regional-politische), die sich auf unterschiedlichsten Ebenen, wie auch der globalen, re-formieren, tragen dazu bei, dass klassische demokratische Kategorien aufgeweicht werden und über neue Wege der Demokratisierung nachgedacht wird (Kielmansegg 1996; Majone 1998; Dahl 1999; Lord/Beetham 2001; Scharpf 2004). Der Demokratiebegriff müsste also reformuliert werden und wird aus radikaldemokratischer Perspektive als ein offener, niemals abgeschlossener, aber dennoch den Versuch der Stabilisierung nicht aufgebender Prozess verstanden. Dieser Demokratiebegriff und die dazugehörigen Vorstellungen von Identität und Subjekt sollen im Folgenden, zum Zwecke einer Anwendung auf Identifikationsprozesse innerhalb der EU, dargelegt werden.

Derrida schreibt in *Das andere Kap* (1992) über das, was Europa ausmacht, indem er einerseits Europa eine Identität abspricht, andererseits in seiner Charakterisierung nichts anderes tut, als dessen Identität zu beschreiben. Dieser sehr historisch-kulturellen Beschreibung Europas folgend, würde es heute in keiner Identitätskrise stecken. Dies liegt nun daran, dass Derrida auf etwas völlig anderes Bezug nimmt als hier erörtert werden soll. Er spricht eben von *Europa* und nicht der *Europäischen Union* und gerade an diesem Text (*Das andere Kap*) wird deutlich, welche Dilemmata mit einer solchen Undifferenziertheit einhergehen können. Ich negiere nicht eine gemeinsame Tradition oder Kultur in Europa. Diese kann allerdings diskursiv sowohl als eine sehr homogene als auch eine sehr heterogene beschrieben werden. Vielmehr begründe ich die mangelnde Identifikation der EU-Bürgerinnen mit dem politischen System nicht mit dem Fehlen einer gemeinsamen Vergangenheit oder Kultur, sondern mit dem Mangel einer gemeinsamen Zukunfts- und Gegenwartsvision, die sich rein auf dieses politische System erstreckt. Einer Definition aus der Vergangenheit stehen vor allem die wirkmächtigen Narrative der Nationalstaaten im Wege. Der Möglichkeit oder Unmöglichkeit der Herausbildung einer gemeinsamen Vision – eines gemeinsamen Horizontes – ist diese Arbeit gewidmet.

2. Notwendigkeit einer EU-Identität

2.1. Struktur und Diskurs

„Discourse is the primary terrain of the constitution of objectivity as such" (Ernesto Laclau [2005, 68]).

Warum ist der Diskursbegriff für poststrukturalistische Identitätstheorien so wichtig? Der Diskurs spielt für den Identitätsbegriff in doppelter Hinsicht eine zentrale Rolle: (1) konstituiert sich die Identität des individuellen sowie des kollektiven Subjekts *im* und *als* Diskurs und (2) können politische Entscheidungen nur von Relevanz für die Allgemeinheit sein, wenn sie für diese wahrnehmbar artikuliert werden. Der Diskurs ist somit (be-)gründend als auch ein Instrument der Beobachtung – er ist aktiv und passiv zugleich. Die Bedeutung des Diskursbegriffes für heutige politische Theorien ergab sich hauptsächlich mit einer intensiven Auseinandersetzung und Kritik am de Saussureschen Zeichensystem.[2] De Saussure (1966) zeigte auf, dass jegliche Bedeutung relational ist und sich das gesamte Sprachsystem auf Differenzen gründet.[3] Jegliches System, das solchermaßen aus einem relationalen Netzwerk besteht und dessen Bestandteile aus diesem System ihre Identität gewinnen, nennt Laclau *Diskurs*. Damit wird der Begriff des Diskurses ein sehr weiter, indem auch soziale Handlungen, Praktiken, Institutionen etc. mit einfließen, und nähert sich an den Begriff des *Sprachspiels* von Wittgenstein (2003, 16) an. Der Prozess, der zur vorübergehenden Stabilisierung eines (Bedeutungs-)Systems führt, wird *Artikulation* genannt. Laclau fasst das Verhältnis von Artikulation und Diskurs zusammen (Laclau, zit. in: Ander-

[2] Eine Ausnahme stellt die Richtung Michel Foucaults dar, der nicht von de Saussure ausgeht.
[3] Sämtliche Kritikpunkte der Poststrukturalistinnen an de Saussure an dieser Stelle darzulegen, würde hier zu weit führen.

sen 2003, 50): „When, as a result of an articulatory practice, one has become capable of configuring a system of exact different locations, this system of different locations is called discourse." Nachdem keiner dieser Bausteine eine prä-existente Identität besitzt, sondern letztere erst in und durch das relationale System konstruiert wird, können die Begriffe *Relationalität* und *Objektivität* synonym verwendet werden (vgl. Laclau 2005, 68). Damit befindet sich auch die Objektivität rein auf der Ebene des Diskurses und nicht außerhalb eines solchen.

Von der Struktur als geschlossene Einheit löst sich die post-strukturalistische Kritik und denkt nun jedes System als vorübergehend und im Prinzip offen – hier findet der Bruch mit dem Strukturalismus statt. Ausgehend von der *Logik des Signifikanten* von Jacques Lacan (1977), die besagt, dass es aufgrund der Überdeterminiertheit (angelehnt an Freud) keine fixe Bindung zwischen Signifikat und Signifikant geben kann, verweisen sowohl Laclau als auch Derrida auf die ständige Aufgeschobenheit der Bedeutung. Derrida entwickelt diesen Gedanken noch einen Schritt weiter, indem er die radikale *Unentscheidbarkeit* jeglicher strukturellen Anordnung mittels der Dekonstruktion aufdeckt und auf diese seinen Schwerpunkt setzt.

Das Denken der Differenz steht in Derridas Werk im Mittelpunkt (Derrida 2004b) und lässt aufgrund seiner Radikalität mit der Entwicklung der *différance* (siehe unten) auch nicht zu, dieses Denken und in Folge auch das „Konzept" der Dekonstruktion als einheitliche, geschlossene Systeme aufzufassen – reine Annäherungen sind möglich. Man kann sich ihnen immer nur annähern. Nachdem für Derrida die Schrift eine zentrale Größe ist – er versucht, ihr neben der verbalen Sprache wieder einen gleichrangigen Platz zu erkämpfen, und er versucht, mit bisherigen Philosophien (sowohl der Metaphysik als auch dem späten Heidegger) zu brechen – scheut er sich auch nicht, neue Begrifflichkeiten einzuführen. Die Bedeutung der Schrift stellt er heraus, indem er die Differenz (im Französischen *différence*) mit einem neuen Vokal versieht, dem *a* und sie damit zur *différance* wird, im Deutschen übersetzt mit *Differänz*[4]. Die Veränderung im Schriftbild ist durch die Aussprache nicht wahrnehmbar und doch bedeuten die beiden Begriffe etwas signifikant anderes. In den Worten Derridas ist die *Differänz* „der nicht-volle, nicht-einfache, strukturierte und differierende Ursprung der Differenzen. Folglich kommt ihr der Name ‚Ursprung' nicht mehr zu" (zit. in: Kimmerle 2000, 80).[5] Trotzdem ist das Denken eines Ursprungs, der kein Ursprung (mehr) ist, notwendig. Die *Differänz* ist weder Ursache noch Wirkung, sie ist das *Werden.*

Die „Philosophie der Differenz" (Kimmerle 2000, 17) stößt aber auf eine Problematik, die schon bei de Saussure evident wurde: „Gegeben, dass alle Identitäten rein differenziell sind, müssen wir in irgendeiner Weise bestimmen können, was das Gesamte ist, in welchem sich die Identitäten als different konstituieren können" (Laclau 2005, 69, übers. C.B.). Nachdem es aber kein vorstrukturiertes, allmächtiges Zentrum gibt, das diesen Identitäten ihren Platz zuweisen würde, muss der nötige Horizont von den Elementen selbst produziert werden. Es muss also eine Totalität geben, die in jedem Element auf die eine oder andere Weise zum Ausdruck kommt. Von *einer* Universalisierung kann also nicht gesprochen werden – es handelt sich eher um eine dem System immanente Universalisierung einer konkreten, kontextabhängigen Partikularität durch Hegemonie. „Universalistische Ansprüche erscheinen immer nur als an einer partikularen Perspektive gebrochene" (Hetzel 2004, 198). Oder mit den Worten Laclaus: „Ich kann keine differentielle Identität geltend machen, ohne sie von einem Kontext zu unterscheiden, und im Prozess dieser Unterscheidung mache ich zugleich den Kontext geltend" (Laclau 2002, 54). Das Universelle ist nichts anderes als ein „unvollständiger Horizont" (Laclau 2002, 57), der von etwas Partikularem he-

[4] Die wichtige Bedeutung des Buchstabens *a* als das Aleph im hebräischen Alphabet geht in der deutschen Übersetzung der *Differänz* verloren.

[5] In der original deutschen Übersetzung wird das „strukturierte und differierende" weggelassen (Derrida 2004a, 123), daher wird hier nach Kimmerle zitiert.

gemonial besetzt wird. Ein konkreter Inhalt übernimmt so die Repräsentation als Universelles für unterschiedliche Partikularitäten, die sich damit identifizieren können.

Wie ist nun die Philosophie der Differenz mit dem Hegemoniedenken Laclaus vereinbar? Wir zitieren zur Veranschaulichung Derrida etwas ausführlicher: „Es gibt différance, sobald es lebendige Spur gibt [...] Sodann ist die différance nicht eine Unterscheidung, ein Wesen oder eine Opposition, sondern eine Bewegung der Verräumlichung, ein ‚Raum-Werden' der Zeit, ein ‚Zeit-Werden' des Raumes, ein Bezug auf die Alterität, auf eine Heterogenität, die nicht zunächst einmal oppositionell ist" (Derrida/Roudinesco 2006, 42).

Zunächst wird eine Parallele zu Laclau in diesem Zitat evident: Laclau beschreibt diese Heterogenität, dieses Verweisen ohne eine Dichotomie, den offenen Fluss der Bedeutungsfluktuation in früheren Werken (Laclau/Mouffe 1991) mit dem psychoanalytischen Begriff der *Überdetermination* und später (Laclau 2005) mit dem Begriff der *Heterogenität*. Beidem ist einerseits die *Möglichkeit* (bei Laclau auch als das *Politische* benannt) inhärent, andererseits die Notwendigkeit der Entscheidung. Weniger evident, aber für die folgende Argumentation ausschlaggebender in diesem Zitat, ist die implizite Dimension der Stabilität, der prekären Fixierung, der Konstituierung einer Identität. Auch wenn das bedeutet, Derrida einen Schritt weit zu dekonstruieren, werde ich eine solche Interpretation wagen. Was ist eine „Bewegung der Verräumlichung"? Ist dies nicht ein Oxymoron? Es kommt auf den Raumbegriff an. Die Entstehung eines Raumes durch Zeit kann zwar als Bewegung bezeichnet werden, aber das, was entsteht, der Raum selbst, kann im strengen Sinne nicht in Bewegung sein – zumindest nicht vollständig.

Wie auch Oliver Marchart (1998) schreibt, ist das Anhalten der Bewegung[6] durch das Entstehen eines Raumes eine Art von Schließung und prekärer Stabilisierung. Ein Raum kann nur als ein solcher wahrgenommen oder besser gedacht werden, wenn er in irgendeiner Form Grenzen aufweist – aus poststrukturalistischer Perspektive können diese allerdings nie vollständig und geschlossen sein.

Vorsicht ist hier geboten – es geht im Kern um einen unterschiedlichen Identitätsbegriff. Derrida setzt Identität und Differenz zueinander in Opposition. Er versteht also Identität im strengen Sinne des Wortes als das *Gleiche*. Ich hingegen verstehe Identität als das, was Derrida als *Differänz* bezeichnet, nämlich die Notwendigkeit des Verweisens auf etwas Anderes, das der endgültigen Stabilisierung immer entflieht, bei gleichzeitiger Universalisierung der nämlichen Differenz plus dem Verbleiben einer Spur (Derrida, 2004b), nicht nur jener der Differenzwahrnehmung, sondern auch jener der Äquivalenz. Das von Derrida als „lebendige Spur" oder „Raum-Werden der Zeit" Bezeichnete, verstehe ich weniger historisch als den Verlauf der Differenzen wahrnehmend, als vielmehr das Universelle in sich tragend und darauf verweisend – eine Identität konstruierend. Die Äquivalenz und das Universelle von Laclau können auf diese Weise im *Differänz*-Begriff gelesen werden.

In einem Gespräch mit Élisabeth Roudinesco gibt Derrida dann auch der Notwendigkeit der Äquivalenz etwas mehr Raum (2006, 44): „Die politische

6 Er setzt diese allerdings mit der Zeit gleich, ich hingegen würde sie in Opposition setzen und den Raumbegriff der Zeit annähern, wie Einstein (2001) in der Raumzeit innerhalb der speziellen Relativitätstheorie. Laclau versteht auch unter *Zeit* Bewegung und setzt sie in Opposition zum Raumbegriff: „we can speak of the hegemonization of time by space (through repetition)" (Laclau 1990, 42). Ich verstehe hingegen Zeit auch als etwas Einschneidendes – etwas Begrenzendes und damit dem Raumbegriff nahe. Zu diesem Zwecke führte auch Heidegger (1969) den Begriff des *Zeit-Raums* ein und Derrida (2004a, 126) konzipiert die *Differänz* als Verzeitlichung *und* Verräumlichung. Wenn allerdings der Begriff *Zeit* bei Laclau und Marchart als *Bewegung* gelesen wird, dann decken sich die Konzeptionen.

Verantwortung in Anbetracht stets komplexer, widersprüchlicher und überdeterminierter (wie man früher sagte) Situationen besteht darin, dass man den Raum, die Zeit und die Grenze des Bündnisses zu berechnen sucht." Das ist es, was die EU braucht: Die EU muss ihren Raum, ihre Zeit und ihre Grenze berechnen. Allerdings würde ich den Raum gesellschaftlich-politisch verstehen, die Zeit als die Akzeptanz der Prozesshaftigkeit und Bewegung, die Grenze nicht im rein territorialen Sinn, sondern im Sinne einer Beschreibung der gesellschaftlichen Momentaufnahme und „berechnen" im Sinne eines unendlichen Diskurses, der kurzfristige Fixierungen benötigt. Das Universelle muss also auch bei Derrida präsent sein, allerdings ist es „nicht in der Weise eines Wesens gegeben, sondern kündigt einen unendlichen Prozess der *Universalisierung* an" (Derrida/Roudinesco 2006, 38; Hervorhebung im Original). Der Horizont spielt auch hier trotz aller Betonung der Vorrangigkeit der Differenz eine zentrale Rolle. Kimmerle (2000, 33) schreibt dazu: „Alle Bedeutungen sind veränderlich und verändern sich in einem Spiel der Differenzen, das mehrere nur als Ausschnitte relativ festzulegende Bedeutungshorizonte zulässt."

Soll die Europäische Union also als politische Einheit, als eine Struktur, verstanden werden und die Differenzen in ihr Geltungsanspruch haben, dann muss auch eine Spur des Universellen, ein gemeinsamer Horizont, gefunden werden. Die Totalität der EU muss in jedem Element auf ähnliche Art und Weise zum Ausdruck kommen. Ohne diese gemeinsame Identität können auch Differenzen nicht legitimiert werden.

2.2. Identität und Identifikation

Zentral zum Verständnis der Identität aus post-strukturalistischer Sicht ist der Prozess der Identifikation. Letztere ist nur notwendig, wenn die Identität an sich einen ständigen Mangel aufweist (vgl. Laclau 1994a, 3). Würde sie dies nicht, würde der Identifikationsprozess zu Ende sein und die Gesellschaft würde erstarren oder einfrieren. Was das *Politische* in jeder Identifikation ausmacht, ist genau das Faktum, dass die *Gesellschaft* nicht ein endgültig geschlossenes System, eine finale Institutionalisierung von sedimentierten Handlungen, Praktiken und Werten darstellt. Das Soziale als die Überdetermination, die nicht strukturierte Heterogenität, überflutet die Gesellschaft immer von Neuem und macht den kontingenten Charakter ihrer hegemonialen Konfigurationen sichtbar. Der immer bestehende soziale Antagonismus macht dieses Aufbrechen von etablierten Machtpositionen möglich. Jeder sozialen Handlung ist also nicht nur ein Moment der Wiederholung inhärent, sondern auch die (Wieder-)Herstellung von etwas Beschädigtem durch etwas Neues (vgl. Laclau 1994a, 3).

Nachdem also die absolute ontologische Kategorie der Identität nie völlig erreicht werden kann – sie bleibt immer ein Konzept, ein Ideal am Horizont (in Derridas Worten „im Kommen") –, bringt die Art der spezifischen Annäherung an sie auch keine Notwendigkeit mit sich. Die Beziehung zwischen der absoluten Kategorie und dem jeweiligen Versuch sie auszufüllen, zu besetzen, ist kontingent. Diese Art der Konzeptionierung von unerreichbaren Kategorien zieht sich durch Laclaus gesamtes Werk – man könnte sagen, seine *próte philosophía* ist die ontologische Differenz ohne Grund. Ob es nun das Verhältnis des Subjektiven zum Objektiven, des Partikularen zum Universellen oder der Freiheit zur Determination ist, immer gibt es eine nur annäherbare ontologische Kategorie, die vom jeweils Ontischen versucht wird, in Besitz genommen zu werden. So inkarniert sich die Subjektivtität in der Objektivität (ihrem eigentlichen Gegenteil) sowie das Partikulare im Universellen. Die Unvollkommenheit und die Unmöglichkeit dieses Inkarnationsversuches sind es, die dafür Sorge tragen, dass sich die Dynamiken ins Unendliche perpetuieren. Diesen Prozess nennt Laclau die *Identifikation*, die eben nicht mit der Identität gleichzusetzen ist. Letztere ist nur die prekär erlangte Stabilität, die aufgrund der Unvollkommenheit nie auf Dauer sein kann (vgl. Laclau 1994b, 13).

Mit diesem Identifikationsprozess geht aber auch einher, dass sich die Identität des Objekts der Identifikation verändert. Das Objekt besteht nun nicht mehr nur aus der eigenen Identität, sondern wird als Inkarnationsgegenstand auch zu einer Funktion. Somit ist es gespalten in seine universelle Funktion und die Besetzung durch etwas Partikulares (Laclau 1994b, 14) – die ontologische Differenz im Objekt selbst. Bedingungen für den Identifikationsprozess sind (1) ein Mangel im Subjekt, das mit etwas Externem, dem Objektiven, ausgefüllt wird. Damit dieses aber als *Füllung* funktionieren kann, muss dies auch fremd/extern bleiben. Die Notwendigkeit der Identifikation ist also schon Beweis für den konstitutiven Mangel im Subjekt. Als Beispiel nimmt Laclau die Akzeptanz eines Rechtssystems als Organisationsform. Das Recht wird nicht akzeptiert, weil es rational ist, denn sonst würde es ja schon im Subjekt (in seiner Ratio) bestehen und müsste nicht als Supplement auftreten. Das Recht wird als notwendig empfunden, weil es eben extern, nämlich das Recht selbst bleibt. (2) Die Funktion der Supplementierung benötigt einen leeren Platz, der dem Supplement (dem Identifikationsobjekt) indifferent gegenüber steht (vgl. Laclau 1994b, 15). Der konstitutive Mangel und die Notwendigkeit der Supplementierung durch das Subjekt ist sowohl in Laclaus als auch in Derridas Werk (vgl. 1983, 271, 274f.) von zentraler Bedeutung. Die Äquivalenzkette von Laclau kann mit der Kette der Supplemente von Derrida verglichen werden.

Soll also eine kollektive Identität in der EU konstruiert werden, muss diese im Identifikationsprozess einen Mangel ersetzen: ein Mangel, der zwar, wie wir im nächsten Kapitel sehen werden, ohnehin in jedem Subjekt besteht, der aber, und das ist zentral, durch ein ähnliches Supplement ausgefüllt werden muss. Welcher Gestalt dieses Supplement ist, das ist prinzipiell kontingent, aber abhängig von kontextuellen Konstellationen. Ein mögliches Supplement wird am Ende dieses Beitrages vorgeschlagen.

2.3. Die Entscheidung und das Subjekt

Ebenso wie das Verhältnis Partikulares – Universelles stellt sich das Verhältnis von Freiheit und Determination dar: Subjektive Freiheit, d. h. Freiheit als solche, ist nur möglich aufgrund der ontologischen Kategorie der

Determinierbarkeit. Natürlich weist dieses Denken von Laclau einen starken dichotomen Charakter auf, allerdings keinen in reinen Antipoden oder im Sinne der Dialektik. Vielmehr stehen sich unterschiedliche Hierarchien gegenüber, die sich zwar gegenseitig benötigen, aber durchaus nicht gleichberechtigt sind. Dominanzen können sich abwechseln, so zum Beispiel bei der Vorherrschaft der Differenz vs. Äquivalenz, wobei die ontologische Differenz zwischen Ontologischem und Ontischem notwendig erhalten bleibt (vgl. Marchart 2004, 64). Diese Abkehr von der Dialektik bei gleichzeitigem Denken eines „Zugleichs" ist auch in Derridas Denken zentral. „Das Zugleich von Präsenz und Absenz, Leben und Tod, Positivem und Negativem wird in der supplementären Logik anders gedacht, nämlich als offene Möglichkeit, die unter keinem es bestimmenden Prinzip steht und die sozusagen die verschiedensten Mischungsverhältnisse zulässt" (Kimmerle 2000, 50). Diese Möglichkeit und Notwendigkeit der Supplementierung wird dem Subjekt auferlegt. Damit gewinnt es zwar gegenüber dem Strukturalismus wieder an kreativer Macht und Entscheidungsfreiheit, unterliegt aber gleichzeitig einem Zwang durch das Sich-entscheiden-müssen. Diese zweifache Dimension des Subjekts als einerseits determiniert durch die Struktur und andererseits aufgefordert zu einer Entscheidung, einem Mitwirken, ist schon in Heideggers *Daseins*-Philosophie anwesend. So ist das *Dasein*, als die Grundlage des Menschseins, einerseits in eine Welt „geworfen", die es sich nicht aussuchen kann, andererseits hat es die Möglichkeit zum *Entwurf*, zur Mitgestaltung (vgl. Heidegger 1963, 135, 144f.). Dieses *Geworfensein* bedingt auch, dass das Dasein immer schon ein Miteinandersein ist. Die Unbedingtheit der Anderen ist also auch bei Heidegger schon evident. Die Verbindung von Dasein und Mitdasein ist ein ontologischer Charakterzug, wie die Verbindung von Partikularem und Universellen.

Für Laclau ist die Subjektivität gleichzusetzen mit Selbstbestimmung, Unbestimmtheit und Kreativität. Ihr Gegenteil wäre die Objektivität als Determination/Bestimmtheit. Die Entscheidung, als der stärkste Ausdruck der Selbstbestimmung, ist daher der Moment, in dem sich das Subjekt überhaupt erst konstituiert. Das Subjekt wird nun also zwischen dem metaphysischen omnipotenten Subjekt und den strukturalistischen Subjektpositionen angesiedelt. „Jede *Subjektposition* ist ein Effekt der strukturalen Determination [...] – es gibt kein substantielles Bewusstsein, das sich außerhalb der Struktur konstituiert“ (Laclau 1999, 126). Die Entscheidung „[...] ist der Augenblick des Erscheinens des *Subjekts*, das sich von den *Subjektpositionen* unterscheidet“ (Laclau 1999, 128). Wenn es aber nichts außerhalb des Subjekts gibt, zumindest nichts, was für das Subjekt von Relevanz wäre, dann muss die Unbestimmtheit umformuliert werden in eine Unbestimmbarkeit – in eine Nicht-Voraussagbarkeit (vgl. Derrida 2006, 91). Derrida nennt dies das *Unberechenbare* (was zum Beispiel mit einem *Nicht-Können* zu tun haben kann) und das *Ereignis* (als das Nicht-Berechenbare, was sich jeglicher Formel entzieht) (vgl. Derrida 2006, 88). Beides gebraucht er anstatt des Wortes *Freiheit*, da ihm dieses zu belastet erscheint. Natürlich gehen diese beiden Konzeptionen der Freiheit, ob sie nun als eine solche bezeichnet werden oder nicht, etwas auseinander. Laclaus *Freiheit* ist nach Innen gerichtet auf das Subjekt, sie ist ihm inhärent aus sich selbst heraus, der Selbstbestimmung, Derridas *Freiheit* ist auf die Andere gerichtet. Die Andere oder das Außen sorgt für etwas Unberechenbares, das *kommen* kann. Freiheit ist somit für Derrida rein intersubjektiv möglich und schließt noch nicht die gleichzeitige Determiniertheit der Anderen selbst aus. Ausschlaggebend für die Wahrnehmung der Freiheit ist also die Perspektive, daher schließe ich mich eher Derrida als Laclau an. Auch das Verhältnis von Subjektivität und Objektivität kann über diese Betonung der Perspektive erklärt werden. Die Bedeutung der Perspektive in Derridas Werk zeigt sich schon an seinem Praktizieren (da sie weder Theorie noch Methode ist) der *Dekonstruktion*. Die Perspektive auf das zu destruierende ändert sich dabei ständig, hat keinen fixen Standpunkt und kann nur aus dem Inneren heraus vollzogen werden, sie versucht, das Werden der *Differänz* zu fassen (Derrida 2004a). Die „Vielfältigkeit und Verschiebbarkeit der Perspektiven ist das Korrelat der Inventivität Derridas“ (Kimmerle 2000, 48). Im Sinne Derridas ist die Entscheidung auch immer eine Art der Überstürzung – sie erfordert eine gewisse

Dringlichkeit. Damit wird die Möglichkeit nicht ausgeschlossen, dass die Entscheidung an sich kausal herzuleiten wäre. Vielmehr wäre eine „‚unendliche Information' erforderlich, wenn man aus diesem Wissen eine bestimmte Entscheidung ableiten wollte" (Kimmerle 2000, 135).

Die *Aporie* bei Derrida kann als die Konkretisierung der Entscheidung bei Laclau gesehen werden: Sie ist dem Moment der Entscheidung vorgängig. Sie bezeichnet das Risiko bei jeder Entscheidung, da immer ein Rest des Unentscheidbaren bleibt. „Das Unentscheidbare ist nicht einfach das Schwanken oder die Spannung zwischen zwei Entscheidungen, es ist die Erfahrung dessen, was dem Berechenbaren, der Regel nicht zugeordnet werden kann, weil es ihnen fremd ist und ihnen gegenüber ungleichartig bleibt" (Derrida 1991, 49). Die *Aporie* ist also die *Dislokation* Laclaus, die immer dazu führt, dass neue Entscheidungen notwendig werden, obwohl auch diese zu keiner endgültigen Schließung führen können. Für das Subjekt bleibt festzuhalten, dass dieser Akt des Versuchs der Schließung, die Entscheidung als Tilgung des Mangels im Subjekt, unbedingt notwendig ist für jede Identifikation. Den Bürgerinnen der Europäischen Union kann also nicht eine vorgefertigte Identität zur Verfügung gestellt werden, die sie dann aus Vernunftgründen übernehmen. Sie müssen den in ihnen bestehenden Mangel selbst füllen, indem sie an dem Identifikationsprozess aktiv teilnehmen. Was dazu notwendig ist, beschreibt das nächste Kapitel.

3. Möglichkeit einer EU-Identität

3.1. „Einheit in der Vielfalt"

Eine EU-Identität ist also die Äquivalenz in der *Differänz*, nicht als dialektische Auflösung und Synthese gedacht, sondern im Sinne der *différance* immer verschoben, aufgeschoben, im Kommen, nie dasselbe, aber immer das Äquivalente als Spur in sich tragend. Diese Spuren der Schrift und der Sprache müssen sich ähneln, um das gleiche „im Kommen" konstruieren zu können. Identität verstehe ich also als *Äquidifferänz*.

Diese *Äquidifferänz* drückt sich prinzipiell für die Europäische Union auch in ihrer favorisierten Metapher „Einheit in der Vielfalt“ aus. Allerdings bedient sich diese Metapher zweier schon so sedimentierter Formen in verschiedensten Kontexten (z. B. Globalisierung), dass sie keine oder nur geringe emotive Identifikationen evoziert. Man kann im Sinne Davidsons (2001) von einer *toten Metapher* sprechen, da „Einheit“ und „Vielfalt“ bereits in anderen Sprachspielen, z. B. dem nationalen, verbraucht wurden (vgl. Bruell 2005). Gerade durch die Ambiguität und die Unsicherheit über die Charakterisierung einer EU-Identität wird immer aufs Neue ihr kontingenter Charakter sichtbar. Sie dekonstruiert sich selbst aus sich selbst. Die Produktivität dieser Dekonstruktionen beschreibt Laclau für jegliches politische System: „[...] as theoretico-political categories do not only exist in books but are also part of discourses actually informing institutions and social relations, these deconstructive operations are an integral part of the making of political life“ (Laclau 1994a). Daher ist die Auseinandersetzung mit den dekonstruktiven Zügen der Europäischen Union auch so wichtig – sie hat direkten Einfluss auf die Verfasstheit des politischen Systems selbst.

Zuständig für die Stabilisierung in diesem unendlichen Spiel der Bewegungen und Verschiebungen ist das Subjekt. Das Subjekt hegemonialisiert die Bewegung durch die Öffnung eines Raumes qua Wiederholungen (siehe weiter unten). Würde jedes Subjekt in der Europäischen Union bereits ein Verhältnis zu ihr aufgebaut haben und über eine gefestigte Position in der Sozialstruktur verfügen, dann wären diese längst lokalisiert – sie müssten nur mehr *entdeckt* werden (vgl. Laclau 1994a, 2). Die jahrelangen wissenschaftlichen und politischen Auseinandersetzungen mit dem Thema zeigen aber, dass diese Positionierungen oder Identifikationen entweder nichtexistent, erst im Entstehen oder völlig fragmentiert sind.

Nachdem die Struktur selbst die Art dieser Herstellung (Konstruktion) nicht vorgibt, wird eine „radikale Investition“ (Laclau 1994a, 4) benötigt. Das Politische als der Gegensatz zu sedimentierten sozialen Handlungen (der Gesellschaft) ist also *radikal*, in dem Sinne, dass es aus jener nicht hervorgeht, sondern ihren gründenden Akt in sich selbst tragen muss. Genauso verhält es sich mit der Beziehung von Identifikation und Identität: Politische Identität trägt die Notwendigkeit in sich, dass die instituierenden Momente dieser Identität – die Identifikationen – sichtbar sind (Laclau 1994a, 4). Diese Notwendigkeit der Sichtbarkeit und das sichtbare Auftreten von Antagonismen, die Kontingenzen erst evident machen, weisen auf die Bedeutung einer *Öffentlichkeit* hin (vgl. Bruell/Mokre 2007).

3.2. EU-Öffentlichkeit

Durch den Verweisungszusammenhang, die Spur als die Erinnerung an die *Differänz*, wird das Zeitliche verräumlicht. Das Werden, als die *Differänz* (siehe oben), „breitet sich aus im/als Raum, indem es einen Verweisungszusammenhang voraussetzt und (mit) konstituiert" (Kimmerle 2000, 81). Diesen Raum als Verweisungszusammenhang und Anhalten der Bewegung in Hinblick auf eine politische Identität nenne ich *Öffentlichkeit*. Dieser Raum ist nicht statisch, sondern ein dynamisches Geschehen des Verweisens im Sich-von-sich-Unterscheiden als Verschiebung und Aufschieben. „Da die Spur kein Anwesen ist, sondern das Simulacrum eines Anwesens, das sich auflöst, verschiebt, verweist, eigentlich nicht stattfindet, gehört das Erlöschen zu ihrer Struktur" (Derrida 2004a, 142). Auch Öffentlichkeit ist damit nie statisch, sondern ständig im Fluss.

Die Öffentlichkeit(en) dienen aber nicht nur dazu, Raum für Destruktionen, Kreationen und Instituierungen zu geben, sondern auch der Stabilisierung dieser neuen Identifikationen. Ein wichtiges Element bei dieser Stabilisierung ist die Möglichkeit und Praxis der *Wiederholung*. „[…] die Artikulation [ist] ein fortdauernder und fortlaufend scheiternder Prozess, der grundsätzlich aus der repetitiven Verknüpfung von Elementen besteht. Es geschieht genau durch Artikulation, durch die Verbindung differenter Elemente, dass wir einen Raum eröffnen" (Marchart 1998). Ohne Wiederholung kann eine Identifikation nicht hegemonial und damit zur Identität werden. Diese

Notwendigkeit der Wiederholung ist bereits ein wichtiger Bestandteil unserer Sprache selbst: „ein reines Idiom ist keine Sprache, es wird erst zur Sprache, indem es sich wiederholt" (Derrida 2004c, 243). Allerdings reicht es nicht aus, sich über bestimmte Inhalte zu verständigen. Im Sinne schon des de Saussurschen *Zeichens*, als Einheit von Signifikant und Signifikat, und in weiterer Folge das Konzept der *Regel* in Wittgensteins Sprachspiel, müssen sich auch die Diskursstrukturen ähneln. Eine Spur im Sinne Derridas ist nicht nur Erinnerung, sie weist vielmehr eine Strukturalität auf. Diese gemeinsame Struktur muss also in der EU über den öffentlichen Diskurs konstruiert werden.

4. Mögliches Aussehen einer EU-Identität – die *EU à venir*

Die Gesellschaft des 20. und 21. Jahrhunderts, so wie sie meist aus soziologischer und politischer Sicht interpretiert wird, erscheint als eine fragmentierte, der sowohl große historische Akteurinnen als auch die Anwesenheit einer zentralen, korrigierenden Öffentlichkeit verloren gegangen sind. Die Rede von der sog. Postmoderne impliziert, dass immer kleinere Einheiten als Partikularismen (Stichwort Fragmentierung) sich zu Mikrogemeinschaften formieren und selbst diese noch loser gebunden sind. Doch um nun all diesen Partikularitäten ein Recht auf ihre Konstituierung zukommen zu lassen, wird oft übersehen, dass sich noch viel weiter reichende Gemeinschaften mit geteilten Werten gründen, nämlich jene, die dieses Recht allen Identitäten zugesteht. Das universelle Recht auf Differenz begründet so eine Gemeinschaft, die alle vorhergegangenen an Größe noch überbietet (vgl. Laclau 1994a, 5). Aus der oben vorgeführten Reziprozität von Differenz und Äquivalenz geht also hervor, dass, wenn die Subsidiarität und der Regionalisierungsprozess in der Europäischen Union unterstützt und stabilisiert werden soll, die diesen Präferenzen zugrunde liegenden universellen Grundlagen geklärt oder geschaffen werden müssen. Erst wenn die Gemeinschaft als eine solche von allen anerkannt wird, können sich darin befindende Differenzen konstituieren und frei bewegen.

Derridas Idee von der *démocratie à venir* kann m. E. als Modell für die Konstruktion eines gemeinsamen Horizontes in der EU dienen. Sie entstand vor allem im Zuge seiner Auseinandersetzung mit dem Gesetz (vgl. z. B. Derrida 1991). Was in Gesetzestexten verankert ist, ist immer unvollständig, muss immer weiterentwickelt werden, hängt von der Urteilenden ab und ist daher „im Kommen". Genauso wie die Gerechtigkeit in *Gesetzeskraft,* weist auch die Demokratie im Inneren eine „selbstdekonstruktive Kraft" (Derrida 2000, 156) auf.

Demokratie bleibt somit im Kommen – sie stellt sich als eine ewige Aufgabe dar, „[…] eine Aufgabe jedoch, der man sich allein dann annehmen kann, wenn man das Denken des Präsenten verlässt und sich einem Denken des Vielleicht öffnet" (Flügel 2004, 34). Derrida beschreibt den Begriff der Demokratie ähnlich wie Laclau, der auf den *leeren Signifikanten* verweist (vgl. Laclau 2005, 70f.). Der Begriff verfügt über keinen festen Sinninhalt und dient daher immer nur spezifischen Inhalten als Hülse für das Einnehmen einer bestimmten Funktion. Bei Derrida tritt diese Leere als eine semantische Instabilität auf. Bei all den problematischen Auseinandersetzungen mit dem Demokratiebegriff an sich und dem demokratischen Charakter der Europäischen Union im Speziellen, ist ein Zurück in ein essentialistisches Denken eben dieses Systems schwer vorstellbar. Fraglich ist auch, ob nach all den Erfahrungen mit Nationalstaatlichkeit eine solch statische Konzeption eines demokratischen Modells überhaupt normativ wünschenswert ist. Derrida versucht daher, diesen Drang nach einer inhaltlichen Festschreibung des Demokratischen und des Politischen zu überwinden – dieses Vorhaben schildert er in *Schurken* (Derrida 2003, 20; Hervorhebung im Original): „So möchte ich hier das Wagnis eingehen, mich dem Zufall, das heißt dem unberechenbaren *Vielleicht*, zu überantworten, dem Unberechenbaren eines anderen Denkens des Lebens, des Lebendigen des Lebens, unter dem alten und doch immer noch ganz neuen und vielleicht noch gar nicht bedachten Namen der ‚Demokratie'".

Woran es fehlt, ist ein *soziales Imaginäres,* das nicht nur inhaltlich zu verstehen ist sondern ein Horizont, verstanden als „not one among other objects but an absolute limit which structures a field of intelligibility and is thus the condition of possibility of the emergence of any object" (Laclau 1990, 64). Dieses Imaginäre als Möglichkeit der Identifikation kann nicht, wie oben zur Theorie des Subjekts ausgeführt, von anderen zur Verfügung gestellt werden. Es muss (1) etwas Gemeinsames in sich tragen und (2) von den Teilnehmenden selbst konstruiert werden. So verlangt gerade die „Fragmentierung der Identitäten bezüglich politischer Anliegen" in den hochentwickelten Industriegesellschaften „Formen der politischen Aggregation, deren Herstellung wiederum von den Repräsentierenden verlangt, eine aktive Rolle bei der Formierung von kollektiven Willensmomenten zu spielen, und nicht allein ein passiver Spiegel der Interessen, die vor der Grundlegung einer solchen Formierung liegen, auf der Ebene der öffentlichen Gesellschaft zu sein" (Laclau 1999, 116). Beiden also, Repräsentierten (als das sich entscheidende Subjekt) und Repräsentierenden, wird eine aktive Partizipation abverlangt, deren Möglichkeit der Interaktion vor allem in der *Öffentlichkeit* gegeben ist.

Für die Möglichkeit der Konstruktion einer EU-Identität im Allgemeinen und als einer *EU à venir* im Speziellen sind also verschiedenen Prämissen ausschlaggebend: (1) Muss es eine allgemeine Möglichkeit zur Diskursivierung geben, durch die gemeinsame Diskursstrukturen (ein Sprachspiel) entstehen kann (i. e. eine Öffentlichkeit), um sich (2) über eine inhaltliche Bestimmung dieser Gemeinschaft zu verständigen. Diese kann (aus aktualgesellschaftlicher Perspektive) und soll (aus theoretisch-normativer Sicht) nicht aus dem Versuch bestehen, die EU als ein ewig stabiles, territorial konkretes und gesellschaftlich geschlossenes System zu konstruieren. Vielmehr ist sie in ihrer Prozesshaftigkeit, Offenheit und Unabgeschlossenheit zu akzeptieren und solchermaßen sollte sie auch als universeller Horizont, die Möglichkeit zum Pluralismus in sich tragend, von Eliten dargestellt werden. Das Versprechen einer Finalität kann nicht eingelöst werden und konterkariert den Prozess der Identifikation mit einer EU, die auch als „im Kommen" gedacht, als eine demokratisch legitimierbare Gemeinschaft Chancen haben würde.

Literatur

Andersen, Niels A. (2003): Discursive Analytical Strategies. Understanding Foucault, Koselleck, Laclau, Luhmann, Bristol.

Bruell, Cornelia (2005): Sprache als Werkzeug diskursiver Konstruktionen kollektiver EU-Identitäten. Der Verfassungsdiskurs als Ankerpunkt einer Analyse, in: Heit, Helmut (Hrsg.): Die Werte Europas. Verfassungspatriotismus und Wertegemeinschaft in der EU?, Münster, S. 259-270.

Dies. / Mokre, Monika (2007): Chancen für EUropäische Öffentlichkeiten. Eine Analyse der medialen Diskursivierung der Wahlen zum Europäischen Parlament in Österreich, EIF Working Paper Nr. 27, Februar 2007, http://www.eif.oeaw.ac.at/downloads/workingpapers/wp27.pdf (abgerufen am 11.04.2007).

Dahl, Robert A. (1999): Can International Organizations be Democratic? A Skeptic's View, in: Shapiro, Ian / Casiano, Hacker-Cordon (Hrsg.): Democracy's Edges, Cambridge, S. 19-36.

Davidson, Donald (2001): Subjective, Intersubjective, Objective, Oxford.

Derrida, Jacques (1983): Grammatologie, Frankfurt a. M.

Ders. (1987): Psyché, Paris.

Ders. (1992): Das andere Kap, Frankfurt a. M.

Ders. (1991): Gesetzeskraft, Frankfurt a. M.

Ders. (2000): Politik der Freundschaft, Frankfurt a. M.

Ders. (2003): Schurken. Zwei Essays über die Vernunft, übers. von Horst Brühmann, Frankfurt a. M.

Ders. (2004a): Die différance, in: Ders.: Die différance. Ausgewählte Texte, hrsg. von Peter Engelmann, Stuttgart, S. 110-149.

Ders. (2004b): Die différance. Ausgewählte Texte, hrsg. von Peter Engelmann, Stuttgart.

Ders. (2004c): Freud und der Schauplatz der Schrift, in: Ders.: Die différance. Ausgewählte Texte, hrsg. von Peter Engelmann, Stuttgart, S. 218-248.

Ders. / Roudinesco, Elisabeth (2006): Woraus wird Morgen gemacht sein? Ein Dialog, Stuttgart.

De Saussure, Ferdinand (1966): Course in General Linguistics, übers. von Wade Baskin, New York.

Einstein, Albert (2001): Über die spezielle und allgemeine Relativitätstheorie, Berlin.

Flügel, Oliver (2004): Démocratie à venir: Jacques Derrida, in: Ders. / Heil, Reinhard / Hetzel, Andreas (Hrsg.): Die Rückkehr des Politischen. Demokratietheorien heute, Darmstadt, S. 19-42.

Ders. / Heil, Reinhard / Hetzel, Andreas (2004): Die Rückkehr des Politischen, in: Dies. (Hrsg.): Die Rückkehr des Politischen. Demokratietheorien heute, Darmstadt, S. 7-16.

Habermas, Jürgen (2001): Zeit der Übergänge, Frankfurt a. M.

Heidegger, Martin (1963): Sein und Zeit, 10. Aufl., Tübingen.

Ders. (1969): Die Kunst und der Raum, Zürich.

Heit, Helmut (Hrsg.) (2005): Die Werte Europas. Verfassungspatriotismus und Wertegemeinschaft in der EU?, Münster.

Hetzel, Andreas (2004): Demokratie ohne Grund. Ernesto Laclaus Tranformation der Politischen Theorie, in: Flügel, Oliver / Heil, Reinhard / Hetzel, Andreas (Hrsg.): Die Rückkehr des Politischen. Demokratietheorien heute, Darmstadt, S. 185-210.

Kielmansegg, Peter Graf (1996): Integration und Demokratie, in: Jachtenfuchs, Markus / Kohler-Koch, Beate (Hrsg.): Europäische Integration, Opladen, S. 47-71.

Kimmerle, Heinz (2000): Jacques Derrida. Zur Einführung, 5. Aufl., Hamburg.

Lacan, Jacques (1977): Écrits. A selection, London.

Laclau, Ernesto (1990): New Reflections on the Revolution of Our Time, London-New York.

Ders. (1994a): Introduction, in: Ders. (Hrsg.): The Making of Political Identities, London-New York, S. 1-8.

Ders. (1994b): Minding the Gap: The Subject of Politics, in: Ders. (Hrsg.): The Making of Political Identities, London-New York, S. 11-39.

Ders. (1999): Dekonstruktion, Pragmatismus, Hegemonie, in: Mouffe, Chantal (Hrsg.): Dekonstruktion und Pragmatismus. Demokratie, Wahrheit und Vernunft, Wien, S. 111-153.

Ders. (2002): Emanzipation und Differenz, hrsg. von Oliver Marchart, Wien.

Ders. (2005): On Populist Reason, London-New York.

Ders. / Mouffe, Chantal (1991): Hegemonie und radikale Demokratie. Zur Dekonstruktion des Marxismus, Wien.

Lord, Christopher / Beetham, David (2001): Legitimizing the EU: Is there a „Post-parliamentary Basis“ for its Legitimation, in: Journal of Common Market Studies, Jg. 39, S. 443-462.

Majone, Giandomenico (1998): Europe's „Democratic Deficit“: The Question of Standards, in: European Law Journal, Jg. 4, S. 5-28.

Marchart, Oliver (1998): Kunst, Raum und Öffentlichkeit(en). Einige grundsätzliche Anmerkungen zum schwierigen Verhältnis von Public Art, Urbanismus und politischer Theorie, http://eipcp.net/transversal/0102/marchart/de/print (abgerufen am 19.07.2006).

Ders. (2004): Politics and the Ontological Difference: On the ‚Strictly Philosophical' in Laclau's Work, in: Critchley, Simon / Marchart, Oliver: Laclau. A Critical Reader, New York, S. 54-72.

Meyer, Thomas (2004): Die Identität Europas. Der EU eine Seele?, Frankfurt a. M.

Schelling, Friedrich Wilhelm Joseph (1985): Vom Ich als Princip der Philosophie oder über das Unbedingte im menschlichen Wissen, in: Ders.: Ausgewählte Schriften, Bd. 1, Frankfurt a. M.

Scharpf, Fritz W. (2004): Legitimationskonzepte jenseits des Nationalstaats, MPIfG Working Paper 04/6, November 2004,
http://www.mpi-fg-koeln.mpg.de/pu/workpap/wp04-6/wp04-6.html
(abgerufen am 19.07.2006).

Waever, Ole (2004): Discursive Approaches, in: Wiener, Antje / Diez, Thomas (Hrsg.): European Integration Theory, Oxford, S. 197-215.

Wittgenstein, Ludwig (2003): Philosophische Untersuchungen, hrsg. von Joachim Schulte, Frankfurt a. M.

Autorenverzeichnis

Matthias Belafi, geb. 1977; Studium der Politischen Wissenschaft, der Neueren Geschichte und des Öffentlichen Rechts in Bonn und München. 2003 Magister Artium. Derzeit Junior Fellow am Zentrum für Europäische Integrationsforschung (ZEI) und Promotion zum Thema „Die Kirchen und die Europäische Verfassung", Rheinische Friedrich-Wilhelms-Universität Bonn (Prof. Dr. Ludger Kühnhardt, Prof. Dr. Tilman Mayer). Forschungsassistent am Centrum für angewandte Politikforschung (CAP), Ludwig-Maximilians-Universität München. Stipendiat der Graduiertenförderung der Konrad-Adenauer-Stiftung.

Cornelia Bruell, geb. 1977; Studium der Geschichte und Italienischen Linguistik in Wien, Salzburg und Rom. Seit 2003 Promotion zum Thema „*ÈU à venir* – Kollektive Identität als Mangel", Universität Salzburg, Fachbereich Politikwissenschaft. Seit März 2005 Wissenschaftliche Mitarbeiterin am Institut für Europäische Integrationsforschung (Österreichische Akademie der Wissenschaften).

Márta Fazekas, geb. 1979; Studium an der Staats- und Rechtswissenschaftlichen Fakultät der Eötvös Lóránd Universität. 2002 Diplom-Juristin. 2004 Mitteleuropa-Experte (Andrássy Gyula Deutschsprachige Universität Budapest). Derzeit Promotion an der Andrássy Gyula Deutschsprachige Universität, Lehrstuhl für Geschichte (Prof. Dr. András Gergely). Stipendiatin der Robert Bosch Stiftung.

Leonhard Herrmann, geb. 1976; Studium der Geschichte und Germanistik in Leipzig und Montpellier. 2003 Erstes Staatsexamen für das Lehramt an Gymnasien. Seit 2004 Arbeit am Promotionsprojekt „Klassiker jenseits der Klassik. Individualitätskonzeption und Rezeptionsgeschichte des Romans ‚Ardinghello und die glückseligen Inseln' (1787)" am Institut für Germanistik der Universität Leipzig (Betreuer: Prof. Dr. Ludwig Stockinger). 2004-2007 Stipendiat der Friedrich-Ebert-Stiftung.

Carsten Kretschmann, geb. 1974; Studium der Geschichte, Germanistik und des Öffentlichen Rechts in Bonn, Frankfurt am Main, Köln und Wien. 1999 Staatsexamen Sek I/II. 2004 Dr. phil.: „Räume öffnen sich. Naturhistorische Museen im Deutschland des 19. Jahrhunderts" (Prof. Dr. Lothar Gall). Derzeit Akademischer Rat am Historischen Institut der Universität Stuttgart.

Markus Krienke, geb. 1978; Studium der Katholischen Theologie an der Ludwig-Maximilians-Universität München und an der Pontificia Università Gregoriana, Rom. 2001 Dipl.-Theol. 2003 Dr. theol., Lehrstuhl für Christliche Philosophie, LMU München (Prof. Dr. Richard Heinzmann, Prof. Dr. Martin Thurner), Titel der Dissertation: „Wahrheit und Liebe bei Antonio Rosmini". Derzeit Habilitation am Lehrstuhl für Christliche Sozialethik, LMU München (Prof. Dr. Alois Baumgartner) und Stipendiat der Eugen-Biser-Stiftung. 2006/07 Gastprofessor am Studio Teologico Laurentianum, Venedig.

Christiane Liermann, Studium der Geschichte, Romanistik und Philosophie in Bonn, Los Angeles, Siena und Karlsruhe. Promotion mit einem Stipendium der Konrad-Adenauer-Stiftung bei Prof. Dr. Bernd Roeck an der Universität Zürich zur Geschichte der politischen Ideen (veröffentlicht unter dem Titel „Rosminis politische Philosophie der zivilen Gesellschaft"). Wissenschaftliche Leiterin im Deutsch-Italienischen Zentrum Villa Vigoni, Menaggio, Italien.

Reiner Marcowitz, geb. 1960; Studium der Germanistik, Geschichte und Erziehungswissenschaft an der Universität Köln. Dort 1992 Promotion in Neuere und Neueste Geschichte: „Option für Paris? CDU/CSU, SPD und Charles de Gaulle 1948-1969". 1998 Habilitation in Neuere und Neueste Geschichte (TU Dresden): „Großmacht auf Bewährung. Die Interdependenz französischer Innen- und Außenpolitik und ihre Auswirkungen auf Frankreichs Stellung im Europäischen Konzert 1814/15-1851/52". Derzeit Professeur de civilisation allemande an der Universität Paul Verlaine-Metz.

Lazaros Miliopoulos, geb. 1976; Studium der Politikwissenschaft, Mittelalterlichen und Neueren Geschichte sowie der Rechtswissenschaft. 2001 Magister Artium. 2006 Dr. phil., Institut für Politische Wissenschaft und Soziologie, Rheinische Friedrich-Wilhelms-Universität Bonn (Prof. Dr. Frank Decker, Prof. Dr. Christian Hacke), Titel der Dissertation: „Der Begriff der Atlantischen Zivilisation als politische Idee". Derzeit Wissenschaftlicher Mitarbeiter am Institut für Politische Wissenschaft und Soziologie, Universität Bonn.

Eva Oberloskamp, geb. 1978; Studium der Geschichte, Wirtschaftswissenschaften und Osteuropäischen Studien an den Universitäten Bielefeld und Paris 7. 2003 Magister Artium. 2003 Licence (Russisch am Institut des Langues et Civilisations Orientales, Paris). 2004 Master of Arts (European Interdisciplinary Studies am College of Europe, Warschau). Derzeit Promotion zum Thema „Fremde neue Welten. Die Wahrnehmung der Sowjetunion in den Reiseberichten deutscher und französischer Linksintellektueller zwischen den Weltkriegen", Ludwig-Maximilians-Universität München (Prof. Dr. Dr. h. c. mult. Horst Möller). Wissenschaftliche Mitarbeiterin am Institut für Zeitgeschichte München-Berlin.

Ute Pannen, geb. 1976; Studium der Kunst und Germanistik an der Carl von Ossietzky Universität Oldenburg. 2001 Erstes Staatsexamen. Derzeit Promotion zum Thema „Demokratie als Sammlerin. Kunst und staatliche Repräsentation in der Bundesrepublik Deutschland" im Fach Kunst und Medien, Universität Oldenburg (Prof. Dr. Peter Springer). Seit 2005 Stipendiatin der Friedrich-Ebert-Stiftung. 2007 Visiting Scholar an der Columbia University, New York.

Valerie Popp, geb. 1973; Studium der Germanistik, Romanistik und Kunstgeschichte. 2000 Magistra Artium, Humboldt-Universität Berlin. Derzeit Promotion zum Thema „Amerikabilder der deutschsprachigen Exilliteratur nach 1939 in den USA", Humboldt Universität Berlin (Prof. Dr. Erhard Schütz). Stipendiatin der Graduiertenförderung der Friedrich-Ebert-Stiftung.

Stefan Raueiser, geb. 1964; Studium der Katholischen Theologie in Bonn, Paris und Frankfurt am Main. 1995 Dr. theol., Philosophisch-Theologische Hochschule Sankt Georgen (Prof. Dr. Jörg Splett), Titel der religionsphilosophischen Dissertation: „Schweigemuster. Über die Rede vom Heiligen Schweigen". 1996-1999 Leitung von Abgeordnetenbüros im

Deutschen Bundestag. Seit 1999 Referent der Bischöflichen Studienförderung Cusanuswerk, zuständig für Promotionsförderung, Auswahl- und Bildungsarbeit.

J. Erika von Rautenfeld, geb. 1970; 1992 B. A. Critical Social Thought am Mount Holyoke College/USA. 2000 M. A. Euroculture in Göttingen und Groningen/NL. Derzeit Promotion zum Thema „The Construction of European Identity in Higher Education in Germany and Great Britain" im Fach Politische Wissenschaft, Friedrich-Alexander-Universität Erlangen-Nürnberg (Prof. Dr. Jürgen Gebhardt). Stipendiatin des DFG-Graduiertenkollegs „Kulturhermeneutik im Zeichen der Differenz und Transdifferenz".

Marie-Emmanuelle Reytier, geb. 1972; Studium der Geschichte und der Politikwissenschaft an den Universitäten Lyon, Heidelberg und Oxford. 2004 Dr. phil., Université Jean Moulin – Lyon 3 (Prof. Dr. Jean-Dominique Durand), Dissertation über die Katholikentage zur Zeit der Weimarer Republik. Sommersemester 2005 und 2006 Gastdozentin an der Hochschule Vechta. 2006 Clemens-Heller-Stipendiatin des Maison des Sciences de l'Homme in Paris. Seit 2007 Wissenschaftliche Mitarbeiterin an der Johannes-Gutenberg-Universität Mainz.

Bernd Sösemann, geb. 1944; 1974 Dr. phil. (Göttingen). Derzeit Inhaber des Lehrstuhls für Neuere Geschichte und Geschichte der öffentlichen Kommunikation („Friedrich-Meinecke-Institut"), Freie Universität Berlin. Wissenschaftlicher Leiter der Arbeitsstelle für Kommunikationsgeschichte und interkulturelle Publizistik (AKIP). Seit 1989 Vorsitzender der Arbeitsgemeinschaft zur Preußischen Geschichte e. V., Mannheim; Mitglied der Preußischen Historischen Kommission, Berlin; Vorstandsmitglied der Berliner Wissenschaftlichen Gesellschaft; Mitglied der Historischen Kommission zu Berlin.

Heléna Tóth, geb. 1979; Studium der Geschichte am Department of History, Harvard University. Promotion bei Prof. David Blackbourn, Titel der Dissertation: „Émigrés: The Experience of Political Exile for Germans and Hungarians, 1849-1871". Stipendiatin des Center for European Studies und des DAAD.

Irene Vogt, geb. 1980; Studium der Italianistik, Germanistik und Kunstgeschichte an den Universitäten München und Pisa. 2004 Magister Artium. Derzeit Promotion zum Thema „Alltagssprache in der Wissenschaftssprache. Eine kontrastive Studie" (Prof. Dr. Joerg Roche). Lehrtätigkeit in München, Pisa, Kairo und Rom. 2007 Lektorin des DAAD an der Università La Sapienza, Rom.